Michael Jung

HANS HASS -
Ein Leben lang auf Expedition

Hans Hass

Ein Leben lang auf Expedition

Ein Porträt von
Michael Jung

VERLAG STEPHANIE NAGLSCHMID
STUTTGART

Die Deutsche Bibliothek - CIP-Einheitsaufnahme

Jung, Michael:
Hans Hass : Ein Leben lang auf Expedition ; ein Porträt / von
Michael Jung. - Stuttgart : Naglschmid, 1994
     ISBN 3-927913-63-4

Umschlaggestaltung: Stephanie Naglschmid / MTi-Press
Umschlagfotos: Hans Hass Archiv

Copyright 1994
VERLAG STEPHANIE NAGLSCHMID
Rotebühlstr. 87 A – 70178 Stuttgart
Tel. 0711/626878; Fax 0711/612323
Herstellung: Druckerei Schreck GmbH & Co KG, 67487 Maikammer

Hans Hass:
Tauchpionier, Meeres- und Naturforscher

Einige strukturierende Gedanken zum Warum des Porträts

Meine erste Begegnung mit Hans Hass liegt nun schon fast zwei Jahrzehnte zurück: Damals las ich mich kreuz und quer durch die Bibliothek unserer Kreisstadt. Die spannenden Erzählungen von Jules Verne, William Beebe und anderen fesselten mein Interesse. Dabei fiel mir auch ein Buch in die Hand, auf dessen Einband mich das sympathische Konterfei von Hans Hass, mit der hochgeschobenen Tauchbrille auf dem Kopf, anlachte. "Manta - Teufel im Roten Meer" war der Titel des Buches, das ich anschließend geradezu verschlang. Es machte mich zum erstenmal bekannt mit der wundersamen Unterwasserwelt der tropischen Meere. Ich las weitere Bücher des gleichen Autors, und in mir wurde der Wunsch immer größer, diese Märchenwelt, die Hans Hass mit seiner unübertroffenen, mitreißenden Erzählergabe so verlockend schildert, selbst kennenzulernen. So reihte ich mich schließlich in die große Zahl seiner Schüler ein, wie wohl unzählige andere vor und nach mir. Nur gelegentlich hörte ich in den nachfolgenden Jahren noch Nachrichten von der Person Hans Hass, in erster Linie nur noch dann, wenn es um Bestrebungen des Harpunierverbotes oder des Meeresschutzes ging. Ich hörte aber auch, daß er sich ganz von dem so faszinierenden Unterwassersport zurückgezogen haben soll, was nicht nur bei mir, sondern auch allgemein in Taucherkreisen auf Unverständnis und Bedauern stieß.

Dann kreuzten sich unverhofft ein zweites Mal unsere Wege: Meine beruflichen Aufgaben brachten es mit sich, daß ich ein Seminar besuchte, in dessen Verlauf ich das Stichwort "energo-kybernetische-Managementlehre" vernahm. Plötzlich war ich hellwach: Ich hörte, daß diese Methode eine praktische Anwendung der Energon-Theorie des bekannten Tauchsportpioniers sei, die einem Unternehmen zu größerem wirtschaftlichen Erfolg verhelfen kann. Ich war etwas irritiert: Bisher hatte ich Hans Hass durch seine Bücher als eine Person kennengelernt, die sich eher im nassen Element zwischen Haien und Korallen wohlfühlt als bei solch trockenen wirtschaftswissenschaftlichen Fragestellungen. Welche starke Strömung hatte ihn in ihrem Sog gerade zu dieser, auf den ersten Blick seinen vorherigen Arbeiten so fremden Tätigkeit getragen? Ich besorgte mir aus der Universitätsbibliothek mehr Informationen über die Energo-Kybernetik und auch sein umfangreiches Buch "Energon - Das Verborgene Gemeinsame" sowie das Nachfolgewerk "Die Schöpfung geht weiter". Je mehr ich mich in diese Thematik vertiefte und ihren Sinn verstand, umso klarer zeichnete sich mir ein Bild von den Beweggründen, aus denen heraus sich der Naturforscher Hans Hass zum Verkauf seines schönen Schiffes entschloß und sich neuen, wesentlich tiefergehenden wissenschaftlichen Fragestellungen zuwandte.

Unsere erstes persönliches Zusammentreffen war im Januar 1989 in Düsseldorf, wo Hans Hass anläßlich seines 70. Geburtstages eine große Matinee unter dem Motto "Mensch und Meer" veranstaltete. Dabei stellte er auch in seinem neuen Buch "Der Hai im Management" seine Theorie des "Halben Räubers" vor. Diese Arbeit schloß sich nahtlos an seine bisherigen Forschungen an, und durch meine bisherigen Erfahrungen auf diesem Gebiet der Managementlehre konnte ich seiner Theorie viel abgewinnen. Aber Hans Hass mußte auch dort erneut die kritischen Fragen vieler Reporter und Taucher beantworten, warum er das Meer, von dem er nach all den Jahren immer noch mit solch großer Begeisterung erzählt und in dem er seine ersten, großen Erfolge feierte, auf dem Höhepunkt seiner Karriere verlassen und sich, mit Ausnahme von einigen Filmreisen, allein in seine Gelehrtenstube zurückgezogen hat, und ... wann er denn endlich wieder Forschungsexpeditionen in unbekannte Gebiete durchführen würde.

In mir reifte der Gedanke, diesen wohl nicht leicht faßbaren Prozeß weitergehend zu hinterfragen und ihn für jene Menschen, die Hans Hass durch seine zahlreichen Bücher und Filme als Begründer des Tauchsports und der modernen Meeresforschung mit Schwimmtauchgerät kennengelernt hatten, in Form eines Porträts durchsichtiger, und wie ich hoffe auch verständlicher zu machen. Als Anlaß dazu drängte sich der 75. Geburtstag des Pioniers geradezu auf. Daß diese vielschichtige Aufgabe nicht leicht sein würde, war mir von vorneherein bewußt. Ich ging sie dann aber dem Motto von Hans Hass folgend "Trotzdem!" an.

Das Unbekannte, Rätselhafte faszinierte Hans Hass schon von früher Jugend an. Waren es anfänglich noch "übersinnliche Fragestellungen aus dem Jenseits", denen er als Jugendlicher mit Pendeln oder Handlesekunst zu Leibe zu rücken versuchte, fand er 1937 einen noch größeren, noch reicheren unerforschten Raum: Das geheimnisumwitterte, gefahrenvolle Meer. Man muß sich in diese Zeit zurückversetzen: Noch immer spukten die Gerüchte und Legenden über Seeschlangen, mörderische Haie und andere Meeresungeheuer in den Köpfen vieler Menschen. Hans Hass stieg mit Schwimmbrille und Handspeer bewaffnet in das Meer und fand dort eine Märchenwelt vor, die ihn nicht mehr losließ. Seine Freunde in Wien, denen er in der ihm eigenen, lebendigen Sprache von seinen Erlebnissen erzählte, wollten ihm nicht glauben. So baute Hans Hass 1938 seine erste Unterwasserkamera, um seine Erlebnisse zu dokumentieren: Dies war der Beginn der modernen Unterwasserfotografie. Das Fotografieren schärfte aber auch seine Beobachtungsgabe. Er sah Vorgänge und Zusammenhänge, die nie zuvor ein anderer gesehen hatte, ganz einfach weil sich die Forscher der Haie und anderer vermeintlicher Seeungeheuer wegen nicht getrauten, wie er als Fisch unter Fischen die Riffe zu erkunden. Aus anfänglichem sportlichen Draufgängertum wurde ernsthafte Arbeit im Dienste der Wissenschaft. Hans Hass entwickelte schon 1941 das erste Schwimmtauchgerät, um sich längere Zeit frei auf dem Meeresboden bewegen zu können. Bis dahin waren es nur Helmtaucher, die sich aufrecht gehend plump und unbeholfen auf dem Meeresgrund bewegten. Der starke Wasserwiderstand hinderte sie in der Fortbewegung, oft versanken sie im Schlamm und waren in felsiger, zerklüfteter Umgebung kaum noch aktionsfähig. Mit diesen schweren Geräten wäre eine Erforschung des Meeres, wie sie Hans Hass begründete, nie möglich gewesen. Mit seiner bahnbrechenden Erfindung des Schwimmtauchgerätes ist er somit auch der eigentliche Begründer des Schwimmtauchens, jenes Sportes also, den heute Millionen Menschen weltweit ausüben. Er sah damals schon diese weltweite Entwicklung des Schwimmtauchens und die Invasion des Menschen ins Meer voraus, und so kam es auch: Unterwasserkamera und Schwimmtauchgerät sind in der heutigen Zeit nicht mehr wegzudenken. Weltweit sind es heute etwa acht Millionen Sporttaucher, welche die Welt unter Wasser erkunden, und ganze Wirtschaftszweige für Sport und Beruf haben sich inzwischen neu gebildet und leben davon.

Aber dies war nie das eigentliche Ziel von Hans Hass: Er hatte als erster begriffen, welche großen Möglichkeiten sich der Meeresforschung durch die Verwendung des Schwimmtauchgerätes boten. In Verbindung mit einem geeigneten Forschungsschiff hatten die Fachwissenschaftler so die Möglichkeit, direkt ins Korallenriff, zu dem Brennpunkt ihres Interesses zu gelangen. Verschiedene Vorgänge und Zusammenhänge lassen sich nur in der freien

Natur und nicht wie zu dieser Zeit noch üblich im Aquarium studieren. Es war damals aber ein fast haarsträubender Gedanke, Wissenschaftler, die ja schon meist ältere, ehrenwerte Herren waren, in als haiverseucht geltende Gebiete zu schicken. Damals war die Welt noch anders: Die Zoologen gingen mit Bodengreifern und Schleppnetzen an die Arbeit, um mehr über das Leben unter der Wasseroberfläche zu erfahren. Den Beweis zu erbringen, daß die neue Forschungsmethode mit dem Schwimmtauchgerät und einem entsprechend ausgerüsteten Forschungsschiff wertvolle neue, wissenschaftliche Erkenntnisse bringt, die zum großen Teil auf keinem anderen Weg gewonnen werden können, und daß dies auch trotz der gefürchteten Haie möglich war, wurde zum zentralen Bestreben von Hans Hass, dem er fast zwanzig Jahre seines Lebens widmete. Von Wien zog er nach Berlin, wo er mit großer Besessenheit hunderte von Vorträgen hielt. Er wollte die Menschen über das wahre Wesen der Haie aufklären, die neue Forschungsmethode vorstellen und auch genügend Geld ansammeln, um ein Forschungsschiff auszurüsten. 1942 (Hans Hass war gerade erst 23 Jahre alt!) hatte er es schon beinahe geschafft: Er konnte den *Seeteufel*, das Schiff von Graf Luckner kaufen. In den Wirren der letzten Kriegsjahre kam aber keine Forschungsfahrt mehr zustande, und das Schiff ging bei Kriegsende leider verloren. Hass stand wie Millionen anderer Menschen vor einem Scherbenhaufen: Sein Konto war entwertet und fast alle seine Ausrüstungsgegenstände waren verloren.

Hans Hass hatte sein Ziel aber nicht aufgegeben. Mit einem unerschütterlichen Glauben an die Machbarkeit seiner Träume ging er nun trotzdem, trotz aller widrigen Umstände wieder an die Arbeit - und was fast keiner glauben konnte gelang: Er schaffte es aus eigener Kraft, ein Schiff zu kaufen, es auszurüsten und zwei große Forschungsfahrten in den Pazifik und den Indischen Ozean durchzuführen. Die beiden Expeditionen mit der *Xarifa* und ihre wissenschaftlichen Ergebnisse gingen als ein wichtiges Ereignis in die Geschichte der Meeresforschung ein und machten Hans Hass weltweit bekannt. Auf vielen, langandauernden Expeditionen mit bis zu 22 Teilnehmern bewies Hans Hass seine Berufung zum Expeditionsleiter. Er gab als unkonventioneller, brillanter Denker und ideenreicher Dynamiker der Meeresforschung neue Impulse. Für den Beweis seiner Theorie der neuen schwimmtauchenden Form der Meeresforschung setzte er sich mit gehöriger Tatkraft, viel Improvisationstalent und großem persönlichen Risiko ein. Er mußte unzählige Filme drehen, Bücher schreiben, Vorträge halten und hohe Schulden machen, um dieses Ziel ohne Unterstützung von öffentlichen Stellen zu erreichen. Die erfolgreiche

Ein-Mann-Produktion vieler Kino- und später auch Fernsehfilme macht deutlich, wie der Einzelne bei entsprechender Motivation in einem Bereich, in dem sonst eine Industrie die Gangart festlegt, erfolgreich sein kann. Für seine Unterwasserfilme und Fotos gewann er viele Preise, darunter auch den begehrten "Oscar für Unterwasserfotografie". Das äußere Bild seiner Handlungen und Tätigkeiten ließ damals oft die eng damit verbundenen wissenschaftlichen Möglichkeiten und Ziele verkennen. Der Mut zur Planung und Finanzierung der beiden *Xarifa*-Expeditionen als Privatmann dürften kaum eine Parallele finden. Wissenschaftliche Expeditionen in dieser Größenordnung werden in der Regel - wie beispielsweise die *Calypso*-Fahrten von Cousteau - mit staatlicher Unterstützung ausgeführt. Besonders für die Jugend ist hier ein Beispiel gegeben, was der Einzelmensch, wenn er engagiert ist, alles erreichen kann. Bei der Würdigung der Leistungen von Hans Hass darf aber die bis zum heutigen Tag andauernde, wichtige und kreative Rolle seiner Frau Lotte nicht übersehen werden. Sie hatte nicht nur einen entscheidenden Anteil an den Erfolgen der Filme, sondern war auch sehr engagiert und erfolgreich als Unterwasserfilmerin und -fotografin. Neben großem schauspielerischem Talent, das sie immer wieder bewies, stellte sie sich auch als begabte Autorin mit einem vielbeachteten Buch der Öffentlichkeit vor.

Die innere Rastlosigkeit des wißbegierigen Forschers Hans Hass ließ ihn nicht auf seinen Lorbeeren ruhen, sondern er strebte neuen Ufern zu: Sein eigentliches Interesse galt dem Geheimnis der Natur und des Lebens - sowie dem Abenteuer, noch unbetretene Gebiete zu erkunden. Bereits in seiner Doktorarbeit 1943, die zu einem Meilenstein in der Erforschung der Meere wurde, war er bei dem Studium der Wachstumsgesetze der Reteporiden an einen der unzähligen Punkte gelangt, von wo aus man einen Blick in das Geheimnis des Lebens und seiner Gesetzmäßigkeiten werfen konnte. Auch in den weiteren Jahren untersuchte er in der wenigen, ihm durch die aus Sachzwängen notwendige Filmtätigkeit noch verbleibenden Zeit, Wachstums- und Entwicklungsgesetze biologischer Organisationen: Er studierte Korallenriffe und Atolle und zeigte Gesetzmäßigkeiten für ihre Entwicklung auf. Als 1958 dann endgültig die Tore aufgestoßen waren und der definitive Beweis erbracht worden war, daß die neue Forschungsmethode mit dem Schwimmtauchgerät wertvolle Ergebnisse bringt und trotz der Haie möglich ist, wandte er sich ganz seinen eigenen, wissenschaftlichen Ambitionen zu. Schon während der *Xarifa*-Fahrten war er mit seinen Gedanken bei dem Vergleich zwischen Tier und menschlicher Entfaltung, bei dem Kriterium der positiven Energiebilanz -

noch zu erforschende Zusammenhänge, die ihn unter anderem auch dazu bewegten, den Verkauf seines Schiffes anzugehen.

Neue, schwierige Projekte und Rätsel zogen Hans Hass schon immer an. Deshalb ist es charakteristisch für ihn, daß er sich nicht an sein Schiff fesselte sondern seinen eigenen Weg konsequent weiterverfolgte. Es wurde lange Jahre ruhig um den "König der Haie", wie er damals oft genannt wurde. Strebend und suchend, voller Neugier, vertiefte er sich in die Vielfalt der Natur, und besonders in eines der wohl seltsamsten und unerforschtesten Lebewesen der Erde, den Menschen. Hans Hass studierte nun aus einer übergeordneten Perspektive, aus einer gewissen Distanz heraus, die er in den vielen Jahren unter dem Meeresspiegel gewonnen hatte, den Menschen. So unvoreingenommen, wie er bisher die Fische und ihr Verhalten im Korallenriff beobachtet hatte, so versuchte er nun auch, den Menschen zu studieren: Sein Verhalten, seine Entwicklung und die von ihm geschaffenen Systeme fesselten sein Interesse. Er entwickelte dazu unter anderem eine spezielle Filmtechnik, die erfolgreich war und heute unter dem Begriff "Hass'sche Spiegeltechnik" ein grundlegendes Werkzeug für das Dokumentationsprogramm der Humanethologen darstellt.

Hans Hass wollte das "heilige Rätsel", wie es Goethe einmal formuliert hatte, lösen: Gibt es verborgene Gemeinsamkeiten, allgemein geltende Gesetze bei der Entwicklung der Pflanzen, der Tiere, der Menschen und der von ihm geschaffenen Systeme? Sehen wir Menschen unsere Stellung in der Evolution als Krone der Schöpfung richtig, oder ist die Entwicklung nicht längst schon über uns hinweggegangen? Die System- und Evolutionsforschung wurde nun zum Hauptarbeitsgebiet von Hans Hass, die ihn zehn Jahre lang fesselte. Waren es in den vergangenen Jahren die Meereshöhlen, in die er tauchte, so wurden es nun die Lesesäle der Wiener Universitätsbibliotheken, in denen er die verschiedensten Wissenschaftsrichtungen studierte. Mit seiner Energon-Theorie stellte er dann 1970 eine neue Sichtweise der Welt und der Stellung des Menschen in ihr dar, die aufgrund von physikalischen Gegebenheiten allgemeine Gesetzmäßigkeiten für alle Entwicklungsformen aufzeigt und sie von der Biologie ausgehend miteinbezieht. Hass stellte darin klar, daß Organismen und die von ihnen abhängigen Organisationen von einer positiven Energiebilanz leben. Sie müssen effizient sein, um im Lebenskampf bestehen zu können. Dies gilt ebenso für Korallenfische, für Menschen sowie für Wirtschaftsunternehmen. Ohne eine positive Energiebilanz existieren sie nicht. Für energieerwerbende Systeme prägte Hans Hass den Begriff Energone.

Seine lebenslange Suche nach Zusammenhängen und Gesetzmäßigkeiten ist besonders durch immer differenzierter und komplexer werdende Fragestellungen bis hin zur menschlichen Entfaltung gekennzeichnet.

In den nachfolgenden Jahren arbeitete Hans Hass am Ausbau seiner Theorie und zeigte praktische Anwendungsfälle auf. Er untersuchte Leben und Wirtschaft als energetisches Phänomen und beschrieb Gesetze und Regeln der Lebensentfaltung aus der Sicht der Energontheorie. Seine Forschungen und Filmexpeditionen führten ihn in fast jede Region der Erde. In der Wirtschaft fand man Interesse an seinen Gedanken und Hans Hass wurde zum gefragten Unternehmensberater und Managertrainer. Er verstand es, das Ergebnis seiner entwicklungsgeschichtlichen Forschungen auf das soziale Verhalten der Menschen zu übertragen und für die Wirtschaft nutzbar zu machen. Gleichzeitig prägte man dort für ihn den Begriff "Stammvater der naturwissenschaftlichen Betriebswirtschaftslehre". Als Professor an der Wiener Universität brachte er auch Studenten seine energetische Denkweise näher. In den nachfolgenden Jahren entwickelte er aus seinen bisherigen Erkenntnissen heraus neue Gedanken bezüglich der Weiterentwicklung der Arten.

Ich möchte dieses Buch als ein Porträt verstehen, das mehrere Anliegen hat: Zum einen will und kann es keine "Biographie" sein, die gleichsam einen Abschlußbericht über das Leben und Wirken eines Menschen gibt - von der man ein geschlossenes Bild über Privatleben und charakteristische Kontakte und Erlebnisse privater Art erwarten könnte. Vielmehr kann es als Rückblende und Situationsbericht verstanden werden, in dem die Leistungen von Hans Hass und ihre Auswirkungen auf Sport und Wissenschaft im Vordergrund stehen, und in dem die Frage der Begründung seiner zeitweisen Abwendung vom Meer und die Zuwendung zu, den Menschen betreffenden, evolutionstheoretischen Fragen eine besondere Rolle einnimmt. So möchte das Porträt aufzeigen, daß bei Hans Hass kein "Berufswechsel" stattgefunden hat, sondern eine konsequente Weiterverfolgung seiner wissenschaftlichen Interessen. Interessant ist auch die Frage, warum es allerdings zu einer nur mangelnden Akzeptanz und vereinzelt sogar zu offener Ablehnung seiner späteren Arbeiten gekommen ist. War es möglicherweise das einseitige, schemenhafte, in der Öffentlichkeit entstandene Bild von Hans Hass als "draufgängerischer Unterwasserheld inmitten von Haien" und als "begabter Filmproduzent"? In einem weiteren Schwerpunkt des Buches suche ich mich dieser Thematik zu nähern. Diese thematischen Aspekte dokumentieren das facettenreiche Leben und Wirken des unermüdlichen Arbeiters und leidenschaftlichen Forschers Hans Hass, das längst noch nicht abgeschlossen ist, und der sich nach wie vor auf Expedition in unbekannte Gebiete befindet... Sie dokumentieren nicht zuletzt eine interessante und außergewöhnliche Geschlossenheit seines Weges. Höhepunkte seines Lebens und Forschens belegen zugleich auch historische Momente des Schwimmtauchens und der Unterwasserfotografie, wodurch auch die jüngere Tauchergeneration mit den "tollkühnen" Anfängen dieser Sportart bekannt gemacht werden kann.

Die bisherige Lebensgeschichte von Hans Hass, so wie sie sich mir darstellt, läßt sich in drei große Blöcke einteilen, denen ziemlich genau drei Arbeitsperioden entsprechen und die demnach drei Schwerpunkte in seiner Werksgeschichte markieren. Die Zeit von seiner Jugend über die Unterwasserjagd bis zur Meeresforschung ist der erste dieser Blöcke, der die Begründung der neuen Form der Meeresforschung, des Schwimmtauchens und der modernen Unterwasserfotografie einschließt. Ihm folgt als zweiter Block die bedeutsame, fast 15 Jahre andauernde Periode, durch die praktische Nachweisführung das Schwimmtauchen in Verbindung mit einem Forschungsschiff als neue Methode der Meeresforschung zu etablieren. Dabei ist diese Zeit auch gekennzeichnet durch erste Gedanken in Richtung Evolutionstheorie, Systemforschung und Weiterentwicklung der Arten. Den Begriff "künstliche Organe" oder "zusätzliche Organe" gebrauchte Hass sporadisch schon vor 1950, aber erst zwanzig Jahre später wird er in seiner Philosophie zu einem Ausdruck von grundlegender Bedeutung. Schließlich bringt die dritte Lebensphase die energetische Denkweise, die nähere Erforschung der Menschen und der von ihm geschaffenen Systeme, sowie die sich aus dieser Denkweise heraus ergebenden Konsequenzen. Diese Lebensphase bringt auch den Warner und Mahner, den Kämpfer für die Erhaltung der Natur und für die Rückkehr zum ursprünglichen Menschsein besonders klar zum Vorschein.

Es ist selbstverständlich, daß zwischen diesen Blöcken keine präzisen Grenzen gezogen werden können. Vielmehr zeigt vorallem die Aufeinanderfolge seiner wissenschaftlichen Entwicklung eine große Kontinuität: So folgt zum Beispiel das Spätwerk als Konsequenz aus seinen früheren Arbeiten und ist in diesen schon mehrfach angedeutet. Im Anhang des Buches gebe ich ergänzend eine ausführlich zusammengestellte Übersicht über die wichtigsten Veröffentlichungen und Filme von Hans Hass: Sein Name steht heute für eine Reihe wissenschaftlicher und technischer Glanzleistungen, die der Menschheit das

Tor zum Unterwasserraum und zum besseren Verständnis von uns selbst geöffnet haben, und er steht für eine außergewöhnliche Persönlichkeit, stets bereit, neue, grenzüberschreitende Wege zu gehen und aufzuzeigen.

Ich würde mich freuen, mit der vorliegenden Darstellung zu einem umfassenderen Verständnis des Wirkens von Hans Hass beigetragen zu haben. Mir bleibt an dieser Stelle nur noch, ihm ganz herzlich zu seinem 75. Geburtstag zu gratulieren, womit ich auch gleichzeitig einen persönlichen Gruß an seine Frau Lotte verbinden möchte. Den beiden Fichten vor ihrem Liechtensteiner Haus wünsche ich noch einen langandauernden, gesunden Wuchs!

Merzig, im Januar 1994   *Michael Jung*

Zum Geleit

In einer Zeit sprunghafter Veränderungen wird es immer schwieriger auf Menschen zu stoßen, die mit ihrem Handeln, Wirken und Denken Eckpfeiler und Bezugspunkte geschaffen haben, an denen sich mehrere Generationen orientieren konnten und auch in Zukunft noch orientieren werden. Hans Hass ist eine dieser Persönlichkeiten, die es mit wachem Geist, stetem Forscherdrang und einem großartigen Darstellungsvermögen stets verstanden hat, Menschen zu begeistern und im wahrsten Sinne des Wortes auch immer wieder zu neuen Ufern zu führen. Er hat Millionen Menschen den Weg in die faszinierende Welt unter Wasser gezeigt und wird nicht zu Unrecht als Pionier des Sporttauchens geehrt. Die Anregungen und Erfahrungen, die er in seinen Filmen, Büchern und in seinen Vorträgen mit klarer Sachlichkeit seinem Publikum überbrachte, waren Fürsprache für die Erschließung einer Welt, die bis dahin nur wenigen Menschen als zugängig erschien.

Wenige nur können von sich behaupten, mit ihren Ideen und Forschungen dazu beigetragen zu haben, grundlegende weltweit greifende Sport- und Naturerlebnismöglichkeiten eröffnet zu haben. Dabei scheinen mir seine persönliche Charakterstärke, seine mitreißende Art der Argumentation, der Mut und die Fähigkeit, Neues zu denken, die Grundlage für die anhaltende Achtung seines Wirkens zu sein.

Es zeichnet Hans Hass aus, daß er in diesen vielen Jahren und Jahrzehnten sich auch mit der Entwicklung, der von ihm ausgelösten Sporttauchbegeisterung auseinandergesetzt und durch Manifeste und Aufrufe dazu beigetragen hat, daß die in jeder Entwicklung notwendigen Korrekturen rechtzeitig eingeleitet wurden und neue Zielorientierungen schufen. Nur ein sich selbst gegenüber kritischer Geist vermag ohne Gesichtsverlust vom Erfolgstitel "Drei Jäger auf dem Meeresgrund" zum Aufruf gegen die Unterwasserjagd aus eigenem Erkennen und Antrieb gelangen. Die feste Überzeugung vom fortschrittlichen Wirken der Evolution, die sein gesamtes wissenschaftliches Arbeiten und Forschen prägt, ist sicheres Fundament seiner Persönlichkeit.

Auch wenn ich mir bislang erlaubt habe, Hans Hass aus der Sicht des Sporttauchens heraus zu umreißen, so muß man sich doch bewußt sein, daß seine wirkliche Bedeutung für die Forschung in der Überwindung bis dahin gegebener Grenzen liegt. Er hat mit dem Einsatz und in der Entwicklung von Schwimmtauchgeräten der Forschung neue Beobachtungsräume erschlossen und die Möglichkeit zu Freiwasserbeobachtungen geschaffen. Sein Gespür für umfassende Dokumentation auch aus dem Unterwasserbereich gab wichtige Impulse in der Entwicklung der modernen Unterwasserfotografie und des Unterwasserfilms. Bilder und Beobachtungen, die heute jeder Sporttaucher von seinen Tauchreisen mitbringen kann, zählten noch vor wenigen Jahrzehnten zu Sensationen in der Verhaltensforschung und im gesamten Bereich der Biologie.

Wer aufmerksam taucht, kann bei jedem Tauchgang die Entwicklung des Lebens in seinen verschiedensten Organisationsstufen nachvollziehen, angefangen von den Schwämmen über Korallen, Krebsen bis hin zu den Fischen. In eindrucksvollen Farben und Formen, vor allem aber in übergreifenden Organisationsstrukturen offenbart sich im Meer deutlicher als anderswo der Ablauf der Evolution.

Hans Hass hat aus seinen Erlebnissen und Erkenntnissen heraus den Gedanken der Evolution fortgeschrieben. Er hat den Menschen und das menschliche Wirken eingeschlossen in seine Überlegungen und wie im Riff neben dem einzelnen Lebewesen die Gesamtstruktur mit ihren Wechselwirkungen und kausalen Zusammenhängen in ein immer weiter wachsendes Umfeld mit neuen evolutionsbiologischen Konsequenzen gesetzt.

Seine bisherige Lebens- und Arbeitsbiographie macht deutlich, daß er diese Gedanken und Überlegungen über viele Jahrzehnte hinweg mit der ihm eigenen Akribie, Zähigkeit und Ausdauer verfolgt und offenbart hat. Und wie in jedem offenen System wirft die Beantwortung einer Frage neue Fragen auf, führt die Erkenntnis zu neuen Grenzen, die wieder überschritten sein wollen. Ich wünsche Hans Hass zu seinem 75. Geburtstag, daß er mit wachem Geist noch viele Grenzen überwinden kann und seine Vorstellungen weltweit die Anerkennung erhalten, die ihnen gebührt.

Dem Autor diese Porträts, Michael Jung, möchte ich meinen Dank aussprechen für die umfassende Darstellung der Persönlichkeit von Hans Hass, seinem Schaffen und seinen Theorien. Es ist ihm mit diesem Porträt gelungen, den großen Bogen zu schlagen von den Anfängen der Taucherei bis zu den erkenntnisphilosophischen und evolutionsbiologischen Vorstellungen, die Hans Hass geprägt hat. Er hat ein Zeitdokument geschaffen, das ein wichtiger Fundus über das Leben eines großen Pioniers ist.

Dr.Friedrich Naglschmid
Präsident Förderkreis Sporttauchen
Vizepräsident des Verbandes Deutscher Sporttaucher

Inhalt

Erster Teil:
Vom Unterwasserjäger zum Meeresforscher
(1919-1944)

*Die Menschen, Aristoteles, die Seefahrer sahen bisher
niemals etwas anderes als das vom Wind bewegte Meer,
sie erblickten nur den glitzernden Schaum, sie saßen gleichsam
immer nur auf dem Deckel der Schatzkiste. Als ich meine Stirn
gegen das durchsichtige Glas lehnte, sah ich eine Märchenwelt.
Die Schatzkammern des Meeres fließen über an lebendigen Reichtümern,
die erstaunlicher sind als die tausend Kostbarkeiten von Susa,
und sie wurden mir in einem Gestiebe von Gold dargeboten.
Sei gewiß, Aristoteles, daß die Menschen eines Tages
diese Reichtümer erobern und ergreifen werden,
eines Tages werden die Menschen dem Weg,
den ich ihnen wies, folgen.*

Alexander der Große (325 v. Chr.)

Elternhaus und Jugend

Wien - im Binnenland inmitten eines großen Talkessels an der schönen Donau
gelegen, und heute von etwa 1,5 Millionen Menschen bewohnt - ist alles
andere als der typische Ausgangsort für die Idee, die tropischen Meere mit
einer neuen Forschungsmethode zu erkunden. Fast 400 Kilometer vom nächsten Meer entfernt, ist Wien eine der bedeutendsten Kulturmetropolen der
Welt und Sammelpunkt internationaler Künstler. In keiner Stadt lebten so
viele bedeutende Komponisten, gibt es so viele Kammerorchester, Ensembles
und Chöre. Ludwig van Beethoven, Johannes Brahms, Wolfgang Amadeus
Mozart, Franz Schubert und Johann Strauß lebten und wirkten in Wien, und
prägten ebenso wie viele Kaiser und Kaiserinnen das Bild und die Kultur
dieses Schmelztiegels an der Grenze des Wienerwaldes.

Und doch wurde gerade hier, 1919, kurz nach der Abdankung des letzten österreichischen Kaisers mit der Geburt von Hans Heinrich Julius Hass der Grundstein für eine Entwicklung gelegt, die ihren Ausgangspunkt im mehrere hundert Kilometer von Wien entfernten Mittelmeer hatte.

Hans kam am 23. Januar 1919 als einziges Kind der Rechtsanwaltsfamilie Hass im Sanatorium Auersperg, in der Nähe des Parlamentes und des Rathauses von Wien, zur Welt. Seine Eltern lebten damals wenige Blöcke von dem Sanatorium entfernt im Stadtteil Alsergrund in der Pelikangasse 15. Der Vater, Dr. Hans Hass senior, war ein angesehener und wohlhabender Wiener Rechtsanwalt, der seine Kanzlei im dritten Stock des Haarhofes Nr. 4 hatte, einer kleinen Straße im 1. Bezirk zwischen Wallnerstraße und Bognergasse. Er vertrat jahrelang das österreichische Tabakmonopol, hatte in der Wirtschaft und Politik manche Fäden gezogen, gut verdient und war auf zivilrechtliche Fragen spezialisiert. Seine Vorfahren stammten aus dem Burgenland, einem österreichischen Landstrich an der Grenze zu Ungarn, und teilweise auch aus Italien. Die Mutter des neugeborenen Hans war Meta Hass, geborene Brausewetter. Sie war eine von drei Töchtern des Direktors der großen Terrakottafabrik in Leobersdorf bei Bad Vöslau. Ihre Vorfahren kamen aus halb Europa: aus Ostpreußen, England und Frankreich. Viele Fassaden der Ringstraße in Wien sind heute noch mit Terrakotta aus der Fabrik ihres Vaters in Leobersdorf geschmückt.

Schon kurze Zeit nach der Geburt von Hans wurde die Wohnung in der Pelikangasse zu klein für die Familie Hass, und sie zogen zunächst für vier Jahre in die Bartensteinstraße 6, bevor sie dann 1923 nach Pötzleinsdorf in eine freistehende Villa in der Glanzinggasse 42 übersiedelten. Von Pötzleinsdorf, einem Vorort im Nordwesten Wiens, fuhr Dr. Hass täglich zu seiner Kanzlei in die Innenstadt.

Hans Hass verbrachte eine relativ unbeschwerte Kindheit und Jugend. Nachdem er die Volksschule in Pötzleinsdorf absolviert hatte, wurde er von seinen Eltern auf das Wiener Schottengymnasium geschickt. Das berühmte Gymnasium an der Freyung ist Teil des Schottenstiftes, welches zu den deutschen Benediktinern gehört. Dieses strenge, humanistische Gymnasium, in dem neben Latein auch noch Griechisch vorgeschrieben ist und das heute in seiner Art beinahe schon eine Rarität ist, besuchten unter anderem auch die Dichter Bauernfeld und Nestroy, der Walzerkönig Johann Strauß und der Naturforscher Konrad Lorenz. Es hielt Hans Hass jedoch nicht lange am Schottengymnasium:

Die Eltern : Hans Hass senior und Meta Hass, geborene Brausewetter, mit dem sechsjährigen Hans 1925 in Hofgastein.

Schon nach zwei Schuljahren legten die Mönche den überraschten Eltern nahe, ihren Sohn auf ein anderes Gymnasium einzuschreiben. Die Ordensbrüder schilderten den Eltern gegenüber ihren Sohn als überaktiv, zappelig und Rädelsführer von allerlei Streichen - die Mönche hatten ihn in diesen zwei Jahren nicht zu bändigen vermocht.

So wechselte Hans Hass an die Theresianische Akademie in der Favoritenstraße über. Das Theresianum, das aus der Diplomatenakademie und der Stiftung Theresianische Akademie besteht, residiert in einem ehemaligen kaiserlichen Sommerschloß. Die Jesuitenpriester hatten hier eine traditionsreiche Akademie eingerichtet, auf der die Söhne des Adels zu hohen Beamten und Diplomaten ausgebildet wurden. In diese altehrwürdige Akademie kam nun Hans Hass als 'Halbinterner', was bedeutete, daß er ganztägig im Theresianum war, und nur von spätabends bis zum nächsten Schultag bei seinen Eltern wohnte. Kurz nachdem Hass das Gymnasium gewechselt hatte, also noch 1931, waren

"Früh übt sich..." 1927 auf der Alten Donau

seine Eltern aus Pötzleinsdorf in den obersten Stock des Haarhofs Nr. 4 gezogen, wo sich auch schon die Kanzlei des Vaters befand. Dabei handelte es sich um eine langgestreckte, schmale Häuserzeile. In dieser neuen Umgebung wandelte sich Hass nun überraschend zum Musterschüler, der glänzende Leistungen besonders in Mathematik und anderen naturwissenschaftlichen Fächern mit nach Hause brachte.

Er war aber auf dieser neuen Schule nicht weniger aktiv als zu seiner Zeit im Schottengymnasium, seine Interessen hatten sich nur etwas verlagert und galten nun einer Reihe ganz anderen, ausgefalleneren Dingen: Mit vierzehn Jahren begann er, sich mit der Handlesekunst, der Graphologie, Tischerücken, Pendeln und anderen ungewöhnlichen Tätigkeiten zu beschäftigen. Er ließ sich aus England viele Bücher kommen und besaß bald eine beachtliche Fachbibliothek. Seine Leidenschaft ging sogar so weit, daß er in seiner Abiturarbeit einen Aufsatz über "Die Handlesekunst im Mittelalter und im

Altertum" verfasste. Aber auch sportliche Wettkämpfe hatten es Hass angetan:
Auf der Theresianischen Akademie sammelte er Medaillen und andere Aus-
zeichnungen im Reiten, Fechten, Zehnkampf, Schwimmen und Leichtathle-
tik.

Während dieser Jugendjahre verbrachte Hans Hass meist die Ferien mit seinen
Eltern bei den Verwandten in Leobersdorf oder in Purbach bei Gutenstein,
einem kleinen Ort in einem wunderschönen, einsamen Tal mit einem 1000
Meter hohen Berg, in dessen Wäldern sein Vater gemeinsam mit zwei
Kollegen eine große Jagd hatte. Hier durchstreifte er die Wälder und ging in
den klaren Bergflüssen mit selbstgeschnitzten Bogen und Pfeilen auf Jagd
nach Forellen. Manchmal mieteten sich auch die Eltern ein kleines Wochen-
endhaus an der Alten Donau, wo Hans stundenlang im Boot sitzen und seine
Angel in die Algenwälder hinunterlassen konnte.

Mehrmals fuhr Hans auch nur mit seiner Mutter alleine in die Ferien, wenn sein
Vater beruflich in Wien festgehalten wurde oder mit seinen Freunden in
Purbach auf die Jagd ging. Hans Hass beschreibt in vielen seiner Bücher seine

Haüfig fuhr Hans Hass in seinen Jugendjahren mit seiner Mutter nach Juan-les-Pins. (1934)

Mutter, zu der er eine sehr intensive Beziehung hatte, als eine sehr schöne, charmante und jugendlich wirkende Frau, die einen großen Einfluß auf seine Erziehung hatte.[1] Sie hatte ihn schon früh sehr selbständig erzogen, und das Verhältnis von Hans Hass zu seiner Mutter war eher ein Bruder-Schwester als ein Mutter-Sohn Verhältnis. Ihre gemeinsamen Fahrten gingen zumeist nach Dalmatien, wo der Vater Freunde hatte, nach Royan an die Girondemündung und nach Juan-les-Pins an die französische Riviera. Während dieser Jahre interessierte sich Hans Hass aber eher für die weiblichen Wesen am Strand als für die bunten Fische unter der Meeresoberfläche.

Im Sommer 1937 war es dann soweit: Das Abitur war bestanden, und die Eltern von Hans beschlossen, da er nun auch 18 Jahre alt war, ihn diesmal ganz alleine losziehen zu lassen. Er war im Vorjahr schon einmal ohne Eltern für eine kurze Zeit als Austauschstudent in Südengland gewesen und sollte nun auch alleine zur Weltausstellung nach Paris fahren. Die Mutter war der Ansicht, daß es für Hass jetzt an der Zeit war, sich die Hörner abzustoßen, und Hass war auch durchaus entschlossen, diesem Wunsch zu entsprechen. Es war der Wunsch

Das Tennisspielen ist auch heute noch eine große Leidenschaft von Hans Hass. (1937)

des Vaters, daß er nach Rückkehr aus Paris an der Wiener Universität mit dem Jurastudium beginnen und dann später die Kanzlei von ihm übernehmen sollte. Hans Hass blieb drei Wochen in Paris, lernte die Weltausstellung kennen und durchstreifte die Straßen, doch dann hatte er von der lärmenden Metropole genug. Er setzte sich kurzerhand in den Zug und fuhr an die Atlantikküste nach Hossegor, einem Seebad in der Nähe von Biarritz, das ihm Freunde besonders empfohlen hatten. Als Hass aber in Hossegor ankam war das Wetter so schlecht und die Hotels so sündhaft teuer, daß er beschloß, unverzüglich nach dem wohlvertrauten, immer sonnigen Juan-les-Pins weiterzureisen. Die französische Riviera zwischen St. Tropez und Monaco war besonders zu dieser Zeit noch der Treffpunkt der High Society, der Reichen und Schönen. Juan-les-Pins, zwischen Antibes und Cannes gelegen, besitzt einen großen, künstlich angelegten Sandstrand in der ansonsten felsigen und zerklüfteten Küstenlandschaft des Esterel- und Maritimgebirges. Hass tummelte sich vier Wochen lang in diesem Eldorado und fand es aufregend und herrlich. Doch dann verfiel er einer unglücklichen Liebe und begann mit Spaziergängen in die Einsamkeit der Felsklippen an der Küste. Und damit nahm das Schicksal seinen Lauf, denn bei einem seiner Spaziergänge beobachtete er am entlegenen Cap d'Antibes, in dessen Nähe sich Eden Rock, eines der teuersten und exklusivsten Hotels Europas befindet, einen Mann, der mit einem drei Meter langen Stab in der einen Hand in den Wellen schwamm. Diese Begegnung sollte für das weitere Leben von Hass entscheidend sein.

Hans Hass setzte sich neugierig auf die Klippen und beobachtete, wie der Mann elegant in den Wellen auf und ab tauchte. In dem besonders klaren Wasser konnte der verblüffte Hass auch sehen, daß der Taucher mit seinem Handspeer auf dem Meeresgrund auf die Jagd nach Fischen ging. Als der Mann nach einer Weile aus dem Wasser stieg, begann Hass ein Gespräch mit ihm und stellte wißbegierig an ihn all die Fragen, mit denen er später selbst so oft überfallen wurde: "Wie ist es möglich, daß Sie sich so lange unter Wasser aufhalten können? Wie machen Sie es nur, daß Ihnen die Fische nicht davonschwimmen? Brauchen Sie unbedingt diese merkwürdige Brille? Der Amerikaner beantwortete liebenswürdig und bereitwillig meine Fragen. Er erzählte mir von der Schönheit des Meeresgrundes, von den vielen Fischen, die dort leben, und von der Harpune, mit der er den Fischen zu Leibe rückte. Er ließ mich damals zum erstenmal jene neue Welt ahnen, die mir später so vertraut werden sollte. Gilpatric, so hieß der Amerikaner, erzählte aber nicht bloß als begeisterter Kenner von der Jagd unter Wasser, er gab mir auch

Ratschläge, wie ich mir diese Welt erobern könnte."[2] Der Amerikaner warnte den aufgeregten Hass noch vor den giftigen Muränen und den gefährlichen Haien und Polypen, wünschte ihm viel Erfolg für seine Versuche und verschwand leise und unvermutet, wie er gekommen war, wieder zwischen den Wellen.

Guy Gilpatric, ein bekannter Schriftsteller und Korrespondent der amerikanischen Saturday Evening Post, betrieb diese Unterwasserjagd schon einige Jahre lang an der französischen Mittelmeerküste. Er hatte von einem befreundeten amerikanischen Marineoffizier, der in der Südsee Eingeborene bei der Unterwasserjagd beobachtet hatte, von dieser Methode erfahren und sie an der französischen Riviera als neue Sportart populär gemacht. 1937 gab es etwa ein Dutzend Unterwasserjäger zwischen Frejus und Monaco. Viele, heute bekannte und berühmte Persönlichkeiten der Taucherszene, wie beispielsweise auch der französische Tauchsportpionier Yves le Prieur oder der Marinekapitän Jacques Yves Cousteau gehörten damals ebenfalls zu Gilpatrics Anhängern.

Hass war von diesem Schlüsselerlebnis wie elektrisiert, hier hatte er eine Betätigung gefunden, die genau seinen Neigungen entsprach: Die Kombination von Sport, Draufgängertum und Ungewöhnlichem, Nichtalltäglichem war geradezu ideal für die Interessen von Hans Hass. Vor seinen Augen sah er die riesige Fläche der Ozeane, die zwei Drittel der Erdoberfläche ausmacht und nahezu unerforschtes Neuland darstellte, und in seiner jugendlichen Phantasie dachte er an die Bücher von Jules Verne, dessen Kapitän Nemo durch die Tiefen der Meere mit ihren Gebirgen und Schluchten fuhr und dort mit den gefährlichen Seeungeheuern kämpfte. Konnte es Schöneres geben, um ein jugendliches Herz zu erobern? "Wohl im Leben eines jeden Menschen kommt einmal der Augenblick", schrieb Hass kurze Zeit später, "in dem er fühlt, daß er seinem Glück begegnet ist, und in dem ihn der Wunsch beseelt, es schnell zu fassen und zu halten. So erging es mir damals."[3]

Vergessen war die unglückliche Liebe, und trotz der Mittagshitze machte er sich sofort auf den Weg, um sich so schnell wie möglich eine Ausrüstung für die Unterwasserjagd zu besorgen. Der Schmied Martin in Antibes verlangte für die gewünschte Harpune die stolze Summe von 150 Francs. Er konnte sie erst in einigen Tagen liefern, aber bei dem Optiker von Antibes konnte Hass die wasserdichte Brille sofort mitnehmen. Es handelte sich dabei um die gleichen zweiäugigen Brillen, die für U-Boot-Austauchgeräte entwickelt wurden und den heutigen Schwimmbrillen für Schwimmwettkämpfe ähneln. Wenn man mit ihnen tiefer als zehn Meter tauchte, dann preßte der Wasserdruck sie so stark in die Augenhöhlen, daß die Augen tränten, und standen die beiden Gläser nicht genau parallel, sah man ein doppeltes und verzerrtes Bild. So zog Hans Hass in den ersten Tagen nur mit der Schwimmbrille bewaffnet los, um das fremde Reich unter dem Meeresspiegel kennenzulernen.

Gleich am ersten Tag fuhr er mit der Motorfähre zu der kleinen Insel St. Honorat, die in einiger Entfernung vor Cannes liegt. Hass war schon einigemal mit seiner Mutter hier gewesen, und hatte damals einen idealen Picknickplatz am Strand entdeckt - dort wollte er die neue Schwimmbrille erproben. Das Wasser war hier kristallklar, und er blickte in eine fremdartige, merkwürdig flimmernde Welt. Spähend und immer tiefer tauchend schwamm er die Ostküste entlang. "Ich fühlte mich wunschlos glücklich", schrieb er. "Die Welt über Wasser und die unglückliche Liebe waren vergessen; eine neue Welt und eine glücklichere Liebe waren mir erstanden."[4]

An den nächsten Tagen schwamm und tauchte Hass stundenlang an der Küste von Antibes entlang und konnte sich an all dem Neuen nicht sattsehen. Er versuchte auch, ohne die Harpune an die Fische heranzuschleichen und sammelte die bunten Gehäuse der Seeigel auf dem Meeresgrund. Und dann kam der große Tag, an dem er von dem Schmied Martin seine Harpune erhielt! Die drei Meter lange Holzharpune bestand aus drei zusammenschraubbaren Teilen und besaß vorne einen eisernen Harpunenschaft, auf dem die lösbare Spitze aufsaß. Diese Spitze verankerte sich im Körper des Fisches und löste sich mit einem Vorfach aus Draht und einem kurzen Stück Seil vom Schaft. Das Seil wurde mit einem Gummiband am Harpunenstock festgehalten und schlüpfte nach dem Stich aus dem Band heraus, so daß der Fisch mit dem Seil an dem Stock hing.

Freudig erregt zog Hans Hass noch am gleichen Tag auf die Fischjagd und wurde doch herb enttäuscht: bei den ersten Versuchen verhielt er sich sehr ungeschickt, stach sich zunächst selbst in die Hand und zum guten Schluß zerbrach auch noch die teuere Harpunenspitze an einem Felsen. Sofort ließ er sich aber eine neue anfertigen, lernte täglich besser, mit der Harpune umzugehen und hatte nun auch erste, wenn auch bescheidene Erfolge.

In diesen Tagen traf er zufällig in Juan-les-Pins seinen alten Wiener Freund Viktor Marischka, der auf Anhieb nicht minder begeistert von der Unterwasserjagd war und sich sofort Hass anschloß. Nun jagten sie zu zweit an der Ostspitze von St. Honorat und vor Antibes, und bald fingen sie soviele Fische, daß sie nicht mehr wußten, wohin mit ihnen. Seit einiger Zeit ernährten sie sich schon ausschließlich von den selbstgefangenen Fischen, aber am Abend blieb immer noch eine Anzahl übrig. So entschloß sich Hass, die überzähligen Fische an die Speiserestaurants von Antibes und Juan-les-Pins zu verkaufen, die darüber sehr erfreut waren und auch gerne den Fisch annahmen. Anstatt jedoch das verdiente Geld in dem Casino oder den Bars von Jules-les-Pines zu verjubeln faßte Hass einen ernsten und edlen Entschluß: Von jetzt ab sollten die Einnahmen durch seine Unterwasserjagd immer nur für weitere Unternehmungen verwendet werden. Ein Unternehmen sollte so immer das darauffolgende finanzieren. Hass war es so ernst mit diesem Entschluß, daß er sich gleich ein Kontobuch anlegte und mit einer genauen Buchhaltung begann. Damals, am 18. August 1937, überwog sein Soll aber noch mit 262,50 Francs. St. Honorat bot den Freunden jedoch bald zu wenig Abwechslung, und so versuchten sie ihr Glück jenseits von Cannes, bei dem kleinen Ort Theoule. "Mit jedem Tag beherrschte ich die Technik besser, und doch fehlte etwas", schrieb er, "irgend etwas sehr Wichtiges - ich spürte es. Und eines Tages kam mir plötzlich die große Erleuchtung: Technik allein genügt nicht! Meine Fische waren nicht bloße Fangobjekte! Ich mußte mich mit der Eigenart ihres

Zum ersten Mal auf Unterwasserjagd: 1937 in Südfrankreich.

Ausrüstung.

Die Harpune besteht aus zwei je 120 m langen Holzstöcken die mit einander verschraubbar sind und die den Griff bilden, seitens aus einem 60 cm langen dünneren Eisenstab der als Träger des Harpunen-Kopfes mit dem Griff ebenfalls fest verschraubt ist, und schließlich aus dem Kopf und dem an ihm angebrachten Seil. Der Kopf besteht aus einer scharfen Spitze mit einem großen & einem kleinen Widerhaken zwischen denen, auf einer Schiene beweglich, der Eisenstab bewegt ist. Das Stahlseil ist in der Mitte der Harpune angebracht, & geht dann in ein Seil über das mit dem Fischer oder mit der Harpune in Verbindung steht.

Ich ließ sie mir bei Kartin in Antibes

Drei Seiten aus dem Tagebuch von Hans Hass. Darin schildert er seine ersten Unterwasserabenteuer

um 150 Fr. anfertigen. Die Spitze allein   150.-
kostet 60 Fr.

Die wasserdichten Brillen erstand ich
beim Optiker in Antibes um 50Fr   50.-

Ein rostfreies Fleischermesser ist zur Verteidigung nötig und kostete 18 Fr.   18.-
Eine Scheide für dieses Messer kostet 2 Fr   2.-

Badehaube von unauffälliger Farbe
bekommt man für 14Fr.   14.-

Ohrenstöpsel kann man sich aus Oel
Watte & ev. Wachs machen - ich kaufte
sie für 12 Fr. beim Apotheker   12.-

Handschuhe sind praktisch da man
sich die Hände leicht verletzt. Meine
kosteten 8Fr   8.-

-Weiters Oel (à 5Fr) Schmirgelpapier (à 50c) 5.50
zur Instandhaltung der Harpune & für
den Körper, Verbandzeug (à 3Fr)& Pin-   3.-
zette, ein Netz (à 1Fr) für die Fische &   1.-
ein starkes Seil (à 5 Fr) vervollständi-   5.-
gen die Ausrüstung.   262.50

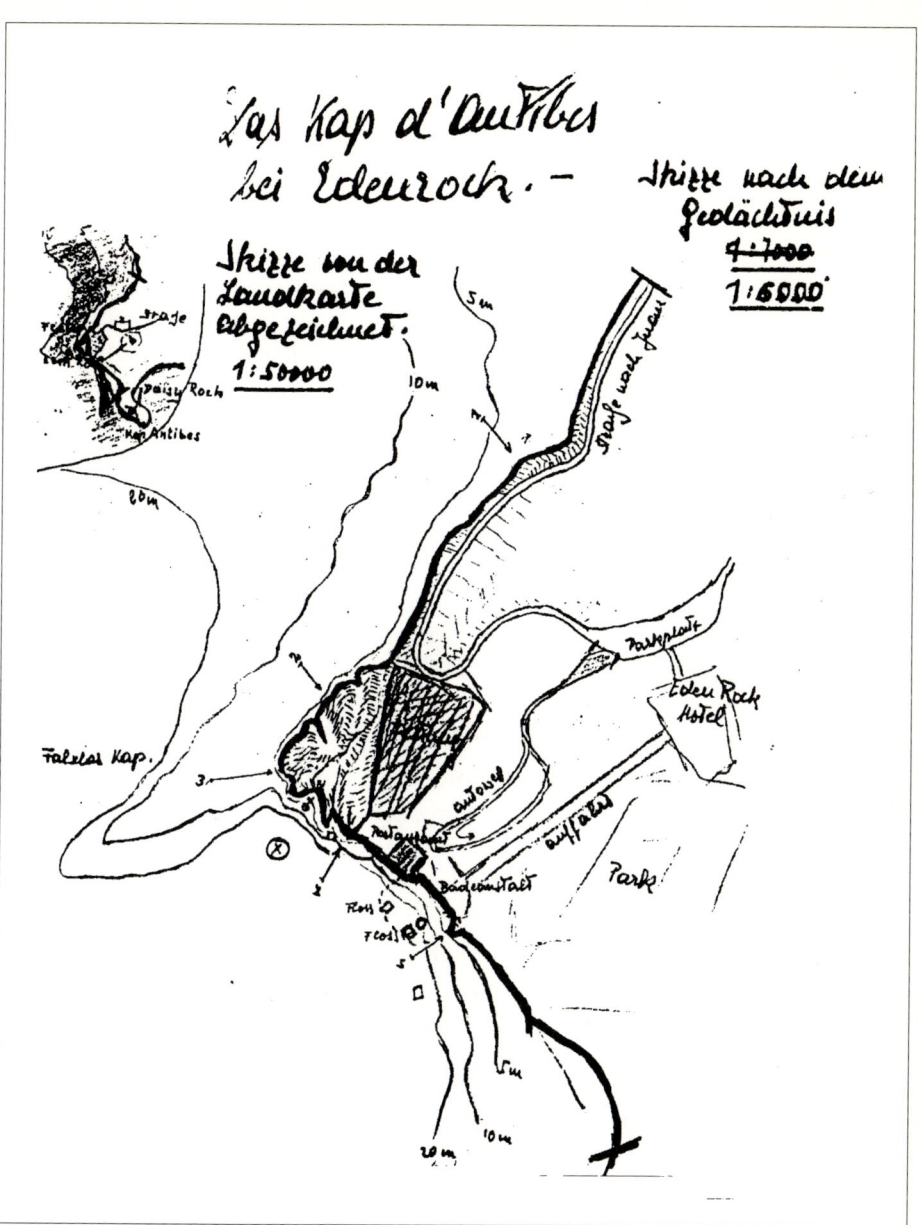

Das Kap d'Antibes
bei Edenrock. —

Skizze nach dem
Gedächtnis
1:7000
1:5000

Skizze von der
Landkarte
abgezeichnet.
1:50000

Wesens vertraut machen, und je mehr ich in ihr Wesen eindrang, umso interessanter wurden sie mir, ja Vergleiche mit den Charakterzügen der Menschen drängten sich geradezu auf."[5] Hass begann zunächst damit, das Verhalten der einzelnen Fischarten zu beobachten, um im geeigneten Moment den Stoß mit der Harpune anzubringen, später aber auch aus Interesse an der Verschiedenartigkeit der einzelnen Gattungen. Bereits in seinem ersten Buch "Jagd unter Wasser" von 1939 finden sich ausführliche Schilderungen von Fischcharakteren. Hass machte damals auch eine Beobachtung, die sein späteres Leben wesentlich beeinflußt hat: Bei seinen Jagdzügen zeigte sich, daß die einzelnen Fischarten, die er verfolgte, durchaus nicht so stumpf und teilnahmslos waren, wie sie sich im Aquarium präsentieren. Um an sie heranzukommen mußte er sie ganz genau studieren. Er stellte dabei fest, daß das Instinktverhalten der einzelnen Arten, ihre Lebensweise und ihre Reaktionen genauso verschieden sind wie ihre Körpergestalt, Farbkleidung und Intelligenz. Das brachte ihn etwas später auf den Gedanken, daß sich hier für die Meeresforschung eine vollkommen andere und neue Möglichkeit bot. Sie bestand darin, daß der Forscher sich selbst in ein fischartiges Wesen verwandelte, die Tiere direkt vor Ort in ihrer natürlichen Umwelt beobachtet und mit ihnen experimentiert - und genau dies hat Hass dann bei seinen späteren Expeditionen verwirklicht.

Zu dieser Zeit waren solche Gedanken eigentlich revolutionär, denn in der wissenschaftlichen Forschung bediente man sich fast ausschließlich noch Schleppnetzen und Angeln, die man von einem Boot aus in die Tiefe sandte. Vermischt mit Sand und Schlamm warf man den Fang in wahllosem Durcheinander auf die Planken der Fangboote. Die erbeuteten Meerestiere wurden untersucht und die noch lebenden in einem Aquarium beobachtet. Daß dort die Tiere nicht mehr ihr natürliches Verhalten zeigen, liegt auf der Hand, und deshalb war damals über das natürliche Leben und Zusammenleben der Meerestiere noch sehr wenig bekannt. Nur wenige Forscher hatten zu dieser Zeit auch schon echte Freilandbeobachtungen angestellt, wie etwa der amerikanische Tiefseeforscher William Beebe oder Anton Dohrn, der Begründer der Zoologischen Station in Neapel.

Die Jagdleidenschaft trieb Hass und Marischka jeden Morgen auf die Fischjagd, und trotz Kälte und Anstrengung blieben sie nicht selten bis zu fünf Stunden im Wasser. Am Abend fielen sie vor Erschöpfung in ihre Betten und konnten trotzdem stundenlang nicht einschlafen. Sie dachten an immer noch größere Fische und bessere Harpunen. Durch den Fischverkauf an die Hotels besserte sich die Finanzlage von Hass wieder zusehens. Bald konnte er sich ein Fahrrad mieten und lernte so die ganze Küste bis St. Raphael kennen. Die beiden Freunde jagten nun am Cap Miramar, bei den Klippen von Trayas, am Cap Roux, bei der kleinen Insel Anthéor und zuletzt auch bei den Felsen von Dramont. Bald bekam Hass einen sicheren Blick für gute Fischplätze.

Es war am Cap Miramar, wo Hass seine erste Begegnung mit Thunfischen hatte, und daß diese erste Begegnung nicht tragisch endete, war nur einem glücklichen Umstand zu verdanken. Da es Hass anfangs nicht gelang, mit der relativ kurzen Leine an der Harpune die Thunfische an Land zu bringen, benutzte er diesmal ein 15 Meter langes Seil. An einem Ende befestigte er die Harpunenspitze, den Rest des Seiles wickelte er sich mit einem kunstvollen Knoten, der sich im Notfall selbst öffnen sollte, um den Bauch. Aber gerade dieser Knoten wurde Hass beinahe zum Verhängnis.

So ausgerüstet stieg er erneut ins Meer, um einen Thunfisch zu harpunieren. Guy Gilpatric, dem Hass am Abend die Episode in einem Bistro erzählte, hat sie in sein Buch von 1938 "The compleat Goggler" übernommen: "Im letzten Sommer", schrieb dort Gilpatric, "stach ein junger und sehr zäher Österreicher, der in unserem Gebiet jagte, einen Thunfisch von etwa 20 Pfund Gewicht. Der Thunfisch löste sich mit der Harpunenspitze von dem Speer, und der Österreicher begann mit ihm an der Leine ein Tauziehen. Aber dem Thunfisch war es nicht sonderlich zum Spielen zumute. Er schwamm tiefer, tiefer und immer tiefer! Nun, in einer solchen Lage hätte ich die Leine gekappt oder die Harpune fahren lassen, aber der Österreicher war aus einem härteren Holz geschnitzt und so blieb er, bei Gott, an dem Seil dran. Schließlich riß in einer Tiefe von 16 Meter die Harpunenspitze aus dem Thunfisch aus. Der Österreicher erreichte zwar noch die Oberfläche, aber auf dem Weg nach oben war eine Menge Wasser in seine Lungen eingedrungen, und es war wirklich eine sehr üble Sache."[6] Nachdem Hass dann mehr tot als lebendig wieder das Ufer erreicht hatte, beschloß er, die Sache mit dem kunstvollen, "selbstlösenden" Knoten nicht mehr weiter zu erproben.

So vergingen die Tage in Südfrankreich mit Fischjagd, schwimmen und tauchen, und Hass verliebte sich immer mehr in das Meer mit seinen vielen Fischen, Tieren und Pflanzen. Aber der Beginn des Jurastudiums stand kurz bevor, und so mußte er schweren Herzens Abschied von der Cote d'Azur nehmen und die Heimfahrt nach Wien antreten. Sein Kopf war dabei voller zahlloser Ideen, und er träumte von einem eigenen Schiff, das ihn in die südlichen Meere bringen sollte.

Schon in diesen ersten Tagen war Hass die ungeheuere Größe seines neuen Jagdreviers bewußt geworden. Er ahnte damals noch nichts von den phantastischen Landschaften auf dem tropischen Meeresgrund und von dem unglaublichen Fischreichtum innerhalb und rund um versunkene Schiffe. Aber ihm war klar, daß zwei Drittel der Erdoberfläche praktisch vom Menschen noch unberührt war - unbetreten und unerforscht, und das im 20. Jahrhundert! Bei seinen Vorstößen in die unerforschten Tiefen begegnete er der reinen, ursprünglichen Natur - ein Erlebnis, das zu dieser Zeit nur ganz wenigen Menschen vorbehalten war. In den tropischen Riffen wollte er eines Tages tauchen, und die dort lebenden Fische kennenlernen. Fast überall, wo er in den späteren Jahren tauchen sollte war er der erste, und er wußte nicht, was ihm hinter dem nächsten Riff oder Felsen begegnen würde. In seiner Phantasie stellte er sich die damals noch kaum bekannten "Meeresungeheuer" vor, die er dann auch der Reihe nach kennenlernen sollte. Viele Jahre später meinte Hass einmal, daß gerade die prickelnde Angst vor dem Neuen und Unbekannten vielleicht der stärkste Antrieb für alles war, was er in den folgenden Jahren unternahm.[7]

Fotojagd auf dem Meeresgrund

Nach Wien zurückgekehrt nahm das Leben wieder seinen geregelten Lauf. Hass immatrikulierte sich an der Universität für Jura, ganz so wie es der Vater wollte. Er selbst wollte nun nach seinen Erlebnissen in Südfrankreich zwar Zoologie studieren, aber es gelang ihm nicht, seinen Vater umzustimmen. Als Hass seinen Vater nämlich von seinen Plänen und Absichten unterrichtet hatte, meinte dieser, Zoologie sei schön und gut, wenn man genügend Geld zum Ausgeben hätte; sei dies aber nicht der Fall, dann könne man dabei verhungern. Bestenfalls würde man Direktor in einem Museum oder Professor an einer Universität. Eines wäre so schlecht bezahlt wie das andere, und man könne dabei ein alter Mann werden, bevor der Staat Hass einmal eine Expedition bezahlen würde. (Mit seinen Prophezeihungen sollte der Vater - aber das zeigte sich erst viele Jahre später - gar nicht so unrecht haben). Als Rechtsanwalt könne er dagegen leicht genug Geld verdienen, um sich nebenbei auch solche Extravaganzen wie diese seltsame Unterwasserjagd leisten zu können.

So studierte Hass bis zum nächsten Sommer eher unwillig zwei Semester römisches Recht, jedoch war es für ihn keine verlorene Zeit, denn er lernte dabei das klare logische Denken, das für jede wissenschaftliche Betätigung von grundsätzlicher Bedeutung ist. Und je klarer und logischer er denken lernte, unso klarer wurde ihm, daß er sein Leben nicht zwischen verstaubten Prozeßakten beschließen würde. Jedoch machte ein ganz anderes Problem als das unglückliche Jurastudium Hans Hass viel mehr zu schaffen: Als er nämlich nach seiner Rückkehr vom Mittelmeer Freunden und Bekannten von seinem neuen Sport erzählte und all die aufregenden Unterwasserabenteuer schilderte, machte er die traurige Erfahrung, daß niemand seinen Berichten glauben wollte. Die meisten beschuldigten ihn einer zu jugendlichen Phantasie oder stempelten ihn einfach als Aufschneider ab. Wie auch schon viele andere Pioniere vor ihm mußte nun auch Hass die bittere Pille schlucken, daß es leichter ist, etwas Neues und Besonderes zu beginnen, als die Mitwelt davon zu überzeugen, daß es wirklich etwas Neues und Besonderes ist.

Sein Onkel, der Forschungsreisende Professor Erich Zugmayer, dem er von seinen Erlebnissen genau berichtet hatte, tröstete ihn. Er hatte Reisen auf den Spuren von Sven Hedin unternommen und auch am Ozeanografischen Institut von Monaco gearbeitet. Zugmayer meinte, man könne den Himalaya überqueren, und die Bekannten würden dazu nur "Ach, wie interessant" sagen, um sich gleich wieder dem Bridge zuzuwenden oder dem Fußball.[8] Wenn allerdings im Wochenblatt ein entsprechender Artikel stünde, dann sei es etwas ganz anderes, dann erst würde man die Erzählungen glauben und man sei mit einem Schlag ein Held! Und zwar sei es dann ziemlich gleichgültig, ob und was man überhaupt geleistet habe - nur eben im Wochenblatt müsse es zu lesen sein.

Daraufhin verfaßte Hans Hass, der vom regelmäßigen Tagebuchschreiben schon etwas Übung darin hatte, einen schwungvollen Bericht über seine Erlebnisse in Südfrankreich und sandte ihn an die drei größten Zeitungen von Wien. Zu seinem Bedauern zeigte jedoch keine dieser Zeitungen Interesse an seinem Bericht, und alle drei teilten ihm abschlägig mit, daß es sich um ein zu entlegenes Thema handele: er solle es doch einmal bei einer Fischerzeitung versuchen. Das tat Hass dann auch, und wirklich erschien der umfangreiche Artikel ein halbes Jahr später in der Monatszeitung "Der Angelsport".

Gleich zu Beginn des Artikels erklärt Hass, was ihn an diesem neuen Sport so fasziniert: "Seit langen Jahren habe ich von einem Sport geträumt, bei dessen Ausübung ich auch wissenschaftlich nützlich tätig sein könne. Meine Vorbilder waren daher seit jeher jene großen Forscher gewesen, die einst mit Flinte und Botanisiertrommel die Urwälder durchforschten, oder jene, die auf zerbrechlichen Nachen ihren Weg nach unbekannten Küsten erzwangen. Ein Sport schwebte mir vor Augen, der nicht nur Körper und Geistesgegenwart schult, sondern durch dessen Praxis ich mein Wissen - und vielleicht auch das meiner Mitmenschen - bereichern könnte. Ich haben diesen Sport letzten Sommer an der Riviera gefunden ...”[9]

In der Fischerzeitung "Der Angelsport" dürfte kaum einer der Bekannten von Hass den Artikel je gelesen haben, aber er erhielt für diesen ersten, großen Bericht mit Überwasserfotos ein Honorar von 200 Reichsmark, wofür er sich sofort einen Fotoapparat kaufen wollte. Er hatte sich nämlich dazu entschlossen, seine Jagdzüge und die Welt unter Wasser zu fotografieren, um Beweise für seine Erzählungen, die ihm niemand glauben wollte, zu schaffen. So entsprangen also die Aufnahmen, die Hass dann auch zum Begründer der modernen Unterwasserfotografie machen sollten, letztendlich seiner verletzten Eitelkeit.

Bis heute ist es dabei geblieben, daß der moderne Unterwasserforscher zwangsläufig auch Fotograf sein muß, weil nur die dokumentarische Beweiskraft von Film und Foto die Umwelt überzeugen kann. Die Entdeckung eines Wracks, die Begegnung mit einem seltenen Fisch und all das Unglaubliche, was dem Taucher in der Tiefe begegnet, läßt sich einzig und allein durch systematisches Fotografieren beweisen.

Hass verstand bis dahin noch sehr wenig von der Fotografie, zweifelte jedoch keinen Augenblick am Erfolg. Er wußte ja, wie hell und sonnig es unter Wasser ist, warum sollte es also nicht gelingen? Er konsultierte Fachleute und studierte die fotografische Literatur, doch nirgendswo konnte er weiterführende Hinweise zum Thema "Unterwasserfotografie" finden. Das ist nicht ganz so verwunderlich, wie es vielleicht scheint, denn was bis dahin unter dieser Bezeichnung lief, war nur in den allerwenigsten Fällen wirklich unter Wasser aufgenommen worden. Wenn es nicht reine Trickaufnahmen waren, sind sie zum überwiegenden Teil in großen Aquarien entstanden.

Die ersten Versuche, Aufnahmen von der Unterwasserlandschaft zu machen, gehen auf den deutschen Erfinder Wilhelm Bauer zurück. 1855 gelang es dem bayerischen Unteroffizier und Erbauer des ersten brauchbaren deutschen Unterseebootes, der sich nach Ablehnung seiner Unterseebootpläne in Deutschland, Österreich, England und Frankreich nach Rußland gewandt hatte, bei seinen Fahrten in russischen Gewässern auf dem Newa-Fluß von seinem Boot aus (er führte 134 Tauchbootfahrten durch) den Meeresgrund zu beleuchten und trotz der Unvollkommenheit der damaligen fotografischen Apparate zum ersten Male in der Menschheitsgeschichte Fotografien unter Wasser aufzunehmen.

Im allgemeinen gilt aber heute der französische Wissenschaftler Louis Boutan mit Recht als der Vater der Unterwasserfotografie. Er befaßte sich ab 1893 erstmals mit einem enormen technischen, materiellen und zeitlichen Aufwand mit Fotografie unter Wasser. Seine praktischen Versuche startete er in Südfrankreich, in der kleinen Bucht von Banyuls-sur-Mer und der Bucht du Troc. Er benutzte einen riesigen Apparat, eine der damals üblichen Detektiv-Plattenkameras mit 9x12 cm großen Platten, die er in ein wasserdichtes Holzgehäuse einbaute. Sein Filmmaterial waren feuchte Kolodiumemulsionen, die so schwach lichtempfindlich waren, daß er anfänglich Belichtungszeiten von fast 30 Minuten benötigte! Da der Wasserdruck in zunehmender Tiefe die Kamera zu zerdrücken drohte, verwendete er einen Druckausgleich: Eine luftgefüllte Blase, vom Wasser zusammengedrückt, komprimierte die Luft im Kameragehäuse. Seine zweite Kamera konstruierte er so, daß er auf ein Gehäuse und dementsprechend auch auf einen Druckausgleich verzichten konnte; Linse und Platte wurden von Wasser umspült. Boutan war aber hinsichtlich der optischen Besonderheiten des Wassers von falschen Überlegungen ausgegangen; deshalb vermochten ihn seine ersten Aufnahmen nicht zu befriedigen. Er konstruierte eine dritte Kamera, bei der er die Entfernung einstellen und die Trockenplatten unter Wasser auswechseln konnte. Da die Emulsionen aber immer noch zu unempfindlich waren, versuchte es Boutan nun mit Kunstlicht. Dafür hatte er anfangs in eine mit Sauerstoff gefüllte Glasglocke eine Magnesiumspirale montiert, die er über einen Plantindraht elektrisch zündete. Später verwendete er Bogenlampen mit starken Akkus als Stromquelle und ließ seine Kamera sogar bis in eine Tiefe von 50 Metern hinab. Seine gesammelten Erfahrungen veröffentlichte er 1900 in Paris in einer Zusammenfassung. Fast zur gleichen Zeit schrieb John Humphrey in Scientific American 69 seine Abhandlung über die Submarine Photography. Von Boutan inspiriert, fotografierte auch der Naturwissenschaftler Etienne Peau unter Wasser. Durch Studien des Auges der Mayakrabbe war er zur Konstruktion seiner Unterwasseroptik angeregt worden. Dabei gelangte er zu einem Klarsichtvorsatz, der ihm erstaunlich gute Aufnahmen im trüben Wasser der Seinemündung gestattete. Ein anderer Unterwasserfotograf der Anfangsperiode war der Amerikaner Hartmann. Sein Gerät wog ganze 17

Zentner. Er hellte das Objekt mit sieben Lampen (je 15000 Watt) auf und verwendete einen Film von 6000 Aufnahmen. Seine "Riesenbox" mußte er mit Elektromotor und Schraube versehen, um sie unter Wasser fortbewegen zu können. Durch den Karikaturisten John Ernest Williamson rückten dann Unterwasserfoto und -film näher in das Interesse der Öffentlichkeit. Er konstruierte 1914 die "photosphäre", eine wasserdichte Fotografierkammer, in der drei Personen Platz hatten! Sie wurde von einem Schiff ins Wasser gelassen, und durch ein Glasfenster konnte Williamson in Ruhe fotografieren. Da für die Meeresbiologie diese Methode vielleicht zweckdienlich, aber zu aufwendig war, griff der amerikanische Ichthyologe Longley vom Goucher College die alte Methode, Taucher und Kamera im Wasser, wieder auf. 1917 entstanden seine ersten Aufnahmen im Karibischen Meer, 1926 fotografierte er erstmals bei den Dry Tortugas vor der Küste Floridas in geringer Tiefe far- big. Als Aufnahmematerial benutzten er die sogenannten Lumiere-Auto- chromplatten und verwendeten als Kunstlicht entzündetes Magnesiumpulver, wobei pro Aufnahme die lebensgefährliche Menge von einem Pfund Ma- gnesiumpulver benötigt wurde. Ihre Ergebnisse veröffentlichten Longley und Martin im National Geographic 51.

1934 drehte der französische Tauchpionier Yves le Prieur, mit einem autono- men Tauchgerät und Bleischuhen auf dem Meeresgrund dahinwandernd, bereits seinen ersten Unterwasserfilm, und auch aus Tauchkugeln heraus waren bereits einige brauchbare Aufnahmen angefertigt worden, wie bei- spielsweise 1934 in 900 Meter Tiefe durch William Beebe oder 1936 bei 250 Meter Tiefe im Bodensee von dem Münchner Dr. Hofmann. In den nachfol- genden Jahren gab es einzelne Verfeinerungen der großformatigen und unbe- weglichen Unterwasserkameras, doch kamen alle diese Geräte nicht aus dem Experimentierstadium heraus. Sie waren einfach viel zu groß, zu unbeweglich und erforderten einen viel zu großen Aufwand.

So weit war die Entwicklung der Unterwasserfotografie fortgeschritten, als sich Hans Hass 1938 daranmachte, unter Wasser zu fotografieren. Nach reichlicher Überlegung entschied er sich für den Kauf einer Robot II, einer besonders handlichen, kleinen Kamera mit automatischem Filmtransport durch Federkraft. Infolge des automatischen Filmtransportes konnten ganze Serien bis zu 50 Aufnahmen in rascher Folge angefertigt werden. Die kurze Brennweite der Schneider-Xenagon-30mm Optik war für den Unterwasser- einsatz geradezu ideal. Der rotierende Verschluß der Kleinbildkamera mit dem Bildformat 24x24 mm ließ eine Belichtungszeit bis zu 1/500 Sekunde zu. Daß Hans Hass damals mit der Robot keine bessere Wahl hatte treffen können, haben ihm die späteren Erfolge bewiesen.

Für diese Kamera ließ Hass sich bei dem Wiener Kunstschlosser Franz Steurer, dessen Werkstatt am Bacherplatz lag, eine einfache, wasserdichte Messinghülle fertigen. Dabei erwies sich auch die Einknopfbedienung der Robot als ein wesentlicher Vorteil, denn dadurch wurde nur eine einzige Gehäusedurchführung notwendig. Diese Gehäusedurchführungen sind bis heute empfindliche Stellen an den Unterwasserkameras geblieben, und je weniger Durchführungen, umso geringer das Risiko eines Wassereinbruchs in die Kamera. Durch die Einknopfbedienung ergab sich jedoch die Notwendigkeit, alle Einstellungen an der Kamera vor Einsetzen in das Gehäuse an Land durchführen zu müssen. Durch experimentieren konnte Hass jedoch später mit wenigen Veränderungen an den Einstellungen unter Wasser fotografieren.

Neben der neuen Unterwasserkamera beschaffte sich Hass auch die damals ganz neuartigen Gummischwimmflossen aus Paris. Sie waren 1937 auf der Weltausstellung in Paris erstmals vorgestellt worden und erregten viel Aufsehen in dem Wiener Schwimmbad, in dem Hass sie erstmals erprobte. Diese Gummischwimmflossen stammten von dem Franzosen Louis de Corlieu, der sich schon seit 1926 mit der Entwicklung von solchen Schwimmflossen beschäftigt hatte. Ursprünglich waren sie für eine Abart des Kraulschwimmens bestimmt. Flossen aus unnachgiebigem, steifen Material waren schon lange bekannt, sie werden auf Borelli zurückgeführt und dienten im Mittelalter zur Erleichterung des Brustschwimmens ohne Armbenutzung.

Durch die Verbindung von Schwimmflossen und handlicher Unterwasserkamera gelang Hass so 1938 ein wesentlicher Fortschritt in der Unterwasserfotografie, denn jetzt konnte sich der Fotograf frei im Raum bewegen und völlig den Unterwasserverhältnissen anpassen. Dies war die Geburtsstunde der modernen Unterwasserfotografie.

Hass studierte nun auch die Unterwasserliteratur genauer und stieß auf das Buch des berühmten amerikanischen Tiefseeforschers William Beebe. Er hatte auf seinen Forschungsfahrten einen Taucherhelm benutzt, der über den Kopf gestülpt wird und nach unten offen ist. Die Luftzufuhr erfolgte durch einen Schlauch mittels einer Handpumpe. Im Prinzip war dieser Helm eine kleine Taucherglocke, die sich der Taucher über den Kopf stülpt und auf eine Erfindung von August Siebe bereits aus dem Jahre 1819 zurückgeht. William Beebes Schilderungen von den Möglichkeiten, die sich mit einem solchen

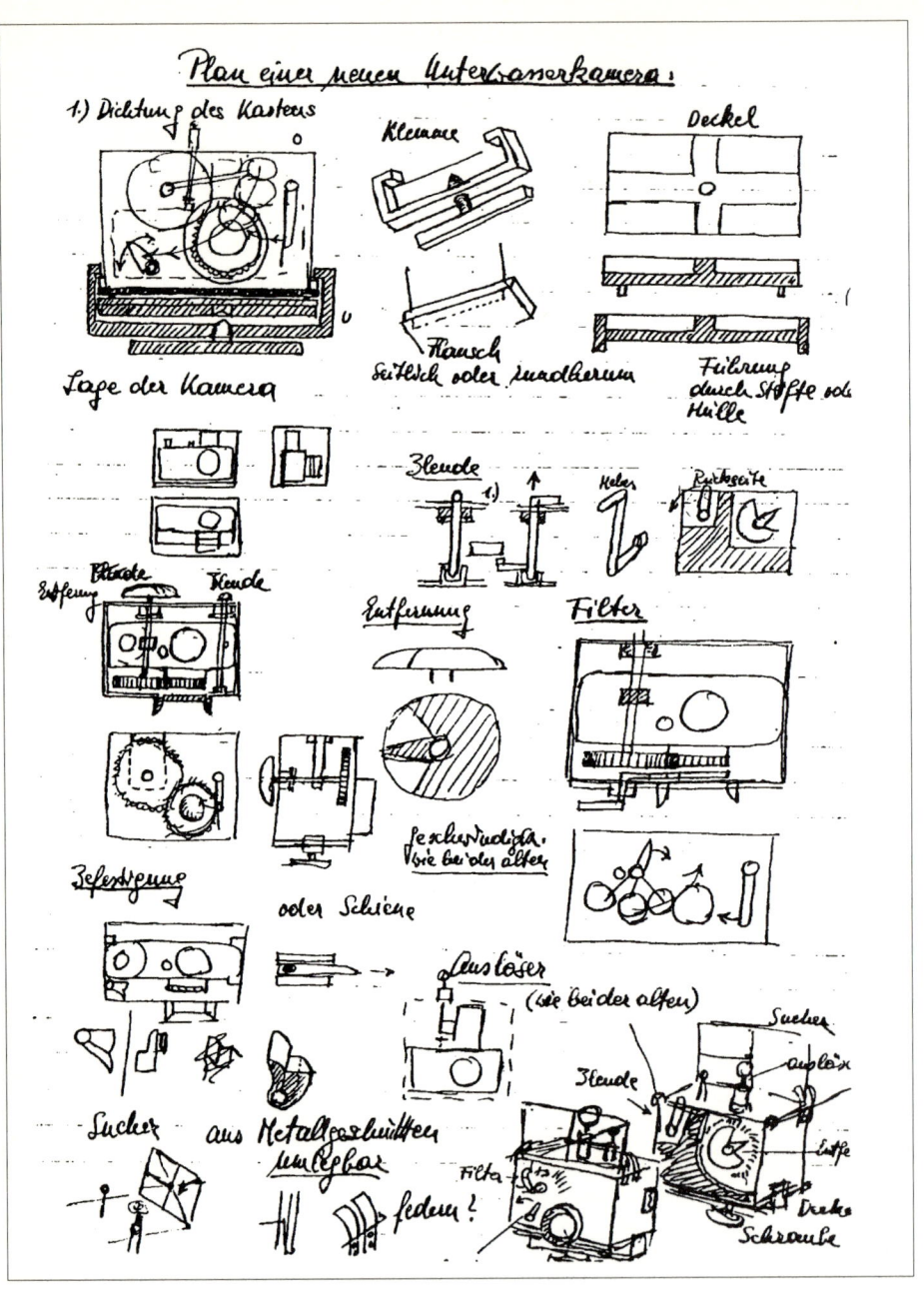

Konstruktionszeichnung für eine neue Unterwasserkamera, 1938. (Kopie aus Tagebuch)

Schon bald wurde Hass vom Jäger mit der Harpune zum leidenschaftlichen Jäger mit der Unterwasserkamera. (1938)

Taucherhelm boten, begeisterten Hass so sehr, daß er sich einen ebensolchen Helm anfertigen ließ und ihn eifrig im Frühjahr 1938 in der Alten Donau, einem alten Seitenarm der Donau in Wien, erprobte.

Hass hatte durch einen gelungenen Vortrag im Akademischen Sportverein der Wiener Universität einige neue Freunde gewonnen, die mit ihm gemeinsam die ersten Versuche durchführen wollten. Nach anfänglichen Schwierigkeiten gelang es Hass tatsächlich, mit dem Helm in vier Meter Tiefe die Alte Donau, die an dieser Stelle über dreihundert Meter breit war, zu durchqueren. Durch diesen Erfolg ermutigt nahm er sich vor, den Helm auf die nächste Reise mitzunehmen und im Meer in größerer Tiefe zu erproben. Auch die ersten Versuche mit der neuen Unterwasserkamera in einem Wiener Schwimmbad waren trotz des relativ trüben Wassers sehr zufriedenstellend und stimmten ihn hoffnungsvoll.

Nächtelang saß Hass nun vor der Weltkarte und erkundete die Küsten der Länder. In ferne Länder konnte die nächste Expedition freilich noch nicht gehen, dafür fehlte einfach das nötige Geld. Aber abgesehen davon gab es 1938 nach der Angliederung Österreichs an das Deutsche Reich auch kaum Devisen und Ausreisegenehmigungen. Deshalb sollte diese Reise im Sommer 1938 nach Dalmatien gehen, dessen Küste er schon von Reisen mit seinen Eltern kannte und von deren klarem Wasser er wußte. Acht Freunde aus dem Akademischen Sportverein wollten ihn dorthin begleiten, und zwar fünf im ersten Monat und drei im zweiten.

Bis dahin waren aber noch eine Reihe Vorbereitungen zu treffen. Ein passendes Schiff hatte ein alter Freund seines Vaters für ihn ausfindig gemacht. Das Schiff hieß *Sokol* und war ein acht Meter langer Segelkutter mit einem kleinen Hilfsmotor. Dann war noch die Schiffseinrichtung mit allen benötigten Materialien aufzufüllen. Gummimatrazen, Taschenlampen, Reiseapotheke, Handwerkszeug, Kochgeschirre und Trinkwasserbehälter mußten besorgt werden. Harpunen, Brillen und Flossen wurden ebenfalls für alle Teilnehmer bestellt. Der Taucherhelm brauchte einen längeren Schlauch und eine stärkere Handpumpe. Die Formalitäten nahmen am meisten Zeit in Anspruch. Ausreiseerlaubnis, Fahrkarten, Devisen und Visa wurden beantragt. Aber irgendwie schaffte es Hans Hass, alle Vorbereitungen rechtzeitig abzuschließen, und so stand einer Reise an die dalmatinische Küste schließlich nichts mehr im Wege. Hass wollte mit seinen drei Freunden Karl März, Guido Beer und Kurt Hämmerle sowie der ganzen Ausrüstung mit dem Zug von Wien bis Split reisen und von dort mit dem Dampfer nach Biograd weiterfahren. Hier lag die *Sokol* im Hafen, wohin die beiden anderen Teilnehmer der Reise, Egon Staic und Heinz Lill, mit ihrem Motorrad von Wien aus kommen wollten. Am 8. Juli 1938 sollte dann die *Sokol* in See stechen.

Hass verfolgte mit dieser Reise eine ganz besondere Absicht: Er wollte nicht nur seinen Freunden beibringen, wie man taucht und unter Wasser Jagd auf Fische machen kann, sondern versprach sich von der Reise viel mehr. Es mußte ihm gelingen, in diesem Sommer gute Unterwasserfotos aufzunehmen! Diese Fotos könnte er dann vielleicht veröffentlichen und eventuell auch mehrere Vorträge halten. So würde er einiges Geld verdienen und könnte dann in den nächsten Ferien wieder ein Stück weiter fahren, möglichst in die Tropen, vielleicht zum Roten Meer, nach Ceylon, oder in die Südsee. Dort würde es erst richtig losgehen: Jagden auf wirklich große Fische, Kämpfe mit Haien, Korallenriffe - und das alles filmen! Damit könnte man sicher auch genug Geld verdienen, um wirklich große Expeditionen zu finanzieren, mit einem eigenem Schiff, mit besseren Geräten und wissenschaftlichen Zielen. Sicherlich würde sich die Möglichkeit zu ganz neuen Forschungen bieten, die man dann vielleicht auch wirtschaftlich auswerten könnte.

Der erste Anlaufpunkt der *Sokol* war der Ort Presto auf der Insel Uglian. Der Landkarte nach zu urteilen, die Hass lange studiert hatte, mußten die Inseln Uglian und Incoronata mit ihren vielen vorgelagerten Riffen und Inselchen ein Eldorado für die Unterwasserjagd sein. Aber groß war die Enttäuschung, als Hass bei Uglian den ersten Blick unter Wasser warf! Die Inseln, die dem Gebiet vor Zadar vorgelagert liegen, sind reines Karstgebiet, nackte, rundliche Felsrücken, auf denen kaum etwas wächst. Und genau so wie über Wasser, sieht es auch unter Wasser aus. Weißer Felsen und nur gelegendlich ein kümmerliches Algenbüschel - das war alles. Da der Meeresgrund hier fast völig nackt war, fehlten auch die pfanzenfressenden Fische, und wo diese nicht sind, findet man natürlich auch keine Raubfische. So beschloß Hass, mit der *Sokol* nach Split weiter zu fahren, um im dort hoffentlich fischreicheren Wasser zu jagen. Zuvor machte er aber noch in dem besonders klaren Wasser um Uglian seine ersten Versuche, im Meerwasser zu fotografieren. Um die richtigen Belichtungszeiten zu ermitteln, ging er mit dem Taucherhelm unter Wasser und fotografierte dasselbe Motiv mit verschiedenen Einstellungen der Blende.

Vor Split angekommen widmete sich Hass ebenfalls vorwiegend der Unterwasserfotografie. Es tat ihm zwar anfangs leid, nicht wie seine Freunde mit der Harpune jagen zu können, aber im Hinblick auf seine künftigen Pläne waren gute Unterwasserfotos wichtiger als gefangene Fische. Also schluckte er seinen Groll hinunter und fotografierte die Unterwasserlandschaft, die Fische und seine Freunde, wie sie hinabtauchten und die Fische zu harpunieren versuchten.

Den ersten Film, den Hass unter Wasser bei Uglian belichtet hatte, ließ er gleich bei einem einheimischen Fotografen in Split entwickeln. Es stellte sich heraus, daß dieser Fotograf ein äußerst geschäftstüchtiger Mann war, denn als Hass einige Tage später die entwickelten Fotos bei ihm abholte, fand er bereits einige großformatige Vergrößerungen seiner Aufnahmen in dem Schaufenster des Fotogeschäfts. Aber noch weit weniger erfreulich war die Tatsache, daß einige Wochen später gute Abzüge seiner Bilder in einer jugoslawischen Illustrierten zu finden waren - und zwar mit dem Namen des jugoslawischen Fotografen als Autor!

Diese ersten Probeaufnahmen hatten Hass jedoch gezeigt, wie man den Film unter Wasser in verschiedenen Tiefen belichten muß. Da durch die Brechung des Sonnenlichtes im Wasser die Entfernung zu dem Objekt und seine Größe stark verändert wird, mußte er anfangs einen Maßstab benutzen, um die richtige Entfernung schätzen zu lernen. Auch erwies sich das feste Einstellen von Blende und Belichtungszeit als ein arges Handicap für das Fotografieren. Hatte Hass beispielsweise auf fünf Meter Entfernung scharf eingestellt, um einen Kameraden bei der Jagd zu fotografieren, konnte er nicht den kleinen Fisch in seiner Nähe aufnehmen, ohne seine Kamera vorher an Land schnell umzustellen. Aber schon nach einigen Tagen begann er, an dieser neuen Form der Jagd gefallen zu finden.

Im Grunde genommen war diese Fotojagd nicht weniger aufregend, und ein gelungenes Foto war sogar eine noch schönere Beute als ein toter Fisch. Außerdem war die Fotojagd wesentlich schwieriger als das Harpunieren. Hass mußte noch näher, also noch geschickter anschleichen als bisher, und gleichzeitig auf Hintergrund und Beleuchtung achten, damit der Fisch auch schön ins Bild rückte. Dazu mußte er meist viel länger unter Wasser bleiben. Hinzu kam noch, daß beide Hände zur Bedienung der Kamera nötig waren, so daß für das Tauchen ausschließlich die Beine zur Verfügung waren. Hier zeigte sich besonders der große Vorteil der Gummiflossen. Allerdings durfte man sich nicht zu schnell bewegen, da sonst die Fische flüchteten.

"Ich kenne selbst das Jagdfieber, das aufflammt, wenn man einen Bock oder Hirsch erlegt", schrieb Hass wenig später, "und ich weiß, welche Freude es macht, Hasen oder Rebhühner aufzuspüren und zu schießen. Nichts aber kann sich mit dem Glücksgefühl messen, das jener empfindet, dem es gelang, ein scheues Wild auf den Film zu bannen. Das eine ist eben - man möge es mir nicht übel nehmen - doch letzten Endes die Befriedigung eines Triebes, den einst die Notwendigkeit in das Herz unserer Urväter gepflanzt hat. Das andere ist Kunst und Freude an dem Schönsten der Welt: der Natur".[10]

Nach einigen Tauchtagen fuhr die *Sokol* weiter nach Makarska, wo Hass seinen Taucherhelm erprobte und die beachtliche Tiefe von 20 Metern erreichte. Da das Meer in diesen Tagen spiegelglatt war, versuchte er auch, besonders interessante Unterwasseraufnahmen zu machen. Er fotografierte einen tauchenden Freund, dessen Spiegelbild vollkommen unverzerrt auf der Wasseroberfläche zu sehen war und machte auch sogenannte halb-und-halb Aufnahmen, die gut die Veränderung von Entfernung und Größe eines Objektes unter Wasser verdeutlichen. Seine Filme waren Hass mittlerweile schon so wertvoll, daß er sie keinem Fotografen mehr anvertrauen wollte und sie nun selber auf dem Schiff entwickelte.

In den ersten Jahren experimentierte Hass nach Beebe's Vorbild auch mit dem Taucherhelm.
(Dalmatien, 1938)

Nach zehn arbeitsreichen Tagen vor Makarska wurde der Anker gelichtet und Kurs auf den bekannten Badeort Hvar genommen. Da sich jedoch das Ende des ersten Ferienmonats näherte, mußte schon nach einigen erfolgreichen Tauchtagen wieder die Rückreise nach Split angetreten werden. Hier erwartete Hass die weniger erfreuliche Nachricht, daß mit Ausnahme von Jörg Böhler alle für den zweiten Monat vorgesehenen Teilnehmer abgesagt hatten. So blieben nur noch zwei Teilnehmer für den zweiten Abschnitt übrig, nämlich Jörg Böhler und Karl März, der auch noch den zweiten Monat dortbleiben wollte. Zu dritt war der Segelkutter nun nicht mehr zu finanzieren, und so mußte sich Hass in Split schweren Herzens von der *Sokol* trennen.

So feierten alle am Abend in Split fröhlich Abschied, und schon am nächsten Tag reisten Hass und März mit dem Liniendampfer zu der Insel Lopud in der Nähe von Dubrovnik. Bekannte hatten ihm diese Insel als sehr fischreich beschrieben, und hier erwarteten sie Jörg Böhler. Er war ein Medizinstudent und ebenfalls Mitglied des Akademischen Sportvereins der Wiener Universität. Sein Vater war der berühmte Professor Lorenz Böhler, ein Pionier der modernen Unfallchirugie. Der bekannte Knochenspezialist betrieb in Wien eine Unfallklinik, in der zu dieser Zeit auch - ironischerweise - der später als Verhaltensforscher und Nobelpreisträger bekannte Konrad Lorenz als Arzt arbeitete. Es sollte allerdings noch einige Zeit dauern, bis sich Hass und Lorenz persönlich kennenlernten.

Vor Lopud fanden Hass und seine Freunde besonders reiche und gute Tauchgründe vor, und auch während der darauffolgenden Tage machte Hass bei Soon, einer sandigen Bucht an der Südküste von Lopud, Fotojagd auf Stachelrochen und große Zackenbarsche, bevor er mit seinen beiden Freunden nach Cavtat und später nach Dubrovnik weiterzog. In Dubrovnik endete die erste Expedition von Hans Hass, und er konnte mit den gesammelten Erfahrungen und einer Vielzahl gelungener Fotos durchaus zufrieden sein.

Als Hass im September 1938 nach Wien zurückkehrte, hängte er sein Jurastudium endgültig an den Nagel. Er brachte zwar seinen Vater immer noch nicht zur Einwilligung in das Zoologiestudium, aber immerhin durfte er sich für das Maschinenbaustudium einschreiben. Nach einem Semester Maschinenbau wurde Hass jedoch unruhig und wechselte über zur Architektur. Hans Hass hielt in diesem Winter, um weitere Expeditionen zu finanzieren, auch schon einige größere öffentliche Vorträge in dem mittleren Saal der Urania, dem Wiener Volksbildungsinstitut. Da die Vorträge durchweg gut besucht waren, füllte sich nach und nach seine leere Expeditionskasse wieder.

Seine freie Zeit nützte Hass dazu, sein erstes Buch "Jagd unter Wasser" zu schreiben, das 1939 in Stuttgart erschien. Er widmete dieses Buch "in treuem Angedenken" seinem Kameraden Egon Staic, der kurz zuvor durch einen unglücklichen Sportunfall sein junges Leben verloren hatte. Staic war ein leidenschaftlicher Skispringer gewesen, der auf der großen Sprungschanze in Kitzbühl tötlich gestürzt war. Noch im letzten Sommer waren Staic und Hass in Dalmatien gute Freunde geworden, und Staic hatte auf jeden Fall auch an der nächsten Expedition von Hass teilnehmen wollen.

In diesem Buch nimmt Hass schon 1939 erstmals auch kritisch Stellung zu der Unterwasserjagd: "Interessant ist, daß der neue Sport, trotz seiner Neuheit, in einem gewissen Grad schon degeneriert. Es gibt Leute, die sich die Unterwasserjagd auf die verschiedenste Weise zu erleichtern verstehen. Sie verwenden Tauchapparate, die einen längeren Aufenthalt unter Wasser gestatten, und schießen die Fische mit Schleudern und Armbrüsten. In Frankreich gibt es schon regelrechte Unterwassergewehre und Pistolen, mit denen man kleine Harpunen auf größere Entfernungen abschießen kann. Die Fischmethode, in einem Taucherhelm spazieren zu gehen und die Fische im Umkreis abzuknallen, stellt wohl keine besonderen Anforderungen an die körperliche Tüchtigkeit des Jägers. Mag sie auch noch so einträglich sein, mir erscheint sie weder fair noch besonders interessant. Das Anpirschen an den Fisch, das lauernde Einfühlen in sein Wesen - das ist eben der Reiz der Jagd mit dem Speer."[11]

Die Jagd mit dem Handspeer und der Brille war damals in der Tat noch ein fairer Sport. Der Fisch hatte dem Unterwasserjäger gegenüber praktisch alle Vorteile auf seiner Seite. Er sah den Jäger kommen, konnte beliebig lange unter Wasser bleiben und brauchte nicht immer wieder zur Oberfläche zu schwimmen um Luft zu schöpfen. Durch den Einsatz von mechanischen Unterwasserwaffen und zusätzlich noch einem Tauchgerät verändert sich dieses Verhältnis jedoch drastisch. Der Unterwasserjäger wird dem Fisch allzusehr überlegen. Dieser mechanisierte Unterwasserjäger konnte jedem Fisch bis zu seinem Versteck folgen, dort in Ruhe auf ihn zielen und ihn töten. Dieses Abschießen hat nichts mehr mit dem ursprünglichen Sport gemein und war auch der Hauptgrund, warum sich Hans Hass nach zahlreichen Büchern, in denen er einst die Unterwasserjagd populär gemacht hatte, später so eindringlich gegen den Mißbrauch des einst fairen Sportes wandte.

Am Ende seines ersten Buches wirft Hass einen interessanten Blick in die Zukunft: "Wenn ich manchmal des Abends die vielen Küsten und Inseln südlicher Meere auf meiner Landkarte verfolge und daran denke, welche Unzahl fremdartiger, meist nur ihrem Aussehen nach bekannter Fische dort leben, dann erfaßt mich stets ein Gefühl grenzenloser Dankbarkeit gegen die Vorsehung, die mir schon in so jungen Jahren zeigte, wo ich mein Glück zu suchen habe. Die übrige Welt ist so gründlich erforscht, daß jungen Entdeckern wenig übriggeblieben ist. Die Wüsten ewigen Eises, die Zonen höllischer Hitze, die schroffsten Bergriesen, die dunkelsten Urwälder, überall hat der Mensch seinen Weg ertrotzt, überall sind seine Spuren. Nur das Meer blieb unberührt, wie vor tausend Jahren. Unter seinen endlosen Wogen leben zahllose Tiere, in Gestalt und Größe unbekannt, herrscht der romantische Zauber einer Unterwelt. In kommenden Jahren will ich versuchen, die Korallenriffe tropischer Meere näher zu erforschen und auch die zauberhafte Farbenpracht dieser Landschaften und den Formenreichtum ihrer bunten Bewohner in Farbfoto und -film festzuhalten. Mit einer stark verbesserten Ausrüstung will ich dort auch den Kampf mit den großen Raubtieren des Meeres wagen und - wenn möglich - mit einem Scheinwerfer am Kopf während der Nacht auf die Unterwasserjagd gehen. Wieweit es mir gelingen wird, meine Pläne zu verwirklichen, weiß ich heute noch nicht. Aber Abenteuerlust, Wissensdrang, Entdeckerfreude und sportlicher Ehrgeiz werden mich nicht mehr verlassen. In meinen Träumen jage ich schon nach herrlich bunten Fischen in fernen, unbekannten Meeren und erprobe im Kampf mit den Untieren dieser fremden Welt meine Geschicklichkeit und meinen Mut."[12]

Karibik: Fisch unter Fischen

Bereits für den nächsten Sommer plante Hans Hass eine neue Reise, die ihn diesmal auf jeden Fall in die tropischen Meere führen sollte. Er wollte gemeinsam mit einigen Kameraden mit eigenen Augen die vielgerühmte Schönheit der Korallenriffe sehen. Um den richtigen Ort für diese nächste Expedition herauszusuchen, schlug Hass im geografischen Kabinett der Wiener Nationalbibliothek sein Hauptquartier auf. Hier studierte er nun Admiralitätskarten und Beschreibungen von allen Küsten der Erde, und bald stand sein Entschluß fest: die nächste Reise sollte ihn zum Roten Meer führen! Hass war nämlich bei seinen Studien auf ein Buch des deutschen Arztes und Naturforschers Klunzinger gestoßen, der jahrelang in Koseir am Roten Meer gelebt hatte, und dort vom Boot aus in die Tiefe blickend eine kaum zu beschreibende Wunderwelt sah. In dieser Meeresgegend sollten zwar auch die Haie besonders gefährlich sein, aber mit der Harpune wollte sich Hass schon zur Wehr setzen.

Der Zeitpunkt war allerdings für diesen Plan nicht besonders günstig. War es schon fast unmöglich, für eine solche Reise eine Ausreiseerlaubnis und Devisen zu erhalten, stellte sich zudem heraus, daß es zum Roten Meer keine geeignete Schiffsverbindung gab. So mußte sich Hass schweren Herzens von diesem Plan trennen, allerdings wollte er die Reise in einigen Jahren, wenn die Bedingungen günstiger waren, nachholen. Bei seinen vielen Gesprächen mit Freunden und Bekannten erfuhr Hass aber, daß nach Westindien, also in die Karibik, deutsche Schiffe verkehrten, die noch den besonderen Vorteil boten, daß man die Passage in Reichsmark bezahlen konnte. Die Schiffe der Hapag-Linie fuhren von Hamburg über die Azoren nach Barbados und Trinidad, und von dort aus weiter der venezuelischen und kolumbianischen Küste entlang bis Panama. Da in Barbados zu dieser Zeit keinerlei Einreisebewilligungen erteilt wurden und Trinidad nicht in Frage kam, weil gegenüber die Oriniko mündet und seine Schlammfluten das Meer in weitem Umkreis trübt, fiel die Wahl von Hass auf Curaçao. Diese holländische Insel, mehr bekannt durch den gleichnamigen Likör, war der nächste Anlaufpunkt des Schiffes und besaß eine weltbedeutende Erdölraffinerie. Außerdem ergaben Nachforschungen im geografischen Kabinett, daß Curaçao schöne Korallenbänke und ein gesundes Klima hat und sich auch sonst in jeder Weise für eine solche Unternehmung zu eignen schien.

Was Hass nun aber am nötigsten brauchte, waren formelle Referenzen, denn die Behörden stellten sich regelmäßig taub, wenn er ihnen erzählte, daß er als Technikstudent in die Tropen fahren wollte, um sich dort die Korallenriffe und die Fische anzuschauen. Denn für solche "Phantastereien" hatte man in diesen Tagen kurz vor Kriegsausbruch wenig Verständnis. Von seinem Onkel Erich Zugmayer hätte Hass sicherlich Unterstützung erfahren, aber Zugmayer war schon im Vorjahr verstorben. Hass erinnerte sich jedoch an einen Freund Zugmayers, der Leiter der Ichthyologischen Abteilung des Wiener Naturhistorischen Museums war. Bei ihm hatte Hass tatsächlich mehr Glück als bei den Behörden. Regierungsrat Pietschmann hörte sich das Anliegen von

Hass mit Interesse an, gab ihm Ratschläge aus der Erfahrung eigener Forschungsreisen und stellte ihm ein Schreiben mit einem gewichtigen Stempel aus, wonach Hass im Verlauf einer Studienreise in tropische Gebiete zoologische Sammlungen für das Naturhistorische Museum in Wien durchführen sollte, und deshalb alle zuständigen Behörden gebeten würden, Hass in jeder möglichen Weise zu unterstützen.

Beim holländischen Außenministerium in Wien erfuhr Hass, daß für eine solche Expedition eine Spezialerlaubnis des Außenministeriums in Amsterdam notwendig war. Er sandte auch sogleich ein Gesuch dorthin, und da er durch einen Verwandten eine gute Verbindung zur holländischen Regierung hatte, zweifelte er nicht daran, daß diese Genehmigung erteilt würde. Als ein größeres Problem erwies sich die Devisenfrage. Hass kalkulierte, daß er für die geplante, dreimonatige Expedition nach Curaçao etwa 200 Dollar benötigen würde. Er wollte mit noch zwei Teilnehmern im Zelt wohnen und sich hauptsächlich von gefangenen Fischen ernähren. Vielleicht war gerade diese Bescheidenheit von Hass ein Fehler gewesen, und ein zehnfacher Betrag wäre eher bewilligt worden, denn von allen Behörden, die Hass anschrieb, kamen ablehnende Bescheide, und auch von den höchsten Reichsstellen, die er in seiner Verzweiflung anschrieb, erhielt er keine Unterstützung. In dieser Klemme kam ihm aber ein Zufall zur Hilfe: Im Akademischen Sportverein lernte er beim Tennisspiel den wohlhabenden holländischen Kaufmann Neuteboom kennen. Als Hass ihm seine Nöte schilderte, erklärte dieser sich einverstanden, achthundert Gulden für Hans Hass nach Curaçao zu überweisen.

Nun galt es aber, die Expedition vorzubereiten und die Ausrüstung zu vervollständigen. Neben Hass nahm an dieser Expedition sein Freund Jörg Böhler und Alfred von Wurzian, ein Rechtsstudent aus dem Akademischen Sportverein teil. Die Zeltausrüstung mit Gummimatratzen und allem nötigen Küchengeschirr wurde in Wien bestellt. Jörg Böhler, ein leidenschaftlicher Jäger, besorgte ein Jagdgewehr, die Reiseapotheke und eine überdimensionale Federwaage, um die gefangenen Fische zu wiegen. Besonders stolz war Hass darauf, daß er seinen Anteil durch die Mittel bestreiten konnte, die er durch Vorträge, Zeitungsveröffentlichungen und sein erstes Buch selbst verdiente. Hass und seine beiden Freunde bemühten sich auch, möglichst alles im voraus zu bedenken und ihre Ausrüstung in jeder Weise weiter zu verbessern. Neue, bessere Schwimmflossen ließ sich Hass extra bei der Wiener Gummifirma Semperit anfertigen. Sie wurden in den späteren Jahren unter der Bezeichnung

"Hans-Hass-Flossen" serienmäßig hergestellt und vertrieben. Bei dieser Expedition wollte Hass auch erstmals unter Wasser filmen. Deshalb kaufte er sich eine Movikon-K16-Schmalfilmkamera von Siemens, die in einer selbstkonstruierten, wasserdichten Hülle untergebracht wurde. Ein schweres Stativ sollte später die Kamera ruhig auf dem Meeresgrund halten.

Herzstück der Ausrüstung sollte eine eigens konstruierte Spezial-Unterwasserkamera werden, die eine fotografische Firma in Düsseldorf für ihn anfertigte. Es handelte sich hierbei um ein gegossenes Aluminiumgehäuse für die bewährte Robot-Kamera, bei der auch erstmals alle Kameraeinstellungen von außen vorgenommen werden konnten. Das ständige Umstellen der Kamera an Land hatte sich in Dalmatien als sehr zeitraubend und hinderlich erwiesen, und so versprach sich Hass von diesem Gehäuse einen großen Fortschritt. Groß war deshalb die Freude, als das Gehäuse nach unzähligen Telefonanrufen in Düsseldorf zwei Tage vor Abfahrt nach Hamburg endlich in Wien eintraf. Es war ein Meisterstück der Technik, sauber aus Aluminium gegossen und elegant in der Form. Alle Einstellungen an der Kamera konnten von außen durch wasserdichte Hebel bedient werden. Bei einem ersten Test in der gefüllten Badewanne zeigte das neue Gehäuse jedoch schnell Schwächen: nach einer halben Stunde war es bis zur Hälfte voll Wasser gelaufen, und als bei den anschließenden Reparaturversuchen auch noch die teure Spiegelglasscheibe zerbrach, war auch dieser Traum für Hass vorerst gestorben. In seiner Not eilte Hass wieder zu dem Kunstschlosser Steurer, der ihm auch schon alle anderen Gehäuse angefertigt hatte. Steurer schaffte es, innerhalb von einer Nacht eine neue Hülle für die Robot zu bauen, die zwar lange nicht so repräsentativ wie das Aluminiumgehäuse aus Düsseldorf war, dafür aber den Vorteil besaß, wirklich wasserdicht zu sein. Leider konnte man auch bei dieser Hülle wieder nur den Auslöseknopf der Kamera bedienen, aber mehr ließ sich in der kurzen, zur Verfügung stehenden Zeit, nicht mehr machen.

Am gleichen Tag, als er das Gehäuse abgeholt hatte, erreichte Hass der langersehnte Brief des holländischen Außenministeriums mit der vernichtenden Nachricht, man könne ihm leider zur Zeit keine Genehmigung für das Unternehmens erteilen. Hass war wie vor den Kopf geschlagen: mit allen möglichen Schwierigkeiten hatte er gerechnet, nur damit nicht! Alle Vorbereitungen waren getroffen, die Koffer und Kisten mit der Expeditionsausrüstung fertig gepackt, Devisen lagen in Willemstad, der Hauptstadt von Curaçao bereit, und die Fahrkarten für Eisenbahn und Schiff waren schon bezahlt! In der darauffolgenden Nacht kämpfte Hass mit sich selbst und rang sich zu einem gewagten Entschluß durch: Niemand wußte etwas von dem Brief, und niemand brauchte etwas von ihm zu erfahren. Er hätte ebenso einen Tag später eintreffen können, während Hass und seine Kameraden schon mit dem Zug in Richtung Hamburg unterwegs gewesen wären. Was hinderte Hass daran, auf gut Glück loszufahren und zu sagen, er hätte den Brief nie erhalten? Vielleicht bekamen sie ja doch irgendwie in Curaçao eine Einreisegenehmigung, und wenn nicht, dann konnten sie schließlich wieder zurückfahren, denn die Rückfahrkarte war ebenfalls bezahlt. Wäre Hans Hass in dieser entscheidenden Nacht im Juni 1939 zu einem anderen Entschluß gekommen, dann hätte sein Leben wohl einen anderen Verlauf genommen. Denn schon wenige Monate später brach der Zweite Weltkrieg aus, und Hass hätte - wenn überhaupt - für längere Zeit keine Chance mehr gehabt, seine kühnen Pläne zu verwirklichen.

Somit wurde also alles so durchgeführt wie geplant. Am nächsten Morgen fuhr Hass mit Böhler und Wurzian mit dem Zug nach Hamburg, wo sie sich auch gleich im Büro der Hapag meldeten. Hier stießen sie auf das erste Problem, denn ohne die Visa wollten die Beamten Hass anfangs nicht auf das Schiff lassen. Hass versicherte jedoch glaubhaft, alles sei in bester Ordnung, er habe mit den zuständigen Behörden in Holland telefoniert und die Visa würden in Curaçao für sie ausgestellt werden. Nach anfänglichen Zweifeln waren die Beamten schließlich doch überzeugt und gaben die Bordkarten frei. Somit war die erste Schlacht geschlagen.

Die vierzehntägige Schiffsreise auf der *Caribia* nach Westindien war für die drei Freunde ein herrliches Erlebnis. Hatte das Schiff bis zu den Azoren noch mit einem Sturm zu kämpfen, besserte sich das Wetter und damit auch die Stimmung der Passagiere von Tag zu Tag. Nach einem kurzen Zwischenstop in Barbados erreichte die *Caribia* Port of Spain, die Hauptstadt von Trinidad. Hier nutzte Hass den kurzen Aufenthalt, um einen ersten Eindruck von der Bevölkerung und der ungewohnten, tropischen Landschaft zu erhalten. Nach La Guaria bei Caracas war Puerto Cabello der letzte Hafen, den die *Caribia* vor Curaçao anlief.

Auf Curaçao begann für Hass eine der wichtigsten Schlachten seines Lebens. Mit der Wahl von Curaçao hatte er sich unbewußt große Schwierigkeiten bereitet, denn hier befand sich eine der größten Erdölraffinerien der westlichen Hemisphäre, die zu dieser Zeit kurz vor Kriegsausbruch natürlich ein sehr empfindliches, strategisches Objekt war. So war das Mißtrauen der Behörden gegenüber den drei Deutschen nur allzu begründet. Man hielt sie unverhohlen für Spione und Saboteure, und später, als die Behörden heimlich beobachteten, wie oft und lange die drei Deutschen unter dem Wasserspiegel blieben, dachte man sogar, sie würden geheime Zwiesprache mit deutschen U-Booten führen! Dieses Mißtrauen sollten Hass und seine zwei Begleiter noch deutlich während ihres gesamten Aufenthaltes in der Karibik zu spüren bekommen.

In Willemstad wurden Hass und seine Freunde wegen des fehlenden Visums sofort zu dem Leiter der Einwanderungsbehörde, Herrn van de Croef, geführt. Es folgten nun einige Stunden heftigen Debattierens, bei dem Hass immer wieder erklärte, er habe den abschlägigen Bescheid nicht erhalten, und er wolle doch nur unter Wasser Fische beobachten. Nur sehr langsam ließ sich van de Croef überreden und willigte schließlich müde ein, die Angelegenheit am nächsten Tag nocheinmal zu überdenken. Als dann am nächsten Tag bei einer Gepäckdurchsuchung keine verdächtigen Gegenstände außer dem groß- kalibrigen Jagdgewehr von Jörg Böhler gefunden wurden, erteilte van de Croef den drei Deutschen eine vorläufige Aufenthaltserlaubnis. Hass erinnerte sich später in diesem Zusammenhang an eine chinesische Weisheit: "Behör- den sind weiblichen Geschlechtes und müssen dementsprechend behandelt werden. Sagen sie noch so oft nein, dann ist dies weiter nicht schlimm, solange man sich nur nicht abweisen läßt. Wenn man nie wiederspricht und gleichzei- tig doch nicht nachgibt, dann werden Behörden und Frauen schwach...".[13]

Auf der Bank in Willemstad fand Hass ordnungsgemäß das von dem Holländer Neuteboom versprochene Geld vor, und nun konnte die Expedition - so dachte Hans Hass - wie geplant durchgeführt werden. Die Einheimischen waren, im Gegensatz zu den Behörden, sehr aufgeschlossen und freundlich gegenüber Hass und seinen Kameraden, und schon wenige Tage nach Ankunft in Curaçao lernten sie Herrn Evers, den Leiter der Handelskammer kennen und zogen mit ihm zum Spanischen Wasser in der Nähe der Hauptstadt. Hier, wo es nach den Schilderungen von Herrn Evers besonders schöne und große Korallen geben sollte, wollte Hass seinen ersten Abstieg ins Karibische Meer unternehmen. Mit klopfendem Herzen glitten sie in das Wasser, denn es sollten gerade im Karibischen Meer besonders gefräßige Haie beheimatet sein. Zunächst muß- ten sie das relativ trübe Wasser der Lagune durchschwimmen, bevor das Korallenriff sichtbar wurde. "Die Strömung schiebt uns", schreibt Hass, "das Riff rückt näher. Da zerreißt wie auf ein Zauberwort der dichte Schleier, die graue Mauer bleibt zurück, und vor uns liegt ein Bild von nie geahnter Schönheit. William Beebe, der bekannte amerikanische Tiefseeforscher, hat

Korallenlandschaften mit einer Mondlandschaft, einem Urwald in der Jugend unserer Welt verglichen. Erst jetzt kann ich begreifen, was er damit meint. Denn was sich vor uns im glasklaren Wasser ausbreitet, ist wahrhaftig ein seltsamer Urwald - ein wundersames Märchenland! Doch nur einen Augenblick halte ich inne, um den neuen Eindruck in mich aufzunehmen, nur einen Augenblick zögere ich, dann schöpfe ich tief Atem und lasse mich in das fremde Zauberland hinabgleiten. Mit einem Schlag befinde ich mich in einer ganz anderen Welt, weit weg von allen bekannten Landschaften dieser Erde, in einem Gebiet, das nur wenige vor uns schauen durften. Ich schwimme durch einen Korallenwald! Wie hohe Baumstämme, rötlich-braun gefärbt, wie ganz alte Bäume, denn sie haben dicke, knorrige Stämme, stehen diese Korallen auf dem Meeresgrund. In dem Wald, den sie bilden, ist es ganz unwirklich, wie in einem Reich der Feen und der Zwerge. Aber der Wald ist nicht tot! Überall blitzt es auf, hier rot und grün - dort gelb und blau, und auch im Dunkel des Schattens stehen Augenpaare und sehen mich gespenstisch funkelnd an. In den Wipfeln des Märchenwaldes leben Elfen, kleine, bunte Fische mit winzigen, lebhaften Augen. Alle sind in Bewegung, sie umtanzen die Äste und schwingen, wie in einem Walzer, durch den verzauberten Hain. Dieser Anblick gibt mir das beglückende Gefühl, nicht mehr in einer fremden, bösen Welt zu sein, sondern unter frohen, glücklichen Wesen, die mir nicht feindlich gesinnt sind."[14]

Beglückt von seinen ersten Eindrücken beginnt Hass auch gleich mit der Jagd auf einen Schwarm bunter Papageienfische. "Die Tiere, von denen jeder wohl dreißig Zentimeter lang ist, haben mich noch nicht bemerkt, und ich hüte mich, einen Schatten nach unten zu werfen. Mit der linken Hand halte ich mich an einem rauhen, schlüpfrigen Ast fest und bringe meinen Speer in Anschlag. Da erblicke ich einen Fisch, dessen Gehabe mich sofort fesselt. Es ist ein dünnes, schlangenförmiges Tier, wohl ebensolang wie die Papageienfische, aber an der dicksten Stelle nur fünf Zentimeter stark. Sein Kopf und sein Maul sind lang ausgezogen und sehen aus wie eine Trompete. Die Augen dieses 'Trompetenfisches', wie ich ihn im stillen nenne und wie er auch wirklich heißt, haben einen starren Ausdruck, und starr ist überhaupt seine gesamte Haltung. Er hängt mit dem Kopf abwärts und mit dem kleinen Schwanz nach oben frei im Wasser, in der Nähe eines Gorgoniabusches, und sieht selbst einem Ast zum verwechseln ähnlich. Während ich ihn beobachte, gibt der Trompetenfisch plötzlich diese Stellung auf und treibt sich im Schatten an die friedlichen Papageienfische heran. Nun kann ich im Augenblick nicht recht begreifen, was er von ihnen will, denn die Papageienfische sind zehnmal so dick wie er. Mit einem plötzlichen Schwung schießt er auf den größten zu und senkt sich auf ihn herab. Dem Papageienfisch ist das sichtlich ungemütlich. Er weiß nicht, was da über ihm los ist, und schwimmt erschreckt davon. Doch der dünne Sonderling ist nicht abzuschütteln. Geschickt ahmt er jede Bewegung des Papageienfisches nach und hält sich immer knapp über dem dicken Rücken. Schnell lasse ich los und schwimme den beiden nach, doch die Fische verschwinden in der Tiefe des Waldes, und ich kann nicht mehr weiter sehen, was sich abspielt."[15]

Damals ahnte Hans Hass noch nicht, daß er seine erste wichtige, tier-psychologische Entdeckung gemacht hatte. Zunächst dachte er an eine verbo-tenes Liebesabenteuer des Trompetenfisches, doch einige Wochen später konnte er genau beobachten, warum der Trompetenfisch auf dem Papageienfisch "ritt": "Da schwamm ein harmloser blauer, dicker Papageienfisch, und plötz-lich kam der Trompetenfisch herangeschossen und senkte sich ihm auf den Rücken. Ein verbotenes Liebesabenteuer? Nein! Es handelte sich um einen ganz prosaischen Geschäftstrick. Der Trompetenfisch wußte irgendwie, daß sich die kleinen Korallenfische vor den harmlosen Papageienfischen nicht fürchten. Diese dicken Tiere kratzen ja friedlich mit ihren Zähnen an den Korallen, tun niemandem etwas zuleide und sind auch durch ihre auffallende Farbe weithin kenntlich. Sie benutzte darum der Trompetenfisch als Schutzschild. Er schwamm so knapp über dem Papageienfisch, daß er selbst wie dessen Rückenflosse aussah, kam auf diese Weise unbemerkt in den Schwarm der kleinen Tiere und holte sich dort seine Beute."[16]

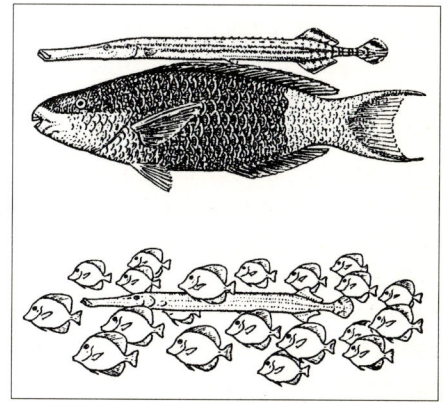

Die erste wichtige tierpsychologische
Entdeckung von Hass: Der räube-
rische Trompetenfisch tarnt sich,
indem er sich dicht dem Rücken des
Papageienfisches anschmiegt (er
"reitet") oder sich in einem Schwarm
Doktorfische versteckt.
(Karibik, 1939)

Erst einige Tage nach ihrem ersten Abstieg im Karibischen Meer wurde Hass endlich die offizielle Genehmigung erteilt, an der Boca zu campieren, und nachdem sie sich in der Hauptstadt ausreichend verproviantiert hatten, ging es nun mit dem Zelt dorthin. Die ersten Tage an der Boca vergingen mit aufregenden Unterwasserabenteuern, und es gab viel neues und erstaunliches zu entdecken. Doch die Spannung von Hass wurde mit jedem Tag größer, denn wo waren die gefürchteten Räuber der Meere, die Haie? Alle Bekannte, denen sie in Wien von ihrer Absicht erzählt hatten, in der Karibik auch auf die Unterwasserjagd nach Haien zu gehen, hatten erschrocken den Kopf geschüttelt und sie für lebensmüde gehalten. Und nun verging ein Tag nach dem anderen, ohne das auch nur im entferntesten Haie erschienen!

Wenige Wochen vor der Abreise aus Wien war Hass noch das gerade neu erschienene Buch von Mitchell-Hedges "Hai am Haken" in die Hände gefallen, in dem dieser von seinen Abenteuern im Karibischen Meer und Angeljagden auf die blutrünstigen Haie berichtet hatte. Hass nahm das Buch wie ein Orakel in sich auf, denn hier hatte er endlich einen Mann, der die Karibische See und ihre Bewohner wie die eigene Hosentasche kannte, der dort selbst jahrelang riesengroße Fische geangelt hatte, Haie bis achthundert Kilo schwer, acht Meter lange Sägefische, riesige Rochen und Schildkröten von geradezu einmaliger Größe. Hass war nach der Lektüre des Buches zwar schon etwas mulmig zumute, aber er war doch sehr gespannt darauf festzustellen, ob die "Tiger des Meeres" wirklich so gefährlich waren, wie sie allgemein geschildert wurden. Er lernte dann im Laufe seiner Unterwassertätigkeit die Haie als ganz andere Geschöpfe kennen, und zwar als scheue, elegante Räuber der Tiefe, und seinen intensiven Beobachtungen und aufklärenden Berichten ist es zu verdanken, daß die Schauermärchen über den blutrünstigen Mörder heute in das Reich der Sagen gehören.

Nachdem sich nun nach einigen Tagen vor der Boca keine Haie blicken ließen, tauschte Hass die Harpune, die er nicht nur zum Jagen sondern auch zum Schutz vor den Haien bei sich getragen hatte, gegen die Unterwasserkamera aus - und wie es der Zufall manchmal will, erschien schon am nächsten Tag der erste Hai: "Es war gegen Mittag, wir fischten draußen beim Riff, da bemerkten wir ein gewaltiges Tier, sicherlich vier Meter lang, das mit gleichmäßigen Schlägen der riesigen Schwanzflosse seitlich von uns herangeschwommen kam. Das war ein Hai! Und nun geschah etwas mit mir, was ich genau erklären muß. Ich sage mit Absicht: 'es geschah mit mir', weil es mir jetzt, da ich niederschreibe, was ich damals tat, so vorkommt, als habe ein fremder Wille von mir Besitz ergriffen. Ich schwamm nämlich, kurz gesagt, sofort und ohne zu überlegen, auf dieses gefährliche Tier los und fotografierte es. Ich fotografierte es, wie es herangeschwommen kam, in seiner ganzen Majestät, in seiner Sicherheit und in seiner vollendeten Größe. Hinter dem großen Fisch lag das tiefe Wasser, also ein dunkler Hintergrund, und seine Konturen waren umglänzt vom Sonnenlicht, so daß sich die Formen scharf gegen den Hintergrund abzeichneten und die wundervolle Stromliniengestalt um so plastischer hervortrat. Ich knipste, komme an den Hai heran, schwimme ihm seitlich entgegen, komme ihm auf fast drei Meter nahe - da tut er etwas ganz Überraschendes: Mit einem Ruck dreht er ab - mit einem erschreckten Ruck! - und jagt davon. Als ich wieder an der Oberfläche bin, frage ich mich selbst: was ist soeben unter Wasser geschehen? Ich bin, um es ehrlich zu sagen, außer mir über mich selbst, schnappe nach Luft, während mein Herz, noch immer erregt von dem Abenteuer, heftig pocht. Der Hai ist vor mir ausgerissen!"[17]

Nach dieser ersten Begegnung mit dem gefürchteten Hai war das Eis gebrochen und Hass sehnte sich weitere Begegnungen mit diesen wunderbaren Tieren herbei. Nach allem, was er über die Haie wußte, hätte er eigentlich Angst haben müssen. Aber dieses Tier war so schön, so elegant, sah so gar nicht nach einem blutrünstigen Menschenmörder aus, daß Hass in diesem Augenblick nur daran dachte, wie schön ein Foto von ihm sein müßte. "Eine scheußliche Bestie? Nein! Das war ohne Zweifel das schönste aller Tiere!", schrieb Hass später über diese erste Begegnung mit einem Hai, und diese Aussage belegt die große Sympathie, die Hass für dieses Tier empfindet.[18]

Später fand Hass eine Erklärung für das zunächst unverständliche Verhalten des Haies: "Ich glaube, daß wir dahintergekommen sind, warum der Hai vor mir geflüchtet ist. Da schwimmt der Hai seiner selbst sicher, von allen Tieren des Meeres gefürchtet, und mit einem Male schießt ein Wesen, das er nicht kennt, das er noch nie gesehen hat, auf ihn zu. Das ist ein Vorgang, für den er keine Erfahrung hat, und darum so unheimlich, daß er erschrocken das Weite sucht. Seit diesem Tag haben wir gelernt, mit Haien umzugehen. Unser erstes Gebot war: Zeige nie Angst, sondern schwimme ihm entgegen, so als ob du Lust hättest, ihn anzufallen. Aber halte dein Herz dabei fest in der Hand, denn diese Regel zu befolgen ist nicht so leicht wie sie niederzuschreiben!"[19] Daß diese Regel jedoch nicht immer gilt, sollte Hass bereits einige Wochen später am eigenen Leib erfahren.

Nach einigen ausgiebigen Jagdtagen bei New Port an der Boca des Spanischen Wassers beschloß Hass, nach Jan Thiel, unweit der Boca zu übersiedeln. Der neue Lagerplatz war insofern günstiger als bei der Boca, da unmittelbar davor das offene Meer mit schönen Korallenformationen lag. Das Wasser war auch zumeist klarer und ruhiger, und zwischen den Korallen gab es wieder unendlich viel Neues zu sehen. Hass beobachtete und fotografierte Koffer- und Igelfische, aber trotzdem war er mit den Jagdgründen nicht recht zufrieden, denn er hatte in den Tropen größere Fische erwartet. Kleine Fische gab es genug, und auch große Haie sahen sie nun häufiger, aber die mittelgroßen Fische waren selten.

Einheimische Fischer rieten Hass, zu der sehr fischreichen Nachbarinsel Bonaire zu übersiedeln, die von Curaçao etwa 100 Kilometer entfernt liegt. Hass nahm den Vorschlag gerne an, denn er wollte Curaçao und die Erdölraffinerie auch aus einem anderen Grund verlassen: Er hatte gemerkt, daß sie von Detektiven der Inselverwaltung ständig überwacht wurden, und daß während ihrer Abwesenheit schon mehrmals ihr Zelt durchsucht worden war. Auf Bonaire gab es noch keine Erdölraffinerie, und deshalb wohl auch keine militärischen Befestigungen. Hass hoffte, dort endlich Ruhe für seine Arbeit finden zu können - allerdings erfüllte sich dieser Wunsch auch dort leider nicht.

Bonaire besitzt die gleiche Karstlandschaft mit großen Kakteen und Dornakazien wie Curaçao und ist die zweitgrößte Insel der Niederländischen Antillen. Die Insel erinnert in ihrer Form an einen Bumerang, in dessen Krümmung die unbewohnte Koralleninsel Klein Bonaire etwa 800 Meter von der Hauptinsel entfernt liegt. Im Norden Bonaires findet man einige größere Erhebungen, aber ansonsten ist die Insel ganz flach und liegt nur wenige Meter oberhalb des Meeresspiegels. Niedriges Akaziengetrüpp, vom Passatwind nach einer Richtung gebogene Dividivi-Bäume und baumartige Kakteen wurzeln auf diesem sonnenverbrannten Eiland. Im Süden der Insel gibt es ausgedehnte Salzfelder, in denen aus Meereswasser Salz gewonnen wird und rosarote Flamingos ihre Nahrung suchen. Bonaire darf sich rühmen, innerhalb des karibischen Raumes die größte unversehrte Brutkolonie dieser Vögel zu besitzen. Heute noch ist Bonaire in Taucherkreisen bekannt wegen seines Fischreichtums und der besonders schönen Korallen. So ähnlich Curaçao und Bonaire auch in ihrer Landschaftsgestalt sind, so unterschiedlich sind sie in ihrer wirtschaftlichen Entwicklung. Das Öl aus Venezuela ließ Curaçao zu einer reichen, pulsierenden Insel werden, wohingegen es auf Bonaire bis heute noch ruhig und gelassen zugeht.

Nach dem offenbar unvermeidlichen Debattieren mit dem Lokalgouverneur von Bonaire, der ebenso wie sein Kollege in Curaçao die unvollständigen

Einreisepapiere beanstandete, machte sich Hass auf die Suche nach Dr. Diemond, einem holländischen Tierarzt. Man hatte Hass schon in Curaçao zu Dr. Diemond verwiesen, der sich zur Zeit auf Bonaire aufhalten sollte und die Fischerei studieren würde. Von ihm erhoffte sich Hass wertvolle Informationen über gute Fischplätze.

Diemond war sehr an den Fischbeobachtungen von Hass interessiert und hörte seinen Schilderungen aufmerksam zu. Er empfahl Hass, zunächst sein Lager auf der Insel Klein Bonaire aufzuschlagen, da sie dort ungestört arbeiten könnten und eine reiche Unterwasserlandschaft vorfinden würden. Da es aber noch einige Tage dauern würde, bis der Lokalgouverneur dazu sein Einwilligung geben würde, könnten sie bis dahin tagsüber an den Riffen vor der Hauptinsel tauchen.

Noch am gleichen Nachmittag fuhr Dr. Diemond mit Hass und seinen Freunden nach Punt Vierkant, einer kleinen Landspitze südlich von Kralendijk. Hier wurde Hass von den vielen, zutraulichen Fischen überrascht, und er ärgerte sich, daß er seine Kamera in der Stadt gelassen hatte. Einige Tage später wurde vom Lokalgouverneur die Genehmigung zum Zelten auf Klein Bonaire erteilt, und am 23. Juli 1939 verbrachte Hass die erste Nacht auf dem kargen Eiland. Das Zelt hatten sie an der Nordwestspitze unter dem einzigen Baum der Insel, einem alten, windgebeugten Dividivi- Baum aufgeschlagen. Jeder Tag auf Klein Bonaire brachte Hass nun neue und aufregende Erlebnisse, und er konnte sich hier erstmals fast ungestört seinen Unterwasserforschungen widmen. Während seine beiden Kameraden mit der Harpune auf die Jagd gingen, beobachtete und fotografierte er das Verhalten der Fische und machte sich Notizen in seinem Tagebuch. Häufig wurden sie auch von Dr. Diemond auf Klein Bonaire besucht, der sie mit frischem Trinkwasser und einigem Obst versorgte. Neugierig und gespannt hörte er jedesmal den Schilderungen von Hass und seinen Kameraden zu.

Oft sah Hass unter Wasser auch größere Haie, die aber regelmäßig flüchteten, wenn er sich ihnen mit der Kamera näherte - schwamm er jedoch von ihnen weg, folgten sie ihm plötzlich sehr interessiert. Diese Beobachtung führte Hass dann zu einer Methode, die man in das Kapitel 'Angewandte Tierpsychologie' einreihen könnte. Wollte Hass nunmehr einen Hai fotografieren, täuschte er eine möglichst auffällige Flucht vor und weckte so den im Raubtier vorhandenen Instinkt, dem zu folgen, was vor ihm zu fliehen versucht. Tatsächlich gelang es Hass auf diese Weise, Haie hinter sich herzulocken. Waren sie dann dicht genug herangekommen, drehte sich Hass plötzlich um, schwamm ihnen entgegen, und hatte ihn schon fotografiert, bevor sich der Hai von der Überraschung erholt hatte.

Vor Klein Bonaire wollte Hass nun auch erstmals Filmaufnahmen von der Unterwasserjagd und den Korallen anfertigen. Während er mit dem Taucherhelm und der Unterwasserkamera auf dem Meeresgrund hin und her ging, bedienten seine Freunde in einem kleinen Boot die Handpumpe. Die Filmarbeit mit dem Taucherhelm stellt sich aber als sehr mühsam heraus. An dem zehn Kilo schweren Helm waren achtzehn Kilo schwere Gewichte befestigt, die den Auftrieb des luftgefüllten Helmes ausgleichen sollten. Die Filmarbeit mit dem schweren Helm und dem kleinen Ruderboot, in das während des Filmewechselns dauernd Wasser hereinspritzte, erwiesen sich als so unbefriedigend, daß Hass beschloß, mit dem Filmen zu warten, bis sie später ein größeres Segelboot zur Verfügung hatten. So vergingen die folgenden vier Wochen mit ausgiebigen Unterwasserausflügen vor Klein Bonaire, bis der eifrige Dr. Diemond endlich ein passendes Boot für Hass gefunden hatte.

Etwas wehmütig verließen die drei Freunde einige Tage später auf dem Segelkutter *Etna* Klein Bonaire, auf der sie so viele unvergeßliche Unterwasserabenteuer erlebt hatten und neue Erfahrungen mit Haien sammeln konnten. Nach der Verproviantierung in Kralendijk nahm die *Etna* Kurs in Richtung Süden. Das erste Ziel war Lac Bai, eine große, flache Bucht an der Ostküste Bonaires. Diese Bucht ist durch ein breites Korallenriff vom Meer getrennt, so daß man ihr ruhiges Wasser nur durch einen schmalen Kanal, am Nordufer entlang durch die Korallenbänke, erreichen kann. Nahe dieser Einfahrt liegt, hinter hohen Haufen alter Muschelschalen versteckt, eine primitive Siedlung einheimischer Fischer. In dieser Bucht blieb die *Etna* mehrere Tage liegen, bevor sie wieder langsam den Rückweg nach Kralendijk antrat.

Vor Punt Vierkant wollte Hans Hass die Unterwasserfilmtätigkeit wieder aufnehmen. Doch hier zeigte plötzlich die Filmkamera Schwächen. Während sie an Land noch tadellos lief, versagte sie in einigen Metern Tiefe ihren Dienst. Erst am Abend, mit Kopfschmerzen von den vielen ergebnislosen Tauchgängen, erkannte Hass die Ursache des Problems: Die Kamera selbst war in Ordnung, schuld an dem Problem war das Unterwassergehäuse. Das Blech dieser selbstkonstruierten Hülle war nicht stark genug, der Druck des Wassers preßte es gegen die Kamera und hemmte auf diese Weise die Mechanik. Zur Versteifung mußten an den Seitenwänden der Hülle stabile Eisenklötze angelötet werden.

Bevor Hans Hass jedoch dazu kam, nach Kralendijk zurückzukehren, legte neben der *Etna* ein schnelles Motorboot an. An Bord sprang Herr van de Croef von der Einwanderungsbehörde in Curaçao und ein bewaffneter Beamter, der sofort mit der Durchsuchung des Schiffes begann. Van de Croef fragte Hass sehr unfreundlich, was sie denn hier tun würden und wo sie sich den ganzen Tag aufgehalten hätten. Erst nach einiger Zeit eröffnete er dem verständnislosen Hass und seinen beiden Freunden, daß Deutschland in Polen einmarschiert war, es Krieg geben würde, und daß sie sich ab sofort jeden Mittag bei dem Lokalgouverneur von Bonaire zu melden hätten. Das war allerdings eine unerwartete und schlechte Nachricht! Jagd, Film und Foto, Meereswunder und Abenteuer, alles, was Hass sonst mit Begeisterung erfüllte, erschien an diesem Tag unwichtig und nebensächlich. In zwei Wochen hätten Hass und seine Begleiter wieder die Heimreise antreten sollen, doch jetzt war es ungewiß, ob überhaupt noch ein deutsches Schiff über den Atlantik fahren würde! Was sollte nun mit ihnen geschehen?

Es blieb nichts weiter übrig, als abzuwarten. Das kleine Segelschiff mußte natürlich sofort aufgegeben werden, und nach Bezahlung aller Verbindlichkeiten blieben Hass nur noch 300 Gulden. Damit konnte er bei sparsamem Haushalten immerhin noch einige Monate leben. Hass und seine Freunde beschlossen deshalb, ihr Zelt bei Punt Vierkant aufzuschlagen und sich dort nur mit gefangenen Fischen preiswert zu verpflegen. Dr. Diemond stand Hass weiterhin mit besten Kräften zur Seite, und ein freundlicher Einheimischer war so großzügig, sein kleines Ruderboot kostenlos zur Verfügung zu stellen.

Es war ihr 50. Jagdtag, als Hans Hass nach der Verbesserung des Kameragehäuses vor Punt Vierkant die Filmtätigkeit fortsetzen wollte. Das Jubiläum sollte aber ein böses Ende nehmen, denn diese Filmversuche endeten mit einem schweren Tauchunfall.

Alfred von Wurzian stieg mit dem Taucherhelm in die Korallenlandschaft hinab; er sollte filmen, wie Jörg Böhler unter Wasser zwischen den Korallen tauchte, während Hass im Ruderboot saß und die Luftpumpe bediente. Eine Weile funktionierte alles problemlos, doch plötzlich setzte die Pumpe aus. Die Dichtungen waren durch die große Hitze in den Tropen ausgetrocknet, und Reserveöl und Fett waren nicht greifbar! Verzweifelt versuchte Hans Hass, den ahnungslosen Kameraden Zeichen zu geben, aber es dauerte einige Minuten, bis Wurzian das Ausbleiben der Luftzufuhr bemerkte und in 14 Meter Tiefe den Taucherhelm abwarf. Mit hastigen Flossenschlägen erreichte er die Wasseroberfläche, um im gleichen Augenblick wieder bewußtlos in die Tiefe zu versinken. Geistesgegenwärtig gelang es Hass, ihn zu packen und in das Boot zu ziehen. Totenbleich und mit pfeifendem Atem lag Wurzian im Boot, während Hass und Böhler mit schnellen Ruderschlägen zum Ufer zustrebten. An Land angekommen, klagte Wurzian darüber, daß seine Arme gefühllos und fast gelähmt seien. Schnellstens wurde Wurzian in das Krankenhaus von Bonaire geschafft. Von dem Arzt erfuhren sie, das Wurzian an einer Caissonkrankheit litt, die dann auftritt, wenn der Körper allzu schnellen Druckunterschieden ausgesetzt wird. Aus dem Blut sondern sich dann Stickstoffbläschen ab und verursachen eine Embolie, die Lähmungen aber auch den Tod zur Folge haben kann. Das schnelle Auftauchen nach dem Abwerfen des Helmes war die Ursache dieses Unfalles gewesen.

In den darauffolgenden Tagen kam die Anweisung, daß Hass unverzüglich nach Curaçao zurückzukehren habe, um dort besser für die Einwanderungsbehörde erreichbar zu sein. Der Zustand von Alfred hatte sich mittlerweile etwas gebessert, jedoch war der Arzt der Ansicht, daß die Überfahrt nach Curaçao für ihn noch lebensgefährlich sei. Da nach wie vor immer noch keine Aussicht auf eine Heimreise bestand, und man Hass nun in Curaçao auf einem der im Hafen liegenden deutschen Schiffe unterbringen wollte, fuhr er mit Jörg Böhler alleine voraus und ließ von Wurzian in dem Krankenhaus zurück. Hans Hass blieb so die Hoffnung, nach Bonaire zurückkehren zu können. Er wollte in Curaçao darum bitten, in einigen Wochen seinen kranken Kameraden abholen zu dürfen, und vielleicht ergab sich so noch einmal eine Gelegenheit zu einem kurzen Abstecher in die wunderbaren Korallenriffe Bonaires.

In Willemstad war von dem Krieg noch nicht viel zu bemerken, alles ging seinen gewohnten Lauf. Bei der Einwanderungsbehörde und der Hapag erfuhr Hans Hass, daß Ende des nächsten Monats vielleicht ein italienischer Dampfer nach Europa fahren würde. Bis dahin sollten sie sich auf der *Vancouver*, ein deutsches Hapagschiff, einquartieren. Es lag, mit anderen deutschen Schiffen zu einer Insel verbunden, in der Mitte des Schottegatts, des geräumigen Naturhafens von Willemstad, vor Anker. Zweimal täglich verkehrte eine kleine Fähre von dieser Schiffsinsel zur Stadt. Hans Hass hatte von der Einwanderungsbehörde die Erlaubnis erhalten, sich tagsüber frei an Land aufzuhalten, und zudem sollte er seine Arbeit an bestimmten, noch festzulegenden Orten im Meer fortsetzen dürfen. Nachdem Hass die schönen Kabinen, die reinen Betten und die geregelten Mahlzeiten auf dem Schiff kennengelernt hatte, war er einstweilen mit seinem Los gar nicht mehr so unzufrieden.

Drei Wochen vergingen, in denen Hans Hass und Jörg Böhler das Leben auf der *Vancouver* genossen - nach den vielen Aufregungen fühlten sie sich müde und abgespannt. Die anstrengenden Wochen waren nicht spurlos an ihnen vorübergegangen, und sie waren abgemagert und erschöpft. Sie hatten auf Bonaire täglich bis zu 8 Stunden im Wasser verbracht, und während dieser Zeit anstrengende Arbeit geleistet. Dazu kam die äußerst bescheidene Verpflegung nur mit Fischen, Zitronen und Orangen. Hier hatten sie endlich Gelegenheit, anständig zu essen und sich zu erholen.

Von der Einwanderungsbehörde wurde die Genehmigung erteilt, das Hans Hass und Jörg Böhler ihren Kameraden, der mittlerweile wieder genesen war, in Bonaire abholen durften. Alfred von Wurzian trafen sie in Kralendijk bei bester Laune; er hatte es sich im Krankenhaus ebenfalls gut gehen lassen. Glücklicherweise war dieser Unfall noch einmal glimpflich abgelaufen. Hass und seine Kameraden tauchten nocheinmal in der Lac Bai und verbrachten die anschließende Nacht dort bei den Fischern an der Landspitze. Am nächsten Tag hatten sie vor der Rückreise nach Curaçao noch Gelegenheit, bei Punt Vierkant ihre Sammlungen und Trophäen, die sie bei der überhasteten Abreise vor einigen Wochen zurücklassen mußten, mitzunehmen. Dazu kamen noch die Sammlungen für das Naturhistorische Museum in Wien: Blechkanister gefüllt mit konservierten Fischen und dutzenden Korallenarten, die in der Sonne gebleicht nun wie aus Elfenbein geschnitzte Blumen aussahen. Das alles wurde jetzt hastig zusammengepackt und auf das Boot geschafft. Bald schwand Bonaire hinter dem Horizont wie ein schöner Traum, den Hans Hass nie vergessen hat.

Wieder in Curaçao angekommen hielten die drei Freunde erst einmal eine Krisensitzung ab. Ihre Lage schien ziemlich hoffnungslos. Auf unabsehbare Zeit würden keine Schiffe mehr von Curaçao über den Atlantik nach Deutschland fahren, und der einzige noch verbleibende Rückweg nach Wien führte um die andere Seite der Erdkugel herum, über Japan und Rußland. Und da man die drei Deutschen kaum durch den Panamakanal lassen würde, blieb nur der weite Umweg über New York und quer durch den nordamerikanischen Kontinent. Die Einreiseerlaubnis nach den Vereinigten Staaten war nur sehr schwer zu erhalten, und außerdem ging ihnen ja der Ruf voraus, Spione und Saboteure zu sein. Doch selbst wenn es ihnen gelang, das amerikanische sowie das japanische und russische Visum zu bekommen, gehörte zu einer so weiten Reise eine Menge Geld, und gerade das fehlte ihnen völlig. Außer den nun wertlosen Rückfahrkarten verblieben kaum noch 200 Gulden. Aus Wien konnten sie sich auch kein Geld schicken lassen. Wollten sie also heimkehren, so mußten sie selbst genügend Geld verdienen!

An eine offizielle Arbeitsgenehmigung für Curaçao war aber nicht zu denken, und so faßten sie folgenden Beschluß: Jörg Böhler und Alfred von Wurzian sollten möglichst viele Fische fangen und nach alter Gewohnheit heimlich an die Hotels verkaufen. Außerdem sollten alle die schönen Trophäen und die für das Naturhistorische Museum gesammelten Korallen an die Touristen in Willemstad verkauft werden. Damit sollte wenigstens genügend für die Überfahrt nach den Vereinigten Staaten zusammenkommen. Hans Hass wollte sich inzwischen noch intensiver der Unterwasserfotografie widmen, denn er hoffte, in Amerika durch Vorträge und Veröffentlichung dieser Bilder die notwendigen Mittel für die Weiterreise zu verdienen.

Schon am nächsten Tag fuhren sie also wieder an die Küste, um zu fotografieren und zu jagen. Vorher hatte Hans Hass aber noch seine belichteten Filme in einem Fotogeschäft in Willemstad zum Entwickeln abgegeben. Und so, wie man manchmal von der Duplizität der Ereignisse spricht, geschahen auch an diesem Tag zwei niederschmetternde Dinge: zum einen drang bei einem Unterwasserausflug gut ein halber Liter Salzwasser durch den schlecht geschlossenen Deckel des Gehäuses in die Kamera ein, und zum anderen waren bei den entwickelten Fotos nur wenige, wirklich brauchbare Aufnahmen dabei! Die meisten waren unscharf und verwackelt, eine Auswirkung der Fixeinstellung der Kamera. Alle Pläne von Hans Hass waren wieder einmal in Frage gestellt, wenn es ihm nicht mehr gelang, die Kamera zu reparieren. Mit dem Mut der Verzweiflung zerlegte Hans Hass nun die Kamera bis zum letzten Schräubchen, säuberte und ölte alle Teile; und nach einer Woche waren zwar noch einige Teile übrig, aber das Unwahrscheinliche war gelungen: die Kamera funktionierte wieder. Nur die Belichtungszeiten hatten sich verändert, und erst nach weiteren mühevollen Versuchen konnte er wieder richtig belichten. Als Hass später wieder nach Europa zurückgekehrt war, wurde diese Robot dem Museum der Herstellerfirma einverleibt, denn Hass hatte zwei Teile ganz anders zusammengesetzt, als sie eigentlich zusammengehörten - und trotzdem funktionierte der Mechanismus!

Hans Hass schwor sich, von jetzt an die Unterwasserfotografie ganz anders zu betreiben: Er wollte nun gewissenhafte Versuche anstellen, jeden Film anschließend sofort entwickeln lassen, um aus den Fehlern zu lernen und sie beim nächsten Mal zu vermeiden. Auch die wasserdichte Hülle mußte nun endlich verbessert werden, wenn er in Zukunft bessere Fotos haben wollte! Das bisher verwendete Gehäuse war ein einfacher Messingkasten, der durch einen Deckel mit Gummi abgedichtet wurde. Vor dem Objektiv war eine planparallele

Spiegelglasscheibe, und oben auf dem Kasten befand sich ein Punktsucher und ein Hebel, mit dem der Auslöser betätigt werden konnte. Mit Unterstützung der Mechaniker an Bord der *Vancouver* lötete Hans Hass weitere Durchführungen in das Gehäuse, und konnte dadurch nun endlich auch Blende und Verschlußzeit von außen einstellen. Dies war einfach Voraussetzung, um die Fische wirklich scharf auf das Bild zu bekommen. Danach konstruierte Hass noch einen Rahmensucher, der den genauen Bildausschnitt anzeigte, denn es war wiederholt vorgekommen, daß er gerade den interessantesten Teil eines Bildes, oder Fischen den Kopf oder Schwanz abgeschnitten hatte.

Mit einem noch nie dagewesenen Eifer widmete sich Hass nun der Unterwasserfotografie. Während seine Kameraden mit der Harpune auf die Jagd gingen und dabei auch großen Erfolg hatten, nahm Hass sich vor, möglichst von jeder Fischart einige gute Aufnahmen zu machen. Das war aber keine einfache Aufgabe, denn in den Riffen Curaçaos gibt es über hundert verschiedene Fischarten, und manche davon sind so selten, daß Hans Hass sich wochenlang bemühen mußte, bevor es ihm gelang, sie zu fotografieren. Indem er so gezwungen war, sich mit dem Vorkommen einzelner Arten, ihrer Lebensweise, ihrer Gewohnheiten und Charaktermerkmale eingehend zu befassen, kam er in einen viel innigeren Kontakt zu den Tieren als bisher. Jede neue Art wurde zu einem neuen Problem, das erst gelöst werden mußte. Besonders fesselte ihn die Tatsache, daß viele Fische ihre Musterung und ihr Farbkleid je nach 'Gemütszustand' zu wechseln schienen.

Durch das intensive Fotografieren wurde nun seine Beobachtungsgabe noch mehr geschärft. Dies sollte für Hans Hass eine Entwicklung sein, die für sein weiteres Leben richtungsweisend war. Er sammelte neue Erfahrungen und wurde nun auf manche Zusammenhänge aufmerksam, denen er bisher wenig Beachtung geschenkt hatte. Er begann, sich intensiver für naturwissenschaftliche Fragen zu interessieren: Manche Fische kamen nur bei ganz bestimmten Korallen vor, manche Korallen wuchsen nur an ganz bestimmten Küstenteilen. Warum war das so und nicht anders? Und warum hatte ein Fisch überhaupt diese und der andere wieder jene Gestalt? Welche Zusammenhänge gab es zwischen unbelebter und belebter Natur? "Zunächst hatte ich mit der Harpune gejagt", schrieb Hass später, "und nach immer größeren Fischen Ausschau gehalten. Dann war ich Jäger mit der Kamera geworden und hatte nach mög-

Seite 66: Mit großem Interesse widmete sich Hass in den karibischen Riffen dem Beobachten und Fotografieren des Verhaltens einzelner Fischarten und besonders des Trompetenfisches, der sich tarnt, um an seine Beute zu gelangen.

lichst schönen Motiven gesucht. Jetzt begannen mich die Lebewesen selbst zu interessieren, und ich wurde mir mit Bedauern meiner geringen Kenntnisse bewußt. Wie mußte mancher Forscher mich um diese Gelegenheit beneiden, die Tiere in ihrer natürlichen Umgebung beobachten zu können, und wie wenig Nutzen konnte ich selber noch daraus ziehen! Mir fehlte das Wissen um die naturwissenschaftlichen Probleme. Ich konnte nicht mehr tun, als die Augen möglichst offen zu halten, um später vielleicht einmal aus diesen Beobachtungen schöpfen zu können. So öffnete ich also die Augen und wurde mir bewußt, wie blind ich war. Denn nicht mit den Augen sieht der Mensch, sondern mit seinem Geist, mit den grauen Zellen seiner Gehirnrinde."[20] "Eine neue, einzigartig schöne Aufgabe lag jetzt vor mir: in dies völlig fremde, unermeßlich reiche Leben einzudringen. Jetzt waren es nicht mehr Wild oder Schönheit, die mich umgaben, sondern zahllose Lebewesen. Jedes einzelne in der Verschiedenheit seiner Arten und deren Gesamtheit in ihrem gegenseitigen Einfluß und ihrer gemeinsamen Entwicklung zu erforschen, wurde mir Lebensziel und höchstes Glück."[21]

So jagten Hans Hass und seine Kameraden wochenlang an den Riffen rund um Willemstad, und bald war ihnen fast jede Koralle und jeder Fisch so vertraut wie alte Bekannte. Der heimliche Fischverkauf ging gut voran, und bald hatten sie genug Geld, um sich Fahrräder ausleihen zu können. So zogen sie auch zu der wilden und schroffen Nordküste, wo es noch besonders viele Fische geben sollte. Der ständig wehende Nordost-Passat schmettert hier das ganze Jahr über gewaltige Wellen gegen die schroffen Felsen, und nirgendwo sonst zeigt sich deutlicher die zerstörende Kraft des Meeres als an diesen zerklüfteten Uferwänden. Viele Meter spritzt die Brandung an den Felsen hoch, und starke Strömungen und Strudel lassen eine Rückkehr ans Ufer fast unmöglich erscheinen.

Mit geschulterten Harpunen fuhren Hass und seine Freunde zunächst nach Hato, einem bekannten Platz an der Nordküste unweit von Willemstad. Wagemutig sprangen sie zunächst ohne die Harpunen in das tosende Meer, und die ersten Sekunden in dem Trubel waren mit nichts vergleichbar, was sie bis dahin erlebt hatten. Wie Bälle wurden sie hin und her geworfen und mit immer

Seite 67: Um die Heimreise finanzieren zu können, fertigte Hass in den Riffen Bonaire und Curaçao von möglichst jeder dort vorkommenden Fischart Fotos an, die er verkaufen konnte. Dabei war es Hass wichtig, die Fische in ihrer natürlichen Umgebung aufzunehmen. So entstand indirekt ein regelrechter Fischatlas, das erste Dokument seiner Art, der gleichzeitig ein erstes Ergebnis der Verhaltensforschung von Hans Hass auf dem Meeresgrund ist.

neuer Gischt überschüttet. Strömungen zogen sie ins Meer hinaus, wo es sich zwischen den Wellenbergen schon besser schwimmen ließ. Das schwierigste war aber nun der Ausstieg aus dem Wasser. Hass und seine Freunde lernten, genau die richtige Welle abzuwarten, die sie hoch genug zu dem Ufer emportrug, so daß sie sich an den Felsen festkrallen konnten, bevor die nächste Welle kam und sie mit in das entstandene Tal hinabzog. Glücklicherweise liegt an dieser Küste von Curaçao der Meeresgrund tief genug, so daß bei Stürzen kein Unglück geschah. Bedeutend schwieriger war natürlich das gewagte Manöver in voller Jagdausrüstung. Die Flossen waren beim Klettern äußerst hinderlich, man konnte sich mit der Harpune verletzen, und auch die empfindliche Kamera konnte zerstört werden. Später hatten sich die drei aber so sehr an die Brandung gewöhnt, daß sie auch bei starken Stürmen noch in voller Ausrüstung und mit vielen Fischen bepackt heil ans Ufer gelangt sind.

Nachdem sie einige Tage bei Hato getaucht hatten, versuchten sie es in der Folgezeit auch an anderen Stellen der Nordküste und fanden bei der St. Joris-Bucht ein ideales Jagdrevier. Es war mittlerweile schon Dezember geworden, und tagelange Stürme unterbrachen die Jagdzüge. Zur Weihnachtszeit sank ihre Stimmung wieder deutlich, und die Gedanken schweiften in die Heimat, wo sicherlich schon Schnee lag. Im Januar jagten sie an der Nordküste bei Ronde Klipp, und mit jedem weiteren Jagdtag füllte sich die Reisekasse etwas mehr. Hass und seine Kameraden hatten sich mittlerweile so sehr an das Meer gewöhnt, daß es ihnen überhaupt nichts mehr ausmachte, zwischen den vielen Haien zu schwimmen, die sich regelmäßig um sie versammelten. An manchen Tagen kreisten nicht weniger als sieben große Haie um sie herum, und in einem wahren Fotorausch, in dem sich Hans Hass nun befand, konnte er hier soviele Haie fotografieren wie er wollte. Dabei machte er auch eine wichtige Feststellung: Er konnte beobachten, daß fast jedesmal, wenn ein Fisch harpuniert wurde, schon wenige Augenblicke später ein oder mehrere Haie erschienen, die sich auffällig für den Fisch interessieren. Zunächst hatte Hass den Gedanken, daß es vielleicht das ausströmende Fischblut wäre, was die Haie anlockte. Doch dann beobachtete er Jörg Böhler, wie er einen Zackenbarsch mit der Harpune verfehlte und knapp daneben stach. Erschrocken zappelte der Barsch zwischen den Korallen, und auch hier tauchen schon wenige Augenblicke später mehrere Haie aus dem Dunkel auf. Es war das ängstliche Gezappel der Fische, das die Haie noch vor dem Blutgeruch anlockte!

Daraufhin stellte Hass Versuche an, Haie durch schnelle Schläge mit seinen eigenen Flossen anzulocken, was ihm aber nicht gelang. Er folgerte daraus, daß entweder seine Theorie nicht stimmte, oder aber die Sinnesorgane der Haie so fein entwickelt sind, daß sie auch auf große Entfernungen seine ihnen nichtssagenden Flossenschläge genau von denen eines ängstlich um sich schlagenden Fisches unterscheiden konnten. Er nahm sich fest vor, auf seinen weiteren Expeditionen diese Frage näher zu untersuchen, und wie sich dann später herausstellte, stimmte seine Theorie tatsächlich.

Die Feststellung, daß es die Haie eigentlich auf die zappelnden Fische und nicht auf sie abgesehen hatten, ließ Hass und seine Freunde endgültig allen Respekt und alle Vorsicht vor den Haien verlieren. Sie bewegten sich nun vollkommen furchtlos unter diesen Räubern, und wenn ein Hai ihre Schwimmbahn kreuzte und sie hinderte, stießen sie ihn mit dem Harpunenstock zur Seite. Um gute Haiporträts zu bekommen, leistete Hass sich sogar manchmal die Unverfrorenheit, einen Zackenbarsch zwei Meter von sich entfernt an der Harpunenschnur zappeln zu lassen. Jedesmal, wenn jetzt ein Hai kam, zog er den Fisch schnell zu sich heran und drückte auf den Auslöser.

Wenige Tage später jagten sie bei Boca Tabla an der Nordwestspitze von Curaçao, und hier geschah etwas vollkommen unerwartetes: Drei Haie kamen aus verschiedenen Richtungen in hoher Geschwindigkeit mit der eindeutigen Absicht eines Angriffs auf sie zu: "Die Haie kamen also auf uns zugerast", schrieb Hass zu dieser Begebenheit später, "für einen Augenblick waren wir keiner Bewegung mächtig, dann schrie einer vor Schreck ins Wasser. Keiner von uns konnte sich später erinnern, wer es eigentlich war, doch einer stieß zum Glück mit einem schrillen Ton Luft ins Wasser aus, und dies hatte eine erstaunliche Wirkung: Wie von einer höheren Macht zurückgepeitscht, riß es die drei Haie noch im letzten Augenblick vor uns herum, und sie jagten ebenso schnell davon, wie sie gekommen waren. Einer der Haie schien sich nach dem ersten Schrecken seiner Angst zu schämen, denn kaum dreißig Meter von uns entfernt machte er wieder kehrt und setzte zu einem zweiten Angriff an. Jetzt brüllten wir zu dritt im Chor. Und diesmal warf es ihn buchstäblich zur Seite, er raste davon, und wir haben ihn nicht mehr gesehen. Atemlos, vollkommen erschöpft erreichten wir wieder die Oberfläche und wußten, daß wir unsere gesunden Glieder nur einem Zufall verdankten. Die gütige Vorsehung hatte uns im Augenblick großer Gefahr die einzige Waffe finden lassen, die man unter Wasser gegen einen attackierenden Hai hat: man muß ihn anschreien!"[22]

Dieses Mittel hat sich dann auch bei den weiteren Haiattacken, die sie noch an der Nordküste Curaçaos erlebten, bewährt, und Hans Hass widmete sich nun mit größtem Interesse der Frage, warum der Hai vor menschlichen Schreien flüchtet. Wie empfindlich viele Fische Schwingungen im Wasser wahrnehmen, hatte er bereits bei der Unterwasserjagd deutlich beobachten können. Jede etwas zu schnelle und unharmonische Schwimmbewegung beim Anpirschen warnte und erschreckte den Fisch auch dann, wenn er den Angreifer optisch nicht wahrnehmen konnte. Dies war ein Beweis dafür, daß der Fisch Bewegungen im Wasser nicht nur empfindet, sondern auch ihre Bedeutung versteht, das heißt also, daß er Schlüsse aus der Art der Schwingungen im Wasser ziehen kann. Aufgrund von Beobachtungen und Überlegungen gelangte Hans Hass immer mehr zu der Überzeugung, daß Fische weder stumm noch taub sind. Auch sie verständigen sich: Durch die "Melodie" ihrer Flossenschwingungen. Weiterhin nahm Hass an, daß auch die Stimmung der Fische in der Art der Flossenschläge zum Ausdruck kommt. So sieht man beispielsweise Fische beim Liebesspiel die Flossen in ganz bestimmter Weise vibrierend schwingen, während sie sich beim Fressen oder Umherschwimmen, oder wenn sie verletzt oder erschreckt sind, wieder völlig anders bewegen. Traf diese Vermutung zu, dann wäre auch erklärt, wieso Raubfische auf verletzte oder an der Angel zappelnde Fische sofort aufmerksam werden, wohingegen Hans Hass Haie nicht durch eigene Flossenschläge anlocken konnte.

Und wenn all diese Vermutungen und Schlüsse stimmten, war auch eine Erklärung gefunden, warum die Haie vor den Schreien der drei Freunde entflohen waren. Die ungewöhnlich feine Empfindsamkeit des Haies, die es ihm ermöglicht, Flossenschläge auf große Entfernung wahrzunehmen und zu verstehen, war dann auch der Grund dafür, warum ihn das Anschreien so sehr erschreckte. Denn im Vergleich zu dem Geräusch, das ein Flossenschlag in weiter Ferne verursachte, mußte die durch einen menschlichen Schrei in nächster Nähe erzeugte Schallwelle wie ein Donnerschlag auf seine empfindlichen Organe wirken. Hans Hass nahm sich vor, auch diese Theorie auf seinen weiteren Expeditionen näher zu untersuchen.

Vorerst war es jedoch vorrangig, Geld für die Rückfahrt zu verdienen. Hass und seine Kameraden jagten an allen Küsten von Curaçao, und nur die Ostspitze mit ihrem gegabelten Punt Kanon blieb ihnen unbekannt. Sie vermuteten, daß in diesem streng gesperrten Gebiet Befestigungen angelegt wurden. Sieben Monate waren nun schon seit ihrer Ankunft in Curaçao vergangen, und nur drei hatten sie ursprünglich bleiben wollen! Es war jetzt schon Februar und die *Vancouver* hatte inzwischen ihren Standort vom Schottegatt zu der Küste von St. Michele gewechselt. Auf dem Meeresgrund vor St. Michele wuchsen besonders viele schöne Korallen, die Hass und seine Kameraden nun auf dem Markt von Willemstad an die Touristen verkauften. Ein ungutes Gefühl hatte Hass schon, als sie in dieser Zeit unter den Fischen und Korallen räuberten, aber es hieß jetzt, so schnell wie möglich genügend Geld für die Rückfahrt zu verdienen, und dazu mußte fast jedes Mittel recht sein.

Im März war es dann soweit: Das mühsam angesparte Geld sollte ausreichen, um die Überfahrt nach New York zu bezahlen. Dort wollte Hans Hass durch Vorträge und Veröffentlichung seiner Fotos genügend Geld zusammenbekommen, um die weitere Reise bis nach Wien finanzieren zu können. Die Zwischenzeit, die sie nun noch in Curaçao warten mußten, wurde gut genutzt. In alle Himmelsrichtungen wurden Verbindungen geknüpft, und die weite Fahrt um die halbe Welt in jeder nur möglichen Weise vorbereitet. Denn sie wollten es besser machen als viele andere, die Hals über Kopf, ohne Vorbereitung, geflüchtet und in Venezuela, Panama oder Kolumbien hängen geblieben sind. Alfred von Wurzian kannte einige amerikanische Studentinnen des Smith Colleges, die er einmal durch Österreich geführt hatte. Mit Hilfe dieser Studentinnen wollten sie nun die Einreisegenehmigung nach den USA erwirken. Und hätten sie ersteinmal diese Genehmigung, würde sich schon zeigen, wie es weitergeht.

Da nun alles gut vorbereitet schien, wollte Hans Hass unbedingt noch vor Abfahrt die bisher fehlgeschlagenen Unterwasserfilmaufnahmen zu Ende führen. Die teuren 16-Millimeter-Filme, die er aus Europa mitgebracht hatte, lagen noch fast alle unbelichtet im Kühlraum der Vancouver, denn er hatte seit dem Tauchunfall von Alfred Wurzian bei Punt Vierkant keine Filmaufnahmen mehr gedreht, weil es ihm ohne großes Boot und die notwendigen Hilfskräfte unmöglich erschien. Nun mußte es eben auch ohne Taucherhelm und Boot gehen, und das war Hass eigentlich auch garnicht so unrecht. Er hatte nämlich beobachtet, daß sich viele Fische von dem Mann mit dem Taucherhelm fernhielten. Zunächst dachte er, es wäre das Geräusch der röhrend aus dem Helm ausströmenden Luft, das sie erschreckte, aber später mußte er feststellen, daß auch der lange, zur Oberfläche führende Luftschlauch einen Einfluß auf das verschreckte Verhalten vieler Fische hatte. Auf die Fische mußte es so wirken, als ob ein riesenhaftes, vom Meeresgrund bis zur Oberfläche reichendes Tier sich auf sie zubewegte.

Hass mußte nun auf Curaçao die Erfahrung machen, daß es bedeutend schwieriger war, unter Wasser zu filmen als dort fotografische Aufnahmen zu machen. Dafür gab es vor allem einen Grund: Während beim Fotografieren die kurzen Verschlußgeschwindigkeiten es erlaubten, die Kamera auch während der Aufnahme zu bewegen, muß man sie bei Filmaufnahmen vollkommen ruhig halten oder darf zumindest einem Motiv nur sehr langsam und gleichmäßig folgen. Schwankt man mit der Kamera, dann schwankt später bei der Vorführung auch das Bild auf der Leinwand, wodurch der Zuschauer schnell ermüdet und in seinem Auffassungsvermögen sehr beeinträchtigt wird. Doch nicht nur die Kamera muß bei Filmaufnahmen ruhig gehalten werden, sondern es ist ebenso wichtig, daß auch die Bewegung der Motive selbst nicht zu schnell erfolgen, weil sonst der Zuschauer dem Zusammenhang nicht mehr folgen kann.

Diese Überlegungen schienen zunächst das freischwimmende Filmen unter Wasser auszuschließen, weil man, durch Wellen und Dünung umhergeworfen, kaum die Kamera genügend ruhig halten kann. Bei Aufnahmen unter Wasser muß aber auf ruhige und lange Szenen besonderer Wert gelegt werden, denn fast alles, was sie dem Zuschauer zeigen, ist ihm vollkommen neu und unbekannt, und er kann es deshalb nur verstehen, wenn man ihm genügend Zeit zur Betrachtung läßt. Gerade deshalb hatte Hans Hass besondere Hoffnung auf den Taucherhelm gesetzt, der es ihm gestatten sollte, längere Zeit am Meeresboden zu verweilen und dort in Ruhe zu arbeiten.

Mit Feuereifer ging Hass nun ans Werk, und noch in den letzten Wochen vor Abreise gelang es ihm, sehr zufriedenstellende Aufnahmen von den Riffen und den Korallenfischen vor Curaçao zu drehen. Zunächst versuchte er es mit einem selbstgebauten Holzstativ, auf das er die Kamera anschnallen konnte. Das Stativ wollte er dann an schönen Stellen zwischen den Korallen aufstellen. Diese Versuche mißlangen aber kläglich, weil das Holz mit seinem großen Auftrieb nach oben strebte, und die Kamera immer umfiel. Daraufhin befestigte Hass an den drei Beinen des Stativs schwere Steine, die dem Apparat nunmehr die notwendige Standfestigkeit verliehen.

Mit dieser Vorrichtung praktisch zu arbeiten war aber äußerst mühsam und undankbar. Erst schwamm er mit seiner schweren Last an der Oberfläche und hielt Ausschau nach schönen Motiven, dann mußte er hinabtauchen und die Kamera in Stellung bringen, was auch regelmäßig erst nach einigen vergeblichen Versuchen gelang. Wenn nach mehrmaligem Auf- und Niedertauchen endlich alles aufnahmebereit war, dann hieß es warten, bis der gewünschte Fisch vorbeikam, und das war, wenn schon nicht aussichtslos, so doch eine harte Geduldsprobe. Wenn das erwartete Tier durch einen Zufall wirklich an der vorgesehenen Stelle vorbeischwamm, kam eine neue Schwierigkeit hinzu: Jetzt mußte Hass so schnell wie möglich - aber dabei doch sehr vorsichtig, um das Tier nicht zu erschrecken - hinabtauchen, um den Auslöser der Kamera einzuschalten.

Schließlich kam Hans Hass eine bessere Idee: Er wollte trotz aller Bedenken versuchen, schwimmend aus freier Hand zu filmen. Das war bis dahin noch nie versucht worden, weil es unmöglich erschien, die Kamera in den Wellen ruhig zu halten. Dies gelang Hass auch erst, als er einen besonderen Schwimmstil entwickelt hatte, der trotz aller Bewegungen im Wasser doch ruhiges Filmen gewährleistet. Die Kunst bestand in erster Linie darin, mit kleinen Muskelbewegungen des ganzen Körpers und entsprechender Verlagerung des Schwergewichtes die Bewegungen von Wellen und Dünung weitgehend auszugleichen. Diese Technik erforderte gute Körperbeherrschung und guten Gleichgewichtssinn. Bei dieser Filmtechnik haben sich die Schwimmflossen ebenso wie beim Unterwasserfotografieren hervorragend bewährt.

Diese von Hans Hass neu entwickelte Methode des freischwimmenden Filmens eröffnete ebenso wie das freischwimmende Fotografieren ganz neue Möglichkeiten. Hass konnte sich nunmehr schwimmend in gleicher Weise wie beim Fotografieren auch den scheuesten Fischen nähern, und filmend auch in jedes noch so ungangbare Riff eindringen, was mit einem Taucherhelm niemals möglich gewesen wäre. Hass wollte in Zukunft, von diesen Erfahrungen ausgehend, die neue Filmtechnik in größerem Stil ausbauen. Trotz den vielen Schwierigkeiten beim Filmen gelang Hass vor Curaçao doch ein vielbeachteter Film, der später unter dem Titel "Pirsch unter Wasser" auch in den deutschen Kinos lief.

Hans Hass und seine Kameraden hatten bis zum letzten Tag den genauen Termin ihrer Abreise geheimgehalten, da sie befürchten mußten, daß ihnen die Engländer, die mit ihren Schiffen den Seeweg nach New York kontrollierten, Schwierigkeiten bereiten würden. Selbst die Schiffskarten wollte Hass erst im letzten Augenblick buchen. Alles war vorbereitet, alle erforderlichen Papiere schienen vorhanden und auch das Geld würde für die erste Zeit in New York ausreichen. Dann stellte sich aber am Tag der Abreise plötzlich heraus, daß doch nicht alles vorbereitet war, denn die amerikanische Schiffahrtsgesellschaft Grace-Line, mit deren Schiff *St. Paula* sie nach New York fahren wollten, bereitete ihnen noch in den letzten Stunden vor Auslaufen die größten Schwierigkeiten: Es waren nämlich noch weitere Formalitäten und Genehmi-

Um Forschung im Meer zu dokumentieren, drehte Hans Hass schon 1939 in der Karibik seinen ersten Unterwasserfilm.
Zunächst verwendete er dazu ein Stativ, bevor er freischwimmend filmte.
(Karibik, 1939)

gungen nötig, und diese Unterlagen konnten frühestens in einigen Tagen aus den USA beschafft werden. Dies bedeutete aber, daß Hass mindestens noch eine weitere Woche auf Curaçao bleiben mußte, bis das nächste Schiff abfuhr. Von bösen Vorahnungen und einer unerklärlichen inneren Unruhe getrieben ließ Hass aber nicht nach, und jagte in den letzten Stunden vor Auslaufen hilfesuchend von einer Behörde zur anderen.

In seiner Not lief er auch zu Herrn van de Croef, dem Leiter der Einwanderungsbehörde, und erlebte dort eine amüsante Umkehr des Schicksals. Er, der bei Ankunft in Curaçao ihr schlimmster Gegner war, wurde jetzt zum eifrigsten Verfechter ihrer Interessen. Er war offenbar heilfroh, sie endlich loszuwerden, übernahm alle Garantien und erreichte dadurch wirklich, daß Hass und seine Freunde praktisch in letzter Minute auf das Schiff durften. Es blieb ihnen kaum noch genügend Zeit, um sich bei ihren überraschten Feunden auf Curaçao zu verabschieden.

Wieviel Glück Hass an diesem Tag gehabt hatte, erfuhr er erst später. Er war nämlich mit dem letzten Schiff von Curaçao weggekommen! Die Route war plötzlich geändert worden, und schon das folgende Schiff verkehrte über das englische Bermuda, wo natürlich jeder Deutsche von Bord heruntergeholt wurde. Wäre er also nicht mit der *St. Paula* weggekommen, hätte Hass keine Möglichkeit mehr gehabt, Curaçao zu verlassen. Sechs Wochen nach ihrer Abreise brach der Krieg zwischen Deutschland und Holland aus, und er wäre wie weitere 461 deutsche Kriegsgefangene am 10. Mai 1940 in einem Lager auf Bonaire interniert worden. Wie anders wäre dann sein weiteres Leben verlaufen!

Acht Monate hatten sie insgesamt auf Curaçao und Bonaire verbracht, und nun fuhren sie, mit tausenden Unterwasserfotos und dem ersten in tropischen Gewässern freischwimmend aufgenommenen Unterwasserspielfilm im Gepäck Amerika und damit einem ungewissen Schicksal entgegen. Um ihre Ankunft in New York auch möglichst lange geheim zu halten, telegrafierten sie erst am Vortag vor Einlaufen ihrem Kontaktmann, daß sie kommen würden. Es handelte sich dabei um Herrn Whatt, den Leiter jener Studentenverbindung, deren Teilnehmer für die reibungslose Einreise in die USA sorgen wollten.

Leider funktionierte die Geheimhaltung aber überhaupt nicht, denn schon kurz nach dem Anlegen des Schiffes in New York waren sie von Reportern umringt, die Interviews mit den abenteuerlichen Deutschen führen wollten. Blitzlichter flammten auf, und am nächsten Tag fand Hass in vielen Tageszeitungen, unter anderem auch in der großen SUN, ihr Konterfei und einen Bericht über ihre Abenteuer unter Haien. Neben den Reportern waren aber auch zwei Geheimpolizisten auf das Schiff gekommen, die die drei Freunde auf dem direkten Weg zur Einwanderungsbehörde führten. Hass konnte es kaum fassen, sogar bis nach New York war das Gerücht gedrungen, bei Curaçao und Bonaire hätten geheime Treffen von ihnen mit deutschen U-Booten stattgefunden! Nach einer ersten, intensiven Gepäckdurchsuchung, die im Laufe ihres Amerikaaufenthaltes fast schon zur Tagesordnung wurde, bekamen Hass und seine beiden Freunde die Gelegenheit, ausgiebig das Einwanderungsgefängnis von Ellis Island kennenzulernen.

Am 23. März 1940, nach vier Wochen Gefängnis, ließ man Hass und seine Begleiter endlich frei. Es war Herr Whatt von der Studentenvereinigung gelungen, gegen Hinterlegung von 1000 Dollar Kaution ihre Entlassung zu erwirken. Hass und seine Freunde erhielten die vorläufige Einreiseerlaubnis und eine Aufenthaltsgenehmigung für maximal drei Monate. Das erste, was Hans Hass nun unbedingt tun mußte war, die Geschäfte in Schwung zu bringen. Er selbst besaß nur noch acht Dollar, mit denen keine weiten Sprünge zu machen waren. Um genügend Geld für die Weiterreise zu bekommen, mußte es ihm gelingen, seine Unterwasserfotos an einige Zeitungen zu verkaufen. So lief er kreuz und quer durch New York von einem Zeitungsverlag zum anderen. Hass konnte sich in der Millionenstadt an all dem Neuen nicht satt sehen, und dann tauchten plötzlich auch noch in der Ferne die in Licht gebadeten Türme des Rockefeller Center auf, damals noch das modernste Bauwerk der Welt: "Ohne zu wollen", schrieb er später, "blieb ich stehen. Und wie ich so stand, rechts von mir der Menschenstrom, links das flutende Gewoge der Autos und vor mir das Meer der Lichtreklamen und jenes monumentale Riesenwerk in der Ferne, wie ich so dastand, zitternd vor Kälte und fiebernd vor Aufregung, mit wenigen Dollars in der Tasche und vielen Plänen im Kopf, ein winziges Geschöpf in einem riesigen Ameisenhaufen, ein kleiner Staubwurm irgendwo, erfüllt mit der Absicht, die ganze weite Welt zu durchqueren, da wurde mir mit aller Macht bewußt, wie schön und wie wild das Leben ist, wie wunderbar es ist, daß es Sonne und Sterne gibt, Düfte und Farben, Ideen und Gestalten, und daß man das alles selbst erleben, selbst fühlen und selbst begreifen darf."[23]

Nach einigen ergebnislosen Verhandlungen gelang es Hass schließlich doch noch, das Veröffentlichungsrecht an seinen Fotos zu einem guten Preis an das LIFE-Magazine, die größte Illustrierte der USA, zu verkaufen. Von seinen

Bildern wurde aber dort keines je veröffentlicht, offenbar, weil man in der damaligen politischen Situation keinen Deutschen zum Sympathieträger aufbauen wollte.

Die nächsten Wochen lebte Hans Hass bei einem Bekannten von Jörg Böhler in Trenton. Häufig fuhr er nach New York, besuchte das Aquarium und viele Museen und war von jedem Tag aufs neue von dieser Stadt begeistert. Und dann erfüllte sich ein Jugendtraum: Im zoologischen Garten von New York besuchte er eines seiner Idole, den Tiefseeforscher William Beebe! Mit pochendem Herzen stand er dem bekannten Forscher gegenüber, zeigte ihm seine Unterwasserfotos und freute sich daran, daß sie guten Eindruck machten. Es seien die besten, die er bisher gesehen habe, sagte Beebe, und Hass glaubte nicht, daß seine Arbeit auf irgendeine Weise noch besser hätte belohnt werden können.

Als Hass das Naturhistorische Museum New Yorks besuchte, lernte er dort auch den amerikanischen Wissenschaftler Waldo Miner kennen, der von den Bahamas und später auch aus der Südsee ganze Korallenriffe nach New York brachte und dort im Museum in einer sehr naturgetreuen Gruppe wieder aufgebaut hatte. Miner hatte in diesen Gewässern auch unter Wasser fotografiert, und stolz zeigte er nun Hass seine Unterwasserkamera, die er bei seiner Arbeit verwendete.

Diese Kamera und die Technik, die Miner bei der Unterwasserfotografie anwendete, gibt einen guten Eindruck von dem Vorsprung, den Hans Hass damals schon auf diesem Gebiet besaß. Die Hülle, die Waldo Miner für seine Kamera verwendete, war ein sehr großer und schwerer Messingkasten, der mit etwa 20 Flügelschrauben abgedichtet war. Miner klagte Hass darüber, wie überaus schwierig und zeitraubend mit diesem unförmigen und schweren Gerät zu arbeiten war. Miner fertigte seine Unterwasseraufnahmen nämlich mit einer ganz besonderen Technik an: In einem Taucherhelm stieg er zwischen den Riffen in die Tiefe, wanderte dort ein wenig umher und suchte nach den gewünschten Motiven. Hatte er etwas erspäht, das er im Bild festhalten wollte, dann signalisierte er mittels einer Leine schnell nach oben, worauf ein Belichtungsmesser in wasserdichtem Gehäuse herabgelassen wurde. Nun prüfte Waldo Miner die Lichtverhältnisse und schrieb das Resultat mit einer Kreide auf die Schiefertafel, die man ebenfalls an einem Seil herabgelassen hatte. Auch die Entfernung des Objektes wurde auf der Tafel vermerkt, dann verschwanden Belichtungsmesser, Tafel und Kreide wieder nach oben - und nun hieß es geduldig warten. Oben wurde in fieberhafter Eile die Kamera eingestellt und in die wasserdichte Hülle eingebaut, was einige Minuten in Anspruch nehmen konnte. Kam dann endlich die ersehnte Kamera nach unten, dann hatte sich oft schon die Belichtung grundlegend geändert und, falls das Motiv ein Fisch war, hatte dieser inzwischen mit Sicherheit seinen Standort gewechselt oder überhaupt schon längst das Weite gesucht. Und auch so konnte Miner nur eine einzige Aufnahme machen, denn dann mußte die Kamera von neuem emporgezogen und für die nächste Aufnahme vorbereitet werden. Daß es auf diese Weise kaum gelingen kann, gute Aufnahmen von Fischen zu machen, ist einleuchtend. Als der einundzwanzigjährige Hans Hass Waldo Miner anschließend seine eigene Fototechnik erklärte, und ihm auch seine kleine flinke Kamera zeigte, wurde dieser auffallend wortkarg und betrachtete lange und eingehend die Unterwasserfotos von Hass.

In diesen Wochen in New York ließ Hass sich keine Gelegenheit entgehen, um Geld zu verdienen. Seine beiden Freunde befanden sich jetzt in Philadelphia, wo sie unter den amerikanischen Studentinnen herumgereicht wurden. Hans Hass hielt inzwischen Vorträge auf verschiedenen Universitäten von New York, verkaufte Vergrößerungen seiner Fotos und betätigte sich schließlich sogar als Werbefotograf bei einer Porzellanfirma. Nach sechs Wochen harter Arbeit war es dann schließlich geschafft: Hans Hass hatte genug Geld zusammen, um die Kaution zurückzahlen zu können, und der restliche Betrag reichte auch noch zum Kauf eines Autos. Damit wollten sie quer durch Amerika bis nach Kalifornien fahren, und von dort aus mit einem Schiff den Pazifik überqueren.

Wenn man von New York nach Kalifornien fährt, bedient man sich entweder der südlichen oder der nördlichen Route. Die nördliche Route führt über Chicago oder St. Louis quer durch den Mittelwesten, am Yellowstone-Nationalpark und am Großen Salzsee vorbei nach San Franzisko und ist etwa 4000 Kilometer lang; die südliche verläuft über das Apalachengebirge zum Golf von Mexiko, dann quer durch Texas und durch den berühmten Grand Canyon nach Los Angeles, und ist etwa um ein Drittel länger. Da die Vereinigten Staaten so sehenswert sind, das Benzin so preiswert war und Hans Hass und seine Freunde nun schon einmal da waren, beschlossen sie, die schönsten Teile der beiden Routen zu kombinieren. So gelangten sie zu einer Gesamtstrecke von 12.000 Kilometern, die sie in der rekordverdächtigen Zeit von nur 20 Tagen hinter sich brachten. Während dieser Marathonfahrt schliefen sie nachts einfach am Wegesrand neben ihrem Auto auf Luftmatratzen.

An Philadelphia vorüber ging die Fahrt zunächst über Washington und

Lynchburg nach Roanoke, wo Hass und seine beiden Begleiter ihre erste Reifenpanne hatten; über die Berge und vorüber an Knoxville nach Atlanta. In Talahassee kauften sie sich neue Angelleinen für ihre Harpunen und tauchten in Wakulla-Springs, einem kristallklaren Quelltopf in Florida. Das Wasser dieses Quellsees von etwa 80 Meter Durchmesser erwies sich als außerordentlich klar, und Hans Hass konnte gute Unterwasserfotos von den Fischen anfertigen. Am Golf von Mexiko ging die Fahrt vorüber, wo sie noch im brusttiefen Wasser Fische jagten und mit Delphinen spielten, durch New Orleans hindurch den endlosen Mississippi entlang bis nach Baton Rouge. Auf Mark Twains traditionellem Raddampfer überquerten sie samt ihrem Benzinroß den "Old men river", um am anderen Ufer fast 1500 Kilometer dem Llano Estacado von Texas zu folgen. Erst bei der Karl-May-Landschaft von Santa Fe und Albuquerque verließen sie diesen langsam ansteigenden Weg und folgten der Nordstraße, die an besonderen Naturschönheiten vorbeiführt. Bei Cimarrou übernachteten sie in 3000 Meter Höhe, in Pueblo besuchten sie die altehrwürdigen Indianersiedlungen, bei Colorado Springs den schroffen Pike Peak und den "Garten der Götter". Als sie Denver passierten, wurde die Lockung der Rocky Mountains zu stark, und mutig fuhren sie mit ihrem schnaufenden Auto über den 4000 Meter hohen Paß. Am gleichen Abend schliefen sie bereits unter dem phantastischen Sternenhimmel der Prärie von Wyoming. Durch die Hochebene hindurch brausten sie zum Yellowstone-Nationalpark, wo sie Grizzlys, Büffel und Elche bewunderten, wie es sich gehört, und außerdem, was weniger üblich ist, im heißen Wasser eines Geysirs tauchten.

Der Yellowstone-Nationalpark in Wyoming besitzt nach Island das zweitgrößte Geysirbecken der Welt. Kochendes Wasser sprudelt dort überall aus dem Boden, aus Schlammkratern brodelt schwefelhaltige Luft und in regelmäßigem Rhythmus steigen die zischenden Wasserstrahlen der Geysire bis zu 40 Meter hoch in die Luft. In dichten Wäldern eingebettet liegen auch einige strahlendblaue Geysir-Seen, über denen die zitternde Luft kochendes Wasser verrät. Hans Hass ließ es sich nicht nehmen, diese Kraterseen näher zu erforschen. Bei einem dieser Geysire mit dem treffenden Namen 'Fire hole lake' - Feuerlochsee - stieg er mit Brille und Schwimmflossen ins Wasser. An den seichten Ufern war das Wasser, das in der Mitte des Sees kochte, auf etwa 40 Grad abgekühlt, was also eben noch auszuhalten war. Als Hass dann sah, wie klar es unter Wasser war, nahm er auch noch seine Unterwasserkamera mit. Sich knapp über dem Boden haltend tauchte er ein Stück der brodelnden

Mitte des Sees entgegen, aber es wurde schnell unerträglich heiß, die Gläser der Brille und das Objektiv der Kamera beschlugen mit Wasserdampf, und so trat er zügig den Rückweg zum Ufer an. Trotz des nur kurzen Abstieges war Hans Hass von der brodelnden und flimmernden Unterwasserlandschaft noch lange nachhaltig beeindruckt.

Vom Yellowstone-Nationalpark ging die Fahrt weiter zu Salt-Lake-City, einem großen Salzsee, den sie natürlich auch unter Wasser besuchten, quer durch Utah mit Richtung auf den Grand Canyon. Nach einem kurzen Besuch von Boulder-Damm, einer riesigen Talsperre, der mühsamen Durchquerung der Mohave-Wüste und der langsamen Überquerung des San Bernadino-Berges lag vor ihnen Los Angeles und der Pazifische Ozean, in dem weit hinter dem Horizont Hawaii lag, das nächste Ziel der langen Fahrt um die Welt.

In Los Angeles lebten Hass und seine Freunde in einer kleinen, deutschen Pension. Da das nächste japanische Schiff erst in vier Wochen auslaufen sollte, nutzten sie die Zwischenzeit, besuchten Hollywood und die Sternwarte am Mount Wilson, tauchten an verschiedenen Stellen der Küste und drangen bis an die mexikanische Grenze vor. In Los Angeles und Hollywood kamen wieder einige Vorträge zustande, und Hans Hass erhielt auch einen besonders interessanten Auftrag. Er sollte für die Saturday Evening Post, eine der größten amerikanischen Zeitungen, Werbe-Farbaufnahmen von der Unterwasserlandschaft vor Santa Catalina anfertigen, einer großen Insel unweit von Los Angeles. Diese Insel gehörte dem amerikanischen Kaugummimogul Wrigley, der sie zu einem Touristenzentrum ausgebaut hatte.

Hass tauchte vor Catalina zwei Wochen lang und lernte dort wieder eine neue Welt kennen. In dem kalten Wasser des Pazifiks bedecken keine Korallen, sondern gigantische Wälder des jodhaltigen Riesentanges den Meeresgrund. Diese Tangwälder, die aus bis zu 20 Meter Tiefe emporwuchsen, boten herrliche Fotomotive. Hans Hass konnte hier auch große Stachelrochen und Haie fotografieren. Als er dann wenig später die bestellten Fotos bei der Gesellschaft ablieferte, mußte er aber feststellen, daß man an solchen Fotos ganz und gar nicht interessiert war - man bot Hass sogar Geld an, wenn er diese Fotos nicht veröffentlichte! Der Grund lag auf der Hand: Hörte man in Los Angeles, daß es vor Catalina Island Stachelrochen und Haie gab, dann wäre die Zeit von Catalina als Urlaubs- und Badeort vorüber. Hass bekam zwar das für die Werbeaufnahmen versprochene Honorar, jedoch wurden auch diese Aufnahmen - wenn auch aus einem anderen Grund als vorher - nicht in den USA veröffentlicht.

In Los Angeles konnte sich Hans Hass einen sehnlichen Wunsch erfüllen: Wenige Tage, bevor sein Schiff Los Angeles verließ erfuhr er zufällig, daß Guy Gilpatric in Coronado lebte, einem Vorort von San Diego an der mexikanischen Grenze. Ohne zu zögern fuhr Hass nach Coronado, und schon am nächsten Tag traf er seinen Lehrmeister wieder, der Hass noch in guter Erinnerung hatte. Gilpatric hörte mit großer Freude den abenteuerlichen Schilderungen von Hass zu, und erst am späten Abend trennten sich wieder ihre Wege. Zum Abschied schenkte Gilpatric Hans Hass noch ein Exemplar seines Buches "The compleat goggler", in dem Hass sein Erlebnis mit den Thunfischen am Cap Miramar wiederfand. Drei ereignisreiche Jahre waren seitdem vergangen!

Am Tag der Abfahrt mit dem Dampfer verkaufte Hans Hass sein tapferes Auto, und konnte sogar noch einen Gewinn von dreißig Dollar verzeichnen. Dann fuhr das japanische Schiff *Kamakura Maru* zunächst nordwärts nach San Franzisko, wo Hass als Abschiedsgruß von Amerika eine weitere ausführliche Gepäckdurchsuchung über sich ergehen lassen mußte.

Das erste Ziel des Dampfers war Oahu, die Hauptinsel von Hawaii. Das Schiff sollte hier einen Aufenthalt von acht Stunden haben, und diese Zeit wußte Hass gut zu nutzen: Gleich nachdem die *Kamakura Maru* in Honululu angelegt hatte, stürmten die drei Freunde mit ihrer Jagdausrüstung und der Unterwasserkamera an Land und riefen dem nächsten Taxifahrer zu: "Diamond Head!". Eine Fahrt zur Nordküste, wo es die schönsten Korallenriffe von Oahu geben sollte, wäre zu weit gewesen, und so hatte sich Hans Hass für diese bekannte Landspitze in der Nähe der Anlegestelle entschieden. An Waikiki Beach, dem berühmten Badestrand von Honolulu vorüber erreichten sie Diamond Head, wo sie aber eine herbe Enttäuschung erlebten: Der Meeresgrund war hier so flach und glatt geschliffen, daß Diamond Head ein vollkommen uninteressantes Tauchgebiet war. Wehmütig dachten sie an die Schönheit der westindischen Korallenriffe, und schwammen zum Ufer zurück. Hier wurden Hans Hass und seine beiden Freunde erst einmal verhaftet: Unglücklicherweise hatte Hass nämlich mit Diamond Head eine Stelle gewählt, die in unmittelbarer Nähe einer militärischen Befestigung lag. Hass konnte aber die Polizisten beruhigen, und nach einigen Stunden wurden sie gerade noch rechtzeitig zum Auslaufen des Schiffes wieder freigelassen.

Am 7. April erreichte der Dampfer Yokohama, die große japanische Hafenstadt. Hier erregten die drei abenteuerlichen Deutschen wieder großes Aufsehen, und die Zeitungen brachten große Bildberichte über ihre Erlebnisse in der Karibik. Während des zweiwöchigen Aufenthalts in Japan besuchte Hans Hass die Sehenswürdigkeiten in Nikko und Kamakura, und wagte auch den beschwerlichen Aufstieg zum Fuji. Besonders interessant fand Hass auch seinen Besuch bei den Perlentauchern von Tobe. Er war kurz vor seiner Weiterreise einer freundlichen Einladung des japanischen Perlenkönigs Mikimoto gerne gefolgt, dessen Schwiegersohn er in Tokio kennengelernt hatte.

Weiter ging die beschwerliche Fahrt um die Welt mit dem Schiff von Japan nach Korea und mit dem Zug über Peking nach Irkutsk. Nach anfänglichen Zollschwierigkeiten und weiteren Gepäckkontrollen fuhren Hass und seine Kameraden die letzten 9000 Kilometer von Irkutsk bis nach Deutschland mit der Transsibirischen Eisenbahn. Im September 1940, nach fast eineinhalbjähriger Abwesenheit, war Hans Hass endlich wieder daheim in Wien.

Das erste Schwimmtauchgerät

In Wien war im Herbst 1940 noch nicht viel von dem Krieg zu spüren. Die Eltern und Bekannten von Hass waren froh, als die drei Freunde wieder wohlbehalten in die Heimat zurückgekehrt waren, und für Hans Hass begann wieder ein geregeltes Leben. Pflichtgemäß meldete er sich bei den Behörden und wurde, da er damals noch an einer Gefäßkrankheit der Beine litt, die ihn am Marschieren hinderte, vorläufig für das Studium vom Militärdienst freigestellt. Es gab für Hass nun aber kein Zögern mehr: Schon kurz nach seiner Rückkehr hatte er sich auf der Wiener Universität für das Zoologiestudium eingeschrieben, denn er hatte in der Karibik endgültig die großen Möglichkeiten erkannt, welche sich für die Meeresforschung boten, wenn der Forscher selbst direkt vor Ort als "Fisch unter Fischen" unter die Meeresoberfläche taucht. In der Karibik hatte er das Verhalten der Fische und Haie untersucht, und er wollte nun auch auf die vielen, noch offenen Fragen Antworten finden. So schön und vertraut Wien auch für Hans Hass war, für seine weiteren Pläne war diese Stadt aber nicht der richtige Boden. Während ihn in New York, Yokohama und Tokio die Reporter schon kurz nach seiner Ankunft empfangen hatten und alle großen Zeitschriften ausführliche Bildberichte abdruckten, mußte er auch jetzt wieder die gleiche traurige Erfahrung machen wie nach seinen vorhergehenden Expeditionen: Niemand interessierte sich hier so recht für seine Erlebnisse unter Wasser. "In Wien interessiert man sich für kulturelle Fragen und alles, was innerhalb seiner vier Wände vor sich geht", schrieb Hans Hass einige Jahre später etwas verbittert, "was dagegen die Menschenfresser oder die Korallenfische oder die Sonnenflecken tun, darum kümmert sich nur ein kleiner Kreis. 'Ach, Westindien? Haifischjagd? Unter Wasser sogar?' hieß es - 'das muß ja sehr interessant gewesen sein!' Aber niemand schien sich dafür wirklich zu interessieren."[24]

Um nun auch in Deutschland der breiten Öffentlichkeit seine Abenteuer in der Karibik und die neuen, großen Möglichkeiten für die Meeresforschung nahezu-bringen, fuhr Hans Hass kurzentschlossen nach Berlin, wo er sich in einer kleinen Pension in der Kaiserstraße einmietete. Bereits am nächsten Tag schon packte er den Stier bei den Hörnern und sprach bei dem Chefredakteur der Berliner Illustrierten Zeitung vor. Diese Wochenzeitung hatte zu dieser Zeit eine Auflage von etwa 2 Millionen Exemplaren, und war damit die größte Illustrierte Deutschlands. Hans Hass hatte erst wenige Minuten erzählt, da unterbrach ihn schon Harald Lechenperg, der Chefredakteur der Berliner Illustrierten, und rief eine gute Bekannte an. Es war Elli Beinhorn, die angesehene deutsche Fliegerin, die kurz darauf auch im Büro saß und ebenso gespannt und sprachlos wie Lechenperg den mitreißenden Erzählungen von Hans Hass folgte. Lechenperg war begeistert, kaufte Hass im Anschluß an das Gespräch das gesamte Bildmaterial ab und verpflichtete ihn zur Abfassung eines großen Reiseberichtes, der unter dem Titel "Wir lebten unter Fischen" in fünf Fortsetzungen und sogar mit einem Titelblatt ab dem 31. Oktober 1940 in der Berliner Illustrierten veröffentlicht wurde. Sie wurden anschließend als Zusammenfassung im "Signal" wiederholt, das in allen von Deutschland damals besetzten Gebieten in der jeweiligen Landessprache herausgebracht und in großer Auflage vertrieben wurde.

Elli Beinhorn riet Hans Hass, bei seinem gerade bewiesenen Erzählertalent doch in größerem Stil Vorträge zu halten, um seine weiteren Vorhaben besser finanzieren zu können. Als Hass zustimmte, machte sie ihn bereits einen Tag darauf mit Frau Thea Schneider-Lindemann bekannt, die auf diesem Gebiet auch schon für andere Forschungsreisende tätig war. In diesen Kreisen hatte sie den Titel 'Forschermutter von Dahlem' erhalten, da sie sich stets mit unglaublicher Tatkraft für die Belange ihrer Schützlinge einsetzte. Einer ihrer Schützlinge war auch Graf Luckner, Seeheld im Ersten Weltkrieg und Abenteurer in allen Weltmeeren, der in seinen Lebenserinnerungen die Forschermutter einmal so beschrieben hat: "Eine Frau, die ihr ganzes Leben darauf abgestellt hat, Leuten wie mir die Wege zu ebnen. Sie macht allen Papierkram, von dem wir keine Ahnung haben. Vorallem aber organisiert sie die größten Reisen bis ins kleinste Detail und legt schon drei Monate im voraus fest, wo ich wann einen Vortrag halten werde oder per Bahn, Schiff oder Auto lande. Sie kennt den Globus wie kaum ein zweiter Mensch und ist mit allen möglichen Unmöglichkeiten weiter Fernen innig vertraut. Ihr Schreibtisch steht in einem kleinen Landhaus, da, wo die Füchse sich gute Nacht sagen. Aber die Fäden, die sie von diesem Schreibtisch aus spinnt, laufen in die ganze Welt. An den Wänden ihres Arbeitszimmers hängen dicht bei dicht die Bilder ihrer Schützlinge, die wohl furchtlos durch Steppen und unerforschte Gebiete ziehen, aber ohne sie hilflos dem täglichen Leben gegenüberstünden. Sie kennen sich zwar unter Wasser bei den Haien oder auch bei den Kopfjägern sehr gut aus, aber so einem Ding wie einem Vertragsabschluß stehen sie ratlos gegenüber."[25] Frau Schneider-Lindemann blieb für fast zwanzig Jahre die Managerin von Hans Hass und leistete einen wesentlichen Anteil zu den späteren Erfolgen von ihm.

Die Forschermutter lebte in einem Blockhaus in Dahlem, einem Wohnviertel südwestlich vom Zentrum Berlins. Sie vereinbarte mit Hans Hass, daß sie neben der Organisation seiner Vortragsreisen auch alle anderen geschäftlichen Dinge für ihn regeln würde: "Sie schreiben Ihre Bücher, studieren und halten Vorträge", sagte sie. "Und wenn sie fleißig sind, dann verspreche ich Ihnen schon heute, daß Sie bei der nächsten Expedition bereits ein eigenes Schiff haben".[26] Damit sollte sie nicht übertrieben haben, denn bereits zwei Jahre später konnte sich Hass, gerade erst 24 Jahre alt geworden, den Traum eines eigenen Expeditionsschiffes erfüllen. Das Ziel von Hass war es nun nämlich, ein eigenes Schiff als eine schwimmende Forschungsstation auszurüsten, um damit direkt vor Ort die Korallenriffe und die Unterwasserwelt zu erforschen.

Bereits im Januar 1941, also nur drei Monate nach Rückkehr aus der Karibik, begannen die Vortragsreisen. Monatelang ging es nun kreuz und quer durch Deutschland und die angrenzenden Gebiete, von Wiesbaden nach Ostpreußen, von Hamburg nach Trier, von Wien nach Stockholm und Malmö. Überall waren die Vorträge gut vorbereitet, zumeist waren sie sogar ausverkauft und überall wurde Hass als wagemutiger Forscher gefeiert. Nach den Vorträgen, die Hass dramaturgisch geschickt mit Lichtbildern gestaltete, verkaufte er handsignierte Unterwasserfotos; das Stück für eine Mark, ein Dutzend für zehn Mark. 1941 hielt Hans Hass hunderte von Vorträgen, und allein im Berliner Planetarium am Zoo sprach er innerhalb von drei Monaten fast 200 mal vor ausverkauftem Saal; jeden Tag zweimal, und an Sonn- und Feiertagen sogar dreimal. Nach einiger Zeit kannte Hans Hass seinen Text schon so gut auswendig, daß er, während er sprach, auf dem Rednerpult unbemerkt Briefe an seine Mutter schreiben konnte. Manchmal skizzierte er auch die Zuhörer in der ersten Reihe, und einmal fertigte er sogar während eines Vortrages ein Selbstbildnis durch einen am Rednerpult befestigten Spiegel an.

Die große Ausbeute an Fotos, Filmen und Erfahrung, die Hass aus der Karibik mitgebracht hatte, wirkte damals, als die Unterwasserforschung noch in den Kinderschuhen steckte, geradezu sensationell. Wohl hatten Beebe und andere Wissenschaftler Aufnahmen unter Wasser angefertigt, um diese unbekannte Welt zu erforschen. Vor Hass hatte jedoch keiner wie ein Fisch unter Fischen gelebt, diese Welt gefilmt und ihre einzigartige Schönheit dem Laien verständlich zu machen versucht. Es wurde zu einer Lebensaufgabe von Hans Hass, nicht nur die fremden Meere zu erforschen, sondern sie auch seinen Mitmenschen näherzubringen und die vielen Schauermärchen, die den Zutritt dorthin verwehren, zu entlarven. Bis zum heutigen Tag ist es eines der besonderen Verdienste von Hass, mit seinen unzähligen Vorträgen, Veröffentlichungen und Filmen in großem Stil volksbildnerisch gewirkt zu haben.

Da diese vielen Vorträge Hass aber bald zu sehr anstrengten, mietete er sich als Abschluß der Vortragsreihe für zwei aufeinanderfolgende Tage am 9. und 10. Mai 1941 die Deutschlandhalle in Berlin, wo er vor jeweils 20.000 Menschen sprach, eine Leistung, die man einem 22jährigen kaum zutrauen würde! Für seine ersten Vorträge erhielt er meist nur 200 bis 300 Mark, später für manchen bis zu 1000 Mark oder noch mehr. Zu dieser Zeit gründete Hass ein Organisationsbüro für biologische Meereskunde in Lichterfelde, und alles eingenommene Geld floß einem besonderen, steuerbegünstigten Konto zu, das nur für den Kauf und die Ausrüstung des ersehnten Forschungsschiffes bestimmt war. Hass entnahm von dem Konto monatlich 300 Reichsmark, von denen er lebte.

Inzwischen war Hans Hass ganz von Wien nach Berlin umgezogen und wohnte in einer kleinen Dachstube des Blockhauses der Forschermutter beim Botanischen Garten. Er studierte nun an der Friedrich-Wilhem-Universität, die an der großen Prachtstraße 'Unter den Linden' liegt und heute 'Humboldt-Universität' heißt, Zoologie. Hier lernte Hass Professor Richard Hesse persönlich kennen, der gemeinsam mit Franz Doflein das zweibändige Grundlagenwerk

HANS HASS

Expedition für biologische Meereskunde

Organisationsbüro: BERLIN - LICHTERFELDE
Limonenstraße 30a
FERNSPRECHER 763007

Postscheckkonten: Berlin Expeditionskonto 1597n
Wien Konto Forschungsreise 560n
Girokonto Berliner Stadtbank Girokasse 141

*Zwischen 1941 und 1943 führte Hans Hass
hunderte von Vorträgen durch.
Während einem dieser Vorträge fertigte er
durch einen am Podium befestigten Spiegel
dieses Selbstbildnis von sich an.
(1941, Kopie aus Tagebuch).
Bereits 1941 gründete er sein erstes Institut
für biologische Meeresforschung.
(Visitenkarte)*

"Tierbau und Tierleben" geschrieben hatte. Hesse war sehr interessiert an den Beobachtungen von Hass, und er übernahm ein Unterwasserfoto von ihm in die 1943 herausgekommene neue Auflage seiner beiden Bücher.[27] In die funktionelle Betrachtung der "Arten" wurde Hans Hass während seines Studiums durch diese beiden Bücher eingeführt. Auch die universalistische Betrachtungsweise der Natur, die von besonders diesen beiden Forschern vermittelt wurde, hat Hass in seiner späteren wissenschaftlichen Ausrichtung wesentlich beeinflußt. Heute noch hält Hans Hass Richard Hesse für den bedeutendsten Ökologen und Vorgänger all jener ganzheitlichen Gedanken, die in den letzten Jahren so sehr in den Blickpunkt des Interesses getreten sind.[28]

Um weiteres Geld für seinen Traum vom eigenen Forschungsschiff zu verdienen, arbeitete Hans Hass in seiner freien Zeit an einem neuen Buch. Es erschien noch 1941 im Ullstein Verlag, Berlin, unter dem Titel "Unter Korallen und Haien". In diesem Buch, das er Guy Gilpatric widmete, dem er "die Idee der Unterwasserjagd und durch sie all die unzähligen glücklichen Stunden im Meer" verdankt, schildert Hass seine Erlebnisse im karibischen Meer.

Am Ende des Buches gibt er einen interessanten Ausblick über seine weiteren Pläne. "Weiter in die Zukunft forscht mein Blick. Noch tobt der Krieg, doch wenn wieder Frieden ist, wird die Möglichkeit zur Verwirklichung weiterer Pläne kommen. Ja, ich habe Pläne. Curaçao hat bewiesen, welche Möglichkeiten die freischwimmende Unterwasserforschung bietet. Wenn wir mit so bescheidenen Mitteln und unter so schwierigen Umständen zu dritt schon so viel beobachten konnten, welcher Erfolg müßte dann einer großzügig ausgerüsteten Expedition in die Korallenwelt der Südsee beschieden sein! Die wichtigste Voraussetzung für zukünftige Fahrten wäre ein großes, modern ausgerüstetes Schiff, mit dem wir die südlichen Meere durchkreuzen können. Mit neuen, verbesserten Apparaten und Geräten ausgerüstet könnten wir dann das Reich der Fische durchforschen. Wissenschaftler müssen uns zur Seite stehen, die alles Material, das aus der Meerestiefe emporgeschafft wird, gleich an Ort und Stelle verarbeiten und auswerten. Ihnen könnte an Bord ein modernes Laboratorium zur Verfügung stehen, und ihrer Anleitung gemäß müßte die Tauchermannschaft wissenschaftlich interessante Lebensvorgänge im Meer beobachten und filmen und seltene Fische zur Untersuchung einbringen. Durch solche Zusammenarbeit würde es, davon bin ich überzeugt, möglich sein, einen wertvollen Beitrag zur Erforschung der Meerestiere zu leisten. Einmal, das weiß ich bestimmt, wird unser Schiff hinausfahren zum

Roten Meer, durch den Indischen Ozean zu den Koralleninseln der Südsee und dem großen Barriereriff von Australien. Möge es uns dann gelingen, unser Vorhaben erfolgreich auszuführen, immer tiefer in die Geheimnisse und Rätsel der Meerestiefe einzudringen und ihre Schönheit durch Foto- und Filmaufnahmen der Öffentlichkeit zugänglich zu machen".[29]
Daß ihn dieses Vorhaben fast die ganzen nächsten 20 Lebensjahre in Anspruch nehmen würde, wußte er damals aber noch nicht.

Im Sommer 1941 ergab sich für Hans Hass wieder die Möglichkeit, im Meer zu tauchen. Eine deutsche Filmgesellschaft wollte aus seinen westindischen Filmaufnahmen einen Kulturfilm zusammenstellen, und da die Aufnahmen von Hass fast nur Korallen und Haie zeigten, nicht aber solche von schwimmenden und Fische jagenden Menschen, sollten diese fehlenden Szenen nachgedreht und eingefügt werden. Für diesen Zweck kam nur das klare Wasser vor der dalmatischen Küste in Frage, und die Gesellschaft leitete auch gleich die notwendigen Schritte ein, Hans Hass, Jörg Böhler und Alfred von Wurzian die Reise nach Dubrovnik zu ermöglichen.
Die Rahmenhandlung des Filmes wurde in dem Freibad Krapfenwald bei Wien gedreht, und schon kurze Zeit darauf fuhren die drei Freunde mit dem Zug nach Dubrovnik. Da aber die Fahrtstrecke des Zuges teilweise von Partisanen kontrolliert wurde und einzelne Schienenstränge weggesprengt waren, verlief die abenteuerliche Fahrt mit vielen Hindernissen und Verzögerungen. Vor Dubrovnik gingen die Filmaufnahmen dann doch gut voran, und die letzten Filmszenen wurden fertiggestellt. 1942 gelangte der Film unter dem Titel "Pirsch unter Wasser" in die Kinos, wo er als Vorfilm zu den Wochenschauen lief. Dieser Film ist ein Stück Filmgeschichte, denn er ist der erste, zum überwiegenden Teil in tropischen Meeren freischwimmend gedrehte Streifen.
Hans Hass lag nun besonders daran, ein Gerät zu entwickeln, das ihm einen längeren Aufenthalt unter Wasser ermöglichen sollte. Der Taucherhelm, den er bis dahin verwendete, hatte besonders in der Karibik entscheidende Nachteile offenbart. Die Arbeit unter Wasser war mit ihm zu umständlich und unbefriedigend, und alle Vorteile, die Hass durch den Gebrauch der Schwimmflossen bei der Unterwasserfotografie und -filmerei gewonnen hatte, konnte er mit dem Helm nicht nutzen. Der Helm hielt den Taucher am Meeresboden fest, und er konnte sich nicht frei wie ein Fisch umherbewegen und auch die unzugänglichen Riffbereiche aufsuchen. Außerdem erschreckten

die Luftblasen und der lange Luftschlauch die Fische, was ein weiterer großer Nachteil des Helmes war. Hier konnte nur ein autonomes Tauchgerät Abhilfe schaffen, mit dessen Hilfe der Taucher unabhängig von der Oberfläche und einer Anzahl von Helfern war.

So alt wie die Menschheit ist der Traum, tief ins Meer zu tauchen; und der, dort unten auf einem Schiff umherzufahren oder auch frei auf dem Meeresgrund umherzuwandern, lebt auch schon mehrere hundert Jahre. Es ist recht schwierig, die ersten Tauchversuche des Menschen nachzuweisen und genau zu datieren. Die Chronologie des Tauchens geht bis weit in die griechische Antike zurück, die des modernen Schwimmtauchens aber begann erst vor wenigen Jahrzehnten mit Hans Hass, und ein Exkurs über die allgemeine Entwicklung taucherischer Aktivitäten seit frühester Zeit wäre sicher unnötiger Ballast in diesem Buch. Zwar ist es verlockend, Homer, Thukydides, Quintus Curtius, Aristotels und Plinius zu zitieren, die von athenischen und römischen Kampftauchern zu berichten wissen, von Schwamm- und Korallenfischern, die schon vor zweitausend Jahren auf dem Meeresgrund arbeiteten, von levantinischen Bergungstauchern, die ihr Leben damit verdienten, Waren aus Wracks herauszuholen. Immer aber sind diese Berührungen des Menschen mit der obersten Meeresschicht nur flüchtig gewesen, sie leisteten keinen Beitrag etwa zur Gründung oder Erweiterung wissenschaftlicher Kenntnisse über das Meer. Der Mangel an sicherem Wissen ließ es deshalb lange Zeit zu, daß die menschliche Phantasie die völlig unbekannten, riesigen Räume der Ozeane mit grausigen, wilden und gefährlichen Ungeheuern belebte. Die wunderlichsten und sonderbarsten Tier- und Pflanzenformen sollten in unergründlichen Tiefen vorkommen. Der Aberglaube, Auswirkung der Unwissenheit, hatte daher leichtes Spiel, die Gemüter zu verwirren, in Furcht zu halten und größere Vorstöße des Menschen in den Ozean zu verhindern.
Doch dieser ganze Komplex von überlieferter Sage und historischer Realität, genialer Utopie und empirischer Technik, handwerklicher Berufstaucherei und wissenschaftlicher Tiefseeforschung steht nur in mittelbarer Beziehung zum Schwimmtauchen, dessen Geschichte nachzuzeichnen auch eine Aufgabe dieses Buches ist. Als Schwimmtauchen bezeichnen wir die Möglichkeit, sich frei - autonom - von jeglicher Verbindung nach oben während einer gewissen Zeitspanne unter der Wasseroberfläche aufzuhalten und unabhängig im dreidimensionalen Raum bewegen zu können. Interessanterweise gibt es die Bestrebung, autonom unter der Wasseroberfläche zu sein, schon seit über

hundert Jahren, die Eroberung des dreidimensionalen Raumes, das eigentliche Schwimmtauchen, nahm aber erst mit dem Pionier Hans Hass seinen Anfang. Bereits vor etwa 130 Jahren wurde das erste autonome Tauchgerät geschaffen. Die beiden französischen Erfinder, der Bergwerksingenieur Rouquaryrol und der Marineoffizier Denayrouse haben im Jahre 1865 das erste unabhängige Tauchgerät entwickelt. Bei diesem Gerät trug der Taucher auf dem Rücken einen Stahlbehälter, welcher Preßluft unter einem Druck von 30 bar enthielt. Ein Rückschlagventil verband diesen Druckbehälter mit einer Ausgleichs-kammer, welche oben von einer Gummimembrane verschlossen wurde. Rück-schlagventil, Druckausgleichskammer und Membrane stellen in vereinfachter Form den Druckregler der heutigen, modernen Tauchgeräte mit offenem Luftkreislauf dar. Dieser Druckregler arbeitete vollkommen automatisch. Der Luftdruck entsprach genau dem Wasserdruck, und Atemluft strömte nur nach, wenn der Taucher einatmete. Diese Erfindung von Rouquayrol und Denayrouse stellte eine geniale Leistung dar und ist besonders wegen seiner Einfachheit bewundernswert.

Leider erkannte man zur damaligen Zeit noch nicht alle Vorteile, die das neue Tauchgerät bot. Die Taucher verwendeten weiterhin die plumpen Bleischuhe, und da die Tauchbrillen der japanischen Perlentaucher in Europa noch unbe-kannt waren, trug man eine Nasenklemme und die Augen blieben ungeschützt. In Prospekten betonte man, daß das Meerwasser "für die Augen gut sei". Man kam bald darauf, daß der Luftbehälter zu groß und unbequem und die mit dem Gerät mögliche Tauchzeit zu kurz war. Der größte damalige Lufttank faßte 30 Liter bei gerade einmal 30 bar Druck! Mit ihm konnte man nur wenige Minuten autonom in der Tiefe bleiben. Es gab noch einige Verbesserungen an dem Tauchgerät, aber bald mußten die beiden französischen Erfinder erkennen, daß der klassische Taucheranzug, der Scaphander, mit Helm und Luftschlauch aus Gründen der Bequemlichkeit doch vorgezogen wurde. Ihre Erfindung wurde zu der damaligen Zeit noch nicht richtig verstanden und geriet langsam in Vergessenheit.

1878 wurde dann ein Tauchapparat bekannt, der von den nach England ausgewanderten Deutschen Fleuss und Siebe-Gorman konstruiert worden war. Sie kombinierten das Tauchgerät mit einem Luftreiniger, der zu dieser Zeit für die ersten U-Boot-Prototypen entwickelt wurde. Der Taucher war mit einem Helm und einem wasserdichten Anzug ausgerüstet; auf die Handpumpe und den Luftschlauch konnte verzichtet werden. Er atmete ständig die gleiche Luft aus einem mit Kalikörnern gefülltem Kanister, in dem das Kohlendioxyd und die Feuchtigkeit der Ausatemluft absorbiert wurden. Zur Anreicherung der Atemluft mit Sauerstoff benutzte er eine Sauerstoffflasche mit Ventil. Der praktische Gebrauch dieses ersten Sauerstoffgerätes war äußerst schwierig und gefährlich; tödliche Unfälle traten schon in geringer Tiefe auf, und man verzichtete verhältnismäßig schnell, dieses Gerät weiter zu benutzen.

H.A. Fleuss und Sir R.H. Davis schufen dann 1905 das erste leichte, wirklich unabhängige Tauchgerät. Es arbeitete nach dem Prinzip des geschlossenen Atemsystems mit Zufuhr von frischem Sauerstoff und Absorption des Kohlendioxyds durch Ätznatron oder "Atemkalk". Dieser Apparat sollte zur Rettung der in gesunkenen Unterseebooten eingeschlossenen Besatzungen dienen. Das Gerät von Fleuss und Davis ist äußerst einfach im Aufbau und Bedienung. Der Taucher atmet durch ein Mundstück, welches über einen Gummischlauch mit einem Sack verbunden ist. Dieser weiche Sack bläht sich beim Ausatmen auf und entleert sich beim Einatmen, so daß die Luft gezwungen ist, eine Patrone mit kohlendioxydbindendem Ätznatron zu passieren. Eine kleine Flasche mit hochverdichtetem Sauerstoff ist an diesem Sack angeschlossen. Das Ventil dieser Flasche mußte mit der Hand bedient werden. Der Taucher kann also - individuell verschieden - den verbrauchten Sauerstoffanteil der Atemluft im Sack ersetzen und beim Niedertauchen den zunehmendem Außendruck ausgleichen. Das Kreislaufgerät war mit einem Sicherheitsventil versehen, durch welches der Überdruck entweichen kann.

Bereits 1926 wurde dann von dem französischen Kommandanten Yves le Prieur das erste wirklich brauchbare, unabhängige Preßlufttauchgerät erfunden. Er verwendete Preßluftflaschen mit einem Fülldruck von 150 bar und koppelte seine Tauchflaschen mit dem System von Fernez aus dem Jahre 1912, welches aus Handpumpe, Luftschlauch, Mundstück, Nasenklemmen und Brille bestanden hatte. Ohne irgendwelche Verbindung mit der Oberfläche konnte er sich bereits am 6. August 1926 zum ersten Mal unabhängig während 10 Minuten auf dem Meeresgrund aufhalten. Le Prieur, der Vater des autonomen Tauchens, ersetzte diese unbequeme Anordnung 1934 durch die erste Vollgesichtsmaske. Der Druckregler seines Preßluftgerätes erzeugte einen leichten Überdruck, der das Eindringen von Wasser in die Maske weitestgehend verhinderte, sie vom Außendruck entlastete und ein reibungsloses Einatmen ermöglichte. Mit diesem Preßlufttauchgerät und Ledersandalen wanderte Prieur über den Meeresboden, blieb also leider immer noch auf dieser zweidimensionalen Entwicklungsstufe. Le Prieur leistete noch weitere Pionierarbeit und entwickelte im Laufe der späteren Jahre Schaumgummitauchanzüge, Preßluftkompressoren, starke Unterwassergewehre mit Gummizug, Preßluft und sogar Pulver, wasserdichte Lampen und vieles mehr.

Soweit war die Entwicklung der autonomen Tauchgeräte fortgeschritten, als Hans Hass im Frühjahr 1941 das Drägerwerk in Lübeck besuchte. Es besaß damals - ebenso wie heute - in Deutschland einen ebenso guten Ruf wie in England die Firma Siebe und Gorman und war führend auf dem Gebiet der Tauchgeräteherstellung. Hass traf dort Oberingenieur Hermann Stelzner, der ein hochqualifizierter Fachmann auf dem Gebiet der Tauchertechnik war. Stelzner war Autor des damaligen Standardwerkes über Tauchen und nicht nur ein glänzender Theoretiker sondern auch ein praktischer Taucher. Gemeinsam mit Heinrich Dräger, dem Leiter des Unternehmes, der sehr daran interessiert war Hass zu unterstützen, wurden die verschiedenen Möglichkeiten erörtert, die zur Entwicklung des von Hass benötigten Tauchgerätes bestanden.

Es bestand die Möglichkeit, ein Preßlufttauchgerät ähnlich dem von Le Prieur zu bauen. Ein solches Gerät ließe sich durch eine Modernisierung des von Rouquayrol und Denayrouse entwickelten Lungenautomaten unschwer herstellen. Mit einem solchen Gerät könne Hass auch größere Tiefen aufsuchen.

Es wäre aber auch möglich, das Sauerstoffkreislaufgerät, das Dräger schon serienmäßig als U-Boot-Rettungsgerät herstellte und nach dem gleichen Prinzip wie das englische Gerät von Fleuss und Davis arbeitete, für die vorgesehenen Zwecke umzubauen. Allerdings hatte dieses Kreislaufgerät den Nachteil, daß der reine Sauerstoff, den der Taucher einatmet, in Tiefen von spätestens 20 Meter auf den menschlichen Körper giftig wirkt.

Dieses Kreislaufgerät konnte Hans Hass auch gleich im Versuchstank des Dräger-Werkes erproben. Es war erstaunlich klein, leicht und handlich, eine Art von Weste, die man umschnallte. Am Gürtel war eine 0,6-Liter-Sauerstoffflasche befestigt, die unter einem Druck von 200 bar stand. Nach Schätzungen von Stelzner konnte man mit einer Flaschenfüllung bei nicht zu schwerer Unterwasserarbeit in zehn bis fünfzehn Meter Tiefe bis zu einer Stunde auskommen. An der Flasche befand sich ein automatisches Dosierventil, und durch einen dünnen Schlauch floß eine konstante Menge reinen Sauerstoffs in einen rings um den Kopf liegenden Sack, der auf dem Schulterteil der Weste befestigt war. Aus diesem Sack atmete der Taucher durch einen Faltenschlauch mit Mundstück ein, und durch einen zweiten wurde die Atemluft in den Sack zurückgeleitet. Hierbei strömte sie durch eine im Sack befindliche Patrone mit Atemkalk. Der Sack ließ sich öffnen und wasserdicht verschließen, damit vor jedem Tauchgang die Patrone mit neuem Atemkalk gefüllt werden konnte. Neben der Erneuerung des Atemkalks war es ebenso wichtig, bei jedem Anlegen des Gerätes den Sack erst völlig leerzusaugen. Die normale Atemluft enthält nämlich 78 Prozent Stickstoff, der im Kreislaufgerät aus zwei Gründen eliminiert werden muß: Zum einen besteht beim Atmen von Stickstoff die Gefahr einer Caissonkrankheit, die zu Embolien führen kann. Zum anderen besteht die Gefahr einer Anoxie, wenn einmal nur noch Stickstoff im Atemsack ist.

Nach dem ersten Test im Tauchbecken entschied sich Hans Hass für dieses Sauerstoffkreislaufgerät und nicht für das Preßlufttauchgerät. Bereits der Taucherhelm hatte die störende Wirkung gehabt, durch die lautstark in das Wasser ausströmende Atemluft die Fische zu erschrecken und zu vertreiben. Das Kreislaufgerät arbeitete dagegen nahezu geräuschlos, nur das leise Klicken der Ventile in den beiden Atemschläuchen war bei ihm zu hören und es trat keine Luft in das Wasser aus. Dies war ein wichtiger Aspekt für Hass, der doch möglichst nahe und unbemerkt an die Fische herankommen wollte, um sie zu beobachten. Hinzu kam auch noch, daß das Kreislaufgerät so klein und handlich war und man es praktisch in einer Aktentasche unterbringen konnte. Reiner Sauerstoff waren überall auf der Welt zu bekommen, da man ihn für Schweißarbeiten benötigte. Dräger wollte noch eine Umfüllpumpe anfertigen, die den Inhalt der kleinen Flasche auf 200 bar Druck verdichten konnte. So war zu jeder Expedition nur der notwendige Atemkalk mitzuführen, für 100 Tauchstunden etwa 80 Kilo, was Hass jeweils per Schiff vorausschicken wollte. Und was die Tiefengrenze betraf, genügten 20 Meter für das Erste durchaus. In den Korallenriffen spielt sich das meiste Leben bis zu diesem Tiefenbereich ab, und hier waren auch die besten Lichtverhältnisse für das Fotografieren und Filmen.

Was außerdem noch für das Kreislaufgerät sprach war die Möglichkeit, statt reinem Sauerstoff ein Helium-Sauerstoffgemisch zu atmen. Damit konnte die Tiefengrenze bei richtiger Dosierung bis auf 250 Meter verschoben werden. Allerdings gab es 1941 nur in den USA Heliumquellen, aus denen die entsprechenden Mengen entnommen werden konnten. Die Heliumherstellung aus Luft, wie sie damals in Deutschland praktiziert wurde, war viel zu teuer und zu aufwendig. So tröstete Stelzner Hans Hass damit, daß nach dem Krieg sicherlich genügend Helium und ein geeignetes Dosierventil zur Verfügung stehen würde, um sein Kreislaufgerät auch für größere Tiefen tauglich zu machen. Stelzner konnte die Realisierung seiner Theorie leider nicht mehr erleben, da er bereits 1942 verstarb. Was Stelzner aber nicht ahnen konnte, war, daß die notwendigen technischen Fortschritte zum Bau eines Helium-Sauerstoffgerätes ausgerechnet der Weltraumforschung, also dem Versuch, den Mond zu erreichen, zu verdanken waren.

An dem Dräger-Tauchretter - auch "Gegenlunge" genannt - hatte Hass zwei Dinge auszusetzen, die man nach seinem Wunsch umändern wollte: Erstens war der wie ein Rettungsring um den Kopf liegende Atemsack für seine Zwecke ungeeignet und sollte, um eine gute Schwerpunktslage beim Schwimmtauchen zu gewährleisten, auf dem Rücken angebracht werden. Zum Zweiten mißtraute Hass dem automatischen Dosierventil, das ja nur dazu konstruiert war, U-Bootsbesatzungen an die Oberfläche zu bringen. Hass arbeitete aber in sehr verschiedenen Tiefen, manchmal mit geringer und dann wieder mit mehr Anstrengung. Das automatische Dosierventil sollte gegen einen Druckknopf ausgetauscht werden, den der Taucher je nach Bedarf selbst bedienen konnte. So hatte der Taucher auch die Möglichkeit, je nach Tiefe seinen Auftrieb zu regulieren.

Technisch gesehen wies also das Schwimmtauchgerät nur geringe Neuerungen auf, unterschied sich aber in der Anwendungsweise grundsätzlich von allen früheren Apparaturen. Im Gegensatz zu den bisherigen Gepflogenheiten des Menschen, sich auch unter Wasser bei Taucherarbeiten auf dem Meeresgrund aufrecht schreitend fortzubewegen - also ausgerechnet in der Stellung in welcher er auch dem Wasser den meisten Widerstand bietet - ermöglichte das Gerät die einzige physikalisch richtige Fortbewegungsweise, deren sich auch alle anderen Säugetiere bedienen, die wieder das Wasser besiedelt haben, nämlich mit dem Kopf voran und Flossen an den rückwärtigen Extremitäten.

So entstand das erste Schwimmtauchgerät der Welt, bei dem der Taucher autonom, also unabhängig von der Oberfläche war, und sich gleichzeitig mit Hilfe der Schwimmflossen gleich den Fischen frei im dreidimensionalen Unterwasserraum bewegen konnte. Die vollkommene Anpassung an das Unterwassermilieu war erreicht. Bereits im folgenden Jahr, 1942, konnte es Hans Hass auf seiner nächsten Expedition einsetzen. Damit wurde Hans Hass aus wissenschaftlichem Antrieb heraus zu einem der ersten, wirklichen Raumforscher im Meer - zum Stammvater des Schwimmtauchens und zu einem Eroberer der Hydrosphäre. Er durchstreifte von nun an forschend und beobachtend die Meeresgärten, bereicherte über das eigene Erleben hinaus damit in wertvollster Weise die Kenntnisse der Vorgänge und vom Leben im

Meer, von der Absicht geleitet, auch diesen gewaltigen, bisher noch weithin unbekannten Raum der Erde zum Nutzen aller zu erforschen.

Es blieb aber nicht nur bei der Nutzung des Schwimmtauchgerätes zu wissenschaftlichen Zwecken, denn das Schwimmtauchgerät wurde - wie eigentlich auch nicht anders zu erwarten war - auch zu militärischen Zwecken eingesetzt. Dadurch, daß keinerlei Luftblasen an der Oberfläche verrieten, wo ein Taucher sich im Wasser befand, war es ideal für Kampftaucher geeignet, die heimlich unter Wasser an feindlichen Booten Haftminen anbrachten oder andere Arbeiten durchführen mußten. Eine etwas zweifelhafte Berühmtheit erlangte das Schwimmtauchgerät gegen Ende des Zweiten Weltkrieges, als die italienischen Kampfschwimmer, die das Tauchgerät unter dem Namen "Pirelli-Gerät" verwendeten, unter Oberbefehl von Prinz Valario Borghese in Gibraltar und Alexandria einige Schiffe der Alliierten versenkten. Bei den Alliierten wurde das Schwimmtauchgerät unter dem Namen "Davis" bekannt.

Im Juli 1943, ein Jahr nachdem Hans Hass sein Schwimmtauchgerät erstmals in der Praxis eingesetzt hatte, wurde an der französischen Mittelmeerküste dann die zweite Bauart eines Schwimmtauchgerätes entwickelt. Der Franzose Georges Commeinhes hatte aus dem Hochdruck-Preßluftgerät von Le Prieur und dem Druckregler bzw. Lungenautomaten von Rouquayrol-Denayrouse, der dem Druckregler von Le Prieur überlegen war, ein Tauchgerät mit offenem Luftkreislauf entwickelt, welches in Frankreich schon 1937 amtlich zugelassen worden war und mit dem er im Juli 1943 erstmals auch mit Schwimmflossen im Hafen von Marseille eine Tiefe von 53 Metern erreichte. Dem Erfinder blieben weitere Erfolge leider versagt, da er 1944 während des Krieges im Kampf um Straßburg fiel.

Angeregt durch den französischen Kapitän Jacques-Yves Cousteau konstruierte der kanadische Ingenieur Gagnan in Paris im Jahre 1943 die "Aqualunge". Dieses Preßlufttauchgerät stellte eine Verbesserung der Konstruktion von Commeinhes dar und ist von seiner Bauart bis heute nahezu unverändert geblieben. Während des Krieges hatte man in Deutschland für Autos, die mit Flaschengas betrieben wurden, einen automatischen Druckregler entwickelt. Dieser war für Preßlufttauchgeräte geradezu ideal geeignet und kam nun beim Gerät Cousteau-Gagnan zur Anwendung. Im Herbst 1943 erreichte Frederic Dumas, ein Freund Cousteaus, mit diesem Gerät die Tiefe von 62 Metern.

Ab 1947 wurde dieses Preßlufttauchgerät industriell in Großserie hergestellt und vermarktet. Da es, im Verhältnis zum Sauerstoffkreislaufgerät von Hass, wegen des höheren Sicherheitsfaktors besonders auch für Amateure geeigneter war, ist es inzwischen zum Standardtauchgerät geworden und wird heute auf der ganzen Welt für die verschiedensten Arten der Unterwassertätigkeiten eingesetzt. Das erste, deutsche Preßluft-Sporttauchgerät wurde im Jahre 1953 von der Barakuda-Gesellschaft in Hamburg unter dem Namen "Delphin" ausgeliefert und von dem Dräger-Werk, Lübeck produziert. Es besaß erstmals auch eine automatische Reservevorrichtung.

Die Entwicklung führt aber mittlerweile wieder zum Kreislauftauchgerät zurück. Wie es Stelzner schon 1941 voraussagte, gibt es heute bereits die computergesteuerte "Elektrolunge" auf Helium-Sauerstoffbasis, die eine Tauchtiefe von weit über 200 Metern ermöglicht. Der Preis für dieses Kreislauftauchgerät, bei dem die Gefahr einer Caisson-Krankheit, wie sie beim Preßlufttauchgerät auftreten kann, nicht mehr besteht, ist heute allerdings noch so hoch, daß die "Elektrolunge" auf absehbare Zeit das Preßlufttauchgerät wohl nicht ersetzen wird.

Das Schwimmtauchen ist in unserer heutigen Zeit, in der es weltweit schon bis zu acht Millionen Menschen als Freizeitbeschäftigung oder Berufsform betreiben, nicht mehr wegzudenken. Wie es Hans Hass schon 1942 vorausgesehen hatte, setzte in den folgenden Jahrzehnten seinem Vorbild folgend eine Invasion des Menschen in das Meer ein. Mittlerweile sind die Einsatzgebiete der Tauchgeräte kaum noch überschaubar. Viele Marinewerften und Bergungsunternehmen beispielsweise verwenden sie ständig für schwierige Arbeiten unter dem Wasserspiegel, Besitzer kleiner Schiffe bietet ein solches Tauchgerät die Möglichkeit, einfache Unterwasserreparaturen und Reinigungsarbeiten vorzunehmen und die Kosten des Aufdockens zu sparen. Die Polizei hat zunächst ortsansässige Freitaucher zur Suche von Körpern in Seen und Flüssen herangezogen und inzwischen vielerorts selbst Polizeitauchertruppen gebildet. Daß Lebensrettungsorganisationen die Möglichkeiten der Schwimmtauchgeräte für den Wasserrettungsdienst bald erkannten, ist selbstverständlich. Aquarianer möchten ihre häuslichen Lieblinge auch einmal in ihrer natürlichen Umgebung sehen, Künstler steigen mit Pinsel und Maltafel in die Tiefe und Menschen aus übervölkerten Städten suchen und finden beim Tauchen den hautnahen Kontakt mit der Natur. Von Abenteuerlust getriebene Menschen finden hier noch ein Refugium zur Befriedigung ihrer Bedürfnisse. Tauchschulen, Tauchclubs und weltweite Tauchsportverbände schießen wie Pilze aus dem Boden. Die industrielle Fertigung der Ausrüstung und der schnell wachsende Tauchsporttourismus schufen vollkommen neue Wirtschaftszweige, in denen heute hunderttausende von Menschen beschäftigt sind.

Schwimmtauchen ist aber weit mehr als erlebte Natur mit kleineren oder größeren Abenteuern: Wissenschaftler verschiedenster Fakultäten, Archäologen, Meeresbiologen, Hydrologen und Ichthyologen vertauschten mittlerweile ihren weißen Labormantel gegen Flossen, Brille und Tauchgerät und verschaffen sich so Zugang zu einem bisher unerforschten Gebiet, um das maritime Leben in seiner eigenen Sphäre zu studieren, was zu einer ganzen Reihe neuer, nicht nur wissenschaftlich sondern auch wirtschaftlich wichtiger Erkenntnisse führt.

Den Beweis zu erbringen, daß diese neue Forschungsmethode mit dem Schwimmtauchgerät und einem entsprechend ausgerüsteten Forschungsschiff, das die Wissenschaftler direkt in das Korallenriff brachte, zu wissenschaftlichen Erkenntnissen führt, die zum großen Teil auf keinem anderen Weg gewonnen werden können, und daß dies auch trotz der vielerorts gefürchteten Haie möglich ist, wurde nun zum zentralen Bestreben von Hans Hass.

Griechenland: Menschen unter Haien

1942 war Hans Hass wieder so weit: Das zusammengesparte Geld reichte aus, um den lange gehegten Wunsch eines eigenen Forschungsschiffes zu erfüllen. Neben den vielen Vorträgen, Zeitungsveröffentlichungen und Bilderverkäufen hatte Hass ein weiteres Buch mit dem Titel "Fotojagd auf dem Meeresgrund" fertiggestellt, in dem er seine bisherigen Erfahrungen auf dem Gebiet der Unterwasserfotografie festhielt. Es enthält erstmals auch farbige Unterwasseraufnahmen. Dieses Buch ist heute ein Klassiker auf dem Sektor der Unterwasserfotografie und -films und bildete die Grundlage für die nachfolgenden Generationen der Unterwasserfotografen.

Ebenso wie auf vielen anderen Gebieten hat sich der unermüdliche Forscher Hans Hass auch auf diesem Gebiet der modernen Unterwasserfotografie große Verdienste erworben. Sie war nun ausgereift und 50 Jahre, nachdem Louis Boutan sein erstes Unterwasserfoto angefertigt hatte, durch die Leistung von Hans Hass den Kinderschuhen entwachsen. Nicht mehr wegzudenken ist heute beispielsweise die Unterwasserfotografie, um die Lage von Wracks zu bestimmen und Maßnahmen für ihre Bergung auszuarbeiten. Schadhafte Staudämme, Hafenanlagen, Schiffsböden und anderes werden durch freitauchende

Kameramänner untersucht und fotografiert. In der Hochseefischerei filmt man die Schleppnetze, um festzustellen, wie die Fische auf die Fanggeräte reagieren. In der Wissenschaft dient die Unterwasserfotografie zum Beispiel auf dem Gebiet der Geologie, wenn es darum geht, Untergrundformationen aufzunehmen; der Archäologie, um Siedlungsspuren oder andere Kulturreste zu sichern; der Biologie für Biotopaufnahmen und zur Erforschung der pflanzlichen und tierischen Lebewesen und vieles andere mehr. Spezielle Bedeutung erlangte die Unterwasserfotografie in angewandter Wissenschaft, der Wirtschaft und im militärischen Bereich.

Hans Hass kaufte im Januar 1942 das Segelschiff *Seeteufel* des bekannten deutschen Seehelden Felix Graf Luckner, der umgangssprachlich den gleichen Namen trug wie sein Schiff. Hass hatte Luckner durch seine Managerin Frau Schneider-Lindemann kennengelernt, die ebenfalls für Luckner Vortragsreisen organisierte. Hans Hass war von diesem alten Haudegen und legendären Seeheld des Ersten Weltkrieges, der jahrzehntelang Vorbild der Jugend war, auf Anhieb stark beeindruckt. Er traf sich häufig mit Luckner und sprach seine Pläne mit ihm durch. Luckner war an den weiteren Plänen von Hass sehr interessiert und entwickelte sich zu seinem väterlichen Freund. Sein ungemein weltoffenes und draufgängerisches Wesen hatten starken Einfluß auf die weitere, persönliche Entwicklung von Hans Hass.[30]

Luckner bot sich an, selber als Kapitän des Schiffes auf der nächsten Expedition von Hass dabeisein. Diese sollte dann unbedingt zu den Galapagos-Inseln führen, von denen Luckner mit Begeisterung erzählte, und die auch Hans Hass faszinierten. Für eine solche Reise mußte aber das Kriegsende abgewartet werden, denn unter den augenblicklichen Verhältnissen war an eine solche Reise nicht zu denken. Als es dann zehn Jahre später wirklich so weit war, war Luckner leider schon zu alt für eine solche Reise.

Die Expedition, die Hass als nächste plante, sollte in erster Linie das Schwimmtauchen als neue Forschungsmethode vorstellen. Aus dem anfänglichen sportlichen Draufgängertum war nun eine ernste Aufgabe im Dienste der Wissenschaft geworden. Aber Hans Hass lag noch ein weiterer Beweis am Herzen: Seine Veröffentlichungen in der Berliner Illustrierten Zeitung hatten neben viel Beifall auch viele Spötter gefunden, die die Echtheit der Haifotos anzweifelten. Auch wurde oft die Aussage nachsichtig belächelt, daß man Haie durch Anschwimmen oder Anschreien verjagen kann. Wieder einmal stand Hans Hass vor dem Problem, seine Erlebnisse und Erfahrungen beweisen zu müssen. Dafür gab es nur eine Möglichkeit: Er mußte auf der nächsten

Hans Hass 1942 mit seinem Vorbild
und väterlichen Freund Felix Graf
Luckner und seiner Managerin, der
"Forschermutter" Thea Schneider-
Lindemann

Expedition Fotos und Filmaufnahmen anfertigen, die gleichzeitig Menschen und Haie zeigten. Nur so konnte offenbar den Zweiflern bewiesen werden, daß sie wirklich frei unter Haien geschwommen waren. Auch wollte er die Haie noch besser kennenlernen. Für die Erforschung der Meere mit einem Schwimmtauchgerät war es unter anderem auch sehr wichtig, ihr Verhalten gegenüber dem Taucher zu kennen.

Wegen der damaligen politischen Situation kam ein Expeditionsziel außerhalb der von Deutschland besetzten Gebiete nicht in Frage, und nachdem Nachforschung ergeben hatten, daß vor Griechenland die Wahrscheinlichkeit am höchsten war auf Haie zu treffen, war die Wahl schnell getroffen: Die nächste Expedition sollte in die Aegäis führen. Das Zoologische Institut der Berliner Universität war an Sammlungen in Griechenland sehr interessiert; durch seine Unterstützung und die unermüdliche Hilfe der Forschermutter gelang es Hass, viele Schwierigkeiten aus dem Weg zu räumen.

Bereits im April 1942 flog Hass zum ersten Mal nach Athen, um vor Ort nach einem geeigneten Expeditionsschiff Ausschau zu halten und einen Prototyp des neu entwickelten Schwimmtauchgerätes im Meer zu testen. Der *Seeteufel* lag noch immer in seinem Hafen in Stettin, und eine Überführung durch die Nordsee und den Golf von Biscaya hinein ins Mittelmeer war wegen der starken Kampfhandlungen in diesen Gebieten leider nicht möglich.

Die ersten Tage in Griechenland waren aber wenig erfreulich. Die Situation hier war wesentlich schwieriger, als es von der Ferne den Anschein gehabt hatte. Die meisten Schiffe waren beschlagnahmt, und die zuständigen Behörden zeigten wenig Verständnis für die Pläne von Hass. Hinzu kam noch die Inflation mit ihren kaum erschwinglichen Preisen und die Schwierigkeit, Lebensmittel in den Mengen, wie sie zur Ausrüstung eines Schiffes nötig waren, aufzutreiben. Von den verantwortlichen Stellen wurde Hass mitgeteilt, daß er unmöglich ohne Begleitschutz in der Aegäis herumkreuzen dürfte, dort wäre Kriegsgebiet, und man würde jetzt dort auf ganze andere Dinge als Fische Jagd machen.

Unverhofft wurde Hass aber nach einer Woche ergebnisloser Nachforschungen auf die *Universitas* aufmerksam, das ehemalige Forschungsschiff der Wiener Universität, das gerade im Hafen von Piräus lag und sich für diesen Zweck ideal eignen würde. Es trug zu dieser Zeit den Namen *Ostmark* und war als KDF-Schiff für erholungssuchende Marineoffiziere eingesetzt. Über Deck war die *Universitas* etwa 24 Meter lang und hatte um einen großen Mittelraum Schlafgelegenheiten für nicht weniger als zwanzig Personen. Der Steuermann des Schiffes, Kapitän Paul Thie, dem er gleich darauf einen Besuch abstattete, kannte Hass von seinen Vorträgen in Berlin und war von dem Plan einer Forschungsreise sehr erfreut. Er schrieb übrigens einige Jahre später ein Jugendbuch, in dem er aus seiner Perspektive über die Griechenlandexpedition erzählt.

Von Piräus aus fuhr Hass zu der kleinen Insel Ägina, wo er einen Prototyp des neuen Schwimmtauchgerätes erstmals im Meer erproben wollte. In den Gewässern der Insel hatte die Griechische Armee vor Einmarsch der deutschen Truppen viele Pulverladungen der Küstengeschütze im Meer versenkt, wo sie jetzt in zwanzig Meter Tiefe lagen. Das Meer war sehr klar, und Hans Hass tauchte - anfangs durch eine Leine mit dem Boot verbunden - einige Male ohne Schwierigkeiten hinab und brachte mehrere dieser Pulverladungen an das Ufer. Hier wurden sie dann entzündet, und das Pulver verbrannte in einer lodernd heißen Flamme, als schöner Auftakt zu einer neuen Epoche, in der Schwimmtaucher als Hydronauten das Meer erobern.

Nach Berlin zurückgekehrt, ging Hass mit doppeltem Eifer an die weiteren Vorbereitungen der Expedition. Das Schwimmtauchgerät wurde in einigen kleinen Details noch verbessert und sollte rechtzeitig zu Expeditionsbeginn im Sommer fertig sein. Neue Unterwasserkamera- und -filmgehäuse aus Plexiglas wurden gebaut. Nun galt es aber vorallem, die Erlaubnis von den zuständigen Behörden zu erwirken, um mit der *Universitas* eine Forschungsfahrt in das Hauptkampfgebiet der Aegäis durchführen zu dürfen. Anfangs waren die deutschen Marinestellen über diese Idee alles andere als erfreut, aber durch seine Veröffentlichungen und Vorträge war Hans Hass fast jedermann bekannt geworden und hatte viele einflußreiche Persönlichkeiten kennengelernt. Nachdem auch die Forschermutter maßgebende Berliner Behörden und sogar den Reichsforschungsrat eingeschaltet hatte, gab die Kriegsmarine endlich die *Universitas* für die Forschungsfahrt frei.

An dieser Expedition nahmen außer Hass noch fünf weitere Mitglieder teil: Alfred von Wurzian und Jörg Böhler, sodann Dr. Albrecht Beckh, ein Münchner Biologe, der als Ersatz für den erkrankten Assistenten des Zoologischen Institutes eingesprungen war, ein Dolmetscher und Heinz Gervais. Ihn hatte Hass noch kurz vor seiner Abreise auf Curaçao kennengelernt. Der Bremer war damals 19 Jahre alt und Steuermannsanwärter auf einem der deutschen Schiffe gewesen, die neben der *Vancouver* vertäut waren.

Auf der Suche nach einem geeigneten Dolmetscher kam Hass ein Zufall zur Hilfe: Wenige Wochen vor der Abreise nach Griechenland wurde Hans Hass auf das damals neu erschienene Buch "Raubfischer in Hellas" von Werner Helwig aufmerksam. Darin wird das abenteuerliche Leben eines Österreichers beschrieben, der 13 Jahre lang unter den berüchtigten griechischen Dynamitfischern lebte, und dessen Erfahrungen und Beobachtungen mit dem Text verwoben wurde. In dem Buch wird der Österreicher "Xenophon" genannt; ein Name, den er von den griechischen Fischern in Hellas wegen seines Dialektes erhalten hatte und der übersetzt "Der fremd Tönende" bedeutete. Sein richtiger Name war Alfons Hochhauser, und zur Zeit hielt er sich gerade in Berlin auf. Eine Woche später hatte Hass den Mann in Berlin ausfindig gemacht und ein Zusammentreffen vereinbart. Hass war schon sehr gespannt auf diesen Mann aus der Steiermark, der eine sehr bewegte Vergangenheit hinter sich hatte, und er wurde nicht enttäuscht: Xenophon, wie ihn Hass auch fortan immer nannte, war ein rauher Geselle mit einem weichen Kern und einem guten Herz. Die beiden verstanden sich auf Anhieb, und Xenophon versprach Hass, daß er ihn zu den Plätzen führen würde, wo er genügend Haifische, große Kraken, Robben und unterseeische Grotten finden würde. Die nördlichen Sporaden und die Gegend um den Pelion waren ihm zu seiner Heimat geworden, und diese Gegend kannte er wie seine Westentasche. So wurde Xenophon als Dolmetscher und Kenner der Region Mitglied auf der Griechenland-Expedition. In den späteren Jahren wurde der treue Xenophon zur rechten Hand von Hans Hass und blieb fast 15 Jahre eng mit ihm verbunden.

Ende Juni 1942, drei Monate nach seinem ersten Griechenlandbesuch, reiste Hans Hass mit den Teilnehmern nach Piräus, wo die *Universitas* verankert lag. Die vielen Kisten voller Untersuchungsbestecke, Sammelbehälter und Konservierungsmittel wurden in dem Schiff verstaut, aber die Expedition stand anfangs unter keinem glücklichen Stern. Viele Schwierigkeiten verzögerten die Abreise. Der Motor und der Kompaß funktionierten nicht richtig, die Funkanlage mußte ausgewechselt werden, und die Hafenbehörden machten wegen Kampfhandlungen in der Aegäis Schwierigkeiten. Erst nach einer Woche war das Schiff zum Auslaufen klar, doch dann entstand am Vorabend der Abfahrt aus ungeklärten Gründen ein Brand auf dem Schiff, was eine weitere Verzögerung von zwei Tagen bedeutete.

Das erste Ziel der Fahrt sollte die Insel Skiathos in den nördlichen Sporaden sein. Die *Universitas* umrundete das Kap Sunion, durchquerte die Meerenge von Chalkis und machte im Hafen von Orius ihren ersten Halt. Bereits am nächsten Tag begann die ernste wissenschaftliche Arbeit der Expedition. Auf den Rat von Xenophon ließ Hans Hass in einem Gebiet, das Xenophon "Lita Donisia" nannte, Anker werfen. Es befand sich genau an der Westspitze von Euböa und bildete mit dem Festland eine Meerenge, durch die das Wasser mit beträchlicher Geschwindigkeit durchschoß. Dem Kap vorgelagert waren zwei kleinere Inseln, von der die äußere Ari Ronisi hieß.

Während die anderen Expeditionsteilnehmer Sammlungen am Ufer durchführten, wollte Hans Hass hier zum ersten Mal das neue Schwimmtauchgerät in der Praxis einsetzen und auch gleich für die Meeresforschung nutzen. In dem auf der Griechenlandexpedition entstandenen Kinofilm "Menschen unter Haien" ist dieser historische Moment vom 12. Juli 1942, an dem sich zum ersten Mal ein Mensch wirklich in ein fischartiges Wesen verwandelte, dokumentiert. "Ich ließ mich gleich 10 Meter weit hinabsinken", kommentierte Hass später diese Begebenheit. "Es war ein herrliches Gefühl, einmal so ohne jegliche Atemnot unter Wasser verweilen, und sich doch vollkommen frei bewegen zu können. Jetzt war ich wirklich selbst zu einem amphibischen Wesen geworden und konnte mit den Fischen gleichen Weges ziehen!"[31] Nun hatte der Mensch endlich auch den dreidimensionalen Raum unter der Wasseroberfläche erobert!

So berauschend der erste Tauchgang mit dem Schwimmtauchgerät auch war, brachte die Untersuchung des Felsrückens zwischen den beiden Inseln wenig erfreuliches: Bedingt durch die Strömung, die ständig zwischen den Inseln hindurchzog und frisches, nährstoffreiches Wasser brachte, hätte das Meer hier ein Fischparadies sein müssen. Aber gerade Fische waren nur sehr wenige zu sehen! Einige tot auf dem Grund liegende Fische verrieten auch den Grund dafür: So wie an den meisten griechischen Küsten wurde auch hier Dynamit geworfen.

Natürlich war es streng verboten; trotzdem wurde das Unwesen seit dem Ersten Weltkrieg überall in der Aegäis praktiziert. Die Folge davon war ein katastrophales Zurückgehen des Fischbestandes. Während in früheren Zeiten das griechische Meer wegen seines Fischreichtums bekannt war, gab es damals schon Küsten, wo die wenig anständig gebliebenen Fischer bereits auf einzelne Fische Jagd machen mußten, indem sie diese vom Boot hinab mit Sichtkästen aufspürten und mit Handnetzen einkreisten. Auch die Polizei war in dieser unübersichtlichen Region fast machtlos.

Überglücklich, daß sich seine Idee so glänzend bewährt hatte, kehrte Hass nach fast einer Stunde frierend wieder zur Oberfläche zurück. Nun wollten natürlich alle seine Freunde ebenfalls das Tauchgerät ausprobieren, aber Hans

Hass 1942 in Griechenland mit seiner bahnbrechenden Erfindung, dem ersten Schwimmtauchgerät

Hass wußte, daß es nicht bei einem reinen Höflichkeitsbesuch bei den Fischen bleiben würde, und lehnte die Bitten seiner Freunde entschlossen ab. "Nein! Diese Form der Jagd sollte erst garnicht begonnen werden. Sie war nicht mehr fair. Hier lag dann der Vorteil schon zu sehr auf unserer Seite. Auf diese Art konnte man die Fische der Reihe nach abschlachten, wie Treibwild, das hilflos vor die Büchse kommt."[32] Erst einige Wochen später, als ein weiteres Schwimmtauchgerät vom Drägerwerk eingetroffen war, verwandelten sich seine Freunde ebenfalls in amphibische Wesen.

Hass tauchte an den nächsten Tagen noch einige Male bei Ari Ronisi, untersuchte den Meeresgrund genauer und sammelte verschiedene Pflanzen und anderen Felsenbewuchs für das Zoologische Institut in Berlin. Nach einem kurzen Aufenthalt in Volos erreichten sie die Insel Skiathos in den nördlichen Sporaden. An Skopelos vorüber, zwischen den Inseln von Steno hindurch näherten sich die *Universitas* der Insel Pelago, auf deren Ostseite der Naturhafen Planit liegt. Auf Anregung Xenophons, der die Ansicht äußerte, daß die *Universitas* zu groß und schwerfällig sei, um die äußeren Sporaden zu durchkreuzen, blieb das Schiff im Hafen von Planit zurück. Die Fahrt sollte auf der *Bosporus* fortgesetzt werden, einem Zwei-Tonnen-Motorschlepper, der in Planit auf sie gewartet hatte.

An der Insel Giura vorüber, deren Unterwasserlandschaft sich als ausgesprochen uninteressant und fischarm herausstellte, erreichte die *Bosporus* die Inseln von Steno, deren Unterwasserwelt aber ebenfalls wenig einladend war. So kreuzten sie einige Tage in den nördlichen Sporaden von einer Insel zur anderen, und überall bot sich das gleiche Bild: Öde Unterwasserlandschaften, nur vereinzelt Steckmuscheln und größere Fische. Die Dynamitfischer hatten ganze Arbeit geleistet, und von Tag zu Tag ärgerte sich Hans Hass mehr, daß seine wissenschaftlichen Untersuchungen und die Filmarbeit nicht richtig in Gang kamen.

Am 28. Juli legte die *Borporus* bei Psathura an, der äußersten Insel der Sporaden. Hass wollte hier eine Woche zelten und Szenen für seinen Unterwasserfilm drehen. Vor Psathura sollte nach Xenophons Schilderungen auch eine versunkene Stadt liegen, die sich aber trotz intensivem Suchens nicht finden ließ. Nach einer Woche Film- und Sammeltätigkeit und kurz vor Weiterfahrt nach Piperi traf am frühen Morgen eine Gruppe von Dynamitfischern ein, die vor Psathura Jagd auf einen großen Fischschwarm machte. Gezielt warfen sie Dynamitbomben in den Schwarm, und das Wasser zwischen den Booten glitzerte von unzähligen toten Fischen, die an die Oberfläche trieben.

Der Anblick dieser wüsten Gesellschaft erbitterte Hass: Das also waren die Schurken, die die gähnende Fischlosigkeit der Küste auf dem Gewissen hatten, und um einiger Kilo Fische willen die gesamte Fischbrut der Umgebung vernichteten! Nach einer kurzen und erregten Debatte beschlossen Hass und seine Freunde, den Räubern unverzüglich das Handwerk zu legen. Xenophon konnte aber Hass zurückhalten. Denn wo Dynamitfischer wären, gäbe es auch viele Haie, die von den Detonationen angelockt zwischen den Booten schwammen und nach den toten Fischen schnappten. Außerdem waren die Dynamitfischer gute Freunde von Xenophon, die man bestimmt überreden könnte, an dem geplanten Film als Statisten mitzuwirken. Xenophon wollte mit einigen Teilnehmern zu den Raubfischern hinfahren und mit ihnen sprechen.

"Und so geschah es auch", schrieb Hass. "Ich selbst nahm allerdings an dieser Exkursion nicht teil. Daß wir uns nun ausgerechnet mit den behördlich verfolgten Dynamitfischern assoziieren sollten, war immerhin eine bedenkliche Sache. Und ich war schließlich der verantwortliche Leiter des Unternehmens. Was mußte man an offizieller Stelle sagen, wenn dies ruchbar wurde? Es war garnicht auszudenken! Aber andererseits waren Haifische das Ziel unserer Expedition, und letzten Endes war auch die Beobachtung der Haie und der Unterwasservorgänge bei solchen Explosionen sicherlich von erheblichem wissenschaftlichem Interesse. Mit einigem gutem Willen ließ sich die Sache auch so betrachten. Und schließlich lag es ja garnicht in unserer Kompetenz, gegen dieses Unwesen einzuschreiten. Es dauerte nicht lange, da hörte ich bereits weitere schwere Detonationen, und nach etwa eineinhalb Stunden kehrte meine Mannschaft höchst angeregt und in allerbester Laune zurück. Die Übeltäter brachten sie gleich mit - natürlich waren es Freunde unseres wackeren Xenophon -, außerdem die durch das Dynamit getöteten Fische, die dann am Lagerfeuer in Öl gebacken und gemeinsam mit Samoswein und frohen Trinksprüchen verzehrt wurden".[33]

Alfred von Wurzian und besonders Jörg Böhler waren von dem Erlebten begeistert und erzählten Hass, daß sie viele Haie gesehen hatten. In einer Woche könnte man sich mit den Raubfischern, die gleich wieder weiter mußten, vor der Insel Skopelos treffen, um die Vorgänge zu filmen. "An diesem Abend konnte ich lange nicht einschlafen", schrieb Hass. "Haie! Während der ganzen bisherigen Fahrt hatten wir kaum ein Dutzend größere Fische zu Gesicht bekommen, und jetzt sollten wir Haie sehen, soviel wir wollten! Und mit dem Tauchgerät konnten wir nun einfach mit ihnen schwimmen...".[34] Am nächsten Tag hatte Hans Hass alle Bedenken und Vorbehalte gegen das Dynamitfischen vergessen: Heimlich hatte Xenophon am Vortag den Raubfischern eine Kiste Dynamit abgekauft, und dieses Dynamit warfen sie nun vor Psathura in das Meer, um Haie anzulocken.

Sofort nach der ersten Detonation sprang Hass in das aufgewühlte Wasser. Auf dem Grund blickte Hans Hass sich nach allen Seiten um und sah für einen kurzen Moment endlich einen Hai: "Wie erstarrt verharrte ich unter Wasser. Er hatte genau so ausgesehen wie die Blauhaie in der Karibischen See. Eine unbändige Freude erfüllte mich. Der unglückliche Bann, der bislang über unserer Expedition gelegen hatte, erschien mir plötzlich gebrochen, jetzt begann es wieder richtig, das fühlte ich. Ja, jetzt zweifelte ich nicht länger an dem Erfolg unseres Unternehmens!"[35]

Hans Hass setzte mit der *Bosporus* die Fahrt zu der Insel Piperi fort, wo nach Xenophons Schilderungen noch Robben in den Ufergrotten leben sollten. Mit dem Tauchgerät untersuchte Hans Hass mehrere Tage lang verschiedene unterseeische Grotten, doch traf er nicht auf die Tiere. Bei einer dieser Untersuchungen hatte Hans Hass aber ein Erlebnis, daß ihn auch in seiner weiteren, wissenschaftlichen Entwicklung beeinflußte. Eine dieser Höhlen führte besonders weit in das Felsmassiv hinein und besaß einen rückwärtigen Ausgang. In der Mitte des Ganges befand sich ein größerer Raum, dessen Decke stark bewachsen war.

"Neugierig tastete ich mich weiter", beschrieb Hans Hass später sein Erlebnis. "Plötzlich öffnete sich der Gang, und vor mir lag ein mächtiges Gewölbe, dessen Aussehen einfach jenseits aller Beschreibung war. Ich befand mich in einem unterseeischen Saal, der an das düstere Gewölbe der Sixtinischen Kapelle erinnerte. So wie dort Michelangelo seine ganze titanische Kunst eingesetzt hatte, um Wände und Decken auf das herrlichste zu verzieren, so hatte hier die Natur eine verschwenderische Fülle bunter Lebewesen aufgeboten, um eine nackte Felsgruft mit dem Zauberprunk eines indisches Tempels auszustatten. Die weite Kuppel des Gewölbes war mit tausend gelben Sternen verziert - Korallenblüten, die ihre zierlichen Tentakel ist Wasser entfalteten. An einer erhöhten Stelle hatte sich soviel Luft gesammelt, daß ein großer Silberspiegel entstanden war. Als ich mich näherte und emporblickte, schrak ich zurück. Ein scheußliches Wesen mit großem, glänzendem Zyklopenauge und einem gerippten Doppelrüssel kam von oben auf mich herab...ich selbst, im Spiegelbild! Vor langer Zeit war ein Wurm an Land gekrochen, und aus ihm hatten sich allmählich die Landtiere entwickelt und schließlich der Mensch; und jetzt schwamm dieses Wesen wieder mit Flossen im Meer, mit *künstlichen Kiemen*, und betrat nun auch diesen entlegenen Dom...".[36]

Am nächsten Tag tauchte Hans Hass wieder in den Dom hinab, um die erstaunliche Lebensgemeinschaft an den Grottenwänden genauer zu untersuchen. Mit Hammer und Meißel schlug er größere Gesteinsbrocken mit allen darauf sitzenden Organismen los, und auf der *Bosporus* wurden sie dann fotografiert, katalogisiert, und in Alkohol oder Formalin konserviert. Dies war das erste Mal, wo ein Schwimmtauchgerät zu rein meeresbiologischen Zwecken eingesetzt wurde.

Hans Hass arbeitete drei Tage in den Ufergrotten von Piperi, dann kam schlechtes Wetter auf, und er kehrte mit der *Bosporus* nach Planit zurück. In der Einfahrt zu dem Hafen fand Hass eine weitere, fast noch schönere Grotte als die erste, und arbeitete hier zwei weitere Tage. In dieser Grotte sollte er eine für sich bedeutungsvolle Entdeckung machen, die ihn zwei Jahre lang fast ausschließlich in Anspruch nahm. "Ich schwamm an einer bunten Wand abwärts", schreibt er, "da gewahrte ich in einer üppig wachsenden Nische zu meinem Staunen - Rosen! Ja, rote Rosen, die hier am Felsen oder Gorgonien aufsitzend erblühen. Allerdings Rosen, deren Blätter nicht weich und voll waren, sondern aus einem zierlichen, leicht zerbrechlichen Kalkgewebe verfertigt. Mit dem Herzklopfen eines Orchideensammlers löste ich die seltsamen Wunderdinge vorsichtig vom Felsen ab, bettete sie oben an Bord mit größter Behutsamkeit in Watte und gestattete niemand, ihnen mehr als auf einen Meter Distanz nahe zu kommen. Es war Liebe auf den ersten Blick."[37]

Auf seiner weiteren Fahrt durch die Aegäis sammelte Hass nun noch weitere, ähnlich Formen der "Neptunsmanschetten", wie ein Forscher sie genannt hatte. Hans Hass stellten sich plötzlich eine Vielzahl von Fragen: Waren diese Lebewesen Korallen, und gehörten die verschiedenen Formen der gleichen Art an? Ehe er sich versah, war er in einen Urwald wissenschaftlicher Probleme hineingeraten.

Die "Orchidee", die Hass gefunden hatte, gehörte zu den Moostierchen, wissenschaftlich auch Bryozoen genannt, eine Tiergruppe, die einige tausend zum Teil unglaublich bizarr gestalteter Arten umfaßt. Ähnlich wie ein Korallenstock werden auch diese Gebilde von unzähligen winzigen Polypen aufgebaut. Zu welcher dieser tausend Arten gehörte nun diese Bryozoe, oder war es vielleicht eine noch unbekannte Art? Unversehens hatte Hans Hass das Thema für seine Doktorarbeit gefunden: Er wollte untersuchen, wie dieses perfekte Netzwerk entsteht, aus dem die Moostierchen bestanden, und das Geheimnis ihrer Wachstumsgesetze aufdecken. Damit war Hans Hass an einem jener unzähligen Punkte angelangt, von denen aus man einen Blick in das Geheimnis und die Entstehungsgesetze vom "Leben" tun konnte, und hatte eine Fragestellung aufgegriffen, die ihn in immer differenzierter und komplexer werdenden Form bis zum heutigen Tage beschäftigen sollte.

Wie geplant traf die *Universitas* in der Meerenge zwischen Skiathos und Skopelos wieder auf die Dynamitfischer, und jetzt gab es für Hans Hass kein Halten mehr: Haie mußten jetzt her, und zwar so viele wie möglich! Den ganzen Tag über bombten nun die Raubfischer in der Meerenge, und die Detonationen lockten regelmäßig Haie an. Mit Tauchgerät und Unterwasserkamera ausgerüstet sprang Hans Hass wie in einem Rausch nach jedem Bombenwurf erneut in die Gischt, ließ sich auf den Grund absinken und filmte die vorbeiziehenden Haie. Vollkommen erschöpft und durchfroren, aber auch stolz auf die vielen, gelungenen Haifischszenen für den Film fiel Hans Hass am Abend in seine Koje.

Der nächste Tag sollte genutzt werden, um Filmaufnahmen von einem gesunkenen Wrack bei Elephteri zu drehen. Hier sollte der Tag für Hans Hass fast tragisch enden. Er stieg mit dem Tauchgerät zu dem Wrack hinab, filmte und untersuchte die Innenräume des Schiffes. An manchen Stellen entdeckte er wieder die ihn faszinierenden Moostierchen und begann eifrig mit der Sammeltätigkeit. Mit einem Netzkorb in der Hand schwamm er zu den Fundstellen, löste die interessantesten Stücke vorsichtig ab, und schickte den gefüllten Korb hinauf. So suchte er das Schiffsdeck, die Innnenräume und die Bordwände ab und gelangte auch zu der großen Schiffsschraube, die in einer Tiefe von 30 Meter lag.

Hass war von dem Nachziehen dieses schweren Korbes schon ziemlich ermüdet, als plötzlich Sehstörungen auftraten. Er hatte die als sicher geltende Zone oberhalb von 20 Meter weit überschritten, und zweifellos waren dies die ersten Symphtome einer Sauerstoffvergiftung, vor der man ihn so sehr gewarnt hatte. Anstatt aber sofort bei Eintreten der Sehstörungen aufzutauchen, wie es richtig gewesen wäre, blieb Hass in der Tiefe und beobachtete an sich selbst die nun auf die Sehstörung folgenden Erscheinungen. Schließlich sollten später noch weitere Menschen mit dem Schwimmtauchgerät tauchen, und Hass betrachtete es als seine Pflicht, das Gerät ausgiebig zu erproben und seine Mängel festzustellen.

Mit jeder Sekunde, die nun verfloß, steigerten sich die Sehstörungen, und kurz bevor Hass das Bewußtsein verlor konnte er sich noch vom Meeresboden abstoßen. So trieb Hass bewußtlos zur Oberfläche, und nur einem glücklichen

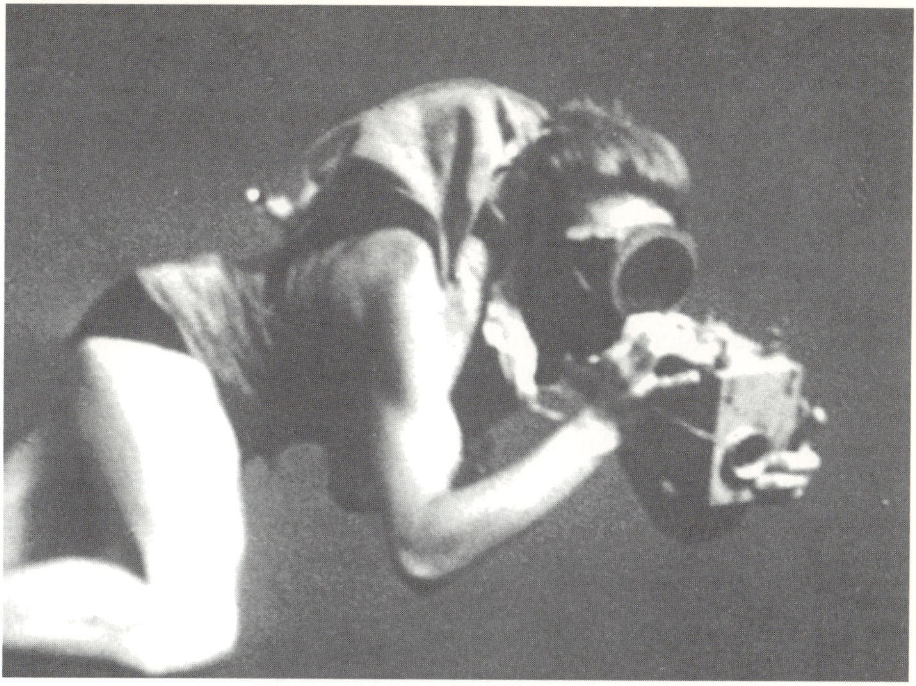

Hass in Griechenland mit Schwimmtauchgerät und Unterwasserfilmkamera.

*Eines der ersten selbst-
gebauten Kamerage-
häuse aus Messing.*

Umstand war es zu verdanken, daß seine Kameraden ihn dort fanden und sofort in das Boot zogen. Erst an Land gelangte Hass wieder zu Bewußtsein, konnte sich aber an nichts mehr erinnern. Es dauerte einen ganzen Tag, bis der eingetretene Gedächtnisschwund vorüber war. Dieser ernste Zwischenfall bewies die Gefährlichkeit des Sauerstoff-Kreislaufgerätes, und wie vorsichtig man mit ihm umgehen muß.

Da der vereinbarte Termin der Rückreise nach Piräus näherrückte, beschloß Hass, die letzten Tage nochmals im Meereskanal von Euböa zu verbringen - nach Xenophons Angaben sollte dort gemäß der Mondstellung gerade jetzt das Wasser nahezu strömungsfrei sein. Dies wollte Hass zu einem gründlichen Studium der schon im Mittelalter von Aristoteles untersuchten Meeresgegend nützen.

In der Meeresenge von Euböa stellte sich dann heraus, daß im Augenblick tatsächlich die Strömungsverhältnisse günstig waren. Hass tauchte nicht weit entfernt von Ari Ronisi und entdeckte in der Mitte des Kanals eine Meereslandschaft, die den starken Einfluß von Strömungen auf dem Meeresgrund zu erkennen gab. Während größere Fische auch hier fast vollkommen fehlten, fand Hass auf stark bewachsenen Gesteinsbrocken wieder viele Bryozoen.

In einem Großeinsatz wurde während der nachfolgenden Tage in abwechselnden Schichten mit dem Schwimmtauchgerät und dem Taucherhelm diese Moostierchen gesammelt, konserviert und katalogisiert. Dauernd auf- und niedergehende Netze sandten einen ununterbrochenen Strom der leuchtendroten Tierstöcke zum Boot empor, wo sie von Dr. Beckh in Empfang genommen wurden. Dabei bemühte sich Hass auch, möglichst genaue Angaben über die Fundstelle und über die Besiedlungsdichte festzuhalten.

Als nach einigen Tagen die Strömung im Kanal wieder stärker wurde, brach Hans Hass die Sammlungen ab und schickte seine Kameraden mit der *Universitas* zurück nach Piräus. Er selbst fuhr ab Chalkis mit dem Auto nach Athen voraus, um gleich die nötigen Vorbereitungen für die Weiterführung der Expedition in Angriff zu nehmen. Die Zeit, für die ihm das Marineministerium die *Universitas* zur Verfügung gestellt hatte, war nun vorüber, und Hass mußte sich nach einem anderen Schiff umsehen.

In Athen hatte sich die Versorgungslage weiter verschlechtert. Hass hatte nichts daran ändern können, daß die *Universitas* nicht mehr zur Verfügung stand, stattdessen aber die *Sultana*, ein kleines, eisernes Motorschiff auftreiben können. Es befand sich in einem außerordentlich miserablen Zustand und mußte erst einige Tage lang instandgesetzt werden.

Neben dem Austausch des Schiffes wurden auch die weiteren Pläne geändert: Der zweite Teil der Reise sollte nicht wie geplant nach Kreta und den Zykladen gehen, sondern wieder zurück in die gleiche Gegend, aus der sie kamen. Diesem Entschluß lag eine reifliche Überlegung zugrunde. Hass hatte eingesehen, daß es ein Fehler war, immer wieder von einer Insel zur anderen zu eilen - so hatte er sich alles nur mehr oder weniger genau ansehen können. Diesmal sollte die Fahrt zu wenigen, ausgewählten Stellen gehen, die dann intensiver untersucht werden konnten.

Die Reparaturarbeiten an der *Sultana* hielten Hans Hass und seine Kameraden drei Wochen in Athen fest. Während dieser Zeit entwarf Hans Hass ein Drehbuch für seinen Film. Bis dahin hatte er mehr oder weniger wahllos immer nur das gefilmt, was ihm gerade sehenswert erschien. Aus dem Film sollte aber ein abendfüllender Kulturfilm werden, der in den Kinos gezeigt werden konnte. Eine Handlung und Szenenfolgen mußten geplant und erstellt werden. Außerdem zeigte sich nun in Athen, daß viele der Filmaufnahmen verwackelt, unscharf und damit wertlos waren.

Als nach drei Wochen die *Sultana* immer noch nicht zum Auslaufen bereit war, konnte Hans Hass erreichen, daß ihm bis zur Fertigstellung der *Sultana* die *Bosporus* wieder zur Verfügung gestellt wurde. Am 11. September 1942 begann der zweite Teil der Fahrt, und wie geplant wurde zunächst die Meerenge bei Lita Donisia näher untersucht. Diesmal herrscht starke Strömung, und das leichte und bequeme Tauchgerät bewährte sich aufs neue. Es wäre hier nicht möglich gewesen, mit einem Taucherhelm stehend auf dem Meeresboden zu arbeiten.

Nach einigen Tagen eifriger Sammeltätigkeit bei Lita Donisia fuhr Hans Hass in das Gebiet von Elephteri, wo er, wie erwartet, erneut auf die mittlerweile schon gut bekannten Raubfischer traf. Nun begann aufs neue die wilde Jagd mit dem Dynamit, und Hass gelang es, viele gute, lange Haiszenen zu drehen. Häufig gesellten sich auch große Stachelrochen zu den Haien, die nach den auf dem Meeresboden verstreuten Fischen schnappten. Hier stellte Hans Hass einen persönlichen Rekord auf: Acht Tauchabstiege an einem Tag!

Heute läßt sich sicher darüber streiten, ob das damalige Verhalten von Hass richtig war. Objektiv betrachtet war es bestimmt keine lobenswerte Tat, die Raubfischer zu unterstützen, um Haifische anzulocken und zu filmen. Ganze Fischschwärme mußten für diesen Filmstreifen und die Unterwasserfotos daran glauben. Versucht man aber, sich in die damalige Zeit zurück zu versetzen, kann man bei etwas gutem Willen doch die Handlungsweise verstehen. 1942, also in der Zeit höchster Kampfhandlungen an allen Fronten, wimmelten die Meere nur so von "Raubfischern" der verschiedensten Nationen - nur trugen sie Uniformen. Hunderte von Kreuzern und Zerstörern warfen ihre Wasserbomben in das Meer, um feindliche U-Boote zu zerstören, oder legten großflächige Minenfelder um Zufahrten zu versperren. Der Krieg setzte die Hemmschwelle doch sehr stark herab. Daß die Detonationen der Wasserbomben die Zerstörungskraft einiger handgroßer Dynamitbündel um ein Vielfaches übersteigt, braucht nicht näher erläutert zu werden. So gesehen töteten die Dynamitwürfe der Expeditionsmannschaft weniger als einen nicht meßbaren Bruchteil der Fischmenge, die durch die Kampfhandlungen alleine im Mittelmeerraum ihr Leben lassen mußten.

Nach einigen Tagen intensiver Filmtätigkeit mit den Raubfischern vor Skiathos ging die Fahrt weiter nach Planit, wo in der Ufergrotte weitere ausgiebige Sammlungen angestellt wurden. Erst als auch der letzte Blechkanister gefüllt und zugelötet war, ging die Reise zurück durch die Inseln von Steno hindurch nach Athen.
Auf der Rückfahrt wurde noch einmal bei Skiathos ein kurzer Halt eingelegt, um mit Hilfe des restlichen Dynamits weitere Haiaufnahmen anzufertigen. Hier machte Hass eine überraschende Entdeckung. Nach einem Dynamitwurf, bei dem auch ein großer Thunfisch getötet worden war, stieg Alfred von Wurzian mit dem Tauchgerät auf den Meeresgrund hinab um die nun von allen Seiten heranschießenden Haie zu fotografieren. Einer dieser Haie hatte es auf den toten Thunfisch abgesehen, der gleich neben Wurzian auf dem Grund lag. Hass beobachtet die nun folgenden Ereignisse von der Oberfläche aus.
"Einen Augenblick lang stockte mir der Atem", schrieb Hans Hass. "Da der Hai von hinten auf Alfred zukam, konnte dieser ihn nicht sehen! Gebannt starrte ich abwärts und kam zunächst gar nicht auf die Idee, selbst irgend etwas zu unternehmen. Und was hätte ich auch tun sollen? Sowohl Alfred als auch der Hai befanden sich 20 Meter tief; bestenfalls konnte ich die Aufmerksamkeit des Tieres auf mich lenken. Da fiel mir ein: Warum stößt Alfred keinen Schrei aus? Mit dieser Waffe waren wir doch auch der gefährlichsten Haie in der Karibischen See Herr geworden. Aber schon begriff ich: Er konnte mit bestem Willen nicht schreien! Er hatte ja den Atemschlauch des Tauchgerätes im Mund! Unverzüglich tauchte ich jetzt hinab und stieß selbst mehrere schrille Schreie aus, die wohl geeignet gewesen wären, sämtliche Haie der karibischen See in die Flucht zu jagen. Dieser griechische Bursche zeigte aber

nicht die geringste Reaktion. Ich schrie nochmals ... wieder ohne Erfolg. Und dann ging mir auch das Licht auf: Natürlich! Natürlich konnte ich Haie, die an Dynamitexplosionen gewöhnt waren, nicht durch einen Schrei verjagen! Hier im Gebiet der Raubfischer mußte unsere Waffe versagen!"[38] Erst durch einige ruckartige Bewegungen in Richtung des Haies konnte dieser schließlich doch in die Flucht geschlagen werden.

Diese Erkenntnis, daß Haie durch dauernde Lärmreizung "abstumpfen" und weniger empfindlich reagieren, war eine neue und unangenehme Erfahrung. Hans Hass mußte seine Ansicht, daß Schreie unter Wasser in allen Situationen Haie in die Flucht treiben, revidieren. So wie die Haie in den griechischen Gewässern von den Dynamitdetonationen abgestumpft waren, konnten auch Haie, die sich in der Nähe anderer, ständiger Geräuschkulissen aufhielten, weniger stark auf menschliche Schreie reagieren. Dies war zum Beispiel in der Nähe von Hafenanlagen und Badestränden der Fall. Haie, die an die ständigen Geräusche von drehenden Schiffsschrauben und das rasselnde Niedergehen von Ankerketten sowie die freudigen Rufe von Menschen an großen Badestränden gewöhnt waren, konnten sicher ebensowenig wie die griechischen Haie durch Schreie erschreckt werden.

Am 29. September 1942 lief die *Sultana* wieder in den Hafen von Piräus ein. Hier erwartete Hans Hass eine freudige Nachricht: Dank der Bemühungen der tüchtigen Forschermutter konnte die Expedition um vier Wochen verlängert werden. Also konnte Hass doch noch nach Kreta fahren! Am 4. Oktober lief also die *Sultana* wieder aus in Richtung Süden. Das Wetter war inzwischen herbstlich kalt geworden, und auch das Meer war schon deutlich abgekühlt. An der Insel Hydra, dem Kap Malea und Kythira vorüber erreichten sie einige Tage später das Kap Gravonsa an der nordwestlichen Spitze Kretas. Leider erwies sich die Küste als völlig öde und uninteressant. Infolge einer kalten Strömung, die dort vorbeifließt, war der Meeresboden nur mit eintönigen grünen Algen bewachsen und wies außer Steckmuscheln weder Fische noch Schwämme auf. So verließen sie das Kap wieder und nahmen Kurs auf Canäa, wo Hans Hass das inzwischen aus Lübeck eingetroffene, zweite Tauchgerät in Empfang nehmen konnte. Da auch hier die Unterwasserlandschaft relativ uninteressant war, verließ die *Sultana* bald darauf wieder Kreta mit Kurs auf die griechische Insel Santorin.

Santorin ist eine Insel vulkanischen Ursprungs. Im Laufe der Jahrhunderte ist der ehemalige Krater teilweise abgesunken und zerbrochen, so daß die Insel nun die Gestalt eines sichelförmigen Mondes besitzt. Die Außenseiten des Inselringes sind sanft geneigt und mit fruchtbaren Weingärten bedeckt; nach innen zu fallen die Kraterwände 300 Meter fast senkrecht ab. Thira, die Hauptstadt der Insel, thront in luftiger Höhe weit über dem Meer.

Hans Hass wollte hier den Bewuchs der unterseeischen Innenwände genauer untersuchen, und ließ sich mit dem Tauchgerät an der Wand hinabgleiten. Ebenso wie über Wasser die Kraterwände dreihundert Meter fast senkrecht aufstiegen, so fielen sie unter der Wasserlinie weitere dreihundert Meter fast senkrecht in die Tiefe ab. Hass schwamm somit über völlig schwarzem, grundlos tiefem Wasser. Das Meer war in dem Kratersee auffallend kalt, und der Bewuchs der Lavawände überraschte Hans Hass in jeder Weise. Offenbar infolge der besonderen Lebensbedingungen, die der Kratersee und das Lavagestein boten, hatte sich hier eine völlig andere Lebensgemeinschaft ausgebildet als in den nördlichen Sporaden, am Pelepones oder in Kreta.

Mit einem Netz in den Händen tauchte Hans Hass längere Zeit an der Wand entlang, untersuchte den Bewuchs und sammelte interessante Stücke. Bei dieser Tätigkeit wurde er von Alfred von Wurzian gefilmt, der Hass mit dem zweiten Tauchgerät begleitete. Als nach einiger Zeit das Sammelnetz voll war und auch von Wurzian an die Oberfläche wollte, um eine frische Filmkassette einzulegen, stiegen die beiden Kameraden wieder empor. Auch an diesem Tag, es war der 19. Oktober 1942, hing das Leben von Hass nur noch an einem dünnen Faden. Beim Emporschwimmen verlor er nämlich plötzlich das Bewußtsein und sank langsam wieder an der Wand hinab in die Tiefe des Kraters. Alfred Wurzian dreht sich glücklicherweise gerade noch rechtzeitig um, sah den herabsinkenden Körper und jagte ihm mit schnellen Flossenschlägen nach. Hätte er sich nur wenige Sekunden später umgedreht, wäre Hass nicht mehr zu helfen gewesen. So aber gelang es Wurzian, Hass mit verzweifelter Anstrengung an die Oberfläche zu bringen und die Kameraden im Boot um Hilfe zu rufen.

Wenig später kam Hass an Bord der *Sultana* wieder zu Bewußtsein. In dicke Decken gehüllt war sein Körper vor Schüttelfrost überall am Zucken. Die Ursache der plötzlichen Bewußtlosigkeit war eine Kältenarkose gewesen, die eintritt, wenn der Körper allzu stark ausgekühlt wird. An Bord stellten die Kameraden auch fest, daß Hass das Gummimundstück des Tauchgerätes glatt durchgebissen hatte.

Eine Woche später hatte sich das Wetter soweit gebessert, daß die *Sultana* den sicheren Kratersee verlassen und die Ostküste von Santorin anlaufen konnte.

Nach den Angaben der einheimischen Fischer sollte es auch hier viele Haie geben. Hans Hass wollte jede nur mögliche Gelegenheit, diese Tiere zu studieren, nutzen. Es fehlten auch noch Aufnahmen, auf denen Menschen und Haie gleichzeitig zu sehen waren, so daß das Größenverhältnis und das Verhalten anschaulich dargestellt wurde. Dies war ja auch eines der Hauptziele dieser Griechenland-Expedition gewesen. Also wurde wieder mehrere Tage lang an der Ostküste gemeinsam mit den Raubfischern Dynamit geworfen, und wie erwartet kamen auch hier viele Haie nach den Detonationen aus der Tiefe herauf. Nach jedem Wurf sprang Hass abwechselnd mit der Film- und Fotokamera ins Meer, tauchte ab und ließ sich mitten zwischen die Haie sinken. Mit Handzeichen dirigierte er seine Freunde in die richtigen Positionen, so daß jedesmal Hai und Mensch gleichzeitig mit im Bild zu sehen war. Sie mußten sich dabei sehr beeilen, denn die Haie verschwanden regelmäßig schon nach wenigen Minuten wieder in die Tiefe. Als Hans Hass am letzten Abend erschöpft wieder an Bord der *Sultana* kletterte, war er sicher, das Ziel der Expedition erreicht zu haben.

Auf dem Rückflug von Athen nach Berlin gingen Hans Hass viele kühne Gedanken und weitreichende Pläne durch den Kopf. Diese Expedition war ein Anfang gewesen, ein Auftakt für eine neue Epoche der Meeresforschung. Die Dynamittätigkeit war zweifellos eine arge Entgleisung gewesen, doch hatte sie immerhin zu interessanten Beobachtungen und Aufnahmen verholfen. Was aber die neue Tauchmethode betraf, bot sie der Wissenschaft bedeutende Möglichkeiten. Diese Tauchmethode weiterzuentwickeln und sicherer zu machen, war die nächste Aufgabe, die sich Hass vornahm. Als Wärmeschutz mußte ein wasserdichter, möglicherweise heizbarer Gummianzug entwickelt werden. Sodann mußte Hass, um größere Tiefen zu erreichen, von der Atmung reinen Sauerstoffs absehen. Um seiner Giftigkeit unter größerem Druck entgegenzuwirken, mußte er mit einem neutralen Gas verdünnt werden. Mit Helium waren in Amerika bereits erfolgreiche Versuche angestellt worden. Helium würde aber erst nach dem Krieg in ausreichender Menge zur Verfügung stehen. Ein weitres Problem bestand darin, automatische Ventile zu ersinnen, die das Sauerstoff-Helium Gemisch je nach Tiefe im richtigen Verhältnis mischten. Gelang das, dann stand theoretisch nichts mehr im Wege, um mit dem kleinen Kreislaufgerät auch größere Tiefen freischwimmend aufzusuchen. Voraussetzung war allerdings der wasserdichte Schutzanzug, denn in großen Tiefen hat das Wasser auch in den tropischen Meeren schon eine sehr niedrige Temperatur.

Sehr wichtig war es auch, Unterwasserscheinwerfer zu konstruieren, um die ganze Pracht der Korallenriffe und unterseeischer Grotten in Farbe festhalten zu können. Mit ihnen wäre es dann auch möglich, bei Nacht in das Meer hinabzutauchen, um dann das Verhalten der Meerestiere zu studieren. Einer der wichtigsten Aufgaben war es ebenfalls, die Möglichkeiten eines elektrischen Fischfangs zu untersuchen. Wenn Haie durch das ängstliche Gezappel von Fischen und Dynamitdetonationen herbeigelockt werden konnten, mußte es gewiß auch möglich sein, durch Aussendung bestimmter Schwingungen Fischschwärme anzulocken. Dies würde ein großer Fortschritt für die Fischfangindustrie bedeuten.

Ein besonders Problem war das der Bibliothek. Wenn Forscher auf einem Schiff an Ort und Stelle, direkt über dem Korallenriff, ihre Untersuchungen anstellen sollten, mußten sie auch die Möglichkeit besitzen, die zur Bestimmung der Organismen notwendige Spezialliteratur auf das Schiff mitzunehmen. Da diese große Menge an teilweise teuren und auch seltenen Schriften kaum auf einem Schiff Platz fand, hatte man sich auf den bisherigen Forschungsunternehmungen stets damit begnügen müssen, während der Expedition nur zu sammeln und zu konservieren, und hatte das Material erst in der Heimat ausgewertet. Diese Vorgehensweise hatte aber den Nachteil, daß sich fast immer erst bei der Bearbeitung die interessantesten Fragen ergaben und es dann meist lange dauerte, ehe wieder eine Expedition in das betreffende Gebiet zustande kam. Unvergleichlich besser mußte es sein, gleich an Ort und Stelle arbeiten zu können. Hans Hass spielte mit dem Gedanken, die notwendige Literatur als Mikrofilm mit an Bord zu nehmen.

Hass sann auch über die Möglichkeiten nach, Beobachtungen und Aufnahmen in der Tiefsee zu machen. Die von William Beebe verwendete Kugel und die später von Piccard eingesetzten Unterseeboote waren Instrumente, die nur mit großem Kostenaufwand eingesetzt werden konnten. Aber war es denn überhaupt nötig, daß man selbst in diese dunkle Region hinabsteigt? Konnte man das gleiche nicht ebenso gut, wenn nicht sogar besser durch eine in die Tiefe versenkte, mit starken Scheinwerfern ausgerüstete Filmkamera erzielen? Aber solange noch Krieg war, blieben all diese Pläne nur Träume, und Hans Hass wünschte sich nichts sehnlicher herbei, als daß dieser unselige Krieg doch endlich zu Ende wäre.

In dieser Zeit machte sich Hass auch bereits weitreichende Gedanken darüber, wie der Mensch das riesige Nahrungsmittelangebot der Meere wirtschaftlich und ökologisch sinnvoll nutzen kann. Schon im Mai 1942 veröffentlichte er in der damals angesehenen Wochenzeitschrift "Das Reich" einen wichtigen Aufsatz, dem er den Titel "Kolonie Meer - Eine Forschungsaufgabe der Zukunft" gab. Darin schrieb er: "In bezug auf das Meer sind wir Nomaden geblieben. Während wir die Erde urbar machen und uns ihren Reichtum erschließen, räubern wir im Meer dort, wo es eben am besten geht, doch nirgends gibt es noch Bauern des Meeres." Hass gab einige praktische Hinweise, die damals ziemlich kritisiert wurden, und endete mit den Worten: "Not und Hunger werden uns zwingen, Wege zu suchen, um künftig auch den unermeßlich reichen Meeresacker planvoll zu bestellen. Auch im Wasser werden wir dereinst säen, züchten und ernten."[39] 1942 wurden diese Ideen von Hans Hass noch vielerorts als jugendliche Phantasie abgetan. Nach den heute vertretenen Ansichten sind aber die damaligen Ausführungen von Hans Hass durchaus nicht utopisch.

Viele Meeresforscher waren sich dieser Fragestellung, der großangelegten und ökologisch sinnvollen Nahrungsgewinnung aus dem Meer, noch nicht allzu lange bewußt: Noch in den Jahren um 1850 glaubte man, daß es tiefer als 500 Meter kein Leben mehr gebe. Sogar der englische Naturforscher Edward Forbes bestätigte dies, und da er als erster wissenschaftliche Fischzüge "in die Tiefe" unternommen hatte, schloß sich die ganze gelehrte Welt seiner Autorität an. Die von ihm erreichte "Tiefen" gingen zwar nicht über 250 Meter hinaus, aber seine Beweise schienen so schlüssig! Wie man im 18. Jahrhundert an Aufschneidereien über Riesen-Kraken glaubte, so glaubte man im 19. Jahrhundert, daß das Meer in mehr als 500 Metern Tiefe eine Wüste sei. Und erst um die Mitte des 20. Jahrhunderts hat der Mensch erfahren, daß die Weltmeere bis zu ihren äußersten Tiefen von 10.000 Metern und mehr belebt sind.
Daß die Meereskunde manchen anderen Wissenschaften nachhinkt, rührt daher, daß der Mensch zu diesen Abgründen jahrhundertelang kaum Zugang hatte. Kein Licht, eisige Kälte und ungeheurer Druck, und hier sollte Leben möglich sein? Eine Null-Linie zieht dem Leben bei etwa 500 Metern eine Grenze - dies war der Kern von Edward Forbes' Erkenntnissen, die er als sogenannte "Abyss-Theorie" 1859 in seiner "Naturgeschichte der europäischen Meere" veröffentlicht hat. So also dachten die Gelehrten vor weniger als 150 Jahren....

Erst 1940 überraschte der dänische Professor August Krogh die wissenschaftliche Welt mit der sensationellen Mitteilung, daß jeder Kubikmeter Meerwasser durchschnittlich 1,5 Gramm Eiweiß und 3,9 Gramm Kohlenhydrate enthält. Das bedeutet, daß - fände man rationelle Auswertungsverfahren - alleine im Atlantik 20.000 Weltgetreideernten schwimmen! Seit 1941 kann Magnesium durch einen direkten Extraktionsprozeß aus dem Meerwasser gewonnen werden, wodurch der Flugzeugbau während des Zweiten Weltkrieges stark gefördert wurde. Selbst als Professor Schtscherbakow aus Moskau noch 1959 voraussagt, daß wir im Jahr 2000 Methoden gefunden haben werden, um auch aus Meerestiefen von 2000, 3000 und mehr Meter das kostbare Erdöl heraufzubefördern, wurde er verspottet. Die ersten Mohole-Versuche haben dann gezeigt, daß dies doch möglich ist.

In unserer Zeit, da alljährlich 80 Millionen Menschen Hungers sterben, treibt ungenutzte Nahrung für Milliarden Menschen im Meer. Das ist eine der vielen Aufgaben der modernen Ozeanographie: zu erforschen, wie und in welchem Umfang diese Nahrungsmittel für die Menschheit nutzbar gemacht werden können. Warum dieses bedeutende Vorhaben erst vor kurzem in Angriff genommen wurde, ist eigentlich unerklärlich. Der Griff in den Weltraum, die Reise zum Mond und zu anderen Planeten bietet offenbar mehr Verlockung und besitzt mehr Blendkraft. Ob die Erforschung des Weltraums für die Menschheit nützlicher ist, steht allerdings noch dahin.

Im November 1942, nach über vier Monaten in Griechenland, kam Hans Hass wieder in Berlin an. Die vielen Blechkanister mit den seltenen Sammlungen übergab er dem Zoologischen Institut der Universität, und nur die Bryozoen hielt er für weitere Untersuchungen bei sich. Insgesamt waren es fast 1500 unversehrte Exemplare, und Hass begann nun, im Rahmen seiner Doktorarbeit die Wachstumsgesetze der Reteporen, einer speziellen Art der Bryozoen, zu untersuchen. Er wollte herausfinden, nach welchen unbekannten Gesetzmäßigkeiten diese bizarren, unglaublich regelmäßig aussehenden Formen zustandekamen. Viele wertvolle Ratschläge bekam Hass von seinen Doktorvätern der Berliner Universität, Professor Feuerborn und Professor Ulrich, die ihn auch in jeder erdenklichen Weise unterstützten. Die nächsten Monate vergingen mit dem Studium der Fachliteratur, und auch schwedische, südafrikanische und japanische Fachzeitschriften wurden nach Hinweisen abgesucht. Während dieser Zeit arbeitete Hass sowohl an den Zoologischen Instituten der Universitäten Berlin und Wien.

Für die weitere Arbeit war es wichtig, genauere Untersuchungen, vor allem auch experimenteller Art vorzunehmen. Zu diesem Zweck war Hans Hass im Frühjahr 1943 der Arbeitsplatz der Kaiser-Wilhelm-Gesellschaft (die spätere Max-Planck-Gesellschaft) an der zoologischen Station Neapel zur Verfügung gestellt worden. Der Zeitpunkt dieser Reise war leider nicht besonders günstig, denn fast täglich wurde die italienische Stadt von Bombenangriffen heimgesucht. Deshalb war auch die berühmte Bibliothek der Station teilweise schon in Sicherheit gebracht worden, so daß Hass die wichtigste Literatur in Fotokopie von Berlin mitnehmen mußte. Während des drei Monate langen Aufenthaltes vom 20. April bis 23. Juli 1943 war Hass der einzige und letzte Gast der Station. Hier lernte er die Professoren Dohrn und Montalenti kennen, die ihm auch bei seiner Arbeit halfen.

Die größten Schwierigkeiten bestanden auch hier darin, die behördlichen Genehmigungen für Tauch- und Fotoarbeiten im Golf von Neapel zu erhalten. In den ersten Wochen versuchte Hass deshalb, vom Boot aus mit Schleppnetzen Reteporen vom Meeresboden heraufzuholen und in Aquarien zu beobachten. Diese Versuche erwiesen sich jedoch als unergiebig, und erst Anfang Juli konnte Hans Hass den ersten Tauchabstieg an der kleinen Felsinsel vor Massa Lubrence unternehmen. Es fand sich aber rund um die Insel und an einem Kap in der Nähe bis in 25 Meter Tiefe keine einzige Reteporide, so daß Hass mit allen Geräten nach Capri übersiedelte. Aufgrund seiner in der Aegäis gesammelten Erfahrungen waren hier zwei Plätze besonders vielversprechend: Zum einen die bekannte Blaue Grotte von Capri, und zum anderen das Felstor der ersten Faraglioni-Insel, wo außer Schatten mit großer Wahrscheinlichkeit auch Strömungen erwartet werden durften.

So tauchte Hass etwa zehn Tage lang an den beiden Plätzen und war sehr erfreut, daß sich seine Erwartungen erfüllten. Nach den mißglückten Versuchen in Aquarien stellte er hier auf dem Meeresgrund Versuche an freilebenden Tierstöcken an und gewann dabei wertvolle Erkennisse. Hier in Capri erprobte Hass auch erstmals einen enganliegenden Gummianzug, unter dem er Wollkleidung trug. Dieser Anzug hinderte ihn nicht beim Tauchen, und obwohl er noch nicht wasserdicht abschloß, bot er in Verbindung mit dem Einfetten der Haut bereits einen beträchtlichen Kälteschutz.

Die sich immer mehr verschärfende Kriegslage zwang Hans Hass, die begonnenen Untersuchungen vorzeitig wieder abzubrechen, und er übersiedelte an das meereskundliche Institut von Rovinj in Jugoslawien. Bei der Abreise von Neapel wären beinahe durch einen Tieffliegerangriff auf den Hauptbahnhof

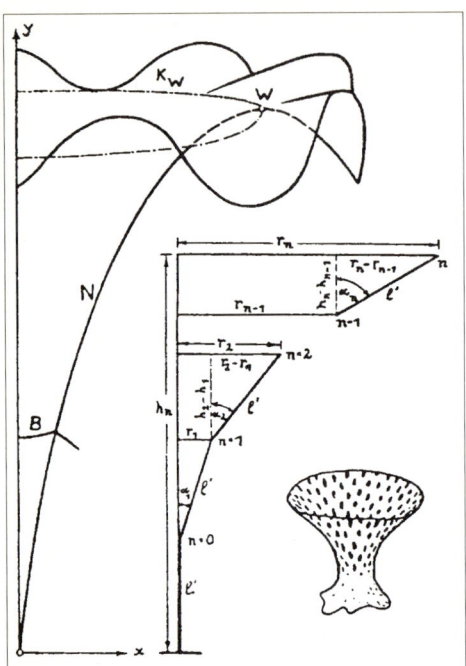

Im Rahmen seiner Doktorarbeit gelang es Hass, die Wachstumsgesetze der Reteporiden bis auf mathematische Gesetzmäßigkeiten zurückzuführen .(Skizze aus der Dissertation von Hass, 1944). Unten: Ein Reteporidenstock.

sämtliche Ausrüstungen, Sammlungen und Aufzeichnungen vernichtet worden. Auch in Rom geriet der Transport in den ersten Großangriff und in die darauf einsetzende Massenflucht der Bevölkerung, und unter vielen weiteren Schwierigkeiten und Verzögerungen gelangte Hass schließlich in Rovinj an. Hier ergab sich nur die Möglichkeit zu einem einzigen, allerdings erfolgreichen Tauchabstieg. Wegen der damaligen heiklen politischen Lage mußte Hass schon nach dreitägigem Aufenthalt wieder zurückreisen. Die weiteren Arbeiten wurden dann in den drei Monaten vom August bis November 1943 in Berlin und am Zoologischen Institut der Wiener Universität abgeschlossen. Am 23. Februar 1944 erhielt Hass in der Friedrich-Wilhelm-Universität zu Berlin von Professor Ludwig Bieberbach, dem Dekan der Universität, seine Ernennungsurkunde zum Doktor rer. nat. mit der Auszeichnung "summa cum laude". Diese begehrte Auszeichnung war seit acht Jahren keinem Zoologen der Universität mehr verliehen worden und würdigte die außerordentlichen Leistungen von Hans Hass. Ihm war es gelungen, die Wachstumsgesetze der Reteporiden bis auf mathematische Gesetzmäßigkeiten zurückzuführen. Diese Doktorarbeit gilt noch heute als Meilenstein in der zoologischen Forschung, war sie doch die erste wissenschaftliche Arbeit, die von einem freitauchenden Menschen mit Hilfe des Schwimmtauchgerätes durchgeführt worden war.

Für Hass war diese Arbeit insofern von besonderer Bedeutung, da sie ihm Einblicke in die Fragen der Systematik und in das Problem der "Arten" - das ihn dann in späteren Jahren viel eingehender und allgemeiner beschäftigen sollte - verschaffte. Diese Doktorarbeit von Hass erschien 1948 in der von Rudolf Leuckart gegründeten und nach dem Tod von Richard Hesse von Wulf Emmo Ankel fortgeführten Reihe von Originalabhandlungen aus dem Gesamtgebiet der Zoologie, die als "Zoologica" seit 1880 erscheinen, unter dem Titel "Beitrag zur Kenntnis der Reteporiden". In dieser 138 Seiten umfassenden Dissertation gibt Hass auch einen ausführlichen Bericht über die neue Methode der Unterwasserforschung mit Hilfe des Schwimmtauchgerätes und der sich für die Wissenschaft bietenden Möglichkeiten. In dieser Arbeit wird auch der Begriff des "Schwimmtauchens" erstmals verwendet.

Am Ende der Ausführungen in seiner Dissertation, die die Vorteile des Schwimmtauchens zu dem Helmtauchen herausstellt, empfiehlt Hass, zukünftig in jeder meeresbiologischen Station einige Assistenten als Schwimmtaucher auszubilden. "Kommt dann ein Spezialist - und das sind ja doch meist ältere Herren -, dann kann ihm, sofern sich das Vorkommen der zu untersuchenden Formen auf nicht zu große Tiefe beschränkt, ein derartiger, als Taucher geschulter Biologe sicherlich wertvolle Dienste leisten. Am besten wäre es freilich, wenn sich die betreffenden Forscher selbst der neuen Methode bedienen würden."[40]

Zu dieser Zeit gab es immer noch kritische Stimmen, die den Nutzen des Schwimmtauchgerätes für wissenschaftliche Zwecke stark anzweifelten. Noch 1942 stellte beispielsweise die Hamburger Zoologin Erna Mohr hinsichtlich der Unterwasserfotos von Hans Hass und ihres wissenschaftlichen Wertes fest: "Ich muß sagen, daß ein gutes, klares, im Aquarium aufgenommenes Bild, das mir alle nötigen Einzelheiten zeigt, von unendlich viel höherem wissenschaftlichen und didaktischem Wert ist als diese im Meer gewonnenen 'Natururkunden', selbst wenn diese unter Lebensgefahr beschafft sein sollten", und später:" Ich gehe noch weiter und erkläre eine anständige Zeichnung, auf der ich alles Nötige sehen und zählen kann, für wissenschaftlich wesentlich wertvoller, als ein künstlerisches Foto, das mir nur einen Habituseindruck verschaffen kann."[41] Mittlerweile sind solche Ansichten, die vielleicht zu stark aus der Perspektive des "Nur-Systematikers" abgegeben wurden, längst nicht mehr haltbar. Aber auch zum Schwimmtauchen nahm sie sehr kritisch Stellung: "Zoologisch ist es auf der ganzen Linie eine völlige Enttäuschung, hat überhaupt mit Wissenschaft nicht das Geringste zu tun, wie vorläufig diese ganze Taucherei und Lichtbildnerei nicht."[42]

Und auch der anerkannte Wissenschaftler Erich Wasmund, dessen Präferenz beim Scaphander-Tauchanzug lag, schrieb über den wissenschaftlichen Nutzen des Schwimmtauchgerätes einen Bericht, über den heute viele Menschen schmunzeln werden: "Die Nachteile für wissenschaftliche Zwecke sind: Die Behinderung durch das Atemstück im Mund, das die Aufmerksamkeit von der zu beobachtenden Außenwelt ablenkt, die geringe Tauchtiefe und kurze Nutzdauer und vor allem die direkte Berührung des gesamten Körpers mit dem kalten Tiefenwasser. Da sie geübte Taucherkenntnisse verlangen, scheiden sie aus. Wir bleiben bei der Ablehnung einer dauernden Benutzung für wissenschaftliche Beobachtungen. Tauchretter sind Behelfsgeräte wie der Fallschirm, mit dem man nicht fliegen, aber Absturz vermeiden kann. Tauchretter dienen nicht eigentlich zum Tauchen, schützen aber vor Ertrinken."[43]

Diesen einseitigen und eingefahrenen Meinungen entgegenzutreten und die Richtigkeit seiner Behauptungen zu beweisen, wurde nun das zentrale Bestreben von Hans Hass. Es sollte allerdings noch fast zwei Jahrzehnte dauern, bis sich Hass mit seiner Ansicht in der Wissenschaft durchgesetzt hatte. Den umfangreichen griechischen und italienischen Sammlungen, die Hass lange

Jahre wie seinen Augapfel gehütet hatte, war jedoch ein recht ungewöhnliches Schicksal beschieden: Bei Kriegsende fielen die Gebäude der Berliner Universität in die Hände russischer Truppen, die mit großem Genuß den Alkohol, in dem die Tiere und Pflanzen konserviert waren, austranken und die Reste der Sammlungen zerstörten.

Zweiter Teil:
Xarifa - Die schwimmende Forschungsstation
(1945-1960)

*Man muß nur wollen
und daran glauben
dann wird es gelingen!*

Ferdinand Graf von Zeppelin (1838-1917)

Nachkriegsjahre

Nach Rückkehr aus Griechenland hatte die Berliner Illustrierte Zeitung im Dezember 1942 einen weiteren Reisebericht von Hass in mehreren Fortsetzungen unter dem Titel "Mein Weg zu den Haien" abgedruckt. Hier waren erstmals Fotos zu sehen, die gleichzeitig Haie und Taucher auf einem Bild zeigten, und hierin wurde auch erstmals über das neue Schwimmtauchgerät von Hans Hass berichtet. Die Resonanz auf diese Artikelserie war überraschend groß: Neben den vielen Haifotos fand besonders das neue Schwimmtauchgerät große Beachtung und Interesse. Sogar aus Südfrankreich, wo die Berliner Illustrierte an die Besatzungstruppen ausgeliefert wurde, kamen an Hass gerichtete Anfragen von Unterwasserenthusiasten nach der genauen Funktion des Gerätes, und einige Taucher baten ihn auch um Unterstützung bei eigenen Bauvorhaben.

Als weiterer Beweis für seine Berichte wollte Hass nun auch seinen Film "Menschen unter Haien" fertigstellen, der ebenfalls viele Haiszenen enthält. Die Synchronisation und den Schnitt des Films führte er in den Ufa-Studios in Tempelhof und Babelsberg durch, wo er bei dieser Gelegenheit auch die junge Schauspielerin Hannelore Schroth kennenlernte. Sie hielt sich in Berlin wegen der Dreharbeiten an dem Film "Unter den Brücken" auf.

Hannelore Schroth war am 10. Januar 1922 in Berlin-Charlottenburg geboren und kam aus einer Familie, die auf eine sehr lange Theatertradition zurückblicken kann. Ihre Mutter war die bekannte Schauspielerin Käthe Haack, ihr Vater der Schauspieler Heinrich Schroth. Ihr Stiefbruder Carl-Heinz Schroth, ebenfalls Schauspieler und Regisseur, wurde im höchsten Alter geradezu zu einem Publikumsliebling im Fernsehen. Mit 16 Jahren rückte Hannelore Schroth aus einem Lausanner Pensionat aus und kam zu ihren Eltern nach Berlin zurück, weil sie nun endlich Theater spielen wollte. Sie hatte gerade ihre Eignungsprüfung an der dortigen Schauspielschule hinter sich, als der Regisseur Roger von Norman sie 1938 für seinen Film "Spiel im Sommerwind" engagierte. Der Film wurde ein großer Erfolg und der Beginn einer steilen Filmkarriere. In den nachfolgenden Jahren drehte sie weitere Filme, unter anderem auch 1944 mit ihrem ersten Ehemann Carl Raddatz den Film "Unter den Brücken" (Regie Helmut Käutner), ein besonders wichtiger Film, der zu der Zeit der ärgsten Bombenangriffe in Berlin gedreht und 1947 in der Schweiz uraufgeführt wurde. Die Ehe mit Carl Raddatz hielt aber nur ein knappes Jahr, sie wurde gegen Ende 1944 geschieden.

Anfang 1945 flüchtete Hans Hass in den Kriegswirren mit Hannelore Schroth und ihrer Mutter Käthe Haack aus dem zusammengebommten und brennenden Berlin über München nach Mayrhofen ins Zillertal. Hier sollten die Arbeiten für den Film "Das singende Haus", in dem Hannelore Schroth die Hauptrolle spielt, durchgeführt werden. Am 30. Juni 1945 heirateten Hans Hass und Hannelore Schroth standesamtlich in Mayrhofen, wo sie gemeinsam mit Käthe Haack das Kriegsende erlebten.

Auf der hastigen Flucht aus Berlin hatte Hass nur wenige Sachen seiner Expeditionsausrüstung mitnehmen können; im wesentlichen war nur ein Schwimmtauchgerät und die Unterwasserkameras übriggeblieben. Besonders am Herzen gelegen hatten ihm die gerade noch rechtzeitig fertigsynchronisierten Filmrollen seines Streifens "Menschen unter Haien", die er auch alle wohlbehalten ins Zillertal mitnahm. Der Film konnte erst 1947 im Kapitol in Zürich uraufgeführt werden, in Österreich 1948 und dann in Deutschland 1949. Er wurde ein großer Erfolg, und von vielen Schulen wurden die Schüler klassenweise hingeführt. Der abendfüllende Kulturfilm dokumentiert die Geburtsstunde des Schwimmtauchens. Die letzten zehn Minuten des Films zeigen eindrucksvoll die in Griechenland gefilmten Haie und ihr Verhalten. Obwohl inzwischen über fünf Jahrzehnte vergangen sind, wurden im Mittelmeer keinerlei vergleichbare Aufnahmen mehr gedreht.

Der Film "Menschen unter Haien" dokumentiert die Geburtsstunde des Schwimmtauchens.

Bei Kriegsende löste sich auch das schöne Schiff *Seeteufel* gleich dem fliegenden Holländer in Luft auf. Es wurde 1945 von den russischen Truppen aus seinem Hafen in Stettin nach Stralsund abtransportiert und nie mehr gesehen. Frau Schneider-Lindemann, die Forschermutter, hatte vor Kriegsende Teile der Ausrüstung des von Hans Hass in Berlin gegründeten Organisationsbüros für Unterwasserforschung nach Mariazell verlagern können. Unter großen Schwierigkeiten gelang es Hass, diese Ausrüstungsteile und seine Aufzeichnungen später aus der Russischen Zone herauszubekommen.
Anfang 1946 zog Hans Hass mit Hannelore Schroth aus dem Zillertal nach Zinkenbach am Wolfgangsee. Hier wurde am 30. September 1946 ihr Sohn Hans Hass junior geboren. Er verbrachte seine Kindheit am Wolfgangsee und besuchte dann ein Internat in Norddeutschland. Nach einer kurzen Schauspielerausbildung beim Südfunk Stuttgart spielte er Rollen in einigen Filmen, unter anderem auch in der Verfilmung des Konsalik-Romanes "Ein toter

Taucher nimmt kein Gold" (1973, Regie Harald Reinl). In dem Stück "Neapolitanische Hochzeit" spielt Hans Hass junior gemeinsam mit seiner Mutter Hannelore und ihrem Bruder Carl-Heinz Schroth. Später fand er Interesse an Yoga, indischer Philosophie und transzendenter Musik. Heute lebt er zeitweise in München und auf Ibiza, komponiert und spielt Musik im Stil des New Age und untersucht die Möglichkeit, diese Musik zu Heilzwecken einzusetzen.

Von 1946 an führte Hans Hass wieder viele Vortragsreisen durch Deutschland, Österreich und der Schweiz durch. Er hatte, genauso wie Millionen anderer Menschen, fast alles bei Kriegsende verloren und mußte nun wieder ganz von vorne anfangen. In den ersten Nachkriegsjahren begann er, sich intensiv mit theoretischer Biologie, Systemforschung und allgemeinen philosophischen Fragestellungen zu beschäftigen. Er nützte die Zeit ebenfalls dazu, in Zinkenbach zwei Bücher zu schreiben, die unter den Titeln "Drei Jäger auf dem Meeresgrund" (1947) und "Menschen und Haie" (1949) seine bisherigen Erlebnisse und Forschungen im Meer zusammenfassen. Sie wurden in mehrere Sprachen übersetzt und in den USA, England, Frankreich, Italien, Spanien und vielen weiteren Ländern veröffentlicht. Dies ist insofern von Bedeutung, weil besonders in dem vielbeachteten und weitverbreiteten Buch "Menschen und Haie" in allen Einzelheiten der tatsächliche Beginn des Schwimmtauchens geschildert ist, bei dem das Gerät sowohl für wissenschaftliche als auch filmische Zwecke eingesetzt wurde.

1947 gründete Hass in Wien im Haarhof Nr. 4 auch wieder ein kleines Organisationsbüro für Unterwasserforschung und wartete nur wieder darauf, einen Reisepaß und die Ausreiseerlaubnis zu bekommen. Seine Mutter war 1943 verstorben, aber sein Vater betrieb noch die Rechtsanwaltskanzlei, bis er 1948 verstarb und die Kanzlei von seinem früheren Assistenten Dr. Neudörfer übernommen wurde. Hans Hass war in diesen ersten Nachkriegsjahren nicht müßig, sondern entwarf Unterwasserkameras, Tauchausrüstungen und Drehbücher für Unterwasserfilme. Einer dieser Filme trägt den Titel "Mbongo" und hatte eine recht utopische Handlung, die in der Südsee spielt. Er wurde leider nicht realisiert.

Hans Hass gelang im Jahr 1948 mit dem von ihm so genannten "Bathyophthalm" ein interessanter Entwurf. Es handelte sich dabei um den Prototyp einer ferngesteuerten Tiefseefernsehkamera, die es nicht mehr erforderlich machen sollte, daß ein Mensch mit einer Taucherglocke sein Leben riskieren mußte, um die Tiefsee zu erforschen. Eine moderne Fernsehkamera sollte in einer Kugel mit weniger als 75 cm innerem Durchmesser untergebracht werden, die Be-

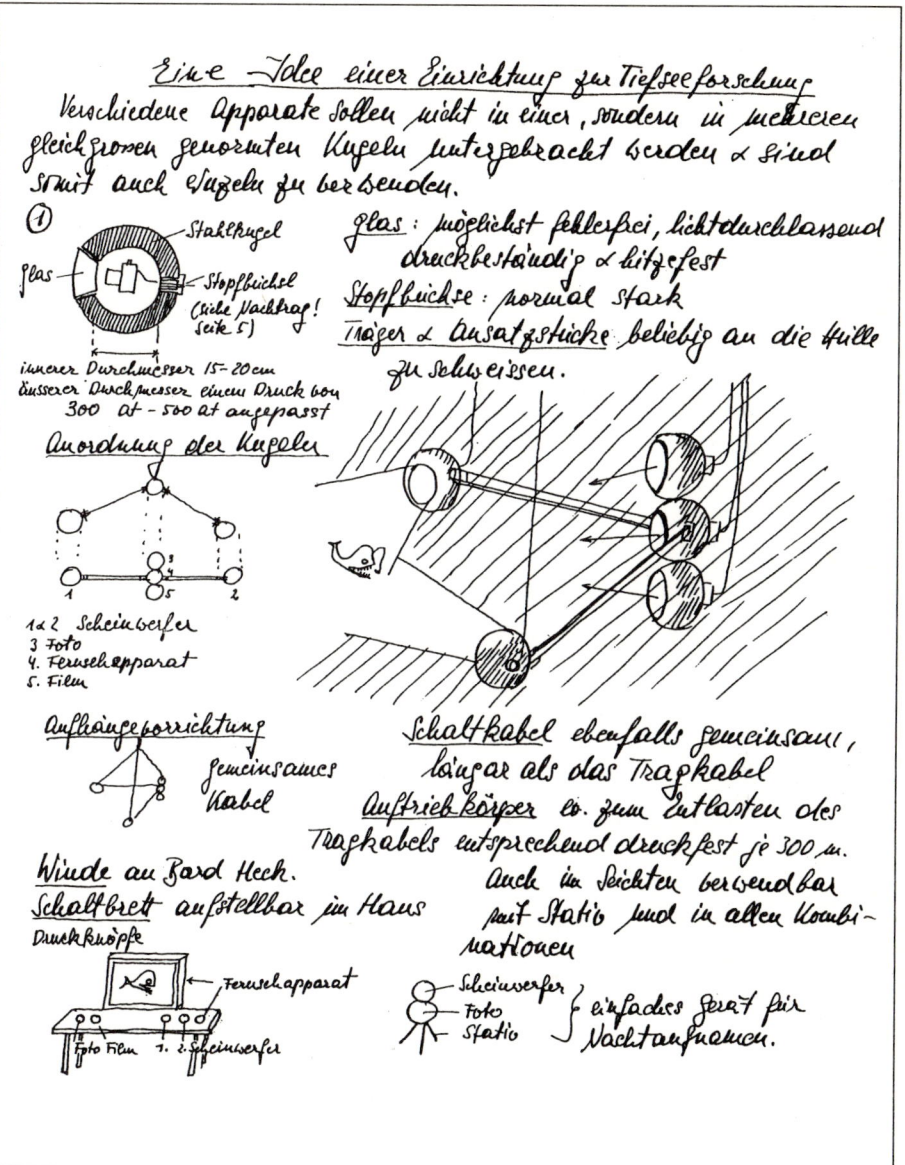

Handschriftliche Konstruktionsskizze von Hans Hass für den "Bathyophthalm" von 1947. (Kopie von Tagebuch)

standteil eines Systems von sechs unter sich starr verbundenen, in einem Halb-
kreis angeordneten Tauchkugeln war. Drei dieser Kugeln waren mit starken
Scheinwerfern ausgerüstet, eine vierte enthielt eine selbständige Fotokamera
und eine weitere eine automatische Filmkamera. In der sechsten Kugel sollte
die Fernsehkamera das beobachtende Auge ersetzen. Die Kugeln waren wasserdicht und druckfest für eine Tauchtiefe von bis zu 10.000 Meter ausgelegt.

Inmitten des Halbkreises befand sich eine Ködervorrichtung, deren Umfeld
durch elektrische Spannungen erfaßt werden kann. Die Ködervorrichtung
sollte die Tiefseefische in den Bereich der Lichtquellen locken. Gleich darunter ist ein Netz befestigt, das es ermöglicht, gelähmte oder getötete Meeres-
fische an die Oberfläche zu transportieren. Die Trossen, die die Tiefseekamera
mit dem Schiff verbinden, sollten nach oben durch Ballons entlastet werden.
Damit sie möglichst still liegen und möglichst wenig von Strömungen bewegt
werden, sollten sie im Wasser mit seitwärts angebrachten weiten Streben
versehen werden. Auf dem Schiff würden dann die Wissenschaftler in einem
abgedunkelten Raum vor dem Fernsehschirm sitzen, diskutieren und in der

Bordbibliothek die notwendige Fachliteratur griffbereit haben. Solche Tiefseekameras ließen sich dann auch, ohne Fangvorrichtung ausgerüstet, sehr gut zum Aufsuchen versunkener Schiffe sowie zu Beobachtungen im Flachwasser, etwa zur Erforschung des nächtlichen Lebens in einem Korallenriff, einsetzen. Auf die Entwicklung von solchen automatisch arbeitenden Tiefenkameras, die an entsprechenden Kabeln in die Tiefe gelassen wurden, spezialisierte sich später mit großem Erfolg Harald Egerton. Unterwasserfernsehkameras wurden von der englischen Marine bereits 1951 bei der Suche des gesunkenen U-Bootes *Affray* eingesetzt.

In diesen Nachkriegsjahren pendelte Hans Hass zwischen Zinkenbach und Wien hin und her, hielt Vorträge in Österreich und der Schweiz und sprach in einer Reihe von Sendungen in Beromünster. Hannelore Schroth trat nach Kriegsende zunächst in Wien am Theater in der Josefstadt auf und drehte in den folgenden Jahren Kinofilme in Berlin, Hamburg und Düsseldorf. Die beruflichen Aufgaben trennten Hans Hass und Hannelore Schroth, und so wurde ihre Ehe im April 1950 in Wien geschieden. Ihr Sohn Hans Hass junior blieb bei Hannelore Schroth, die im Frühjahr 1953 in Rom wieder heiratete. Ihr dritter Mann wurde der Hamburger Rechtsanwalt Peter Köster. Aus dieser Ehe (geschieden 1965) stammt Sohn Christoph. Hannelore Schroth blieb bis zu ihrem Tod dem deutschen Film und Theater treu. Sie verstarb im Alter von nur 65 Jahren im Juli 1987 in ihrer Wohnung in München-Schwabing.

Nach der Scheidung von Hannelore Schroth wohnte Hans Hass kurze Zeit in St. Gilgen, bevor er endgültig in den Haarhof zog. Er hatte hier in den Jahren zuvor sein Organisationsbüro für Unterwasserforschung schon wieder weitestgehend aufgebaut und plante eine neue Expedition. Hass hatte nämlich sein Ziel, ein eigenes Forschungsschiff auszurüsten und in den tropischen Gewässern meeresbiologische Untersuchungen durchzuführen, nicht aufgegeben, sondern war entschlossen, trotz aller Schwierigkeiten einen neuen Anfang zu wagen. Von diesem Ziel war er allerdings noch weit entfernt, das durch die Vortragsreisen und Veröffentlichungen eingenommene Geld reichte noch lange nicht aus, um an den Kauf eines entsprechenden Schiffes zu denken. So mußten eben wieder andere Einnahmenquellen erschlossen werden!

Hass wurde klar, daß erst ein erfolgreicher, abendfüllender Film genug Geld einbringen würde, um ein neues Schiff kaufen zu können. Zur Durchführung einer entsprechend ausgerüsteten Expedition, auf der dieser Film gedreht werden konnte, reichte das angesparte Geld allerdings auch nicht aus. Aber was hinderte ihn daran, zunächst alleine, ohne Mitarbeiter, seine Tauchtätigkeit wieder aufzunehmen und irgendwohin zu fahren, wo es Korallenriffe und unberührte Meerestiefen gab? Er konnte seine Untersuchungen vorerst auch alleine fortsetzen, konnte beobachten und Unterwasseraufnahmen machen, mit dem neuen Material wieder Vorträge halten, Artikel und Bücher schreiben, und so eine neue Basis für größere Unternehmungen gewinnen. Und glückten erst die Vorhaben, dann würden sich auch wieder Geldgeber finden, die ihm halfen, eine größere Expedition auszurüsten, auf der dann der Film gedreht werden konnte. Hass hatte wieder einen Weg, ein Ziel, das es wert war, alle Kräfte dafür einzusetzen!

Als bekannt wurde, daß der Meeresforscher wieder eine Expedition plante und auch auf der Suche nach einem Assistenten für sein Wiener Institut war, wurde Hass von einer wahren Flut von Bewerbungsbriefen überschwemmt. Aus allen Teilen Österreichs, Deutschlands und der Schweiz meldeten sich Interessenten, die an der nächsten Expedition teilnehmen wollten. Unter diesen Briefen befanden sich auch viele von weiblichen Interessenten, die nichts lieber tun wollten als Hass zu begleiten. Für ihn stand aber - damals noch - fest, daß er niemals eine Frau mit auf eine Expedition mitnehmen wollte. Der Grund dafür war einfach, daß er die Spannungen vermeiden wollte, die sich zwangsläufig ergeben würden, wenn eine Frau längere Zeit mit Männern auf engstem Raum zusammen war. Außerdem kannte er die strapaziösen Umstände, die eine mehrmonatige Expedition in abgelegene Gebiete mit sich brachte.

Als Assistentin für sein Institut im Haarhof stellte Hans Hass am 1. September 1948 die junge Wienerin Lotte Baierl ein. Sie hatte damals gerade ihr Abitur hinter sich gebracht und wollte im Herbst auf der Universität Zoologie studieren. Charlotte Hildegard Baierl war am 6. November 1928 in Wien geboren, und ebenso wie damals viele andere junge Mädchen war sie eine glühende Verehrerin von Hans Hass. Sie hatte seine Bücher gelesen und wünschte sich insgeheim nichts sehnlicher, als an einer seiner Expeditionen teilnehmen zu dürfen. Obwohl Lotte Baierl die Ansichten ihres Chefs über weibliche Expeditionsteilnehmer kannte, gab sie die Hoffnung nicht auf, doch einmal teilnehmen zu dürfen, und trainierte deshalb wochentags heimlich frühmorgens in einem Wiener Schwimmbad. Tagsüber erledigte sie für Hass den anfallenden Schriftverkehr und half ihm bei den notwendigen Expeditionsvorbereitungen.

Das Ziel der nächsten Expedition stand für Hass schon seit langem fest. Nachdem es vor 10 Jahren wegen dem ausbrechenden Krieg nicht geklappt hatte,

Lotte Baierl wurde 1948 die Assistentin
von Hans Hass -
und zwei Jahre später seine Ehefrau

sollte es nun tatsächlich an das Rote Meer gehen. Hier sollte es besonders schöne Korallenriffe geben, und bisher hatte sich noch niemand ins Rote Meer gewagt: Die Küsten galten als von Haien verseucht. Als Ziel seiner Reise wählte er Port Sudan aus, eine Hafenstadt in der heißesten Region der Erde. Schon vor dem Krieg hatte sich Hass über alle dortigen Gegebenheiten informiert.

Einige Landeskundige, die Hass in Wien aufsuchte, rieten ihm von seinem Vorhaben ab. Die Haie würden ihn bestimmt schon am ersten Tag auffressen; auf der ganzen Welt gäbe es nur eine einzige Haifangstation, die ständig mit gutem Profit arbeitete, und diese befände sich südlich von Port Sudan bei Massaua. Allerdings bewirkten diese Ratschläge eher das Gegenteil, denn Hass erhoffte sich dadurch genau das, was er am dringensten wollte: gute, sensationelle Fotos und die Möglichkeit, die Haie noch näher zu erforschen. Zunächst wollte er alleine für einen Monat nach Port Sudan reisen, die Riffe und anderen örtlichen Gegebenheiten kennenlernen, bevor er im darauffolgenden Jahr mit einer größeren Expeditionsmannschaft für eine längere Zeit wiederkehrte. An eine finanzielle Unterstützung für diese Expedition von Seiten der Behörden war nicht zu denken. In diesen Nachkriegsjahren gab es für die öffentlichen Gelder genügend anderen, vorrangigen Bedarf. In dieser Beziehung hatte es Jacques Cousteau als Marinekapitän im Siegerland Frankreich erheblich einfacher, der für sein erstes Forschungsschiff auf breite Unterstützung bei den Behörden traf. Hass gelang es aber schließlich doch, durch verstärkte Vortragsreisen, Veröffentlichungen, Spenden und auch Sammlungen in mehreren Klassen von Wiener Mädchenschulen ausreichend Geld für seine erste Nachkriegsexpedition zusammenzutreiben.

Hass sprach wegen der Erteilung eines Touristenvisums bei der Britischen Botschaft in Wien vor und erhielt von dem zuständigen Beamten den Hinweis, er solle sich wegen dem Visum direkt an die Botschaft in Khartoum richten. Der Beamte erteilte im dafür noch ein wohlwollendes Befürwortungsschreiben, ebenso wie das Naturhistorische Museum in Wien und das Unterrichtsministerium. Weniger günstig standen aber die Aussichten bei den Schiffahrtslinien. Auf lange Sicht bestand keine Möglichkeit, einen freien Platz auf einem Dampfer zu bekommen. So beschloß Hass, mit dem Flugzeug nach Port Sudan zu reisen. Das hatte neben den höheren Kosten auch den Nachteil, daß er nur eine beschränkte Menge an Gepäck und Atemkalk mitnehmen konnte, und dadurch leider auch die Zahl der möglichen Tauchabstiege begrenzt war. Das Datum für seinen Abflug hatte Hass auf den 14. November 1949 festgelegt. Bis dahin waren noch eine Menge Vorbereitungen zu treffen. Für seine neue Leica IIIc-Kamera ließ er ein Unterwassergehäuse bauen, das später von der Akustischen- und Kinogerätegesellschaft (AKG) in Wien serienmäßig unter der Bezeichnung "Unterwasser-Leica System Hans Hass" vertrieben wurde.

Die Assistentin von Hans Hass hatte die Hoffnung, doch noch an dieser Expedition teilnehmen zu dürfen, noch nicht aufgegeben. Als sich Hass auf einer Vortragsreise durch Südtirol befand, lieh sich Lotte Baierl heimlich die Unterwasserkamera und ging auf Fotojagd im herbstlich kalten Wasser der Alten Donau. Wenige Tage vor Abflug nach Port Sudan überraschte sie dann den verblüfften Hass damit, daß sie die Unterwasserfotos aus der Alten Donau in einer großen Wiener Illustrierten unter dem Titel "Expedition ins Wiener Eismeer" veröffentlicht hatte, und nun, aufgrund ihrer gerade bewiesenen Qualitäten als gute Unterwasserfotografin, fest damit rechnete, daß Hass sie doch mitnahm. Aber obwohl Hans Hass die schönen Aufnahmen von Hechten und Unterwasserlandschaften gefielen, ließ er sich nicht von seiner Meinung abbringen.

Nebel und schlechtes Wetter verzögerten den Abflugtermin, doch dann kam der lange Jahre herbeigesehnte Augenblick: Die Maschine hob vom Boden ab, ein neues Abenteuer, eine neue Expedition ins Unbekannte hatte begonnen!

Im Roten Meer

Nach Zwischenlandungen in Rom, Athen, Kairo und Jeddah erreichte Hans Hass Port Sudan. Drei Wochen vor seiner Ankunft hatte eine ägyptische Zeitschrift einen Bericht über seine bevorstehende Expedition gebracht, und doch stieß er nach Ankunft bei dem Zoll auf Schwierigkeiten. Die örtlichen Behörden wollten die Kameras und das Tauchgerät nicht passieren lassen, und so mußte Hass zunächst ohne die Kernstücke seiner Ausrüstung in das Red Sea Hotel fahren. Bereits am nächsten Tag sprach er wegen den am Zoll festgehaltenen Gerätschaften bei dem örtlichen Vertreter der Britischen Krone, dem Commissioner Bill Clark vor. Clark hörte sich das Anliegen von Hass an, und da er selbst ein leidenschaftlicher Angler war, begeisterten ihn die Erzählungen so sehr, daß er Hass ein Zimmer in seinem Haus anbot und ihm versprach, sich um die leidige Zollangelegenheit zu kümmern. Clark lebte bereits seit 20 Jahren im Sudan, kannte die Riffe vor der Küste, und da er selber Junggeselle war kam ihm diese Abwechselung gerade recht. Da es Sonntag war und Clark dienstfrei hatte, wollte er Hass auch gleich am Nachmittag zu einem Ausflug mit der Polizeibarkasse hinaus zu den Riffen vor Port Sudan mitnehmen.

Für Hass kam diese Einladung sehr überraschend, denn er hatte vorgehabt, sich zunächst an das heiße Klima zu gewöhnen und langsam vom Ufer aus das Rote Meer zu erkunden, denn es waren sieben Jahre vergangen, seit er das letzte Mal im Meer getaucht war. Nun sollte er schon gleich am ersten Tag in das freie Meer absteigen! Mit einem etwas flauen Gefühl fuhr Hass bereits kurze Zeit später mit Clark auf das Meer hinaus, und bald tauchten die ersten Korallenriffe am Horizont auf. Es waren die ersten wirklichen Riffe, die Hass in seinem Leben sah, denn im Karibischen Meer und auf Hawaii hatte er nur den Korallenwuchs entlang steil absinkender Küsten kennengelernt. Hier im Roten Meer waren es gewaltige Mauern, die fernab von der Küste unmittelbar aus dem Meer emporwuchsen. Manche verliefen als lange Barrieren oder in Form verschlungener Ketten; andere stiegen wie schlanke Türme aus der Meerestiefe empor. Auf der Seite zum offenen Meer zu fielen die Riffe so plötzlich ab, daß unmittelbar neben der scharf gekennzeichneten Riffkante schwarzblaues, grundlos tiefes Wasser war.

In der Nähe des Wingate-Riffes ließ Bill Clark die Barkasse stoppen und bedeutete Hass, er könne hier in das Wasser steigen und solange hier bleiben, bis er von seiner Angeltour zurück war. Das war Hass aber alles andere als recht, denn alleine im offenen Meer und nur mit einem provisorischen Speer bewaffnet, wollte er natürlich nicht in die berüchtigten, haiverseuchten Gewässer steigen. Anscheinend hatten Clark die Erzählungen und die Unterwasserfotos aus der Karibik von Hass doch sehr beeindruckt! Um sich aber keine Blöße zu geben, überwand sich Hass, sprang in das abgrundtiefe Wasser und schwamm auf das einige hundert Meter weit entfernte Wingate-Riff zu. Während sich Hass dem Riff näherte, fuhr das Boot mit dem angelnden Clark weiter.

Als sich die ersten Umrisse des Meeresbodens unter ihm abzeichneten, raubte deren Anblick Hass den Atem: Dieser Meeresgrund war ganz anders als der Korallenboden, wie er ihn vom Karibischen Meer in Erinnerung hatte. Die Vielheit der bunten Formen und Gestalten war so groß, daß es eine Weile dauerte, bis er Einzelheiten unterscheiden konnte. Im Gegensatz zu den westindischen Riffen, die vorwiegend grün, gelb oder braun sind, war hier die rote Farbe reichlich vertreten. Hass konnte sich an all dem Neuen nicht satt sehen, tauchte zwischen der neuartigen Unterwasserlandschaft auf und ab und merkte an dem starken Auftrieb des Wassers, daß das Rote Meer nicht nur das wärmste, sondern auch das salzhaltigste der Welt war. Nach einer guten Stunde fischte Bill Clark Hass wieder auf und zeigte sich ganz erstaunt darüber, daß Hass keinen einzigen Hai zu Gesicht bekommen hatte.

Schon am nächsten Tag mietete sich Hass eine kleine Feluke, ein etwa fünf Meter langes Segelboot, wie es die einheimischen Fischer verwendeten. Die Besatzung des Bootes bestand aus zwei Einheimischen, Machmoud und O Sheik. In Port Sudan erfuhr Hass auch, daß in der Nähe des Wingate-Riffes ein großes Wrack liegen sollte. Dabei handelte es sich um die *Umbria*, ein großes, italienisches Schiff, das etwa eine Meile von Port Sudan entfernt liegt. 1911 war das über 100 Meter lange Schiff unter dem Namen *Bahia Blanca* in Hamburg vom Stapel gelaufen und hatte zunächst seinen Dienst als Passagierdampfer aufgenommen, bevor es unter italienischer Flagge als Frachter umgebaut wurde. 1940 lag der Frachter vor Port Sudan auf Reede, beladen vor allem mit einigen tausend Tonnen Munition und anderem Kriegsmaterial für Mussolinis Aggressionstruppen in Äthiopien. Nach der Kriegserklärung Englands an das faschistische Italien ließ der Kapitän seine *Umbria* sofort versenken, damit das Kriegsmaterial nicht in die Hände der britischen Kolonialherren fiel. So liegt die *Umbria* heute in vierzig Meter Tiefe auf Backbordbug. Bei ruhigem Wetter ragen immer noch Teile der Davids aus dem Wasser heraus.

Für Hans Hass war dieses Wrack ein geeignetes Studienobjekt. Da der genaue Zeitpunkt des Unterganges bekannt war, konnte man anhand des Bewuchses des Schiffes interessante Rückschlüsse auf die Wachstumsgeschwindigkeit der Korallen ziehen. Hass ließ sich bereits wenige Tage später zu dem Wrack hinausfahren. Da das Tauchgerät mittlerweile vom Zoll freigegeben worden war, konnte Hass bis zu dem Schiffskörper hinabtauchen. Der lange Jahre entbehrte Genuß, wieder unter Wasser schweben und dabei frei atmen zu können, stimmte Hass enthusiastisch. Er erforschte das Innere des Schiffes, sah die in den Laderäumen gestapelten Bomben und studierte die Größe und das Vorkommen der einzelnen Korallenarten. Die *Umbria* war das erste, größere Wrack, das Hass betauchte, und während er fotografierte, machte er die interessante Beobachtung, daß auch hier, genauso wie im Korallenriff, die einzelnen Fischarten ihren bestimmten Stammplatz hatten. Überall an dem Wrack hatten sich bereits Korallen angesiedelt, und teilweise schon beachtliche Größe erreicht. Das Schiff war zu einem Bestandteil des Riffes geworden. Die Freude von Hans Hass wurde aber getrübt, als er einen Blick auf seine Unterwasserkamera warf: Sie war gut halbvoll mit Salzwasser gelaufen! Höchste Eile war geboten, und hastig ließ Hass das Segel setzen und Kurs auf Port Sudan nehmen. Wieder einmal war er genauso wie in Curaçao abhängig von der Fotoausbeute einer Expedition, und wieder einmal schien ein halber Liter Salzwasser diese Hoffnung zunichte zu machen. Gelang es Hass nicht, seine einzige Leica zu reparieren, dann konnte er über seine weiteren Pläne ein Kreuz schlagen. Eine andere Leica würde kaum in Port Sudan aufzutreiben sein, und die Contax, mit der er Überwasseraufnahmen machte, paßte nicht in das "wasserdichte" Gehäuse. Noch am gleichen Abend machte Hass sich mit zitternden Händen daran, die mittlerweile schon schwergängige Kamera zu zerlegen. Mit größter Akribie löste er die Schrauben, machte sich Notizen und Zeichnungen, wie die Teile zusammengehörten und säuberte alle Teile von dem schon beginnenden Rost. Das einzige, griffbereite Schmiermittel war Salatöl, mit dem er die Teile nun Stück für Stück einölte. Es war bereits früher Morgen, als die Teile zusammengesetzt waren und die Kamera wieder leidlich funktionierte.

Von Bill Clark erhielt Hass das Angebot, ihn auf einer Fahrt nach der "toten Stadt" Suakin zu begleiten. Clark wollte dort angeln, und er dachte sich, die Riffe wären für Hass bestimmt interessant. Hass kam dieses Angebot durchaus recht, denn Suakin stand an erster Stelle auf seiner Liste für diese Reise. Eine große Illustrierte hatte ihn ausdrücklich aufgefordert, keinesfalls einen Besuch in Suakin zu versäumen; seit über zehn Jahren seien dort keine Aufnahmen mehr gemacht worden. Und besonders interessierte Hass an dieser Stadt, daß es Korallenriffe waren, die ihren Untergang bewirkt hatten.

Knappe zwei Stunden Fahrtzeit entfernt liegt die "tote Stadt" Suakin südlich von Port Sudan auf einer allseits von Lagunen umschlossenen Insel. Vor der Einfahrt des Kanals, durch den die Lagunen mit dem Meer in Verbindung stehen, wuchern so viele Korallenriffe, daß größere Schiffe die Einfahrt längst nicht mehr passieren können. Daran ging Suakin zugrunde. Bald nachdem sie Ende des 19. Jahrhunderts britisches Protektorat geworden war, beschloß die Regierung, weiter nördlich, an günstiger Stelle, einen neuen Hafen zu errichten - so entstand Port Sudan. Schon 1910 wurde der Sitz des Gouvernements dorthin verlegt, und Mitte der zwanziger Jahre wurde Suakin endgültig aufgegeben. Seither ist Suakin vereinsamt und verfällt von Jahr zu Jahr mehr. Teilweise wurden die Steine der Mauern abgetragen und damit Häuser in Port

Sudan erbaut. In der ehemaligen Nationalbank von Suakin hatte das britische Gouvernement ein Rasthaus eingerichtet, wo durchreisende Beamte übernachten konnten. Es stand direkt am Wasser, und Hauptaufenthaltsraum war eine große Terrasse, die teilweise über dem Wasser hinausragte. In dem Rasthaus richteten sich Clark und Hass ein, und am nächsten Tag nutzte Hass die Gelegenheit, an den Riffen vor der Einfahrt des Kanals zu tauchen. Da wenige Tage vorher heftige Regenschauer niedergegangen waren, erwies sich das Wasser als stark getrübt, so daß an Fotografieren nicht zu denken war und Hass schon nach kurzer Zeit wieder zurückschwamm.

In Port Sudan zurückgekehrt, bekamen die Tage nun einen regelmäßigen Ablauf. Hass hatte bei den Shell-Werken von Port Sudan seine Sauerstoffflaschen nachfüllen lassen und inzwischen Probeaufnahmen mit verschiedenen Filtern durchgeführt. Die Bilder waren gut gelungen und gaben Hass Hinweise auf die zu verwendenden Filter. Frühmorgens fuhr Hass mit der Feluke hinaus zum Wingate-Riff, wo er den ganzen Tag verbrachte. Er durchstreifte die Unterwasserlandschaft und konnte sich an all dem Neuen nicht satt sehen: "Ich hatte an diesen Tagen oft das Gefühl, als freue sich jeder Muskel an meinem Körper in eigener Initiative. Wo immer ich vordrang, lag grenzenloses Neuland vor mir. Jeder Abgrund, den ich mir eroberte, lockte mich zu einem nächsten weiter, der sich noch ein Stück tiefer, noch unheimlicher unter mir auftat. Ich kam in Landschaften, die so schön waren, daß ihr Anblick mir den Atem nahm. Und besonders stark waren alle Eindrücke, weil es verbotenes Land war, das ich betrat. Nie durfte ich mich an die Schönheit eines Anblickes so weit verlieren, daß ich darauf vergaß, mich umzusehen".[1]

Hass nützte diese Tage, um Fotos von der Unterwasserlandschaft und den Fischen anzufertigen. Am Wingate-Riff gelang es Hass auch, Aufnahmen von einem Pärchen Pantherrochen anzufertigen, die in einem angeregten Liebesspiel dicht hintereinander her schwammen. Diese Fotos gewannen im darauffolgenden Jahr mit zwei anderen von Hass bei einem Wettbewerb die goldene Medaille der Österreichischen Photographischen Gesellschaft.[2]

Als sich nach einigen Regentagen das Wetter wieder gebessert hatte, machten sich Clark und Hass auf den Weg zu dem Sanganeb-Riff, einem Atoll, auf dem ein einsamer Leuchtturm steht und wo Hass nach Clarks Angaben viele Haien antreffen sollte. In den drei Wochen, in denen Hass nunmehr schon in Port Sudan war, hatte er trotz aller Unkenrufe noch keinen einzigen Hai zu Gesicht bekommen, aber gerade gute Haiaufnahmen waren eines seiner Hauptziele auf dieser Expedition gewesen. So hoffte er nun inständig, hier vor Sanganeb auf

Haie zu treffen. Aber Hass ging es nicht nur um die Haifotos, sondern auch darum, die Raubtiere des Roten Meeres und ihr Verhalten auf den Menschen kennenzulernen. Wenn die neue Tauchmethode, wie er es vorgeschlagen hatte, Wissenschaftlern ermöglichen sollte, auf dem Meeresgrund zu forschen, dann sah es Hass auch als seine Pflicht an, das Risiko abzuschätzen, dem die Forscher unter Wasser ausgesetzt waren. Nur mit genauer Kenntnis auch der Haie im Roten Meer konnte er ruhigen Gewissens den Forschern empfehlen, auch hier zu tauchen.

Hass erinnerte sich an seine Beobachtungen im Karibischen Meer, als fast regelmäßig, nachdem Fische harpuniert worden waren, Haie auftauchten. Das ängstliche Gezappel der Fische hatte sie angelockt. So beschloß Hass, diese Methode auch hier zu erproben, stieg mit Tauchgerät und Harpune ins Wasser, und schon nach kurzer Zeit zappelte ein Barsch an seiner Harpunenspitze. Tatsächlich erschienen nun aus der Tiefe zwei große Riffhaie, die aufgeregt Hass umkreisten. Endlich war der lange herbeigesehnte Augenblick gekommen: "Ein wunderbares Gefühl der Sicherheit überkam mich. Nein, diese Haie, das sah und fühlte ich sofort, waren nicht anders als jene, die ich schon kannte. Es waren gute Freunde sozusagen, deren Bewegungen und Verhalten mir bestens vertraut war. Endlich war die große Ungewissheit, unter der ich ständig gelitten hatte, zerrissen, und aus fabelhaften Schreckgespenstern, bei denen alles denkbar gewesen war, wurden Lebewesen aus Fleisch und Blut, die ich aus hunderten von Begegnungen bereits kannte. Zum ersten Mal fühlte ich mich in diesen Riffen nicht mehr als ein heimlicher Eindringling, sondern als Herr."[3] Als Hass später auf dem Boot dem staunenden Clark und Machmoud seine Erlebnisse vor Sanganeb erzählte, bekam er von Machmoud ehrfurchtsvoll den Spitznamen "Großer Hai". Dieser Name ist Hass auch in den weiteren Jahren unter den Einheimischen geblieben.

Die darauffolgenden Tage verbrachte Hass mit eifriger Taucherarbeit in den Riffen vor Port Sudan. Als er eines Abends mit der Feluke auf dem Rückweg von Sanganeb nach Port Sudan war, bemerkte er in der Nähe des Wingate-Riffes zwei Flossenspitzen, die manchmal über dem Wasser auftauchten und immer den gleichen Abstand einhielten. Bereits einige Tage zuvor hatte Hass diesen Vorgang beobachtet, aber wegen des trüben Wassers das Phänomen nicht aufklären können. Nun zögerte er aber nicht lange, ließ das Schiff beidrehen und glitt über Bord. Vorsichtig näherte er sich den Flossenspitzen, und bald konnte er erkennen, was sich abspielte: Es war ein riesiger Manta, ein Rochen, der wegen seiner wie Hörner aussehenden Kopflappen auch

"Teufelsrochen" genannt wird. Mantas sind die größten Rochen überhaupt, und erreichen bis neun Meter Spannweite und ein Gewicht von dreitausend Kilogramm. Ebenso wie manche Wale ernähren sie sich von kleinen Schwebeteilchen des Meeres.

Mit äußerster Konzentration zwang sich Hass nun dazu, in Ruhe Fotos von dem Manta zu machen. Es gelang ihm, den Manta von allen Seiten aufzunehmen, und als der Rochen im Meer verschwand, erfüllte ihn ein Gefühl des Triumphes: Bisher hatte weltweit noch niemand Mantas unter Wasser fotografiert, und mit diesen Bildern mußte es ihm in Wien gelingen, die Filmverleiher zur Produktion eines Expeditionsfilms zu bewegen!

Überraschend war für Hass die Einladung, Bill Clark nach Khartum zu begleiten, wo der Generalgouverneur anläßlich des königlichen Geburtstages einen großen Empfang gab, bei dem alle Stammesführer und Würdenträger des Sudans anwesend waren. Clark wollte Hass dem Generalgouverneur vorstellen, und da die Bekanntschaft der einflußreichen Persönlichkeit im Hinblick auf die geplante, nächste Expedition sicherlich nützlich war, sagte Hass zu.

Die Reise mit dem Zug von Port Sudan nach Khartum dauerte zwei Tage und eine Nacht. Im Grand Nil Hotel war für Hass ein Zimmer reserviert worden, und bereits am nächsten Tag war der Empfang im Palast des Generalgouverneurs. Sir Howe zeigte sich sehr interessiert an den Arbeiten von Hans Hass, und da er selber mehrere Jahre in China Botschafter gewesen war, und Hass das Land von seiner Rückreise aus der Karibik auch kannte, ergaben sich einige Berührungspunkte. Hass nützte die günstige Gelegenheit, Howe von der beabsichtigten größeren Expedition zu erzählen, und nach einigen Fragen stellte dieser dafür seine Unterstützung in Aussicht. Freundschaftlich verabschiedete Howe am Abend Clark und Hass, der in seinem Bemühungen um ein neues Forschungsschiff einen weiteren, kleinen Schritt vorangekommen war.

Nach Rückkehr in Port Sudan plante Hass einen Abstecher nach Mohamed Gul, einer Hafenstadt nördlich von Port Sudan. Auf die Fragen von Hass, wo man in dieser Gegend die meisten Haie antreffen kann, war ihm die Insel Mayetib genannt worden, die vor Mohamed Gul liegt. In der Nähe von Mohamed Gul lagen auch die bekannten Perlenbänke von Dongonab. Nach einer anstrengenden, ganztägigen Fahrt gelangten Hass und Machmoud, den er als Assistent mitgenommen hatte, in Mohamed Gul an. Entgegen allen

Erzählungen und Warnungen traf der enttäuschte Hass hier in den Gewässern aber nur auf vereinzelte, kleinere Haie, wie er sie auch schon vor Port Sudan gesehen und fotografiert hatte. So beschloß er, bereits am nächsten Tag zu Dongonab hinaufzufahren. Dort stand früher einmal das Institut des englischen Biologen Dr. Crossland, der in dieser einsamen Landschaft eine Station für Perlenfischerei geleitet hatte. Seine Untersuchungen, die im geheimen und hinter Stacheldraht vor sich gingen, zielten darauf ab, die Perlenbildung der Muscheln künstlich zu beeinflussen.

In einem kleinen Einbaum ließ Hass sich zu den Perlenbänken hinausrudern. Das Meer war hier sehr trüb, und mit dem Tauchgerät suchte Hass den Sandboden nach Perlenmuscheln ab. Als er dann schließlich auf eine größere Kolonie traf, konnte er der Versuchung nicht widerstehen, die Muscheln nach Perlen zu durchsuchen. Leider war ihm das Glück auch an diesem Tag nicht hold, und so mußte er am Abend ohne Ausbeute den Rückweg nach Mohamed Gul antreten.

In einiger Entfernung liegt vor der Küste von Mohamed Gul ein Atoll mit ein kleinen Insel, die den bezeichnenden Namen "Om Grush" - Mutter der Haie - trägt. Bill Clark hatte Hass erzählt, daß es hier viele Fische geben sollte, und da Hass auch daran interessiert war, den Aufbau des Atolls zu studieren, fuhr er am nächsten Tag dorthin. Nach der Theorie von Charles Darwin entstanden Atolle aus dem Barriereriff von Inseln, die allmählich versanken, während das Riff immer weiter in die Höhe wuchs, so daß am Ende nur der Ring übrigblieb. Bei diesem Atoll war eine solche Entstehung nicht gut denkbar; dazu war das Wasser im Inneren des Ringes zu tief.

Nach fünfstündiger Fahrt legte die kleine Feluke bei der winzigen Insel Om Grush an, und neugierig auf die Unterwasserlandschaft glitt Hass ins Wasser. Auf dieser Seite der Insel fielen die Wände fast senkrecht in die Tiefe ab, und viele große Fischschwärme kamen in seinen Blick. Er hatte gerade einige Aufnahmen angefertigt, als plötzlich ein großer, langer Hai langsam auf ihn zugeschwommen kam. Schnell stellte er die Kamera ein und fotografierte ihn. Zu einer zweiten Aufnahme kam es jedoch nicht. Der Hai war schnell geworden und kam mit der unverkennbaren Absicht, Hass anzugreifen, auf ihn zu. "Ich schwamm ihm entgegen, wußte aber sofort, daß ich diese Bestie auf solche Art nicht abzuschrecken konnte. Da blieb nur die zweite Waffe, die mich noch retten konnte. Mit einem gellenden Schrei stieß ich Luft ins Wasser. Ein Wasserschwall warf mich zurück. Trotz seines Tempos hatte der Hai knapp vor mir seinen Körper herumgeworfen und jagte - genauso wie die Haie im Karibischen Meer - mit erschreckten Flossenschlägen in die Tiefe. Aber schon machte er kehrt und kam in einem neuen Angriff empor. Da ich zu einem zweiten Schrei keine Luft mehr hatte und es außerdem sehr fraglich war, ob dieser noch helfen würde, konnte mich nur noch die eilige Flucht retten. Mit äußerster Kraftanstrengung durchschnellte ich die wenigen Meter bis zum Boot und warf mich mit einem halben Sprung über die Bordwand. Machmoud packte meine zappelnden Beine und zog sie herein. Da rauschte es an der Oberfläche, und der Hai stieß an das Boot. Daß es gegen die 'Tiger des Meeres' keine absolute Sicherheit gab, wußte ich schon seit der Expedition nach Griechenland, wo nicht einmal der Schrei gewirkt hatte. Hier hatte er mich gerade noch wieder gerettet. Ein gewisses Risiko war mit dieser Methode der Meeresforschung unlösbar verbunden und würde es wahrscheinlich auch immer sein."[4] Später jedoch, als Hass die Haie und ihr Verhalten noch besser kennengelernt hatte, äußerte er die Ansicht, daß es sich bei dem Vorfall bei Om Grush wahrscheinlich nicht um einen direkten Angriff sondern um eine Aggressionshandlung zur Revierverteidigung gehandelt hatte.

Nach diesem Erlebnis kehrte Hass der Insel den Rücken und ließ wieder Kurs zurück nach Mohamed Gul nehmen. Es war schon am späten Nachmittag, als er kurz vor Ankunft in Mohamed Gul auf dem Wasser einen Stelle entdeckte, an der sich eine große Zahl von Mantas versammelt hatten. Wegen hereinbrechender Dunkelheit konnte Hass aber nicht mehr zu den Tieren in das Wasser steigen und mußte sich bis zum nächsten Tag gedulden. Glücklicherweise traf Hass auch wirklich fast an der gleichen Stelle wieder auf die Gruppe. Mit fieberhaftem Eifer ging Hass nun ans Werk, fotografierte die Mantas, jagte wieder hoch Luft schöpfen, tauschte Filme aus und konnte auch kurze Szenen mit der Filmkamera drehen. Besonders auffallend war für Hass, daß sich vor den Mäulern der Rochen eine Anzahl von sogenannten Pilotfischen aufhielten. Er vermutete, daß die Fische in einer Art Symbiose mit den Mantas leben. Wahrscheinlich säuberten die Pilotfische das Maul und die Kopflappen, wo sich häufig parasitäre Krebse festsetzen, und dafür bot der Manta ihnen Schutz. Zwei Stunden hielt sich Hass zwischen den Mantas auf, als sie begannen, sich zu zerstreuen. Erschöpft aber glücklich schwang sich Hass ins Boot. Er hatte alles fotografiert, was es zu fotografieren gab, und diese Bilder würden ihn bestimmt die neue Expedition sichern. Stück für Stück sah er im Geiste sein ersehntes Forschungsschiff wieder näher rücken.

Wenige Tage vor seinem Rückflug nach Wien erfuhr Hass zufällig von einem alten, russischen Wrack, das kurz vor der Jahrhundertwende zwischen Port

Sudan und Suakin gesunken war. Dieses Schiff mußte zu der *Umbria* ein sehr interessantes Vergleichsstück abgeben. Man mußte daran erkennen können, wie sich unter ähnlichen Voraussetzungen eine neue Lebensgemeinschaft ausbildete und weiterentwickelte. Am letzten Tag seines Sudanaufenthaltes besuchte Hass das russische Wrack bei Ata und konnte mit der Leica, die kurz darauf endgültig ihren Dienst quittierte, noch gute Fotos aufnehmen.

Zufrieden und in bester Laune kam Hass Anfang Januar 1950 wieder in Wien an. Von dem 37 Tage dauernden Aufenthalt hatte er eine Menge guter Fotos mit nach Hause gebracht, und es war ihm als erstem Menschen geglückt, an Mantas heranzukommen und sie zu fotografieren. Sehr schnell gingen die Aufnahmen, die ersten Unterwasserfotos die je im Roten Meer gemacht worden waren, durch die Illustrierten der Welt.

Der Vorstand des Wiener Zoologischen Instituts, Professor Storch, organisierte einen Vortrag im Audimax der Universität, wo Hass über seine Erlebnisse berichten sollte. Es kamen etwa doppelt soviele Leute, wie in dem Saal Platz hatten, aber der Vortrag wurde ein großer Erfolg. Der Unterrichtsminister, der ebenfalls zugehört hatte, stellte Hass eine Förderung seiner Arbeit in Aussicht. Später erhielt Hass dann auch einen dankenswerten Zuschuß, aber damit waren seine finanziellen Probleme noch lange nicht gelöst. Hass war aber optimistisch. Seine Gedanken kreisten ständig um das ersehnte Forschungsschiff. Um die enormen Mittel für dieses Schiff zu verdienen, sah er keinen anderen Weg als über einen erfolgreichen Film. Für einen solchen mußten er aber vier bis fünf Männer nach Port Sudan mitnehmen und eine Arbeitszeit von etwa drei Monaten ansetzen. Das Honorar für die Mantafotos brachte zwar auch Geld in die Kasse, aber damit war das Budget noch lange nicht gedeckt.

In Wien verhandelte Hass mit Direktor Anton Schuchmann von der Sascha-Filmgesellschaft. Schuchmann war Hass zwar freundlich gesinnt, aber für den von Hass geplanten Kulturfilm konnte er sich nur schwer erwärmen. Er riet Hass, er solle doch in den Film eine Spielhandlung einbauen, ein solcher Film wäre viel eher an den Mann zu bringen. Und dann zeigte er auf Lotte Baierl, die Hass zu Schuchmann begleitet hatte, und meinte: "Mantas hin, Mantas her, was das Publikum will, ist eine hübsche Frau. Warum nehmen Sie eigentlich nicht Ihr Fräulein Baierl mit? Das gäbe doch gleich eine ganz andere Attraktion!"[5] Wie erstarrt blickte Hass Schuchmann an und glaubte zunächst, es wäre ein Scherz. Doch dann gab er sich geschlagen und willigte ein. So hatte

"Verzeihen Sie, Herr Hass,
wir drehen nämlich gerade
einen Tiefseejäger-Film"

Zeichnung: Moldovan

Durch seine große Popularität wurde Hans Hass auch schnell zur Zielscheibe von Karikaturisten. (Aus: Die Presse, Wien, 1. April 1950)

sich die Zahl der Expeditionsteilnehmer um eine Person vermehrt: Lotte Baierl bekam ihren sehnlichsten Wunsch, an einer Expedition von Hass teilnehmen zu dürfen, erfüllt, und wurde damit auch zu dem ersten Unterwasser-Modell der Welt. Später stellte sich heraus, daß dies für Hans Hass eine glückliche Fügung des Schicksals war, denn Lotte war ein ausgesprochenes Naturtalent, und ohne es je gelernt zu haben, spielte sie ihre Rollen in den Filmen.

Im April 1950, drei Monate nach Rückkehr aus Port Sudan, begann die Filmexpedition an das Rote Meer, von deren Gelingen soviel abhing. Neben Hans Hass und Lotte Baierl nahmen noch Xenophon, Hass' Freund aus den Tagen der Griechenland-Expedition, Gerhard Weidler, ein Bekannter von Lotte Baierl, Ingenieur Eduard Wawrowetz und der als Kameramann vorgesehene Heinz Bolle teil.

Neben der Hoffnung auf einen erfolgreichen Film hatte Hass noch ein zweites Eisen im Feuer: Es bestand nämlich auch die Möglichkeit, zu dem Forschungsschiff auf dem Weg einer kommerziellen Meereserschließung zu gelangen. Alle bisherigen Beobachtungen von Hass legten den Gedanken nahe, daß die Fische einander an der Art ihrer Flossenbewegungen erkannten, und daß man deshalb durch Aufzeichnung dieser Schwingungen und deren künstliche Ausstrahlung ins Meer Wirkungen auslösen könnte, die der Fischerei neue Möglichkeiten eröffneten. Gelang es, einen entsprechenden "Lockruf" künstlich auszusenden, dann konnten Fische, wie beispielsweise Heringe, dazu gebracht werden, sich um einen Lautsprecher zu versammeln und so bequem in ein Fangnetz geleitet werden. Und ebenso konnten Raubfische wie Haie durch Aussendung entsprechender Schwingungen angelockt werden. Diese letzte Möglichkeit ließ sich vielleicht auf der nächsten Expedition am leichtesten realisieren. Haie kamen nach den Erfahrungen von Hass regelmäßig aus dem freien Meer, wenn harpunierte Fische an der Leine zappelten. Dieses Gezappel mußte sich doch auf Tonband aufnehmen und dann verstärkt beliebig oft ins Meer abstrahlen lassen! Wenn dieser Versuch gelang, dann bot das dem gewerblichen Haifang und ebenso aber auch den Bemühungen der Haifischabwehr im Bereich von Badestränden sehr interessante neue Möglichkeiten.

Hans Hass hatte diesbezüglich bereits 1948 ein weltweites Patent für ein "Gerät zur Anlockung von Haien und Steuerung von Fischschwärmen durch Aussendung mechanischer Schwingungen ins Meer" angemeldet. Auf dieser zweiten Reise ans Rote Meer sollten nun weitere wissenschaftliche Untersuchungen zu dieser Thematik durchgeführt werden. Deshalb hatte sich Hass 1949 in Wien an die Akustische- und Kinogerätegesellschaft (AKG) gewandt, die ein Unterwasser-Mikrophon und einen Unterwasser-Schallsender entwickeln sollten. Ähnliche Geräte waren bereits im letzten Krieg unter der Bezeichnung "Hydrophon" eingesetzt worden, um feindliche U-Boote zu orten. Die Magnetophonanlage, ein Vorläufer des heutigen Tonbandes, wurde Hass von Philips zur Verfügung gestellt. Für die elektrische Versorgung sollten Batterien mitgenommen werden, und außerdem in Port Sudan ein großer, transportabler Stromgenerator gemietet werden. Für die Dauer der Expedition war Ingenieur Wawrowetz, einer der Konstrukteure der AKG, für die Bedienung der Unterwassergeräte beurlaubt worden. Natürlich brauchte man für diese Experimente ein entsprechend großes Schiff, das Hass in Port Sudan mieten wollte und an Plätzen verankert werden sollte, wo es große Fische zu harpunieren und Haie anzulocken galt. Aber diese Bemühungen konnten zugleich wieder Teil der Filmhandlungen sein. So sollten die beiden Einnahmequellen kombiniert werden.

Als Hintergrund für seine Filmstory schien Hass die verlassene Stadt Suakin sehr geeignet, beziehungsweise die Korallenriffe, die den Hafen dieser einst blühenden Stadt vom Meer abgeschnitten hatten. Der rote Faden sollte die Suche nach den von den Einheimischen so gefürchteten Mantas sein. Lotte Baierl als das erste im Roten Meer tauchende Mädchen und das geplante Anlocken von Haien waren weitere Elemente der Handlung, die Hass durch gestellte Dialoge spielfilmhaft auflockern wollte. Alles weitere mußte sich von selbst ergeben, aus dem, was sie an Ort und Stelle erleben würden.

Die Überwasseraufnahmen sollten von Kameramann Bolle mit der 35mm Tonfilmkamera "Bell & Howell" gedreht werden, und für die Unterwasseraufnahmen wollte Hass die bewährte 16mm-Arriflex einsetzen. Alles hing nun davon ab, ob Hass einen guten Film zustande brachte. Gelang dies, dann konnte der Traum vom eigenen Forschungsschiff nocheinmal Wirklichkeit werden!

Die letzten Wochen vor Abreise nach Port Sudan waren angefüllt mit Expeditionsvorbereitungen. Hass steckte seine gesamte Barschaft in die Rote-Meer-Produktion mit dem hohen Risiko, daß ein Mißlingen des Filmes ihn wirtschaftlich ruinieren würde. Und die Aussichten für Hass, der auf diesem Gebiet der professionellen Spielfilmproduktion absolut keinerlei Vorkenntnisse besaß, daß er einen entsprechenden Film mit nach Hause brachte, standen alles andere als gut. Endlich waren alle Vorbereitungen und Formalitäten erledigt, und Xenophon, Weidler, Bolle und Wawrowetz fuhren mit der Ausrüstung per Schiff nach Port Sudan voraus. Hass folgte am 4. April 1950 mit Lotte Baierl im Flugzeug.

Die Filmproduktion wurde Hans Hass alles andere als leicht gemacht. Es begann damit, daß Hass kurz nach Ankunft in Port Sudan den Tauchneulingen im Schwimmbad die Handhabung des Tauchgerätes erklären wollte. Dabei zeigte es sich, daß Kameramann Bolle die große Hitze im Sudan nicht vertrug und krank wurde. Notgedrungen mußte Hass Bolle nach Wien zurückschicken und stand nun vor dem großen Problem, nicht nur Produktionschef, Aufnahmeleiter, Regisseur, Darsteller und Agent des Filmes zu sein, sondern nun auch noch Kameramann. Die Handhabung der schweren Profikamera hatte Bolle Hass noch erklären können, aber Hass mußte sich erst mit der Kamera und der Tontechnik vertraut machen - und jeder verlorene Tag kostete viel Geld. Und als ob das noch nicht genug Pech gewesen wäre, stellte Hass fest, daß Bolle, der darauf bestanden hatte, die Filme für die Aufnahmen selbst zu beschaffen, ausgerechnet das empfindlichste Material mitgebracht hatte. Dadurch wurde jede Aufnahme mehrfach überbelichtet!

Aus der Schweiz, wo er noch Kredit hatte, ließ sich Hass per Luftpost Graufilter nach Port Sudan schicken. Aber die Graufilter alleine genügten noch nicht, erst als Hass noch den Rotfilter aufsetzte, ging es. Nun war durch die Arriflex-Kamera vor lauter Filter kein Bild mehr zu sehen, und eine ewige Quälerei mit der scharfen Einstellung begann. Hass zahlte teueres Lehrgeld: Bei 47 Grad im Schatten schmolz die Schicht auf den Filmstreifen. Außerdem hatte der unglückliche Kameramann für die Kameras Filme besorgt, die erst in die Kassetten umgespult werden mußten. Bei diesem Umspulen in der kochendheißen, improvisierten Dunkelkammer vernichtete jeder Schweiß-tropfen meterweise Film.

Ein weiteres Problem kam im Laufe der Dreharbeiten hinzu: Die englischen und ägyptischen Behörden machten es unmöglich, die einzelnen Kassetten bereits vorab zum Entwickeln nach Europa zu schicken. Die Beamten wollten unbedingt die noch unentwickelten Filme aus den Kassetten nehmen, um darin nach zollpflichtigen Gegenständen zu suchen. Bill Clark, der bei dem Zoll ein beruhigendes Wort hätte sprechen können, befand sich zu dieser Zeit auf Urlaub in England. Als das Bitten bei den Zollbehörden nichts nutzte, entwickelte Hass gelegendlich selbst ein paar Probemeter, um wenigstens einen Querschnitt seiner Arbeit zu kontrollieren. Das Gros der Aufnahmen mußten sie jedoch später unentwickelt mit nach Hause nehmen.

Der erste Drehort, wohin Hass mit seiner Mannschaft fuhr, war Suakin. Ihm war immer noch nicht ganz wohl bei dem Gedanken, eine Frau bei seiner Expedition dabeizuhaben, und so zog er Lotte Baierl zur Seite: "Ab heute sind Sie ein Mann! Vergessen Sie, daß Sie eine Frau sind. Wir sind jetzt auf einer Expedition, und wir sind alle Männer. Es ist mir klar, daß das nicht ganz einfach sein wird. Aber wenn wir ein schlagkräftiges Team bilden wollen - und das müssen wir -, können wir keine Rücksicht nehmen!"[6] Hass konnte damals noch nicht ahnen, daß sich Lotte Baierl als mutigster und unentbehrlichster Expeditionsteilnehmer herausstellen sollte. Sie schrieb nach dieser Reise das vielbeachtete Buch "Ein Mädchen auf dem Meeresgrund", in dem sie aus ihrer Perspektive diese Expedition beschreibt.

In diesem Buch kommt Hans Hass, der zu dieser Zeit nur um das Gelingen des Filmes und seiner Zukunft bangte, nicht immer ganz ungeschoren weg: "Hass hat eine wunderbare Ruhe und Überlegenheit, er ist zum Expeditionsleiter geboren. Als Chef war er immer nett und korrekt. Aber er kann auch unausstehlich sein, wenn seine Korrektheit zur Pedanterie, seine Überheblichkeit zur Rechthaberei wird. Wenn ich bloß an die vielen Briefe denke, die ich nur wegen eines Kommas zuviel oder zuwenig nochmals tippen mußte. Im Büro ist man eine Anzahl von Stunden zusammen, und im übrigen führt jeder sein eigenes Leben. Aber hier kleben wir nun von früh bis abends aneinander. Wie habe ich mich da als Mann zu verhalten?"[7]

In Suakin wohnten die Teilnehmer in dem Hass mittlerweile schon bekannten Rasthaus. Das unterseeische Korallendickicht, das der alten Hafenstadt den Lebensatem abgeschnitten hatte, sollte der erste Schauplatz für den Film werden. Anfangs war nicht vorgesehen, daß Lotte auch mit dem Atemgerät tauchen sollte, aber da dasjenige des Kameramanns nun freigeworden war, gab Hass ihrem ständigen Drängen nach und übte mit ihr vor Suakin. Dies sollte sich als eine kluge Entscheidung herausstellen, denn für den Film war Lotte eine große Bereicherung. Es ergab ein schönes Bild, wie sie durch die Riffe schwamm, Fische fotografierte und Muscheln sammelte. Mit ihren graziösen Bewegungen paßte sie harmonisch in diese so unreale Märchenwelt, und furchtlos trat sie den Haien entgegen. Lottes Teilnahme an dieser Expedition hatte einen entscheidenden Anteil daran, daß der Film später so erfolgreich wurde.

Es war am 7. Mai 1950, als Hass ein besonders aufregendes Erlebnis hatte. Frühmorgens waren sie von Suakin aufgebrochen und kreuzten vor der Küste auf der Suche nach Mantas. Dabei bemerkte Hass plötzlich in der Ferne eine große Flosse, die sich langsam an der Oberfläche voranbewegte. In einigem Abstand sprang Hass in das tiefe Meer und schwamm vorsichtig auf die Flosse zu. Wie er bereits vermutet hatte, handelte es sich um einen Walhai; den größten lebenden Hai, den es gibt. Er wird bis zu 18 Meter lang und ist ein harmloser Vertreter seiner Gattung. Ebenso wie die Mantas ernährt er sich von den kleinen Schwebetierchen im Wasser. Bisher waren nur vereinzelte Exemplare dieser Art von Schiffen aus gesichtet worden, und ebenso wie von den Mantas gab es von den Walhaien noch keine Unterwasseraufnahmen. Aufgeregt schwamm Hass dem Walhai nach, und fotografierte und filmte ihn von allen Seiten. Als später noch Weidler und Lotte dazukamen, gelangen Hass, der nun ruhig und konzentriert arbeitete, Aufnahmen, die anschaulich das Größenverhältnis des Haies zum Menschen zeigen.

Einige Tage später, an einem Sonntag, konnte wegen aufkommendem Wind nicht auf das Meer hinausgefahren werden. In den letzten Tagen hatte Hass endlose Strecken vergeblich nach Mantas abgesucht. Hass wollte nun mit

Lotte in der Hafeneinfahrt von Suakin einige Filmaufnahmen drehen, die er als Zwischenschnitte nützen konnte, und auch mit dem Handspeer auf die Jagd nach einem Abendessen gehen. Hass war aber außer Übung, und es gelang ihm nicht, einen Fisch zu harpunieren. Verärgert stieß er einem kleinen, braunen Hai, der unvermittelt vor ihm auftauchte, die Harpune in die Schwanzflosse. Da geschah plötzlich etwas ganz unerwartetes: des kleine Hai drehte sich um, verbiß sich im rechten Unterarm von Hass und ließ nicht mehr los! So schnell er konnte, kämpfte sich Hass mit dem zappelnden Hai an die Oberfläche empor. Erst dort ließ der Hai los, und Hass hielt den stark blutenden Arm über das Wasser heraus. Der Muskel war bis an den Knochen durchtrennt, und im Wasser breitete sich einen große Blutfahne aus. In höchster Eile wurde Hass in das Krankenhaus von Port Sudan geschafft, wo die Ärzte seinen Arm nähten und ihm mitteilten, daß er für mindestens drei Wochen nicht ins Wasser durfte. Ein neuer schwerer Schlag für die Expedition!

Mit der linken Hand tippte Hass nun seine Berichte in die Schreibmaschine, und was darin stand, hörte sich nicht sehr glaubwürdig an: Vor vier Tagen war er auf einem acht Meter langen Hai geritten, und heute hätte ihn ein nur 15 Kilo schwerer Hai fast getötet!

In diesen Tagen kam aus Wien Leo Rohrer an. Hass hatte ihm nach dem Ausfall des Kameramannes telegrafiert, und Rohrer war sofort losgefahren. Rohrer war ein guter Taucher und sollte Hass, der mittlerweile wieder aus dem Krankenhaus zurück war, bei den Unterwasseraufnahmen helfen. Mit einem dicken Verband am rechten Arm saß Hass nun von früh bis spät an seinem Schreibtisch, entwarf Dialoge und das Drehbuch, denn die Gestaltung des Filmes bereitete ihm immer noch besondere Kopfschmerzen. Er hatte zwar bisher viele gute Einzelszenen gedreht, doch mußten diese zu einer dramaturgischen Einheit zusammengefaßt werden. Wenn ein abendfüllender Film ein Publikum fesseln soll, muß er zumindest andeutungsweise einen Handlungsfaden haben. Deshalb wurden nun an Land Dialoge gefilmt, und Hass versuchte, seine Erlebnisse zu einer Handlung zu verbinden. Dabei kam es automatisch zum Konflikt, ob der Zuschauer das Gebotene noch als Tatsachenbericht oder bereits als gestelltes Spielprodukt empfindet.

Hass rang recht verzweifelt darum, hier den richtigen Mittelweg zu finden. Das größte Problem war aber, daß bisher die eigentlichen Hauptdarsteller des Filmes, die Mantas, nocht nicht aufgetaucht waren, und daß Lotte Mitte Mai auch noch wegen einer Blinddarmoperation nach Port Sudan gebracht werden mußte und so für eine Woche ausfiel. Erst Ende Mai konnte die Filmproduktion wieder aufgenommen werden. Hass war ungeduldig geworden und hatte sich die Fäden selber aus dem Arm gezogen. Vier Wochen durchstreiften sie nun die Riffe rund um Suakin, überall beobachtete und filmte Hass die hier vorkommenden Fische und Haie und studierte auch die Wachstumsgesetze der Korallenriffe, bevor die Mannschaft am 29. Juni 1950 wieder nach Port Sudan zurückkehrte.

Hass mietete sich hier eine der vielen, in der Flamingo-Bay vor Anker liegenden, arabischen Dhau mitsamt einer Besatzung. Die *El Chadra* - arabisch "Die Grüne" - war ein altes, wurmstichiges Segelschiff, das zum Fang von Perlmuscheln eingesetzt wurde und dementsprechend heruntergekommen aussah. In der Mitte besaß es kein Deck, sondern war offen wie einen Nußschale. Über Bug und Heck waren Latten gelegt, die ein provisorisches Vorder- und Hinterdeck bildeten. In Port Sudan konnte auch ein transportabler Stromgenerator besorgt werden, und nach einer Woche Aufenthalt in der Hafenstadt begann der zweite, wesentlich mühevollere Abschnitt der Reise.

Das Leben auf der *El Chadra* war so primitiv, wie es nur sein konnte. Es gab keinerlei sanitäre Einrichtungen oder Waschmöglichkeiten. Geschlafen wurde auf offenem Deck auf Gummimatratzen, und allerlei Ungeziefer machten den Expeditionsteilnehmern das tägliche Leben schwer. Tagsüber schien die pralle Sonne in das Schiff, und nachts krochen die Kakerlaken aus ihren Verstecken heraus. Lotte stand in dieser Zeit besonders ihren Mann, als sie ohne Klagen alle Mühen ertrug.

Das erste Ziel, das die *El Chadra* ansteuerte, war die Insel Mayetib vor Mohamed Gul. Hass wollte hier die Schwingungsversuche durchführen. Nachdem die technische Anlage von Wawrowetz aufgebaut worden war, sah die *El Chadra* aus wie ein Tonstudio: Überall liefen elektrische Leitungen durch das Boot, und ehrfurchtsvoll hatte sich die einheimische Besatzung um Wawrowetz und sein Tonband versammelt. Nach einigen vergeblichen Versuchen gelang es Weidler, einen Fisch zu harpunieren, und während an Bord das Tonband lief, hielt Hass das Mikrophon an den zappelnden Fisch. Dieser Vorgang wurde mehrmals wiederholt, und allmählich versammelten sich um Hass und Weidler einige Haie, die eindeutig das Gezappel angelockt hatte. Nun mußte es nur noch gelingen, die Haie durch Aussendung der aufgenommenen Schwingungen anzulocken!

Hass ließ einen Tag verstreichen, damit sich die Haie wieder zurückziehen konnten und unter Wasser ein Normalzustand eingetreten war. Wawrowetz hatte inzwischen die einzelnen Passagen auf dem Tonband zusammengeschnitten und strahlte nun die Schwingungen zunächst normal und dann verstärkt ins Meer aus. Dabei zeigte sich allerdings, daß aus irgendeinem unerfindlichen Grund starke Nebengeräusche wie Knacken und Prasseln im Lautsprecher die Aussendungen störten. Außerdem hatte sich durch die große Hitze auf dem Schiff das Magnetband gewellt und begann sich aufzulösen.

Nachdem Wawrowetz mehrmals ergebnislos die Schwingungsaufnahmen abgespielt hatte, erlaubte er sich einen Scherz und spielte ein Band mit einem Walzer ab. Hass, der sich unten im Riff neben dem Lautsprecher befand, um die Vorgänge zu beobachten, traute seinen Augen nicht: Ein zufällig daherschwimmender, großer Schwarm von Makrelen versammelte sich jetzt um den Lautsprecher und schien in dem Takt des Walzers zu schwimmen! Geistesgegenwärtig filmte Hass diese Szene und nahm sich vor, sie zur Auflockerung in seinen Film einzubauen. Daß ihm aber gerade diese Szene später in der Wissenschaft recht zweifelhafte Lorbeeren einbrachte, konnte er noch nicht wissen: Als die amerikanische Fassung des Filmes später in Hollywood neu geschnitten wurde, stellten die Cutter diese Szene so dar, als hätte Hans Hass beweisen wollen, daß Fische musikalisch sind ....

Hass nahm sich vor, den mißglückten Versuch, Haie mittels Aussendung von Schwingungen anzulocken, später auf seinem eigenen Forschungsschiff, wenn die Bedingungen günstiger standen, zu wiederholen. Es wäre auch fast ein Wunder gewesen, wenn die Versuche mit dieser primitiven Ausrüstung erfolgreich gewesen wären. Fast so, als wollte das Schicksal das Pech von Hass wiedergutmachen, trafen sie kurze Zeit später zwischen Markowar und Mohamed Gul auf eine Gruppe Mantas, die Hass nun ausgiebig filmen und beobachten konnte. Dabei interessierte ihn auch hier ganz besonders das Verhalten der Pilotfische, die sich bei drohender Gefahr in das Maul der Mantas zurückzogen.

Von Mohamed Gul aus segelte die *El Chadra* zu dem russischen Wrack bei Ata, das Hass auch schon bei seiner ersten Reise an das Rote Meer besuchte hatte. Die Filmarbeiten in dem Wrack wurden von einem überraschend einsetzenden, schweren Sturm unterbrochen. Alle drei Anker, an denen das Schiff festgemacht war, rissen nacheinander, und letzte Hoffnung blieb ein urtümlicher, schwerer Anker, an den das Schiff nun festgemacht wurde. Hohe Wellen gingen über das Schiff, und Hass mußte sich mit Lotte an dem Mast festbinden, um nicht über Bord gespült zu werden. Die ganze Nacht über tobte der Sturm, und die Mannschaft des Schiffes hing am Ankerseil, um die Stöße auszugleichen.

Hans und Lotte Hass 1950 auf der "El Chadra" im Roten Meer.

In dieser Nacht, als das Leben wirklich nur noch an dem sprichwörtlichen Faden hing, kamen sich Hans Hass und Lotte nicht nur körperlich sondern auch geistig näher. Lotte schrieb darüber später: "Plötzlich sah ich diesen Mann, das Idol der Jugend und mein eigenes Idol, anders als bisher. Im Grunde war er wie wir alle, nur eben mit einer brennenden Phantasie und dem verbissenen Willen, diese in Wirklichkeit zu verwandeln. Das war der eigentliche Motor seines Wagemutes und seiner Entschlußkraft."[8]

In Port Sudan zurückgekehrt verließen Hans Hass und die Teilnehmer die *El Chadra*. Weidler und Wawrowetz reisten nach Wien zurück, aber Hass wollte mit Lotte alleine noch einige Wochen lang einige wichtige Szenen bei Suakin drehen. Im Juli schon hätte die Expedition zu Ende sein sollen, und nun war es bereits Ende August, die heißeste Zeit des Jahres in der heißesten Gegend der Erde. Hass war ständig am überlegen, wie er seinen Film gestalten sollte. Er erlebte hier eine vollkommen unberührte Natur und filmte Dinge, die vor ihm noch niemand gesehen hatte - und doch war Hass klar, daß seine Erlebnisse in die rechte Form gebracht werden mußten, daß es auch hier auf Regie und Idee und auf eine dramaturgische Gesamthandlung ankam.

Er zwang sich nun dazu, nach jedem Abstieg die gefilmten Szenen nieder-zuschreiben, Komposition und Ablauf in Bildern aufzuzeichnen und sie hinsichtlich ihrer Länge und technischen Qualität zu bezeichnen. Wurde etwas besonders gefilmt, dann versuchte Hass es in die Reihe der schon gestalteten Episoden einzuordnen. Er versetzte sich in die Lage des Schnittmeisters, der später eine geschlossene Folge erstellen sollte, und arbeitete für alle Szenen, die zur Ergänzung der gerade gedrehten noch notwendig waren, ein Drehbuch aus. So entwarf er die entsprechenden, noch fehlenden Aufnahmen, kompo-nierte und zeichnete sie und ging in die Natur, um sie zu suchen.

Acht Wochen lang filmte Hass noch vor Suakin, und besonders wichtig waren ihm Aufnahmen, auf denen gleichzeitig Lotte und einige Haie zu sehen waren. Er hatte von seinen Erfahrungen gelernt und wollte möglichen Skeptikern von vorneherein den Wind aus den Segeln nehmen.

Anfang November 1950, nach einem halben Jahr am Roten Meer, war es soweit: alle wichtigen Szenen waren im Kasten, und Hass flog mit Lotte im Flugzeug nach Wien zurück. In Kairo machten sie einen kurzen Zwischen-aufenthalt, und im Sheppards Hotel in Kairo verlobten sich Hans Hass und Lotte Baierl.

In Wien zurückgekehrt begann der schwierigste Teil der Filmproduktion: Hass hatte sich verpflichtet, den Film, dem er den Titel "Abenteuer im Roten Meer" gab, rechtzeitig zur Biennale in Venedig im nächsten Jahr fertigzustellen. Er zog nach Zürich, wo er nun Tag und Nacht in den Filmstudios bei Filmschnitt und Kopieren zubrachte. Die Anstalt, bei der Hass seine Filme hatte entwik-keln lassen, nahm ihm einen Teil seiner Sorgen ab, indem sie einen Teil der Aufnahmen durch eine falsche Prozedur zerstörte. Hass brauchte Wochen, bis er darüber hinwegkam.

Die anstrengenden Arbeiten in Zürich wurden nur von einem nennenswerten Ereignis unterbrochen: der Hochzeit von Hans Hass und Lotte Baierl. Von diesem Ereignis, daß am 29. November 1950 in Küsnacht am Zürichsee stattfand, wußten nur die Trauzeugen und Lottes Eltern. Vormittags hatte Hass die Schneidearbeiten für den Film in Zürich unterbrochen und war mit Lotte nach Küsnacht gefahren. Als Hochzeitsgeschenk übergab Hans Hass Lotte - die handgeschriebenen Kochbücher seiner verstorbenen Mutter. Nach der kurzen, standesamtlichen Trauung saß Hass bereits am Nachmittag wieder am Schneidetisch. Die kirchliche Trauung fand dann später in der berühmten Augustinerkirche von Wien statt.

Hans Hass mit Kanzler Leopold Figl (dritter von links) 1950 anläßlich der Überreichung des ersten Preises für den besten Österreich-Film.

Es folgten nun Monate, in denen Hans Hass und Lotte ausschließlich im Schneideraum, in der Kopieranstalt und im Tonstudio lebten. Zwischendurch beteiligte sich Hans Hass noch an einem Wettbewerb, in dem es um den Entwurf eines Filmdrehbuchs zu einem Österreich-Werbefilm ging. Fast nebenbei entwarf Hass ein kurzes Exposé und gewann den ersten Preis, der ihm persönlich von dem damaligen österreichischen Kanzler Leopold Figl überreicht wurde. Dann kam im Juli 1951 der große Tag der Biennale in Venedig, als der Film für Österreich laufen sollte.

Für die Vorführung beim Festival wurde eine Kopie mit italienischen Untertiteln benötigt, die aber erst am letzten Tag ankam. Hass, der gewissenhaft wie immer darauf bestanden hatte, den Streifen zu überprüfen, mußte feststellen, daß bei der Einkopierung der Schrift eine ölige Schicht über den Film aufgetragen und dann nicht wieder entfernt worden war. Schmutzstreifen liefen kreuz und quer über den Film. Bereits am Nachmittag sollte die Vorführung vor der Jury sein, und Hass und Lotte gingen nun mit großer Verbissenheit daran, den 2300 Meter langen Streifen auf dem Umrolltisch mit einem Lederlappen zu putzen. Innerhalb von vier Stunden war es dann geschafft. Am Tag darauf erfuhren sie dann, daß ihr Film für Österreich den Internationalen Ersten Preis gewonnen hatte.

Im September 1951 lief der Film im Herzog-Verleih in Deutschland an, und in den nächsten drei Jahren lief dieser erste Unterwasser-Tonfilm, der wegen seiner bis dahin nie gesehenen ästhetischen Sensationen sehr populär wurde, erfolgreich mit Ausnahme von Rußland und China durch alle Länder der Welt, und erweckte in unzähligen Menschen das Interesse für die Unterwasserwelt. In dem Film fehlte es nicht an dramatischem Kommentar, wie nachfolgende Szene belegt: "Wird ein Fisch harpuniert, und es kommen Haie, dann hängt man den Fisch an eine Koralle, und man kann sich selbst verteidigen oder irgendwo Unterschlupf suchen. - Da wirklich, ein Hai ist schon da! Und dort drüben ein zweiter! - Vorsicht Lotte, Vorsicht, da kommt einer! - In Deckung bleiben! - Achtung, Leo harpuniert einen Fisch. - Jetzt heißt es aufpassen! - Schon ist ein Räuber bei dem harpunierten Fisch. Leo hat die Harpune losgelassen und sich versteckt, aber gleich daneben, ganz ungeschützt steht ja Lotte. Sie scheint keine Ahnung zu haben, in welcher Gefahr sie sich befindet. - Der eine Hai hat jetzt den Fisch geschnappt. - Menschenhaie, schön sind sie! Bösartig und unberechenbar, aber schön!"[9] Es ist nicht auszuschließen, daß Hans Hass durch solche und ähnliche Filmtexte selbst auch sehr viel zu dem Klischee des "Unterwasserhelden inmitten von Haien" beigetragen hat, welches sich in späteren Jahren für die Akzeptanz seiner wissenschaftlichen Arbeiten als wenig förderlich erwies.

Das große Barriereriff

Nach der erfolgreichen Teilname an der Biennale in Venedig konnte Hans Hass die Weltrechte des Filmes in Hollywood an die Sol-Lesser-Produktion (RKO) verkaufen, die auch schon den "Kon Tiki"-Film von Thor Heyerdahl bearbeitet hatte. Durch diese Einnahmen und durch das Honorar seines letzten

Buches "Manta-Teufel im Roten Meer", indem er seine Erlebnisse der ersten Rote-Meer-Expedition schildert, und das als Bestseller über die Ladentische ging, konnte Hass den Traum eines eigenen Forschungsschiffes zum zweiten Mal Wahrheit werden lassen.

Im September 1951 kaufte er in Kopenhagen für 150.000 dänische Kronen den Stahlrumpf eines Segelschiffes, den er als Forschungsschiff umbauen lassen wollte. Die Wahl, ein Segelschiff zu kaufen und nicht ein Motorschiff, hatte natürlich bestimmte Nachteile, wie beispielsweise, daß das Segelschiff langsamer ist und auch wegen der Decksaufbauten weniger Platz bietet. Trotzdem kam der Entschluß von Hass nicht von ungefähr: Neben dem großen Einfluß, den der Segelschiffkapitän Graf Luckner auf ihn ausgeübt hatte, gab es auch handfeste Argumente für die Entscheidung. Wenn Hass, wie geplant, in entlegene, tropische Meere fahren wollte, wo auch nicht überall Treibstoff zu bekommen war, dann konnte er mit dem Segelboot große Strecken unter Wind zurücklegen. Die großen Passagen über den Atlantik, den Indischen Ozean oder den Pazifik wollte Hass durch Segelkraft mit den Passaten oder Monsunen überbrücken.

Den Stahlrumpf, den Hass in Kopenhagen im Herbst 1951 kaufte, stammte von einer der größten Segeljachten: Der amerikanische Nähmaschinenkönig Singer hatte sie sich 1927 auf der englischen Werft von Samuel White in Cowes als Rennyacht bauen lassen. Die Jacht wurde nach dem Tod von Singer von dem englischen Lord Iliffe erworben, der sie *Radiant* nannte. Sie ging anschließend durch verschiedene Hände und fuhr unter den Namen *L'Oiseau Blanc*, *Georgette* und *Capitana*. In Kanada brannte sie einmal aus und sank; im Krieg wurde sie ihrer Masten und des wertvollen, 70 Tonnen schweren Bleikiels beraubt. Schließlich fuhr das arme Schiff für Tuxen und Hagemann in Kopenhagen als Kohletransporter. An Stelle ihrer drei Masten hatte die einstige Luxusjacht nun zwei kurze Stümpfe mit einem Ladebaum, und am rückwärtigen Deck war ein erhöhtes Steuerhaus errichtet worden. Was Hass nun kaufte, waren die traurigen Überreste dieses ehemaligen Schmuckstückes. Er ließ den Stahlrumpf von Kopenhagen nach Hamburg überführen, wo er ihn in der Norderwerft von Johann Köser in Glückstadt nach den alten Plänen wieder neu ausbauen und als Forschungsschiff einrichten wollte.

Im gleichen Jahr war Hass von Bekannten der Vorschlag unterbreitet worden, sein geplantes "Internationales Institut für Submarine Forschung" nicht im Haarhof in Wien, sondern in Liechtenstein zu etablieren. Er nahm diese Anregung, sein Institut in Liechtenstein einzurichten, mit Freuden an, denn auf der Basis einer normalen Besteuerung war es mehr als fraglich, ob er sein Projekt verwirklichen konnte. In Liechtenstein war er zwar nicht ganz steuerfrei, doch konnte mit der Regierung ein günstiges Abkommen über eine jährliche Pauschale getroffen werden.

In Vaduz richtete Hass im Winter 1951 sein Institut im Haus Armbruster unterhalb des sogenannten "Roten Hauses" ein. Dabei handelte es sich um ein Organisationsbüro in einem mehrstöckigen Haus, in dem Hass zwei Etagen mietete, eine Sekretärin beschäftigte und auch selbst wohnte. Es war wohl eher ungewöhnlich, zwischen hohen, schneebedeckten Bergen ein meereskundliches Institut zu gründen, aber vielleicht gerade für das geplante Projekt symbolisch: Nur aus der Ferne hat man genug Abstand, um sich über eingebürgerte Vorstellungen hinwegzusetzen und neue, unkonventionelle Wege einzuschlagen. Nach den damaligen Ansichten war es ein fast haarsträubender Gedanke, Fachwissenschaftler, die meist alles andere als sportlich waren, in haiverseuchten Gebieten auf den Meeresgrund zu schicken, um dort ihre Studien durchzuführen.

Hass gab dem Schiff seinen ursprüngliche Namen *Xarifa* zurück und übereignete sie seinem Liechtensteiner Institut. Der Name stammt aus dem arabischen "scharifa", was so viel wie "vornehme, adlige, schöne Frau" bedeutet. Mit Ausnahme des Stahlrumpfes mußte praktisch alles auf dem Schiff erneuert werden. Hätte Hass im voraus gewußt, was der Ausbau kosten würde - nämlich weitere 450.000 Mark - dann hätte er vielleicht den Mut verloren und die Sache aufgegeben. In Hamburg gab es zu dieser Zeit unter den Fachleuten nur wenige, die daran glaubten, daß Hass diesen Ausbau finanziell durchstehen würde. Hinzu kam noch, daß Hass selbst nicht die nötige, praktische Sachkenntnis besaß und anfangs einigemale gehörig übers Ohr gehauen wurde. Ein Kapitän, der sich Hass als "Ratgeber" anbot, begann seine hilfreiche Tätigkeit damit, daß er an dem Schiffsrumpf alles, was noch aus Messing war, abmontierte und privat verkaufte. Ein anderer "Ratgeber" wollte Hass einen neuen Motor andrehen, der garnicht in das Schiff paßte, an dem dieser aber eine saftige Provision verdiente. Erst als Hans Hass auf den Hamburger Admiral Bernhard Rogge stieß, fand er neben Felix Graf Luckner einen zweiten, loyalen und guten Berater.

Hass schickte 1952 Xenophon, seine rechte Hand, nach Hamburg: Er wußte über alles Praktische in der Schiffahrt gut Bescheid, und Hass wußte, daß er sich auf ihn und sein Urteil verlassen konnte. So wurde Xenophon zu einer Art Seele dieses Schiffes, das er dann einige Jahre lang nicht mehr verließ. Als praktische Geschäftsfrau stand Hass wieder die "Forschermutter", Thea Schneider-Lindemann, tatkräftig zur Seite. Sie wohnte inzwischen in Hamburg-Lemsahl, trat an unzählige Firmen heran und sehr viele waren bereit, für das geplante Unternehmen Ausrüstungen verbilligt oder gratis zur Verfügung zu stellen. In ähnlicher Weise ist wohl noch nie vorher von Nichtfachleuten ein Forschungsschiff zum Leben erweckt worden.

Im Oktober 1952 war in Hollywood die amerikanische Fassung des Rote-Meer-Films unter dem Titel "Under the Red Sea" fertiggestellt worden, und der RKO-Verleih lud Hans Hass und seine Gattin ein, persönlich zu der Premiere im Beekman-Theater von New York und in andere größere Städte zu kommen. Sie sollten auch ihre Tauchgeräte und Unterwasserkameras mitbringen, um sie bei den Fersehinterviews zu präsentieren. Das brachte Hass auf den Gedanken, von San Franzisko aus, das die letzte Station in der Reihe der Premieren war, auf eigene Kosten bis nach Australien weiterzufliegen.
Seit Hass tauchte, war das Große Barriereriff vor Australiens Ostküste das Mekka seiner Wünsche. Mit einer Länge von zweitausend Kilometern ist das Korallenriff das größte von Lebewesen geschaffene Bauwerk der Erde. Es erreicht an manchen Stellen eine Breite von bis zu einhundertfünfzig Kilometern. Die wenigen Berichte von Berufs- und Perlentauchern, die dort schon unter Wasser gewesen waren, kündeten alle von nie gesehenen Herrlichkeiten und Wundern. Auch die größte Muschel der Welt, die sagenhafte Mördermuschel lebte dort, die schon manchen Taucher das Leben gekostet haben soll. Hass erwog die Möglichkeit, dies einmal authentisch zu überprüfen.
Besonders aber interessierte ihn die Außenkante der großen Mauer, an der bisher noch niemand getaucht hatte. An manchen Stellen stürtzt sie bis über zweitausend Meter steil ab. In dem Bereich des Riffes vor Queensland lagen auch die historischen Plätze der Entdeckungsfahrten von Kapitän Cook, dessen Tagebücher Hans Hass genau studierte.
Hans und Lotte Hass hatten sich immer gewünscht, ihre Hochzeitsreise nach Australien durchzuführen, und nun bot sich, genau zwei Jahre nach der Hochzeit, die Möglichkeit, kostengünstig auf die andere Seite der Erdkugel zu kommen. Das einzige Problem war die *Xarifa*, deren Ausbau sich gerade in einem wichtigen Stadium befand. Hass konnte aber alle offenen Fragen im vorhinein klären und überließ die Aufsicht für einige Wochen dem gewissenhaften Xenophon und Frau Schneider-Lindemann.
Nach dreiwöchigem Aufenthalt in den USA und den erfolgreichen Premieren

seines Filmes bestiegen Hans und Lotte Hass am 4. Dezember 1952 in San Franzisko das Flugzeug, das sie nach Australien bringen sollte. Den schweren Atemkalk hatten sie bereits einige Zeit vorher mit dem Schiff auf die Reise geschickt. Die Constellation überflog die Hawaiischen Inseln und machte eine kurze Zwischenlandung auf Canton-Island, einem winzigen Atoll in der Phönix-Gruppe. Vom Flugzeug aus konnte Hass zahlreiche auffallende Kanäle beobachtet, die nebeneinander in der Brandungszone begannen und streng parallel über den Riffrand in die Tiefe führten. Er nahm sich vor, auf dem Rückflug einige Tage auf Canton-Island zu verbringen, um diese merkwürdigen Kanäle näher zu untersuchen. Nach einem kurzen Aufenthalt auf Fiji landete das Flugzeug in Sydney, wo Hans und Lotte Hass von einigen Abgesandten der Underwater Spearfishermen's Association von New South Wales empfangen und zu Ehrenmitgliedern des Klubs ernannt wurden.

Als in Australien die Ankunft von Hans und Lotte Hass bekannt wurde und ihre Absicht, am großen Barriereriff zu tauchen, schlossen Zeitung Wetten ab, wie lange es dauern würde, bis sie von einem Hai gefressen würden. Hier machte Hass erstmals die Bekanntschaft mit einem Land, wo die Haie eine wirkliche Plage darstellten und wo alljährlich mehrere Menschen durch Haiangriffe schwer verletzt oder meist getötet werden. Die Regierung Australiens hatte sogar eine eigene Abteilung zur Haifischbekämpfung eingesetzt.

Daß Hass von diesen Tieren als herrlichen Räubern sprach, und daß man sie durch Schreie oder Anschwimmen in die Flucht schlagen könne, ging wie eine Sensation durch die Medien. In Sydney lernte Hass den führenden Chirurgen Victor Coppleson kennen, der eine statistische Untersuchung über die Haiangriffe vor Australien durchgeführt und darüber in einem Buch berichtet hatte. Auch er warnte das Ehepaar, die Sache nicht zu leicht zu nehmen. Im Australia Museum traf Hass die Haifischspezialisten Gilbert Whitley und Frank McNeill, die sie ebenfalls zurückhalten wollten und Hass dann - als ihre Bemühungen keinen Erfolg zeigten - einluden, auf seinem Rückweg vor der Royal Zoological Society einen Vortrag zu halten.

Nach einem kurzen Ausflug zur Botany-Bay, wo Hans Hass gemeinsam mit einigen Mitgliedern des örtlichen Unterwasserklubs in dem trüben und kalten Wasser tauchte, ging die Flugreise weiter nach Brisbane. Hier besuchte Hass den bekannten Ichthyologen Tom Marshall, der ihm weitere Ratschläge und Empfehlungen gab. Als sie dann endlich in Cairns ankamen, war Hass von den vielen warnenden Ratschlägen doch sehr nachdenklich geworden.

Von Cairns aus machten Hans und Lotte Hass einen kurzen Abstecher hinaus

Das frischverheiratete Ehepaar Hans und Lotte Hass, 1950.

zu der Touristeninsel Green-Island, die noch innerhalb der eigentlichen Barriere liegt. Er hatte zwei neue Unterwasserkameras bei sich, die er hier erstmals erproben wollte. Dabei handelte es sich um die Rolleimarin, ein von Hans Hass erdachtes Unterwassergehäuse für die Rolleiflex 3,5.

Seit seinem ersten Besuch von Port Sudan hatte Hass das Bestreben, die farbenfrohe Unterwasserwelt auch den Zuhausegebliebenen unverfälscht nahezubringen. Da aber mit zunehmender Wassertiefe die Farben mehr und mehr verschwinden, bis nur noch ein blau-grüner Farbton dominiert, gab es nur eine Möglichkeit, diesen Farbenreichtum sichtbar zu machen: Man mußte ein Blitzgerät einsetzen. Für die Unterwasser-Leica hatte Hass bereits 1950 ein Elektronenblitzgerät mit wasserdichter Umhüllung für sich anfertigen lassen, das er nun erstmals in Australien erprobte. Dabei zeigte sich die geringe Wirksamkeit des Elektronenblitzes im Vergleich zu den Blitzlampen. Unter Berücksichtigung der hohen Kosten eines zur Verwendung unter Wasser geeigneten Elektronenblitzgerätes sowie seiner Größe und Unhandlichkeit fiel die Wahl von Hans Hass zugunsten der normalen Blitzbirnen. Gegenüber dem Elektronenblitz bietet die Verwendung weißer Blitzlampen den Vorteil wärmeren Lichtes und besserer Wiedergabe gelber bis roter Farbtöne. Mit einem solchen Blitzlicht hatte er nun die Rolleimarin ausgerüstet. Bereits während der zweiten Rote-Meer-Expedition hatte er einen Prototyp dieses Gehäuses bei sich gehabt, in Australien sollte die Rolleimarin nun ihre Feuertaufe bestehen.

Die Rolleiflex, für die Hass diese Gehäuse entwickelte, war eine zweiäugige Spiegelreflexkamera mit Rollfilmen im Format von 6x6 cm und wurde bereits in dieser Form seit 1929 gebaut. Das Mattscheibenbild der Rolleiflex ermöglichte die ständige Augenkontrolle des Objektes und brachte damit gerade für den Unterwasserfotografen einen entscheidenden Vorteil. Besonders bei der Scharfeinstellung bot das Rollei-Prinzip überragende Vorteile, da durch die Mattscheibeneinstellung der Rolleiflex die Schärfe des Bildes unmittelbar beurteilt werden konnte.

Der besondere Trick an der Rolleimarin war, daß ein eingebautes Prisma das Bild der Mattscheibe um 60 Grad ablenkte, und daß dadurch der Unterwasserfotograf in normaler Schwimmhaltung fotografieren konnte. Alle Einstellungen an der Kamera konnten von außen bedient werden. Es war ebenfalls möglich, von außen verschiedene Filter oder einen Nahaufnahmesatz vor die Linse zu schwenken. Das Gehäuse war druckfest bis in eine Wassertiefe von über 100 Meter, wog über Wasser 5,3 kg und unter Wasser etwa 1,4 kg bei einer Wasserverdrängung von 3,9 Liter.

Die "Rolleimarin System Hans Hass" wurde ebenso wie die Rolleiflex bei Franke & Heidecke in Braunschweig hergestellt und konnte in vier Versionen, je nach Kameratyp, bestellt werden. Sie bewährte sich ganz vorzüglich bei verschiedenen Unterwassereinsätzen und blieb fast 25 Jahre lang die Standardkamera für jeden Unterwasserfotografen, bevor sie von der neuen Kamerageneration der Amphibienkleinbildkameras des Typs CalypsoPhot und später Nikonos abgelöst wurde. Gerade das Mittelformat von 6x6 cm bot wegen des hohen Auflösungsvermögens die Möglichkeiten für wissenschaftliche und technische Publikationen. Der amerikanische Unterwasserfotograf Louis Marden schoß einige Jahre später auf einer Fahrt mit Jacques Cousteau für das National Geographic Magazine mit der Rolleimarin und Blitzlampen Aufnahmen von hervorragender Qualität.

Mit dieser neuen Rolleimarin ausgerüstet ging Hans Hass vor Green-Island auf die Fotojagd, und dabei erfüllte sich ein ganz besonderer Wunsch von ihm: Bereits seit zwölf Jahren bemühte er sich schon darum, einen Hammerhai zu fotografieren, und hier im wenige Meter tiefen Wasser vor dem Badestrand der Insel konnte er nun überraschend ein besonders großes Exemplar aufnehmen. Einige Zuschauer, die beobachteten, wie Hans Hass wagemutig auf den vier Meter großen Hai zuschwamm, waren mehr als entsetzt, und in den nächsten Tagen ging dieser Vorfall in ziemlicher Breite durch die Australische Presse. In Leserbriefen forderten einige an den Berichten zweifelnde Berufstaucher Hans Hass dazu auf, seinen Mut dadurch zu beweisen, daß er bei der Walfischschlächterei in der Moreton Bay tauchte. Erst wenn er auch dort, im blutigen Wasser, unter die Haie ging, könne der Österreicher wirklich als mutig gelten. Hass war daran nicht interessiert und ahnte nicht, daß er knapp acht Monate später tatsächlich - aber aus einem anderen Anlaß heraus - zwischen verblutenden Walen und erregten Haien schwimmen würde.

In Cairns mietete sich Hass die sechs Meter lange Motorbarkasse von Kapitän MacDonald, der bereits zwanzig Jahre in dieser Gegend lebte und das Barriereriff gut kannte. Nachdem sie die erste Nacht bei der kleinen Low-Insel vor Port Douglas verbracht hatten, erreichten sie am nächsten Nachmittag das erste Ziel der Reise: das berühmte Endeavour-Riff, auf dem Kapitän Cook einst strandete und seine Kanonen vom Schiff abwarf, um durch das verringerte Gewicht wieder freizukommen.

Bereits im vorigen Jahrhundert hatten zahlreiche Taucher nach jenen sechs über Bord geworfenen Kanonen gesucht, die für die Australier eine Art Nationaldenkmal darstellen. Auch Hass wollte sein Glück versuchen, aber da

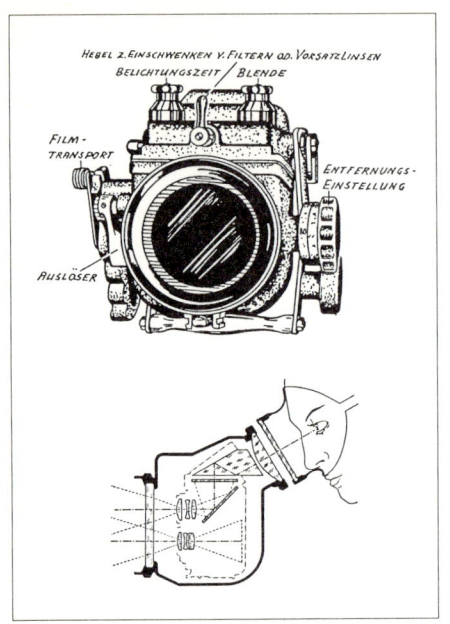

Die "Rolleimarin Hans Hass"
war 25 Jahre lang weltweit die
führende Kamera der
Unterwasserfotografen.

sich gerade an diesem Tag das Wasser vor dem Endeavour-Riff als besonders trüb herausstellte, verschob er seine Absicht auf später und fuhr gleich zum Ruby-Riff weiter, einer der Bastionen an der äußeren Mauer. Da das Wasser auch hier relativ trübe war und beim benachbarten Pearl-Riff klarer zu sein schien, stiegen Hans und Lotte Hass dort ins Wasser.

Die anfänglichen Warnungen der australischen Wissenschafler vor den gefährlichen Haien in diesen Gewässern hatten ihre Wirkung auf Hans Hass nicht verfehlt, und trotz der wunderschönen Korallenformationen tauchte er unruhig in dem Wasser des Pearl-Riffes. Außer den Haien war er noch vor einer weiteren, noch tückischeren Gefahr gewarnt worden: Die sagenhafte "Seewespe", die schon eine Vielzahl von Opfern gefordert hatte, sollte gerade in dieser Jahreszeit besonders häufig in diesen Gewässern auftauchen. Dieses Tier hatte bis dahin noch kein Mensch zu Gesicht bekommen, aber man vermutete, daß es sich um eine winzige Quallenart handelte, deren hochgiftiges Sekret innerhalb von wenigen Minuten unrettbar zum Tode führt. Erst zwei Jahrzehnte später gelang es dem australischen Meeresforscher Ben Cropp, diese sagenhafte Quallenart näher zu untersuchen und in einem Film zu dokumentieren. Das Gift dieser kleinen Meduse übertrifft in der Wirkung jedes bekannte Schlangengift.

Da das Meer von unzähligen kleinen Medusen erfüllt war, verließen Hans und Lotte Hass schon nach wenigen Minuten wieder das Wasser und fanden erst am nächsten Tag genügend Mut zu einem längeren Abstieg in einer großen Lagune des Pearl-Riffes. Hier sahen sie auch die erste größere Mördermuschel. Dadurch, daß sie ihre großen Schalen bei einer Annäherung sehr schnell zusammenklappt, sollen schon viele Taucher von der Muschel wie in einer Falle in der Tiefe festgehalten und ums Leben gekommen sein. Hans Hass, der sich vorgenommen hatte, diese Erzählungen zu überprüfen, wollte sich sicherheitshalber ein künstliches Bein einer Schaufensterpuppe besorgen, das er zwischen die Schalen der Muscheln stecken konnte.

Bei einem Tauchgang an dem ersten Ribbon-Riff fand Hans Hass ein wahres Labyrinth von weitverzweigten Höhlen und Gängen, die das ganze Riff zu durchziehen schienen und an anderen Bereichen des Riffes wieder mündeten. Da sich Hass hier in Australien der Haie wegen in dem freien Wasser nicht recht wohlfühlte, setzte er sich vor den Höhleneingang und beobachtete das vorbeiziehende Leben. Wenn eine Gefahr drohen sollte, konnte er sich in die Höhle, die er vorher genauestens untersucht hatte, zurückziehen.

Ständig hielt Hass Ausschau, ob die Wetterbedingungen das Tauchen an der

Außenmauer zuließen, aber er mußte sich noch gedulden, bis eine ruhigere Periode kam. So tauchte er einige Tage am Ruby-Riff und machte Unterwasserfotos. Was ihn überall am meisten überraschte, war die Größe der hier vorkommenden Tiere. Nicht nur die Korallen und Muscheln werden am Barriereriff auffallend groß, sondern auch alle anderen Tiergruppen erreichen hier besondere Größen. Haie sah er hingegen nur ganz wenige Exemplare, die zwar frecher waren als ihre Vertreter in anderen Gewässern, aber Hans und Lotte Hass in Ruhe ließen.

Das Wetter verschlechterte sich von Tag zu Tag, und schweren Herzens trat Hans Hass am Weihnachtsabend die Rückfahrt nach Cairns an. Über die Weihnachtsfeiertage fuhr er mit seiner Frau und zwei Freunden, die sie in Cairns kennengelernt hatten, in das Hochland, wo sie in Yongaburra zwei Tage verbrachten.

Nach Rückkehr in Cairns setzte sich Hans Hass mit dem Buschpiloten in Verbindung, der mit seinem kleinen Flugzeug den Kontakt zu entlegenen Orten herstellte. Hass wollte aus der Vogelperspektive die endlosen Riffzüge abfliegen, Luftaufnahmen machen und so im voraus die besten Plätze für ihre weitere Taucharbeit festlegen. Mit der kleinen, zu beiden Seiten offenen Maschine flog Hass nun das gesamte Riffgebiet von Cairns bis nördlich zu den Lizard-Inseln ab. Besonders lange und ausführlich betrachtete er das Evening-Riff. Hass war bei dem Studium der Tagebücher von Cook der Gedanke gekommen, daß man sich vielleicht irrte und Cook garnicht am Endeavour-Riff, sondern am Evening-Riff gestrandet war und dort seine Kanonen abgeworfen hatte.

Hass fotografierte einige hundert Luftaufnahmen des Evening-Riffes, setzte sie in Cairns in mühevoller Arbeit zusammen und erhielt so eine genaue Übersichtskarte der Riffzüge. Am meisten interessierte ihn die äußere Kante des Barriereriffes. An einigen Stellen - besonders zwischen dem dritten und fünften Ribbon-Riff - verlief vor der eigentlichen Kante noch ein bis zur Oberfläche reichender Damm, und Hass nahm sich vor, diesen Damm mit dem Boot genauer zu untersuchen. Die Luftaufnahmen fertigte Hass aber noch aus einem anderen Grund an: Bereits seit seinen Reisen in das Rote Meer machte er sich weitergehene Gedanken über die Entstehung der Korallenriffe. Der englische Naturforscher Charles Darwin hatte die Korallenriffe in die drei Kategorien Atoll, Saumriff und Barriereriff eingeteilt. Diese Einteilung wurde allgemein in der Wissenschaft übernommen, wohlwissend, daß es auch Arten von Korallenriffe gibt, die sich nicht exakt in diese Kategorien einteilen lassen.

Nun konnte Hass anhand der Luftaufnahmen förmlich Schritt für Schritt nachvollziehen, nach welchen Gesetzmäßigkeiten diese anderen Arten von Riffbildungen und Koralleninseln entstanden sind.

Am 2. Januar 1953 verließ Hans Hass bei etwas besserem Wetter erneut mit MacDonald Cairns. Da die Ankunft einer weiteren Testkamera aus Braunschweig avisiert worden war, blieb Lotte bis zu deren Eintreffen in Cairns zurück und sollte später mit dem Flugzeug nach Cooktown nachkommen. An Green-Island, Pixie-Island und dem Kap Tribulation vorüber erreicht Hass das Gebiet des Evening-Riffes, das er vom Flugzeug aus so eingehend betrachtet hatte. Anhand der angefertigten Karten untersuchte Hass die äußeren Bereiche des Riffes, doch fielen die Wände so steil ab, daß sie kaum mit den Angaben von Cook übereinstimmen konnten. Also mußten die Kanonen doch am Endeavour-Riff liegen!

Hass hatte den Bereich des Endeavour-Riffes in sieben Zonen eingeteilt, die er nun nacheinander nach den Kanonen absuchen wollte. Das Wasser war noch genauso trüb wie bei seinem ersten Besuch vor Weihnachten, aber dies war die letzte Gelegenheit, das Riff zu untersuchen. Zwei Tage lang verbrachte Hans Hass, der sich an einem langen Seil mit dem Tauchgerät in dem undurchsichtigen Wasser hinter dem Boot herziehen ließ, leider erfolglos mit der Suche vor dem Endeavour-Riff. Später schrieb er, daß er nie wieder eine so andauernde Furcht empfunden habe wie an diesen beiden Tagen, an denen er sich vorkam wie ein Köder an einer Angelleine.[10] Erst zwei Jahrzehnte später wurden die legendären Kanonen von einem amerikanischen Taucherteam mit Hilfe von Metalldetektoren tatsächlich am Endeavour-Riff gefunden.

In Cooktown traf sich Lotte wieder mit Hans Hass, und die Fahrt ging weiter nach Lizard-Island. Diese Insel stand ganz oben auf dem Programm von Hass für diese Reise, denn James Cook war in seiner Verzweiflung auf den dreihundertfünfzig Meter hohen Granitfelsen gestiegen, um für sein Schiff einen Ausweg aus dem Rifflabyrinth zu suchen. Außerdem bot die Insel den Vorteil, daß Hass, falls das Wetter schlechter werden sollte, immer auf irgendeiner Seite im geschützten Wasser tauchen konnte.

Nach einigen Tagen Tauchtätigkeit vor Lizard-Island ging die Fahrt weiter zum Hicks-Riff, wo das Schiff am Ende des Riffs ankerte und Hass mit dem Tauchgerät durch eine Schlucht in dem Korallenriff tauchte. Am Ende des Ganges erreicht Hans Hass sein Ziel: vor ihm lag der äußere Abhang der Mauer und die schier unendliche Weite eines abgrundtief klaffenden Raumes. Noch kein Mensch hatte vor Hans Hass diesen Teil des Barriereriffes unter Wasser gesehen, und entsprechend hoch waren die Erwartungen von Hass. In vielen Stunden hatte er sich ausgemalt, welche Wunder und Überraschungen diese äußere Mauer bereithalten würde, und wurde nun doch enttäuscht. In einem steilen Winkel fiel der Riffhang in die bodenlose Tiefe ab und war nur mit wenigen, widerstandsfähigen Korallen bewachsen. Auch der Fischreichtum war geringer als erwartet, und von den gefürchteten Haien war weit und breit nichts zu sehen. Als der Sauerstoff in den Tauchgeräten zur Neige ging traten Hans und Lotte Hass wieder den Rückweg zum Boot an.

Hass erreichte das zehnte Ribbon-Riff bei vollkommen glattem Wasser und ließ das Boot bei einem kleinen Riff ankern, das sich in der Passage zwischen dem neunten und zehnten Ribbon-Riff gebildet hatte. Hier entwickelte er eine neue Tauchmethode. "Da es vor dem senkrecht abstürzenden Riff unangenehme Haie geben konnte", schrieb Hass später, "ließ ich mich im seichten Wasser über der Riffplatte absetzen und suchte dort nach einer Öffnung, die in die das Riff durchziehenden Grottensysteme hinabführten. Dort unten war ich wie in einem großen Kaninchenbau, die Gänge verzweigten sich weithin und mündeten in zehn bis zwölf Meter Tiefe außen an der senkrechten Mauer. Hatte ich die Höhle genau durchforscht, dann wagte ich mich zum Ausgang und setzte mich an der Kante nieder. Ich war dort durchaus sicher, da ich hinter mir das Loch wußte, in das ich mich jederzeit wie in ein schützendes Schneckenhaus zurückziehen konnte."[11]

Im Laufe der nächsten Tage, in denen Hans Hass oft zu seinem "Logensitz", wie er ihn nannte, hinabstieg, lernte er das Verhalten von Grauen Ammenhaien genau kennen. Anders als ihre Verwandten in anderen tropischen Meeren zeigten sie hier vor dem Menschen nicht die geringste Scheu, und neugierig kamen sie bis auf ganz kurze Distanz zu Hass heran. In diesen Tagen, in denen Hass lange Zeit auf seinem Logensitz saß und die vorbeitreibenden Fischschwärme betrachtete, fand er viel Muße, sich philosophischen Überlegungen hinzugeben. Er hatte bereits kurz nach dem Krieg damit begonnen, sich intensiver mit philosophischen und anthropologischen Fragestellungen zu beschäftigen und ganz besonders Interesse an dem Gebiet der Evolutionsforschung gefunden.

Beim einem der vielen Aufenthalte auf dem Logensitz im Januar 1953 hatte Hass einen besonderen Gedanken, der sein späteres Leben und seine weitere wissenschaftliche Ausrichtung wesentlich beeinflussen sollte. "Es kam mir plötzlich so vor, als stünde ich nicht mehr so und so vielen Fischen und Haien, so und so vielen Einzellebewesen gegenüber, sondern einer weit größeren, überindividuellen Macht, die mich mit tausend Augen betrachtete, sich mit Millionen von Flossen und Beinen fortbewegte. Diese Macht war gleich einem ungeheuer mächtigen Strom, der einst, vor etwa vier Milliarden Jahren, hier unten im Meer in ganz geringen Dimensionen seinen Anfang genommen hatte und dann immer mehr anschwoll: ein Strom, den wir als "Leben" bezeichnen. Dieser lawinenartige Vorgang setzte sich über immer neue Strukturen und Gestalten fort, wobei sich immer nur die am jeweiligen Platz Bestgeeigneten behaupten und fortpflanzen konnten. Erst vor 350 Millionen Jahren griff dann diese Entwicklung auch auf das Festland über, und auch dort setzte sich die Lawine über immer neue, immer mehr differenzierte und besser angepaßte Strukturen fort. Eine dieser Strukturen, welche diese Machtentfaltung fortsetzte, war auch ich - der mit einem künstlich gebildeten Gerät, einem nicht aus Zellen gebildeten Organ wieder in die Unterwasserwelt vordrang und zur Stätte des Ursprungs der Lawine zurückkehrte. Hellwach geworden fragte ich mich, ob der Mensch tatsächlich etwas von dieser Entwicklung so total isoliertes war, wie man es oben, an Land, für selbstverständlich hielt? Waren nicht auch alle Landlebewesen letztendlich Meeresbewohner, die bloß pionierhaft, auf entlegenem Posten, die gemeinsame Entfaltung fortsetzten? War mein Tauchgerät wirklich etwas von meinem Körper völlig getrenntes, weil es nicht aus Zellen gebildet, sondern auf einem viel raffinierteren, direkten Weg entstanden war? Sah der Mensch sich nicht am Ende völlig falsch? Müssen wir nicht, um uns richtig einzuschätzen, beim Ursprung der Entwicklung, die bis zu uns geführt hat, beginnen? Über dem Tempel von Delphi stand das so bedeutende Mahnwort ERKENNE DICH SELBST. Denker aller Zeiten hatten sich um dieses zentrale, wie mir jetzt schien, entscheidende Problem bemüht. Lag nicht die Wurzel zum Verständnis unseres Körpers, unserer Werkzeuge und unseres so differenzierten Verhaltens, hier unten im Meer? War in letzter Konsequenz nicht der Mensch selbst die merkwürdigste und erstaunlichste, ja aus dieser Sicht noch am wenigsten erforschte Struktur in einer Lawine, die hier unten im Meer ihren Ursprung nahm?"[12]

Vielleicht kann man nur unten im Meer solche Gedanken haben, wo man eine größere Distanz zur Menschenwelt hat, gleichzeitig aber der ursprünglichen und unverfälschten Natur und dem "Leben" so nah wie nirgends sonst ist. Mit diesen Überlegungen war der Grundstein für die weitere wissenschaftliche Ausrichtung von Hans Hass gelegt. Es dauerte aber fast noch zehn Jahre, bevor er sich intensiver diesen Fragestellungen zuwenden konnte.

Nachdem das Schiff einige Tag bei dem Logensitz geankert hatte und schlechteres Wetter aufkam, mußte Hass den Anker lichten lassen, und das Leben nahm wieder seinen normalen Verlauf. Vor Rückkehr nach Cairns wollte Hass noch unbedingt die merkwürdigen Außenkanäle vor dem vierten Ribbon-Riff, die er vom Flugzeug aus gesehen hatte, näher untersuchen und ließ sich trotz schwerster Brandung zwischen den Kanälen absetzen. Was er unter Wasser sah, war eine ebenso trostlose Landschaft, wie er sie schon an der Außenseite des Barriereriffes kennengelernt hatte. Für die Art der Entstehung dieser Kanäle konnte er keinen Hinweis finden, und schon bald mußte er das aufgewühlte Wasser wieder verlassen.

Kurz vor Rückkehr nach Cairns fand Hans Hass am Michaelmas Cay noch Gelegenheit, sein Experiment mit einer Mördermuschel durchzuführen. Er hatte sich zu diesem Zweck ein hohles, künstliches Bein von einer Schaufensterpuppe besorgt und es mit Gips ausgegossen. Dieses so präparierte Bein steckte er nun zwischen die Schalen einer mittelgroßen Mördermuschel, die sich überraschend schnell schloß und das Bein nicht mehr freigab. Da alles Ziehen und Rütteln an dem aus der Muschel noch herausragenden Beinstumpf nichts nützte, mußte Hass die Muschel für den Dienst an der Wissenschaft opfern. Er ließ sie an Bord hieven und durchtrennte dort mit einem Messer den großen Schließmuskel. Als das Bein wieder frei war, sah man an den vielen tiefen Rissen im Gips, wie stark die Muschel doch zugedrückt hatte. Das Experiment brachte Hass zu der Überzeugung, daß die Muschel vielleicht doch mit Recht ihren Namen besitzt und eine große Gefahr für Perlentaucher und Sammler darstellen kann.

Eine Woche später befand sich Hans mit Lotte Hass bereits tausend Kilometer von Cairns entfernt auf Heron-Island im südlichen Teil des Barriereriffes. Hier konnte er große Meeresschildkröten beobachten, die zu dieser Jahreszeit an Land krochen und im warmen Sand ihre Eier ablegen. Trotz des schlechten Wetters unternahm Hans Hass an den benachbarten Riffen einige Tauchabstiege, fand hier aber, bedingt durch das kühlere Wasser, ein nur schwach ausgebildetes Korallenwachstum vor.

Wehmütig mußten dann Hans und Lotte Hass vom Barriereriff Abschied nehmen und nach Sydney zurückkehren. Hier hielt Hass vor der Royal Zoological Society einen ausführlichen Vortrag über seine Erfahrungen am Barriereriff, und zwei Tage später war er bereits dreitausend Seemeilen weiter auf dem Erdball auf Canton-Island, wo ihm auf dem Flug von Amerika nach Australien die parallelen Riffkanäle aufgefallen waren. Drei Tage lang untersuchten Hans und Lotte Hass diese Rifformationen, bevor sie weiterflogen. Auf Hawaii verbrachten sie drei weitere, ruhige Tage, bevor dann endgültig die Heimreise nach Europa begann.

Es war im Februar 1953, als Hans und Lotte Hass von ihrer Australienreise nach Wien zurückkehrten. Der Ausbau der *Xarifa* war gerade in die entscheidende Endphase getreten und nahm nun Hans Hass vollkommen in Anspruch. Die nun folgenden Monate gehörten zu den - wie er selbst sagt - schwierigsten, anderseits aber auch zu den schönsten in seinem Leben.[13] Der Plan, um dessen Realisierung er schon seit Jahren kämpfte, verwirklichte sich nun Schritt um Schritt.
Das Schiff benötigte einen neuen, mit Beton und Eisen gefüllten, Schalenkiel, drei neue Stahlmasten von 30 bis 33 Meter Höhe, neue Segel, ein neues Deck samt Deckhaus mit Navigationsraum und geräumigem Salon. Das Schiff hatte als Rennjacht ursprünglich eine Segelfläche von 650 Quadratmeter; Hass ging auf Nummer Sicher, kürzte die Masten etwas und begnügte sich mit 550 Quadratmeter. Hinzu kam noch eine komplette Inneneinrichtung mit Kabinen für die zwölfköpfige Besatzung und die zehn Expeditionsteilnehmer, eine kleine Werkstatt, einen Tauchgeräteraum und verschiedene Labors. Außerdem benötigte die *Xarifa* noch einen neuen Antriebsmotor, und Hass ließ noch zwei gesonderte Stromgeneratoren zum Betrieb von starken Unterwasserscheinwerfern einbauen. Die *Xarifa* erhielt geräumige Treibstofftanks, um ihr ohne Nachbunkern einen Aktionsradius von 4000 Seemeilen (etwa Hamburg bis zu den Antillen) zu geben, und große Wassertanks, die bei sparsamer Einteilung für etwa fünf Monate ausreichten. Da jedoch zahlreiche Häfen auf dem Weg lagen, brauchte mit dem Trinkwasser nicht gespart zu werden. Hinzu kamen noch ein neuer Anker, ein großes Arbeitsboot, Sonnensegel über das gesamte Deck, alle vorgeschriebenen nautischen Geräte, Waschräume, eine geräumige Kombüse.... über Hans Hass schlugen nun die Probleme zusammen. Neben den vielen Ausrüstungsteilen, die er von den Herstellern kostenlos oder zu einem günstigen Preis erhielt, blieben noch eine Menge von Teilen übrig, die gekauft werden mußten. Hans Hass fehlten aber 300.000 DM zur Ausrüstung des Schiffes. Diese Kosten überstiegen bei weitem die von ihm zu Beginn des Ausbaus veranschlagte Höhe, und er mußte sich wegen hoher Kredite an verschiedene Banken wenden. Keine dieser Banken gewährte ihm jedoch einen Kredit, denn das Risiko, das Hass einging, wenn er zwischen Haien schwamm, war ihnen einfach zu groß.

In seiner Not mußte Hass wieder auf ein altbewährtes Mittel zurückgreifen: Er mußte über die Forschungsfahrt einen Film drehen, der ihm das dringend benötigte Geld einbringen sollte. Über diese Idee sprach Hans Hass mit Herbert Tischendorf, dem Direktor des deutschen Herzog-Filmverleihs. Tischendorf bestand darauf, daß Hass einen Film mit reiner Spielhandlung abliefern sollte, nur mit Dialogen und ganz ohne Kommentar, wie er teilweise noch in dem Film vom Roten Meer enthalten war. Hass, der notgedrungen zusagen mußte, erhielt daraufhin vom Herzog-Filmverleih einen Vorschuß von 300.000 DM, der ihn zum größten Teil aus der finanziellen Klemme brachte.

Erst langsam wurde Hass klar, worauf er sich eingelassen hatte: Er mußte praktisch die gesamte Schiffsmannschaft und die teilnehmenden Wissenschaftler dazu überreden, als Schauspieler in dem geplanten Film zu fungieren und Dialoge auswendig zu lernen. Und für Hans Hass ergab sich eine noch einschneidendere Konsequenz: Der Film, den er wieder ganz ohne Drehbuchautor, Regisseur oder andere Fachleute anfertigen mußte, würde ihm kaum noch ausreichend Gelegenheit geben, sich mit seinem eigentlichen Anliegen, der Forschungstätigkeit unter Wasser, zu beschäftigen.

Aber Hans Hass wäre damals zu fast allem bereit gewesen, was ihm zu seinem Ziel, der Ausrüstung der *Xarifa* zu einer schwimmenden Forschungsstation, weiterverholfen hätte. Es ging jetzt darum, den definitiven Beweis zu erbringen, daß auch in tropischen Meeren, trotz der vielgefürchteten Haie, normale Fachwissenschaftler mit dem Schwimmtauchgerät direkt auf dem Meeresgrund Untersuchungen ausführen können. Diese Behauptung, die er zehn Jahre zuvor in seiner Doktorarbeit und danach in vielen Veröffentlichungen aufgestellt hatte, wollte Hans Hass nun endlich zweifelsfrei beweisen, auch wenn er dafür das Risiko eines finanziellen Fiaskos bei einem Fehlschlag in Kauf nehmen mußte. War dieser Beweis erst einmal erbracht, dann war Hass überzeugt, daß sich staatliche und wissenschaftliche Stellen bereiterklären würden, das Schiff zu übernehmen, oder ihn zumindest bei weiteren Forschungsfahrten finanziell zu unterstützen. So betrachtete er diesen enorm teueren Ausbau der *Xarifa* als eine Art von Anschubfinanzierung, die eben im Dienste der Wissenschaft aufgebracht werden mußte, auch wenn das Geld dafür aus seiner eigenen Tasche kam.

In Hamburg gab es nur wenige Menschen, die daran glaubten, daß Hass dieses Projekt alleine durchhalten würde, doch dieser ließ sich in seinem Bestreben, das Ziel zu erreichen, durch nichts aus der Fassung bringen. Aus Hollywood ließ sich Hass nun zwei Spielfilmklassiker schicken (darunter auch "Die

Abenteuer des Marco Polo") und analysierte am Schneidetisch gewissenhaft deren dramaturgischen Aufbau und Dialoggestaltung.

Für viele Menschen war es damals unerklärlich, wie es Hans Hass schaffen konnte, mit eigenen Mitteln den sündhaft teuren Ausbau der *Xarifa* als Forschungsschiff zu finanzieren. Stellenweise gingen deshalb sogar die Gerüchte um, er hätte in den Nachkriegsjahren, in denen er am Wolfgangsee gelebt hatte, in den vielen nahegelegenen Seen des Salzkammergutes nach den legendären Nazi-Schätzen getaucht, und mit seinen Funden würde er nun die *Xarifa* finanzieren. "Das ist natürlich Unsinn", kommentiert Hass diese Gerüchte. "Die *Xarifa* wurde von mir in harter, jahrelanger Kleinarbeit mit hunderten von Vorträgen, zahllosen Veröffentlichungen und besonders durch meinen erfolgreichen Film 'Abenteuer im Roten Meer' vorfinanziert. Aber selbst das reichte noch nicht aus, und ich mußte mich verpflichten, auf der Fahrt einen großen Spielfilm zu drehen. Schätze habe ich nie gefunden, obwohl ich bei manchen versunkenen Schiffen schon darauf gehofft habe. Schön wäre es schon gewesen, es hätte mir viel Mühe erspart, aber leider...."[14]

Diese erste Forschungsfahrt der *Xarifa* sollte acht Monate dauern und - ganz nach dem ursprünglichen Plan, den Hass schon zehn Jahre zuvor mit Graf Luckner geschmiedet hatte - über den Atlantik in die Karibik und anschließend zu den Galapagos-Inseln im Pazifik führen. Außer Xenophon, Hans und Lotte Hass sollten noch weitere Fachwissenschaftler an der Expedition teilnehmen. Zunächst hatte Hans Hass den jungen Verhaltensforscher und persönlichen Mitarbeiter von Konrad Lorenz am Max-Planck-Institut für Verhaltensphysiologie in Buldern, Irenäus Eibl-Eibesfeldt, gewonnen, an der Fahrt teilzunehmen. Hass hatte sich auf Empfehlung von Bernhard Hassenstein, der wegen einer eigenen Forschungsreise nicht an dieser ersten *Xarifa*-Fahrt teilnehmen konnte, an Eibl-Eibesfeldt gewandt. Er wollte als Ethologe zahlreiche tropische Tiere, vor allem Echsen und Leguane, lebend mit nach Hause bringen und die neue Tauchmethode zum Studium tierischen Verhaltens in tropischen Gewässern erproben.

Hinzu kam noch Georg Scheer vom Hessischen Landesmuseum in Darmstadt, der gleichzeitig Fachzoologe und Physiker war und sich mit der Systematik der Korallen und - gemeinsam mit Hans Hass - dem Aufbau der Riffe widmen wollte. Scheer hatte eine etwas ungewöhnliche Laufbahn hinter sich: Während des Krieges hatte er bei Werner von Braun als Techniker an der Entwicklung der V-Raketen mitgearbeitet. Nachdem der Krieg zu Ende war, begann auch er einen neuen Anfang, und da seine wahre Leidenschaft die Ornithologie war, studierte er Zoologie in Darmstadt. Der dritte Wissenschaftler war schließlich Wulf Emmo Ankel, der Direktor des Zoologischen Instituts der Justus-Liebig Hochschule in Giessen war und leider nur an dem ersten Teil der Expedition bis zu den Azoren teilnehmen konnte. Er wollte das Oberflächen-Plankton untersuchen und war an Pottwalen besonders interessiert. Die Teilnahme von Ankel war besonders wichtig für Hans Hass, da dieser ein Gutachter der Deutschen Forschungsgemeinschaft war, jener Stelle, die noch am ehesten die Finanzierung einer rein wissenschaftlichen Tätigkeit der *Xarifa* übernehmen konnte. Von dem Urteil, das Ankel über den Sinn der Forschungsfahrten der *Xarifa* abgeben würde, versprach sich Hass viel. Da Ankel allerdings nur bis zu den Azoren mitfahren konnte, würde er aber leider den eigentlichen Kern der Forschungsarbeit unter dem Meeresspiegel, die ja erst in der Karibik beginnen sollte, garnicht kennenlernen.

In dem Ingenieur Kurt Hirschel fand Hans Hass einen perfekten Fotografen und einen Feinmechaniker, der die unzähligen Geräte bei auftretenden Pannen reparieren konnte. Auch Dr. Heino Sommer brachte eine gute Kombination mit: er war Arzt und gleichzeitig Amateurfunker. Da Hass die im Roten Meer erstmals durchgeführten Schwingungsversuche fortsetzen wollte, konnte Sommer den Part des Tontechnikers mit übernehmen. Als Kameramann verpflichtete Hass den im Spielfilm beheimateten Altmeister Konstantin Irmen Tschet. Als erfahrener Taucher, der Hass auch bei den Unterwasseraufnahmen helfen sollte, kam der Engländer Henry James Hodges hinzu. Er hatte im Krieg die englischen Kampftaucher ausgebildet und sich später als Unterwasser-Kameramann einen Namen gemacht. Er war der Erste gewesen, der das an der Themse-Mündung gesunkene englische U-Boot *Truculent* aufsuchte. Für eine Filmgesellschaft hatte er alleine bei Sansibar getaucht und während des Krieges auch im Chinesischen Meer. Jeder dieser ausgewählten Expeditionsteilnehmer übernahm nun einen Teil der Gesamtorganisation und wirkte tatkräftig an der Zusammenstellung der notwendigen Ausrüstungen und Reserveteile mit.

Außerdem benötigte die *Xarifa* noch einen Kapitän, zwei Offiziere, einen Maschinisten, einen Koch, einen Steward, vier Voll- und zwei Leichtmatrosen. Als Kapitän hätte Hass gerne seinen väterlichen Freund Felix Graf Luckner mitgenommen, der ihm bei dem Umbau des Schiffes auch mit vielen wertvollen Ratschlägen zur Seite gestanden hatte, doch leider war er für eine solche Fahrt schon zu alt. Als Kapitän konnte Hass aber Johannes Diebitsch gewinnen, der als Erster Offizier auf dem Segelschulschiff *Großdeutschland* gefahren war und die Auswahl der weiteren Besatzung in die Hand nahm. Diebitsch stellte Hans Hass seine beiden Offiziere Graf Marsil von Geldern und Heinrich Becker vor, sowie Ingenieur Gerhard Biastock, der das Amt eines Alleinmaschinisten versah. Der Rest der Besatzung bestand zum größten Teil aus Söhnen von Kapitänen, denen die Fahrtzeit für die Steuermannsschule angerechnet wurde.

Alle Expeditionsteilnehmer waren bereit, zusätzlich zu ihrer normalen Funktion als Filmschauspieler zu agieren. Was bei allen ausschließlich zählte, war das eigentliche Ziel: Den Beweis zu erbringen, daß diese neue Forschungsmethode nicht nur möglich war, sondern auch wertvolle, neue Erkenntnisse brachte. Darauf, und nur darauf kam es an.

Pazifik: Die erste Xarifa-Expedition

Nach vielen aufregenden Wochen war es dann schließlich doch soweit und das, was viele Hamburger nie glauben konnten, geschah: Die *Xarifa* war seeklar und lief am 23. August 1953 mit vollen Segeln zu ihrer ersten Forschungsfahrt aus. Tausende von Menschen säumten die Ufer der Elbe, und noch an Bord gab Hans Hass eine letzte Pressekonferenz. Es gab damals nur noch wenige Segeljachten dieser Größe, und so grüßten die Menschen von Hamburg bis nach Cuxhaven die *Xarifa* als Symbol einer vergangenen Zeit. Sie war ein Dreimastschoner von 350 Tonnen, der höchste Mast des Schiffes war dreiundreißig Meter hoch und die Segelfläche betrug fünfhundertfünfzig Quadratmeter. Mit dem 230 PS starken Hilfsmotor konnte es bis zu neun Knoten laufen, und unter Segel bis zu zwölf. Über alles war die *Xarifa* mehr als dreiundvierzig Meter lang, hatte einen größten Tiefgang von vier Meter dreißig und war die größte europäische Segeljacht - in ihrer Tonnage etwas größer als die *Kreole* des Griechen Niarchos.

In Cuxhaven gingen die 70 geladenen Gäste und Reporter von Bord, und bei einer ersten Zwischenstation in London, wo bei der Tower-Bridge eine weitere Pressekonfernz stattfand, wurde Jimmy Hodges an Bord genommen. Die erste *Xarifa*-Expedition, auf der zwanzig Männer und eine Frau zu einer Gemeinschaft verschweißt werden sollten, konnte nun ihren Lauf nehmen. Bei stürmischem Wetter durchquerte die *Xarifa* den englischen Kanal und an-

Mit vollen Segeln läuft das stolze Forschungsschiff "Xarifa" 1953 von Hamburg zu seiner ersten Fahrt aus.

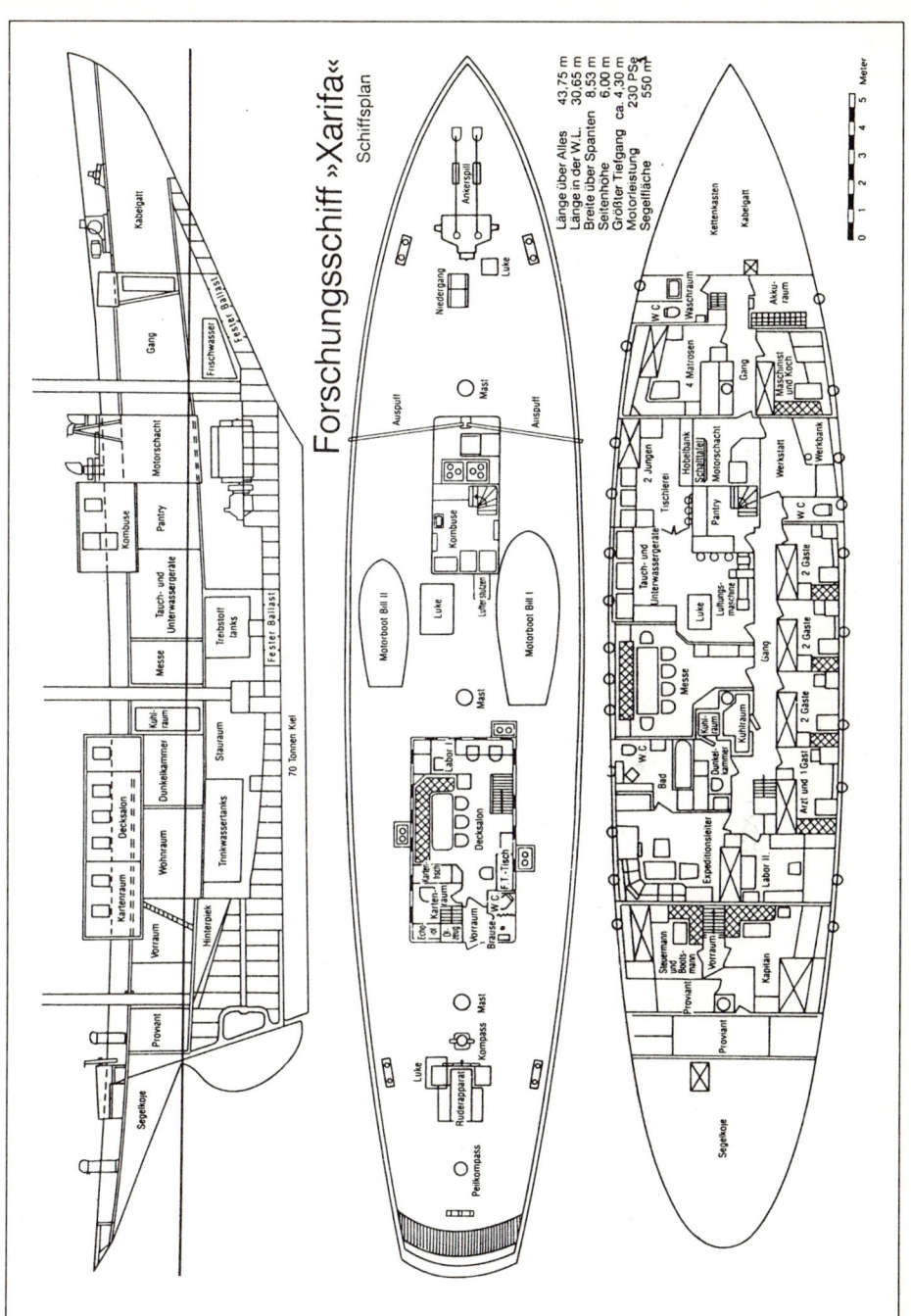

Forschungsschiff »Xarifa«
Schiffsplan

Länge über Alles 43,75 m
Länge in der W.L. 30,65 m
Breite über Spanten 8,53 m
Seitenhöhe 6,00 m
Größter Tiefgang ca. 4,30 m
Motorleistung 230 PSe
Segelfläche 550 m²

0 1 2 3 4 5 Meter

schließend die Biskaya, und Hass begann, sich über die Handlung seines Films Gedanken zu machen. Das erste Ziel der Fahrt waren die Azoren, wo Hass auf Pottwale zu treffen hoffte. Noch nie waren diese riesigen Meeressäuger unter Wasser beobachtet oder gefilmt worden, und so warteten alle Teilnehmer gespannt auf dieses erste Zusammentreffen.

Elf Tage nach Abfahrt von London erreichte die *Xarifa* bei ruhigem Meer am 9. September 1953 die Azoreninsel San Miguel und ankerte im Hauptort Ponta Delgada. San Miguel ist die größte und reichste der neun Azoren-Inseln und wie ihre Schwesterninseln vulkanischen Ursprungs. Ein junger, englischer Zoologe, Robert Clarke, war im Vorjahr auf den Azoren gewesen und hatte den August als besten Monat zur Beobachtung der Pottwale bezeichnet. Diesen Termin hatte Hass leider nicht einhalten können, doch hoffte er auch noch jetzt, im September, auf gutes Wetter und ein Zusammentreffen mit den Meeressäugern. Sobald alle Formalitäten in Ponta Delgada erledigt waren, erkundigte sich Hass nach den Brüdern Pedro und Vicente Cymbron Borges de Sousa, die den Walfang auf der Insel leiteten. Clark hatte bei ihnen Unterstützung gefunden, und auch Hass wurde von ihnen freundlich aufgenommen.

Auf San Miguel ging damals noch der Walfang wie vor dreihundert Jahren vor sich. Auf beiden Seiten der Insel lag eine Flotte von Fangbooten einsatzbereit. Von Aussichtsposten, die auf erhöhten Punkten auf der Insel verteilt sind, werden die Wale, die in zehn bis fünfzehn Meilen Entfernung von der Küste vorbeiziehen, gesichtet. Die Meldung gelangt telefonisch an die Fangzentrale auf der Insel, die über Funk mit den Fangbooten in Verbindung steht und die Boote zu den Walen dirigiert. Sind dann die Fangboote nahe genug an den Walen, werden die scharfen Harpunen, die mit langen Seilen an den Booten befestigt sind, von den Männern in den dicken Speck des Wales getrieben. Der Wal, der nun die Boote hinter sich herziehen muß, wird so ermüdet und kommt immer häufiger an die Oberfläche, bis er dann getötet wird.

Hans Hass richtete einen Meldedienst zur *Xarifa* ein, um sofort die Nachricht zu erhalten, wenn Wale gesichtet werden. Gleichzeitig bereitete er mit Jimmy Hodges alles für die Unterwasseraufnahmen vor. Den ersten Versuch, zwischen den Pottwalen zu schwimmen, wollten sie alleine unternehmen. Später, wenn es sich als nicht ganz so gefährlich herausstellte, sollte Lotte hinzukommen. Die übrigen Expeditionsteilnehmer sollten bis dahin die Küsten untersuchen und sich mit den Tauchgeräten und der notwendigen Theorie vertraut machen.

Erst bei dem fünften Alarm wurde es ernst, und der große Augenblick, auf den Hans Hass lange Jahre gewartet hatte, war da: Ein einzelner, großer Bulle war in zwölf Meilen Entfernung vor der Küste gesichtet worden, und in rasender Eile fuhren nun die Fangboote mit Hans Hass, Jimmy Hodges und Lotte auf das offene Meer hinaus. Hans Hass war sehr unsicher, wie der Wal auf einen im Meer schwimmenden Menschen reagieren würde. In der Tiefsee gehen die Wale auf Jagd nach großen, zehnarmigen Tintenfischen, die sie fressen - und Hass hoffte, daß der Wal sie nicht mit diesen Tintenfischen verwechseln würde. . .

Als das Boot von Hass bei dem Wal angelangte, hatte dieser bereits einige Harpunen in seinem Speck und war schon stark am Bluten. Damit hatte Hass nicht gerechnet, denn er hatte sich darauf vorbereitet, einem noch unverletzten Tier in den Weg zu schwimmen; da der Wal jetzt festhing, konnte er sehr gereizt sein. Hass überlegte aber nicht lange, sprang mit seiner Kamera ins Meer und tauchte sofort ab. Der 16 Meter lange Wal kam mit den Fangbooten im Schlepp genau in seine Richtung, und Hass konnte einige gute Unterwasseraufnahmen anfertigen. Wenige Meter von Hans Hass entfernt zuckte der Wal plötzlich zusammen und änderte sofort seine Richtung: das Geräusch der Kamera hatte ihn erschreckt! Oft noch dachte Hass später an diese Sekunden zurück, die einen Höhepunkt seines Lebens bedeuteten.[15] Zum erstenmal hatten sich Mensch und Wal im freien Wasser begegnet, und der Wal war vor dem Menschen geflüchtet!

In den folgenden Tagen filmten sie dann zu dritt, wie diese Raubtiere attakiert und überwältigt wurden. Hans und Lotte Hass und Jimmy Hodges schwammen unter den harpunierten Walen und filmten sie sowie andere, die unverletzt vorbeischwammen. Eine dieser Aufnahmen erschien später auf einer Doppelseite im amerikanischen LIFE-Magazin. Dabei handelte es sich um das erste Dokument dieser Art. Selbst im Todeskampf erwiesen sich die Wale den Menschen im Wasser gegenüber als scheu und wichen ihnen aus, wenn sie ihnen in den Weg kamen. Bei diesen Gelegenheiten konnte Hans Hass auch erstmals das seltsam knarrende Geräusch hören, das die Pottwale von sich geben und womit sie sich wahrscheinlich untereinander verständigen und ihre Beute finden.

Mehrmals schwamm Hass auch neben den Walen, wenn sie schon stark bluteten und mehrere Weißspitzen-Hochseehaie große Stücke aus ihrem Speck herausrissen. Hass hatte die Haie immer als schön empfunden, doch hier lernte er sie als Bestien kennen, die wie wild an den toten Walen rissen. Beson-

Weisspitzenhaie umkreisten die verwundeten Wale

ders interessiert war Hass auch hier an dem Verhalten der Pilotfische, die wie dichte Wolken die Haie umkreisten. Ganz im Gegensatz zu ihren Artgenossen, die Mantas begleiten, meiden diese Pilotfische das Maul der Haie. Das Verhältnis zwischen Hai und Pilotfisch ist einseitig, denn nur der Pilotfisch ist Nutznießer. Er findet in der Nähe der Raubtiere Schutz, kann sich verbergen und entgeht so geschickt seinen Verfolgern.

Nach vier Wochen Aufenthalt auf San Miguel setzte die *Xarifa* ihre Fahrt fort. Ein schwerer Sturm hinter den Azoren zwang das Schiff dazu, seinen Kurs zu ändern und in Richtung der Kanarischen Inseln zu laufen. In Santa Cruz auf Teneriffa sollten vor der Atlantiküberquerung die Treibstoffvorräte ergänzt werden. Hier verließ Wulf Emmo Ankel das Schiff, er mußte zum Semesterbeginn nach Giessen zurück. Der kurze Aufenthalt wurde von den Wissenschaftlern für einen Besuch des schneegekrönten Pico de Teide genutzt, den bereits Alexander von Humboldt in seinen Schilderungen rühmte.

Im Oktober 1953 begann die Atlantiküberquerung der *Xarifa*. Sie mußte bis zum dreiundzwanzigsten Breitengrad südlich fahren, um auf den Passat zu treffen, und war bei sehr schwachem Wind und einem heißlaufendem Lager nur sehr langsam vorwärtsgekommen. Während der Fahrt stand die *Xarifa* durch die Amateurfunkstation, die von dem Arzt Dr. Sommer betreut wurde, in ständiger Verbindung mit Funkamateuren in Deutschland und in der ganzen Welt. Nach zweieinhalb Wochen erreichte die *Xarifa* am 30. Oktober bei der Urwaldinsel Santa Lucia die Kleinen Antillen, und nachdem die Vorräte ergänzt waren, wurde die venezuelanische Inselgruppe Los Roques angesteuert, die Hass schon lange besuchen wollte.

Bis auf den hohen Fels "El gran Roque" besteht der Archipel aus lauter flachen, winzigen Korallenbänken, die mit Mangroven, Kakteen und dürftigem Gras bewachsen sind. Die Wissenschaftler durchstreiften die Inseln und machten sich hier in den Gewässern mit der Tauchmethode und den vorkommenden Haien vertraut. Bei den ersten Begegnungen mit Haien lernten sie, die Haie durch anschreien und auf-sie-losschwimmen zu vertreiben. Der praktischen Ausbildung folgten eingehende Erörterungen über die Physiologie des Tauchens und über die Anwendungsmöglichkeiten von Sauerstoff- und Preßluftatemgeräten.

Ein Bild, das um die Welt ging und auch heute noch spektakulär ist: Lotte Hass läßt sich von einem Pottwal ziehen. Azoren, 1953

Bei diesem Vertrautmachen mit Brille, Flossen und Tauchgerät war Hass überrascht, wie schnell die Wissenschaftler zu sicheren Tauchern wurden. Während normale Tauchschüler anfänglich eine ganz natürliche Angst zeigen, und mehr an sich als an die Umwelt denken, erwies es sich bei den Wissenschaftlern gerade als umgekehrt. Was sie unter Wasser an Neuartigem sahen, interessierte sie so brennend, daß sie gar keine Zeit hatten, mehr als unbedingt nötig an sich und ihre neue Tätigkeit zu denken. Hass hatte sogar Schwierigkeiten, die Wissenschaftler davon abzuhalten, gleich zu Beginn in größere Tiefen zu tauchen. Sie hatten die Welt über dem Wasserspiegel vollkommen vergessen und schwammen wißbegierig von einem Objekt zum anderen. Selbst als der erste Hai auftauchte, erschütterte sie das in keinster Weise, sondern sie betrachteten ihn mit großem Interesse.

Erst jetzt erkannten die Biologen richtig den großen Wert der von Hans Hass entwickelten Tauchmethode, denn jetzt erlebten sie, was es bedeutet, bis zu einer Stunde mühelos zwischen den Fischen umherzuschwimmen oder ruhig beobachtend neben einem Korallenstock zu sitzen. Sie erkannten, daß die gründliche ökologische Erforschung des Lebensraumes Korallenriff nur freischwimmend möglich war, und daß alle bisherigen Methoden nur Notbehelfe gewesen waren. Mit großer Freude und Genugtuung stellte Hass nun fest, daß seine Rechnung aufging, und es offenbar nicht in erster Linie darauf ankam, daß Wissenschaftler große sportliche Fähigkeiten besitzen müssen, um zu umsichtigen und einsatzfreudigen Tauchern zu werden.

Nach einer Woche Tauchtätigkeit in dem doch relativ trüben Wasser vor den Los Roques-Inseln beschloß Hass, die Arbeiten bei der Insel Bonaire fortzusetzen, deren klares Gewässer und großen Fischreichtum er bereits kennengelernt hatte. Auf dem Weg dorthin wurde die Gelegenheit noch zu einem Besuch von La Guaria im nahen Venezuela und der modernen, 1000 Meter hoch gelegenen Hauptstadt Caracas genutzt.

Fast vierzehn Jahre waren seit seinem ersten Besuch auf Bonaire vergangen, und doch fand Hass überall noch bekannte Gesichter. Seine Gefühle waren bei der Ankunft in Kralendijk etwas gemischt, denn bei seinem letzten Aufenthalt war er nicht eben freundlich behandelt worden, und zeitweise hatte man ihn sogar als Spion angesehen. Ganz wider Erwarten wurde er nun mit großem Hallo und offenen Armen empfangen, und es stellte sich heraus, daß ein ehemaliger Jugendfreund von ihm, den er damals zufällig auf Curaçao kennengelernt hatte, nun Inselgouverneur von Bonaire war. Herr de Hazeth, der neue Gouverneur Bonaires, war hoch erfreut, seinen Freund von einst wiederzusehen, und sicherte Hass seine ganze Unterstützung zu.

Als ersten Liegeplatz der *Xarifa* wurde die reizende und verträumte Boca Slaagbay im äußersten Norden der Insel gewählt. Da bereits auf Los Roques alle Teilnehmer mehr oder weniger mit den Tauchgeräten vertraut gemacht worden waren, konnte nun in der Slaagbay die ökologische Arbeit ohne Zögern beginnen. Hass wollte gemeisam mit Scheer näher untersuchen, wie ein karibisches Saumriff aufgebaut ist. Sie legten zu diesem Zweck eine Leine vom Uferrand aus bis in fünfzig Meter Tiefe und sammelten die rechts und links bis zu einem Meter Abstand von dieser Leine vorkommenden Korallenstöcke. Auf kleinen Aluminiumtafeln zeichneten sie Lageskizzen der einzelnen Stücke, außerdem fotografierten sie jede Einzelheit des Querschnittes. Daneben versuchten sie, alle in den Korallen lebenden Tiere zu erbeuten und notierten die Fischarten, die im freien Wasser in diesen Tiefenzonen vorbeischwammen. Für Arbeiten in größeren Tiefen verwendeten Hass und die anderen Wissenschaftler hier erstmals auch Preßluftgeräte, für flachere Tauchgänge zogen sie aber die Sauerstoffgeräte wegen ihrer Geräuschlosigkeit vor.

Hass bemühte sich hier auch, die ersten Szenen seines Spielfilms zu drehen. Da es ein Farbfilm werden sollte - der erste Technicolorfilm deutscher Produktion - wurden starke Scheinwerfer benötigt, die die ganze Farbenpracht der Korallenriffe sichtbar werden ließen. Hans Hass hatte an Bord der *Xarifa* zwei Dreißig-Kilowatt starke Stromgeneratoren installieren lassen, die eine Anzahl von Unterwasserscheinwerfern versorgten. Von den Generatoren ging ein drei- und ein fünfhundert Meter langes Stromkabel ab, die auch zu einer Gesamtlänge von achthundert Meter aneinandergeschlossen werden konnten. Diese langen Stromkabel mündeten an zwei Schaltkästen, die sich auf den beiden Beibooten befanden, und von denen weitere je 120 Meter lange Kabel zu den Scheinwerfern abzweigten. Die Taucher hatten also von den Beibooten aus einen weiteren Aktionsradius von 120 Meter. Als Unterwasserscheinwerfer verwendete Hans Hass zwei- und fünf-Kilowatt-Scheinwerfer, die bis 100 Meter Tiefe druckfest waren und von einem einzigen Taucher bewegt werden konnten. Trotz der hohen Leistung der fünf-Kilowatt-Scheinwerfer genügte ihr Licht bei Farbaufnahmen nur für eine Entfernung von höchstens drei Metern.
Diese Arbeiten mit den Scheinwerfern stellten ein großes organisatorisches Problem dar. Lag die *Xarifa* vor Anker, wurde das Beiboot ausgesetzt, auf dem sich die Lampen und der Schaltkasten befanden. Während das Boot nun mit Motorkraft zu der gewünschten Stelle fuhr, ließen die Matrosen das schwere

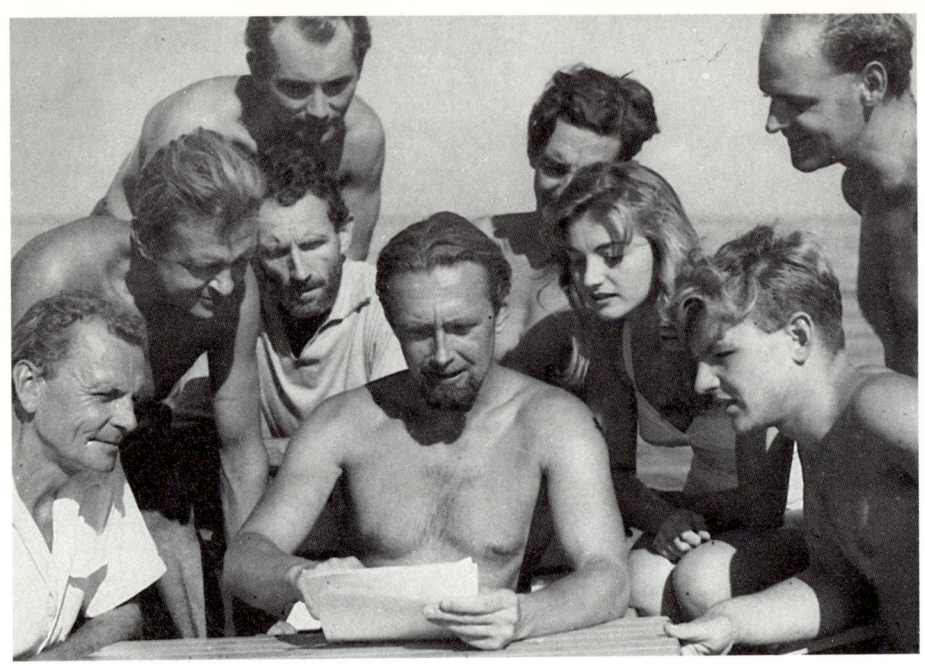

Hans Hass bei einer Besprechung mit den Teilnehmern der ersten "Xarifa"-Expedition

Hauptkabel auslaufen und versahen es mit Glasbojen. War das Beiboot am Standort angekommen, gingen die Taucher mit den Scheinwerfern unter Wasser. Da unten die Wasserströmung und oben der Wind an den langen Kabeln zerrte, war es oftmals sehr schwer, die Scheinwerfer ruhig zu halten. Einmal kam es sogar vor, daß sich der Anker der *Xarifa* löste und das Schiff vom Wind auf das Meer hinausgetrieben wurde. In diesem Fall zog die *Xarifa* das Beiboot an dem langen Kabel und die Taucher, die sich an den Scheinwerfern festklammerten, hinterher. Trotz dieser im Einsatz ziemlich aufwendigen und beschwerlichen Anordnung hat sich dieses Konzept bei den weiteren Arbeiten doch bewährt, und der so auf dieser Fahrt entstandene Spielfilm ist der erste seiner Art, der die Ausleuchtung von Korallenriffen mit Unterwasserscheinwerfern dokumentiert.

Für die Filmarbeit setzte Hass vorwiegend 16mm-Arriflex- und Bolex-Filmkameras ein, aber auch 35mm-Normalfilmkameras. Für seine Arriflexkamera hatte er sich in Wien bei Ingenieur Hornicek eine wasserdichte Hülle anfertigen lassen, bei der die Schärfeverstellung und der Objektivwechsel durch ein elektrisches Übertragungssystem möglich war. Jimmy Hodges hatte zwei von ihm entworfene "Vinten-Hodges" Normalfilmkameras mitgebracht, die hier einer harten Prüfung unterzogen wurden und sich dabei auf das Beste bewährten.

Hans Hass hatte dem Filmverleiher versprechen müßen, daß er einen Film abliefert, der keine Kommentare sondern nur Dialoge enthielt. Diese Zusage erwies sich nun als größtes Problem: Viele längere Szenen wurden unter Wasser gedreht, und dort war es bekanntlich noch nicht möglich, daß sich die Taucher unterhielten. Wieder mußte Hass improvisieren und so tun, als ob doch eine Unterhaltung unter Wasser möglich wäre, was in späteren Jahren sicher auch der Fall sein würde. Hass schmiedete nächtelang Dialoge, und

Filmarbeiten mit den großen und schweren Unterwasserscheinwerfern 1953 in der Karibik.

jeder einzelne an Bord mußte eine kleine oder größere Rolle übernehmen. An Bord wurden die Dialoge einstudiert und auf Tonband aufgenommen, und unter Wasser mußte dann im gleichen Rhytmus die Mimik und Gestik dazu gefilmt werden. Mit Unterwassergeräuschen hinterlegt wirkten diese Filmszenen gar nicht so unecht.

Es war unmöglich für Hass, im voraus ein Drehbuch zu schreiben, denn er wußte ja nie im vorhinein, was an Interessantem geschehen würde. Gab es irgend etwas besonderes, wurde es gefilmt und später versucht, es wie in einem großen Puzzle als eine Szene in den Film einzubauen. Auch bei diesem Film war Lotte gleichzeitig Unterwassermodell und Hauptdarsteller, und Hans Hass filmte lange Szenen, wie sie graziös durch das Riff schwamm oder bei Korallenstöcken verweilte und sie betrachtete. Sie half bei der gesamten Organisation des Films tatkräftig mit, brachte viele eigene Ideen ein und war gleichzeitig auch das Zentrum der Filmhandlung. Die tapfere und mutige Ehefrau von Hans Hass machte alle Taucheinsätze mit und überraschte die Männer immer wieder durch ihre Ausdauer und Unerschrockenheit. Sie war es auch, die jedem Picknick am Strande eine besondere Note gab, und die im übrigen ganz unbemerkt darüber wachte, daß die Männer nicht zu sehr verwilderten.

Bei all diesen Filmtätigkeiten kam aber der eigentliche Zweck dieser Expedition, die wissenschaftliche Arbeit mit dem Tauchgerät unter Wasser, nicht zu kurz - eifrig sammelten und kartografierten die Wissenschaftler Korallen und Tiere. In diesen Wochen bei Bonaire machte Eibl-Eibesfeldt eine sehr interessante Entdeckung. Bereits in den ersten Tagen war ihm aufgefallen, daß sich verschiedene Raubfische merkwürdig ruhig in der Nähe bestimmter Korallenblöcke aufhielten. Einige hatten das Maul offen und andere lagen steif auf der Seite. Um diese Vorgänge genauer zu untersuchen, setzte er sich nun stundenlang in das Riff, damit sich die Fische an seine Anwesenheit gewöhnen konnten und zum normalen Tagesablauf zurückkehrten. Dabei bewährte sich das sehr geräuschlos arbeitende Tauchgerät aufs Neue.

Wie Eibl-Eibesfeldt bald feststellte, machten sich an solchen Korallenstöcken kleine, gelbe Fische an den Raubfischen zu schaffen. Sie schwammen zu den größeren Fischen hin und putzten ihnen Maul und Kiemen von Parasiten, während diese regungslos im Wasser verharrten. Er konnte ebenfalls feststellen, daß diese "Putzerfische", wie er sie nannte, auf ganz bestimmte Signale reagierten, die ihre "Kunden" aussendeten. Eibl-Eibesfeldt hatte einen bisher unbekannten Fall von Putzersymbiose vor sich.

Nur bei Freilandbeobachtungen kann man solche Verhaltensweisen studieren. Eibl-Eibesfeldt konnte mehrere Arten von Putzerfischen bestimmen und stellte fest, daß alle auffällig gelbe Muster in ihrer Zeichnung trugen. Daran erkannten die putzbedürftigen Fische die "Gilde" der Putzerfische. Auf dem Meeresgrund konnte Eibl-Eibesfeldt so eine Menge neuer, hochinteressanter Beobachtungen machen.

Nach einigen Wochen anstrengender Arbeit bei der Boca Slaagbay ließ Hans Hass die *Xarifa* an die Nordwestküste von Klein Bonaire verlegen, wo er vor vierzehn Jahren mit dem Zelt campiert hatte. Das Wetter verschlechterte sich aber von Tag zu Tag, und so nahm Hass nach fast zweimonatigem Aufenthalt etwas früher als geplant Abschied von Bonaire mit der Absicht, hier auf dem Rückweg noch einmal einen Halt einzulegen.

Die nächste Station war für einige Tage Willemstad auf Curaçao, wo Hans Hass wieder viele Bekannte traf und mit dem Mietwagen seine alten Zeltplätze besuchte. Bei günstigem Wind erreichte die *Xarifa* nach vier Tagen Panama, wo sie in Cristobal über die Weihnachtstage im Hafen lag. Hier unternahmen die Wissenschaftler einige Exkursionen in den Regenwald und das Landesinnere, bevor wieder die Segel gesetzt und das Wunschziel eines jeden Zoologen angesteuert wurde: Die Galapagosinseln.

Am 4. Januar 1954 überquerte die *Xarifa* den Äquator, und bereits am darauffolgenden Tag kamen die flach aufsteigenden Vulkankegel der Galapagosinseln in Sicht. Die erste Fahrt der *Xarifa* war in eine neue Phase eingetreten.

Die Galapagos-Inselgruppe liegt unter dem Äquator und setzt sich aus sechs Hauptinseln und 9 kleineren Inselbruchstücken zusammen. Sie liegen etwa 1100 Kilometer westlich von Ekuador, zu dem sie politisch gehören, und sind alle vulkanischen Ursprungs. Wegen ihrer isolierten Lage im Pazifik besitzen sie eine Reihe von zoologischen und biologischen Besonderheiten. Der aus der Antarktis kommende, kalte Humboldtstrom trifft hier auf den bis zu zehn Grad wärmeren Äquatorialstrom, weshalb man hier auf diesem einzigartigen Archipel antarktische und tropische Fauna dicht nebeneinander antreffen kann. Da die im Meer treibenden Kleinstlebewesen keine krassen Temperaturunterschiede vertragen, sterben riesige Mengen dieses Planktons ab und sinken in die Tiefe. Von dieser Nahrungsflut ernähren sich große Schwärme von Fischen.

Die "Verwunschenen", wie die spanischen Entdecker die Galapagos-Inseln auch nannten, ist für die Selbsteinschätzung des Menschen ein Ort von historischer Bedeutung. Hier machte der große, englische Naturforscher Charles

Darwin, als er 1835 auf dem Vermessungsschiff *Beagle* auf einer Weltreise mitsegelte, viele Beobachtungen, die ihn zu seiner sensationellen Lehre über die Abstammung des Menschen - der sogenannten Evolutionslehre - führte. Nachdem Darwin von seiner Reise zurückgekehrt war, verbrachte er zweiundzwanzig Jahre damit, den ganzen weiten Kreis der Natur auf seine Vermutungen hin zu überprüfen. Er trug sehr viele Beweise zusammen, und als er seine Theorie schließlich in der Öffentlichkeit vorstellte, war sie so gut belegt, daß sie schnell Anhänger fand.

In der "Wrackbucht" auf Chatham, wo sich die einzige Behörde der Galapagos-Inseln befand, ging die *Xarifa* vor Anker. Rasch wurden die notwendigen Formalitäten erledigt, und die Wissenschaftler nutzten den Rest des Tages zu einem ersten Ausflug auf der Insel. Bereits am nächsten Tag näherte sich die *Xarifa* schon der einsamen Insel Hood, die südlichste Insel des Archipels. William Beebe hatte sie als die schönste der Galapagos-Inseln bezeichnet und einer kleinen Insel vor ihr den Namen Osborn gegeben. Vor Osborn ging die *Xarifa* in der Gardener Bucht vor Anker.

Auf Osborn und der benachbarten Insel Gardener hielten sich große Kolonien von Seelöwen auf. Vollgepackt mit Foto- und Filmkameras begaben sich die Wissenschaftler auf den Weg zu diesen Seelöwen, und machten dort die gleiche Entdeckung wie schon viele andere Besucher vor ihnen: Bis auf wenige Meter konnten sie sich den Seelöwen nähern, ohne daß die Tiere Angst zeigten oder die Flucht ergriffen. Schon seit die Inseln entdeckt sind, war dieses Phänomen bekannt. Da es auf den Galapagos-Inseln keine Landraubtiere gibt, haben die Tiere nur eine sehr verminderte Fluchtreaktion ausgebildet, und man kann sich ihnen bis auf ganz kurze Distanz nähern. Schritten die Wissenschaftler aufrecht, ließen sie die Seelöwen nur beschränkt an sich heran, krochen sie dagegen auf allen vieren und blökten noch dazu in Seelöwenmanier, dann konnten sie die Tiere sogar berühren.

Eibl-Eibesfeldt machte sich auf Osborn selbständig und richtete hier sein Quartier ein. Mehrere Tage und Nächte lang lebte er so in einer Seelöwenkolonie und studierte das Verhalten und den Tagesablauf dieser Tiere. Während diesen Tagen tauchte Hass mit seinen Mitarbeitern in dem teilweise sehr klaren Wasser vor Osborn und Hood. Er wollte für seinen Film das graziöse Spiel von Seelöwinnen erstmals unter Wasser filmen. Dabei kam es einigemale zu überraschenden Attacken des Bullen, der in den Tauchern wohl Rivalen sah und sie verscheuchen wollte. Erst als der Bulle einmal sein Mittagsschläfchen hielt konnte Hass die Seelöwinnen mit Blöken in das Wasser locken und filmen. Die kurzen Augenblicke, in den Hass von einigen Seelöwinnen unter Wasser umkreist wurde, zählen ebenfalls zu den ganz besonderes eindrucksvollen in seinem Leben.

Hass nutzte das klare Wasser vor dieser Insel aus und filmte auch große Fischschwärme. Er fand hier eine solche Fülle von Leben, wie man sie an anderen Stellen der Welt wohl nur selten sehen kann. An der Ostspitze von Gardener traf er auf einen Schwarm von über sechzehn großen Adlerrochen, die dort ihre Bahnen zogen. Hans Hass besuchte auch die winzige Insel östlich von Osborn und taufte sie auf den Namen *Xarifa*.

Nach sechs unvergeßlichen Tagen in der Gardner Bucht ging die Fahrt weiter zur Insel Florena, wo die Wissenschaftler das Grab des berühmten Dr. Ritter besuchten. Auf der Suche nach dem Paradies auf Erden hatte dieser Berliner Zahnarzt 1930 ein kleines Grundstück auf Florena erworben und war mit seiner Lebensgefährtin hierhergekommen, um in Ruhe über die Welt zu philosophieren. Ihr Glück wurde aber gestört, als sich eines Tages weitere Menschen mit ähnlichen Absichten auf Florena ansiedelten. Es kam zu Streitigkeiten, bei denen einige von ihnen den Tod fanden, und kurz darauf verstarb auch Dr. Ritter. Als Hans Hass nun Florena besuchte, war sie nur noch von der deutschen Familie Wittmer besiedelt, die eine kleine Plantage angelegt hatte und Hass und seine Mitarbeiter freudig begrüßte. Das letzte unter deutscher Flagge fahrende Schiff, das hier angelegt hatte, war der *Seeteufel* von Graf Luckner gewesen - der gleiche, den Hass erworben hatte und dann bei Kriegsende wieder verlor. Was war in der Zwischenzeit alles geschehen! Die *Xarifa* setzte ihre Rundreise durch die Galapagos-Inseln fort und besuchte als nächstes die Tortuga-Bucht von Albemarle, die größte Insel des Archipels. Hier traf Hass in dem relativ trüben Wasser, wo auch starke Strömungen herrschten, auf eine ganze Schule von Mantas, die in dem planktonreichen Wasser schwammen, und Eibl-Eibesfeldt studierte die berühmten schwimmenden Meerechsen von Galapagos. Von Albemarle fuhr die *Xarifa* weiter zur Insel Seymour, wo im Krieg ein großes amerikanisches Militärlager errichtet worden war, und dann nach Indefatigable, von wo aus Hass auch die Guy-Fawkes-Felsen besuchte. An zahlreichen Stellen wurde getaucht, gesammelt und fotografiert, aber nirgends fand Hass wieder so klares Wasser wie bei Osborn.

Die letzte Station war die große Darwin-Bucht auf Tower, in der die *Xarifa* trotz der schwierigen Passage einfuhr. Hier lebten riesige Mengen von Fregattvögeln, und zwischen den Klippen fanden die Wissenschaftler die seltenen, lange für ausgestorben angesehenen Galapagos-Seebären. Eibl-Eibesfeldt unternahm einen Ausflug ins Landesinnere zu dem erst von William Beebe entdeckten, stark salzhaltigen Arcturus-Kratersee, worin er auch eine bisher noch unbekannte Planktonform fand. Georg Scheer führte hier, wie überall auf dieser Reise, neben seinen Untersuchungen auch Messungen durch, die interessante Ergebnisse über die Dämmerungshelligkeit auf tropischen Inseln erbrachten.

Nach mehr als drei Wochen Aufenthalt mußten die Wissenschaftler leider wieder Abschied von den Galapagos-Inseln nehmen, und mit einer umfangreichen Sammlung an Bord nahm die *Xarifa* Kurs auf das nächste Ziel der Expedition: der Cocos-Insel.

Die sagenumwobene Cocos-Insel ist eine kleine, wenig besuchte Insel etwa auf dem halben Weg der Strecke Galapagos-Panama, und ebenso wie der Galapagos-Archipel vulkanischen Ursprungs. Sie wird vom warmen Äquatorialstrom umspült und diente dem Schriftsteller Stevenson als Vorbild für seinen Roman "Die Schatzinsel". Auf Cocos wurden erwiesenermaßen mehrere Piratenschätze im Wert von bis zu 60 Millionen Dollar versteckt. Viele Schatzgräber hatten bisher ihr Glück versucht, doch in dem undurchdringlichen Regenwald mit seinem ständig feucht-schwülen Klima gaben viele schon bald wieder auf.

Die Küsten von Cocos sind steil und schroff, und es regnet hier fast das ganze Jahr über, so daß die Insel ständig in dicke Regenwolken gehüllt und deshalb schwer zu finden ist. Für den geplanten Film bot dieser romantische Ort eine ideale Szenerie. In der von Hass geplanten Spielhandlung sollte Lotte unter Wasser heimlich auf die Suche nach diesen Schätzen gehen. Dabei wird sie von plötzlich auftauchenden Haien bedrängt und schließlich von Hans Hass, der wie Tarzan ohne Gerät hinabtaucht und einige schrille Schreie ausstößt, gerettet.

In der Waferbucht von Cocos ging die *Xarifa* vor Anker. Rechts und links der Bucht erhoben sich steile, bewaldete Hänge, über die mehrere Wasserfälle in die Tiefe stürzten. Ein inneres Gefühl sagte Hass, daß er hier etwas besonderes erleben würde, und er sollte sich nicht täuschen. Schon bei dem ersten Tauchabstieg nahm er Film- und Fotokamera mit und ließ sich mit Lotte Hass und Jimmy Hodges auf den Meeresgrund hinabsinken. Was er dort sah, wollte er zunächst kaum glauben: Drei große Hammerhaie zogen in der Bucht ihre Runden, und geistesgegenwärtig konnte Hass einige lange Szenen drehen:

Diesmal hatte er aus seinen Erfahrungen gelernt und alles war entsprechend vorbereitet gewesen. Lotte Hass hatte fotografiert, und Hans Hass hatte die Filmaufnahmen gedreht, die er sich schon fünfzehn Jahre lang gewünscht hatte.

Sobald die *Xarifa* fest vor Anker lag, drängte alles ans Ufer der Insel. Die Wissenschaftler hatte das Schatzfieber ergriffen! Aufgeregt durchstreiften sie die kleine Insel und suchten nach irgendwelchen Hinweisen oder geheimnisvollen Zeichen, fanden aber nur verrottetes Arbeitsgerät von vergangenen Expeditionen. Auf der Insel trafen sie auch auf die verfallene Hütte von Kapitän Gissler, der zwanzig Jahre auf Cocos lebte und einsam und verbissen nach den Schätzen suchte. All diese Vorgänge hielt Hass mit seinen Kameras fest und wollte sie später in seinen Film einbauen.

Der einzige, den dieses Fieber nicht gepackt hatte, war der Schiffsarzt Heino Sommer. Er hatte an dem Ufer der Waferbucht eine Amateurfunkstation aufgebaut. Vom 2. bis 15. Februar 1954 war die Station unter dem Rufzeichen TI9AA installiert, hatte aber wegen der einengenden Lage der Bucht und der hohen Berge nur Kontakte mit amerikanischen Stationen. In Europa wurde sie nur schwach gehört.

In diesen Wochen auf Cocos arbeiteten Hass und seine Mitarbeiter von früh bis spät, um das gute Wetter auszunutzen. Während die Wissenschaftler teilweise Landexkursionen durchführten, um die Flora und Fauna des Eilandes zu studieren, filmte Hans Hass mit Lotte und Jimmy Hodges unter Wasser. Was hier vor Cocos und der benachbarten, kleinen Insel Nuez besonders auffiel, war die große Menge der hier vorkommenden Haie. Fast täglich sah Hass große Hammerhaie und ganze Rudel von Riffhaien. "Die Zahl der Haie", schrieb Hass später, "die wir hier überall sahen, war erstaunlich. Wenn Cocos zum Symbol aller Schatzinseln geworden ist, so kann man die Insel mit gleicher Berechtigung auch als Symbol aller Haifischinseln bezeichnen."[16]

Nach zweiwöchigem Aufenthalt verließ die *Xarifa* Cocos - ohne daß die Wissenschaftler auf ihr einen materiellen Schatz gefunden hatten - mit Kurs auf die Perleninseln. Hier betraten die Wissenschaftler wieder panamesisches Gebiet, und nach einem kurzen Besuch dieser Insel war die Exkursion in den pazifischen Raum beendet. Wieder nahmen die Schleusen des Panama-Kanals die *Xarifa* auf, und das grüne Wasser des Gatun-Sees gurgelte um ihren Bug. Auf dem Programm der Reise stand nun ein längerer Besuch der Inseln des San-Blas-Archipels, einer Inselkette vor der karibischen Küste Panamas. Hier liegen vor der Punta San Blas und der Punta Escores hunderte zum Teil winzige, von Palmen überschattete Koralleninseln, die San-Blas- oder Mulatas-Inseln genannt werden. Die kleineren Inselbruchstücke bieten noch nicht einmal Platz für eine handvoll Palmen, die größeren hingegen sind durchweg von einem eingeborenen Indianerstamm besiedelt, der sich in Rasse und Kultur bis heute rein erhalten hat, obwohl er sich seit fast fünfhundert Jahren mit Europäern auseinanderzusetzen hatte. Zu diesem Naturvolk ging nun die Reise.

Am 20. Februar 1954 segelte die *Xarifa* auf der Höhe von Punta San Blas, jener weit in das Meer vorspringenden Landzunge, die 1502 von Kolumbus auf seiner vierten Reise zu Ehren des heiligen Blasius benannt wurde, an der Insel Porvenir vorüber und ankerte vor der kleinen Insel Nalunega, wo sie bereits auf der Hinfahrt einen kurzen Halt eingelegt hatte. Bald war das Schiff von den Einbäumen der Indianer umringt, die geschnitzte Figuren, Handarbeiten und Muschelketten zum Kauf anboten. Unter den wenigen Wörtern, die sie von gelegentlichen Besuchern gelernt hatten, war es das Wort "money", welches sie nun ausgiebig gebrauchten.

Hass und seine Mitarbeiter besuchten einige der Eingeboreneninseln und allen Teilnehmern fiel dort die große Sauberkeit auf. Die einfachen Wohnhäuser waren aus Bambusstangen gebaut, und mit Palmenblättern gedeckt. Hans Hass glaubte sich in die Südsee versetzt und war von dieser Inselwelt so sehr beeindruckt, daß er später seinen Expeditionsfilm mit einer Schilderung der Schönheit der San-Blas-Inseln beginnen läßt. Man möchte glauben, sagt dort Hass, sie seien von Gottes eigener Hand ins Wasser gestreut worden.

Die *Xarifa* war nach ihrer Abreise erst einige Meilen von den San-Blas-Inseln entfernt, als sie ein Motorschaden zur Umkehr in den Panamakanal zwang. Nur hier in Cristobal gab es die notwendigen Werkstätten, um diese Reparatur durchführen zu können. Die Ersatzteile wurden eilig aus Deutschland per Luftfracht angefordert, und doch dauerte es über zwei Wochen, ehe die *Xarifa* nach diesem kostspieligen Zwischenfall ihre Reise wieder aufnehmen konnte. Ohne sich in Curaçao aufzuhalten fuhr Hass nun direkt nach Bonaire, denn für den Film fehlten noch eine beträchtliche Anzahl von Szenen, die hier gedreht werden sollten. Die folgenden Wochen waren bestimmt von anstrengender Filmtätigkeit im Norden Bonaires und bei Klein Bonaire, und als die Osterfeiertage kamen, waren alle Teilnehmer so erschöpft, daß Hass diese Tage frei gab.

Es lag Hass sehr am Herzen, auf dieser Expedition seine im Roten Meer begonnenen Schwingungsversuche fortzusetzen, doch hatte sich bisher noch

Hans und Lotte Hass mit Jimmy Hodges 1954 bei den Einheimischen der San-Blas-Inseln.

keine geeignete Gelegenheit dazu ergeben. So ging er gerne auf den Vorschlag von Jimmy Hodges ein, die Feiertage für diese Versuche zu nutzen. Daß aber gerade diese einfachen Versuche im flachen Wasser für Jimmy Hodges, der lange Jahre wesentlich schwierigere und gefährlichere Situationen erlebt hatte, den Tod bringen sollten, konnte niemand vorher ahnen.

Die *Xarifa* lag an diesem Karfreitag, den 16. April 1954, vor Punt Vierkant, als Hass und Hodges mit ihren Sauerstoffgeräten - um die Tonaufnahmen durch keine Geräusche zu stören - in das Wasser stiegen. An Bord hatten Hirschel und Scheer die Tonbandanlage aufgebaut. Hass hatte aus seinen Erfahrungen am Roten Meer, wo starke Nebengeräusche die Tonaufnahmen gestört hatten, gelernt, und benutzte nun eine verbesserte Hydrophonanlage.

Nach einigen Fehlschlägen gelang es Hass dann, einen Fisch in der Nähe des Mikrophones, das Hodges trug, zu harpunieren und das Gezappel des Fisches auf Tonband mitzuschneiden. Da sich das lange Kabel des Mikrophones an einigen Stellen in den Korallen verfangen hatte, tauchte Hass anschließend an dem Kabel entlang und legte es frei. Als er dann an die Oberfläche kam, erfuhr er durch aufgeregte Zurufe von Bord der *Xarifa* aus, daß Hodges hochgekommen sei und nach kurzen Hilferufen sofort wieder unter Wasser verschwunden wäre. Hass tauchte augenblicklich hinter Hodges her. An Bord hatte man schon befürchtet, einer von beiden sei von einem Hai angefallen worden. Daher wurde sofort ein Boot ins Wasser gelassen.

Hodges lag in den Korallen, als Hass ihn auffand. Er brachte ihn sofort an die Oberfläche, wo ihm die Kameraden zur Hilfe kommen mußten, da er sich selbst kaum noch über Wasser halten konnte. Hodges regte sich nicht mehr. Er wurde ins Boot gehoben, und man begann sofort mit künstlicher Beatmung. Über drei Stunden dauerten die Wiederbelebungsversuche; sie konnten Hodges nicht mehr helfen. Er war bereits tot, als ihn Hass an die Oberfläche brachte.

Die Obduktion der Leiche erbrachte keinen schlüssigen Beweis für die Todesursache. Das Tauchgerät von Hodges war in Ordnung, der Sauerstoff hätte noch für eine Stunde unter Wasser gereicht. Kurz vor dem Abstieg waren Gäste an Bord der *Xarifa* gewesen, denen Hodges mehrmals die Funktion des Sauerstoffgerätes demonstriert hatte. Er hatte dabei ebenfalls einigemale angedeutet, wie das Leersaugen des Atemsackes - die wichtigste Vorbereitung des Tauchganges - vonstatten ging. Wahrscheinlich war es so gewesen, daß Hodges bei dem anschließenden Tauchgang in dem Glauben, er hätte seinen Atemsack bereits tatsächlich leergesaugt, in das Wasser gestiegen und an einer Anoxie gestorben ist.

Es war für alle Expeditionsteilnehmer ein harter Schlag, daß ihr beliebter Kamerad nach all den gefährlichen Einsätzen bei einer so simplen Arbeit den Tod fand. Es erschien fast schicksalshaft, daß dies weniger als hundert Meter von der Stelle geschah, an der bereits vierzehn Jahre vorher auf der ersten Expedition Alfred von Wurzian seinen Unfall erlitten hatte. Auf dem kleinen Friedhof von Bonaire erwiesen die Expeditionsmitglieder ihrem Kameraden die letzte Ehre.

Es dauerte einige Tage, bis die Teilnehmer der Fahrt soweit waren, daß sie wieder in das Meer stiegen. Hass ließ die Maske von Hodges und das Mikrofon, dessen Kabel sie in der Eile durchgeschnitten hatten, bergen und stellte die Schwingungsversuche bis auf weiteres ein. Er verschob die Versuche auf eine unbestimmte Zeit, wenn er sich einmal ganz und mit besseren Mitteln diesen Experimenten widmen konnte. Seine Patentansprüche auf diesem Gebiet mußte er schon nach einigen Jahren verfallen lassen, denn die Kosten stiegen zu sehr, und er sah keine Möglichkeit, schnell zu greifbaren Resultaten zu kommen.

1963 erfuhr Hans Hass dann zufällig durch die Zeitschrift "Science", daß er mit seinen Überlegungen auf der richtigen Spur gewesen war. Donald Nelson und Samuel Gruber, die mit Unterstützung der Universität von Miami in Florida sinnesphysiologische Untersuchungen ausführten, war genau das gelungen, was Hass mit seinen primitiven Mitteln und unter ungünstigen Voraussetzungen nicht geschafft hatte. Die beiden Biologen nahmen die von harpunierten Zackenbarschen ausgesandten Wasserschwingungen auf und strahlten diese Schwingungsmuster über einen Lautsprecher wieder verstärkt ins Meer aus - und konnten damit Haie anlocken, und zwar aus größerer Entfernung. Alle Haie kamen erst beim Abspielen des Tonbandes in den Sichtbereich, schwammen in der Regel direkt auf das Mikrofon zu und umkreisten es mehrere Male, bevor sie wieder verschwanden. In späteren Jahren wurden diese Versuche in Florida von Arthur Myrberg und seinem Team weiter ausgebaut.

Die Filmarbeiten wurden in einer schweren Woche soweit fortgesetzt, daß nach vier Wochen auf Bonaire die *Xarifa* Ende April 1954 die Heimreise antreten konnte. Einige fehlende Aufnahmen von Fischen wollte Hass noch alleine mit seiner Frau ausführen, und so blieben beide auf Bonaire zurück. Aber die Batterien der Filmkameras waren schon sehr schwach und es fehlte auch die Unterstützung des Bootes, so daß nur noch vereinzelte Aufnahmen zustande kamen und Hans und Lotte Hass zwei Wochen später mit dem Flugzeug über New York nach Europa zurückflogen.

Die *Xarifa* hatte bei gutem Wetter und Wind eine zügige Heimreise. Die Überfahrt über den Atlantik, vorbei an den Bermuda-Inseln und den Azoren ging glatt vonstatten und Ende Mai passierte sie die Straße von Gibraltar. Am 1. Juni 1954 lief das stolze Forschungsschiff, geschmückt mit den Flaggen der elf besuchten Länder, nach rund neunmonatiger Forschungsfahrt in den Hafen von Genua in Oberitalien ein.

Mit Hans Hass und Professor Ankel standen auch die Ehefrauen der Wissenschaftler in Genua am Kai, als die *Xarifa* einlief. Die wertvollen Sammlungen hatten die Reise zum großen Teil gut überstanden und wurden an ihre Bestimmungsorte verfrachtet. Die Mannschaft musterte ab und die Expeditionsteilnehmer fuhren nach Hause. Nun begann für sie die Ausarbeitung der gewonnen Erkenntnisse - eine weniger ins Auge springende Tätigkeit. Die *Xarifa* blieb unter Xenophons Obhut im Jachthafen von Genua. Nach dieser langen Fahrt bedurfte sie einer gründlichen Überholung.

Spätestens jetzt wurde Hans Hass klar, worauf er sich eingelassen hatte: Sein Ziel war erreicht, er hatte bewiesen, daß es möglich war, Wissenschaftler mit der Methode des Schwimmtauchens vertraut zu machen und mit ihnen die Korallenriffe zu durchforschen. Es war ihm geglückt, ein eigenes Forschungsschiff auszurüsten. Niemand hatte es für möglich gehalten, daß er - privat und ohne staatliche Hilfe, worauf Hass besonders stolz war - ein solch großes und teures Unternehmen erfolgreich durchführen konnte. Nun traf Hans Hass wie ein Schlag die Erkenntnis, was die Unterhaltung des Schiffes weiterhin kosten würde. Vor 1956 war eine weitere Expedition nicht durchzuführen, es würde mindestens zwei Jahre dauern, bis die ganzen Ergebnisse dieser ersten Forschungsfahrt ausgearbeitet waren. Die Unterhaltung der *Xarifa* würde etwa 100.000 DM pro Jahr kosten, eine schwere Hypothek für Hass! Arge Geldsorgen quälten ihn zu dieser Zeit, und er hoffte nach wie vor auf eine Unterstützung durch die Deutsche Forschungsgemeinschaft, zumal sich der Gutachter, Professor Ankel, im Dezember 1953 in einer Veröffentlichung so lobend über diese neue Forschungsmethode ausgesprochen hat. Also galt es nun, so dachte Hass, noch eine zeitlang auf die Zähne zu beißen und auzuharren, bis ein positives Signal von dieser Gemeinschaft kommt.

Als erstes war es nun wichtig, den versprochenen Film fertigzustellen. Gleichzeitig arbeitete er an seinem Buch "Ich fotografierte in den sieben Meeren", in dem er über seine bisherigen Erfahrungen auf dem Gebiet der

Der erfolgreiche Streifen
"Unternehmen Xarifa" wurde 1959
mit dem begehrten
"Unterwasser-Oscar" ausgezeichnet.

Unterwasserfotografie und des Unterwasserfilms berichtet, und das noch 1954 in den Handel kam. In diesen Monaten reiste Hans Hass zwischen Genua, Vaduz, Wien und London hin und her, während bei seiner Ehefrau Lotte in Liechtenstein alle Fäden zusammenliefen. 1955 war es dann nach einer anstrengenden Zeit geschafft, und der Film "Unternehmen Xarifa" (englischer Titel: Under the Caribbean) war fertiggestellt. Es war der erste abendfüllende Spielfilm, der die Unterwasserwelt der Meere in Farbe vorstellt und eine Pionierleistung, die durch das mangelnde schauspielerische Talent der Laiendarsteller nicht gemindert wird. Der Film besitzt dadurch vielmehr eine naive Frische. Im Andenken seines auf dieser Expedition verstorbenen Freundes widmete Hans Hass ihn Jimmy Hodges.

Die Premiere von "Unternehmen Xarifa" fand im Empire-Kino am Leicester Square in London statt, einem bekannten Kino, in dem alle Premieren, bei denen die königliche Familie anwesend ist, stattfinden. Die Premiere wurde ein Erfolg, und der Film wurde international gut aufgenommen - eine großartige Leistung, wenn man bedenkt, daß Hans Hass alleine und als Laie gegen eine professionelle und hochspezialisierte Filmindustrie angetreten war. Als erste Menschen hatten Hass und seine Kameraden Pottwale und Tigerhaie unter Wasser beobachtet und gefilmt, und erstmals war die verborgene Farbenpracht der Korallenriffe mit Hilfe der starken Scheinwerfer den Zuschauern nahegebracht worden. Die Musik zu den einzelnen Szenen schrieb Sir Arthur Benjamin, und gespielt wurde sie von dem Londoner Symphonie Orchester unter der Leitung von Muir Mathieson. Gerade diese gefühlvolle Musik, die einige Passagen wie den Tanz der Seelöwen untermalt, läßt den Zuschauer die Schönheit der Unterwasserwelt noch deutlicher erahnen. Das biblische Wort "Es werde Licht!" drängt sich wohl jedem, der die Szenen mit den Unterwasserscheinwerfern sieht, machtvoll auf. "Unternehmen Xarifa" ist heute zu einem echten Filmklassiker geworden.

Die Durststrecke

Durch seine Arbeiten in den Filmstudios kam Hans Hass mit vielen Persönlichkeiten der Szene zusammen und mußte zu Werbezwecken gemeinsam mit seiner Frau Lotte auch bei vielen Bällen und Veranstaltungen auftreten. Eine der Premierenfeiern fand auf der *Xarifa*, die Hass deswegen von Genua nach Cannes verlegen ließ, mit über 300 geladenen Gästen statt. Bei all diesem Rummel, der um seine Person gemacht wurde, fühlte sich Hans Hass nicht sonderlich wohl: Er war auf eine Schiene geraten, auf die er ganz und garnicht wollte, war aus Sachzwang zum erfolgreichen Filmproduzenten und Regisseur geworden. Sein eigentliches Interesse galt nach wie vor der Wissenschaft und Forschung, und nicht der Welt des Films. Für die Öffentlichkeit war er der weltmännische Lebemann geworden, ein Playboy, der mit seiner schönen, klugen und mutigen Frau und einer strahlendweißen Jacht auf den Weltmeeren herumfuhr und bei Palmeninseln im tropischen Wasser tauchte.
Unfreundliche Kritiker behaupteten, der Film "Unternehmen Xarifa" beweise, daß Hass garnicht an der Forschung, sondern am Geldverdienen interessiert sei. Nur Ahnungslose oder Böswillige konnten so reden, denn die Ausstattung der *Xarifa* und die Expedition hatten weit mehr gekostet, als der Film je hätte einspielen können. Die Wissenschaftler und Forscher rückten immer mehr von

diesem vermeintlichen Unterwasser-Playboy ab, und Hass lief in Gefahr, seinen Ruf als ernsthafter Wissenschaftler zu verlieren. Das wußte auch Hass, aber er war besessen von seiner Idee, eine schwimmende meeresbiologische Forschungsstation auf seiner *Xarifa* einzurichten. Sie sollte deutschen und österreichischen Forschern die Möglichkeit bieten, schwimmtauchend einen der reichsten und unbekanntesten Lebensräume der Erde zu erforschen - und diese Idee verfolgte er nach wie vor. Es würde wohl nicht mehr lange dauern, so dachte Hans Hass, bis die Forschungsgemeinschaft endgültig ihre Zusage erteilten würde, das Schiff zu übernehmen. Hierbei sollte er sich aber leider gründlich getäuscht haben.

Um bis dahin die laufenden, hohen Kosten für sein Schiff aufzubringen, mußte irgendetwas unternommen werden. Angebote hatte er zur genüge, aber alle kamen von der Filmindustrie, also gerade von der Seite, auf die Hans Hass auf gar keinen Fall hauptberuflich hinwollte. John Houston, der damals den Film "Moby Dick" über den sagenhaften Pottwal mit einem kolossalen Aufwand drehte, lud Hans und Lotte Hass in die Filmateliers von Elstree nach England ein. Er wollte die Filmaufnahmen von Hass über diese Tiere sehen und bat ihn um Beratung bei der naturgetreuen Darstellung. Einige Jahre später, als Dino de Laurentiis unter der Regie von John Houston seinen Mammutfilm "Die Bibel" drehte, trat er an Hass heran, ob er verschiedene seiner Walaufnahmen verwenden könne. Hass sagte zu und konnte einige seiner Unterwasseraufnahmen von Pottwalen für einen guten Preis an De Laurentiis verkaufen, der davon aber nur eine etwa acht Sekunden lange Szene gleich zu Anfang seines Films verwendete. Kirk Douglas, der in München Jule Verne's "Zwanzigtausend Meilen unter dem Meer" drehte, machte Hass den Vorschlag, eine Unterwasser-Fernsehserie mit ihm zu drehen. Lotte Hass sollte mit Douglas die Hauptrolle spielen und Hans Hass die notwendigen Unterwasserfilmkenntnisse mitbringen und vielleicht eine Nebenrolle übernehmen. Hass lehnte ab. Von Arthur Brauners CCC-Film in Berlin kam eine Anfrage, ob Hass nicht einen deutschen U-Boot Kapitän darstellen wollte, der dann Selbstmord begeht. Dankend verzichtete Hass. Lotte Hass bekam von Sol Lesser verlockende Angebote zu einer steilen Schauspielerkarriere in Hollywood. Auch sie verzichtete. Von dem Rovere-Film in Rom kam ein Angebot, ob Hass in dem Film "Der Rommel-Schatz", der viele Unterwasserszenen enthielt, einen amerikanischen Spion spielen würde. Der Regisseur war Romolo Marcellini, ein bekannter italienischer Taucher. Hass war zu dieser Zeit in großer Geldnot und antwortete ihm, daß er den Spion zwar nicht spielen könnte, ihm aber die

Die erfolgreichen Unterwasserfilme brachten das Ehepaar Hass mit vielen Stars der Szene zusammen, wie hier beispielsweise mit Kirk Douglas, 1955.

Xarifa vermieten würde und auch bei den Unterwasseraufnahmen behilflich wäre. Dazu hatte Marcellini nun aber wieder nicht genügend Geld, und Hass bot sich an, bei dem Herzog-Film für Marcellini vorzusprechen. Dort sagte Tischendorf seine Unterstützung für den Fall zu, daß Hass als Co-Produzent fungieren würde und zwei namhafte deutsche Schauspieler mitspielen würden. Paul Hubschmidt und Wolfgang Lukschi sagten ihre Teilnahme an diesem Film zu. So wurde Hass auch noch zum Co-Produzenten eines italienischen Spielfilms.

Lotte blieb vorerst mit der *Xarifa* in Cannes und lernte Onassis und Niarchos, die mit ihren Jachten dort lagen, kennen. Inzwischen drehte Hans Hass mit den Italienern auf den Panzerfriedhöfen von El Alamein in Ägypten. Ein weiterer Drehort war Abukir, wo Hass die Gelegenheit nutzte, um die Küste zu untersuchen. Hier versenkte Nelson einst die Flotte von Napoleon, und auch der Nil soll hier früher gemündet haben. Hass tauchte vor der Küste und fand im seichten Wasser die Maurerreste einer alten Tempelanlage. Weitere Drehorte waren Rom und Ponza, und Hass freundete sich während dieser Zeit mit Paul Hubschmidt an. Die benötigten Haiszenen drehte Hass mit einem italienischen Taucher bei Hurghada im Roten Meer.

Für den BBC drehte Hans Hass anschließend in London die sechsteilige Fernsehreihe "Diving to Adventure", in der er über seine bisherigen Expeditionen berichtete. Hass wurde nun immer klarer, daß er in die falsche Richtung steuerte. Um sein Schiff der Forschung zu erhalten entwickelte er sich mehr und mehr zu einem Manager im Filmgeschäft. Viele seiner wissenschaftlichen Kollegen distanzierten sich immer mehr von ihm, und Hass mußte nun eine entscheidende "Kurskorrektur" vornehmen. In dieser Zeit unterhielt sich Hans Hass ausführlich mit seinem Freund Thor Heyerdahl, dessen Leben und Ziele manche Parallelen zu denen von Hass besaßen. Hans Hass hatte Thor Heyerdahl, der damals gerade auf dem Weg zu den Galapagosinseln war, 1952 in New York bei der Premiere seines Films kennengelernt. Auch er wandte sich mit seinen Thesen gegen die konventionelle Wissenschaft, auch er finanzierte seine Unternehmen über Bücher, Vorträge und Filme allein. Für ihn gab es aber ebenso wie für Hass Grenzen. Sich ihren Weg durch Anbiederung beim breiten Publikum zu erzwingen kam für beide nicht in Frage.

Um eine neue Einnahmequelle zu erschließen, wollte Hass nun gemeinsam mit dem Züricher Reisebüro Kuoni Unterwassersafaris im Roten Meer organisieren. Die *Xarifa* wurde dafür mit einer neuen Mannschaft, dem italienischen Kapitän Angelo Cavero und etwas komfortabler ausstaffierten Kajüten von

Anläßlich einer Party an Bord der "Xarifa" in Cannes traf sich 1958 internationale Tauch-prominenz (v.l.n.r.): Henry Broussard, Präsident des Club alpin sous marin, J. Schwart, Präsident des Club de chasse sous marin, Jean-Pierre Charvoz, Sekretär des Club alpin sous marin, Lotte Hass, Dimitri Rebikoff, Commandant Yves Le Prieur, Ada Rebikoff und Hans Hass.

Cannes nach Port Tewfik unweit Port Said überführt. Von hier aus sollten die zwei- oder dreiwöchigen Tauchfahrten für zahlungskräftige und abenteuer-lustige Taucher ins Rote Meer durchgeführt werden. Als erste Station war Hurghada, dann Port Sudan und auf dem Rückweg ein Ausflug zu dem Katharinenkloster im Sinai und Tauchgänge in der Straße von Gubal vorgese-hen.

Um für diese Sache entsprechend zu werben wurden im Herbst 1955 von Kuoni farbenprächtige Prospekte gedruckt, und Hans Hass lud auf eigene Kosten internationale Prominenz und Journalisten für die erste Fahrt ein. Im Januar 1956 legte die *Xarifa* erstmals in Port Tewfik ab, und zwei vergnügliche

Wochen begannen. An Bord waren unter anderem auch Paul Hubschmidt und seine Frau sowie der italienische Prinz Valerio Borghese, den Hans Hass bei der Biennale in Venedig kennengelernt hatte. Die Fahrt war erfolgreich und wurde von allen Gästen gut angenommen, doch unglücklicherweise war auch hier Hans Hass seiner Zeit allzusehr voraus, denn es meldeten sich kaum zahlende Gäste für die weiteren Fahrten - woran aber sicher auch die gespannte politische Situation in diesem Gebiet kurz vor der Suezkriese schuld war. Heute führen bereits auf allen Weltmeeren Kreuzfahrtschiffe längere Tauchexkursionen durch.

Mittlerweile wahr Hans Hass soweit, daß er am liebsten die *Xarifa*, an der ständig umfangreiche Reperaturen notwendig waren die laufend hohe Kosten verursachten, verkaufen wollte. Es hatte sich immer noch kein finanzkräftiger Träger für weitere Forschungsfahrten gefunden, und Hass wollte wieder zu seinem ursprünglichen Interessengebiet, der Forschung, zurück. Angeregt durch seine Bücher und Filme und auch die Bemühungen anderer hatte bereits die weltweite Invasion ins Meer begonnen. An fast allen Küsten der Meere gingen nun dem Beispiel von Hass folgend Fischmenschen mit dem Schwimmtauchgerät unter die Wasseroberfläche. Neue Wirtschaftszweige, wie die Tauchsportindustrie, entwickelten sich, und auch neue Wissenschaftszweige wie die Unterwasserarchäologie lernten das Schwimmtauchen anwenden.

Inzwischen hatte sich auch bei Hans Hass einiges verändert. Daß die schwimmtauchende Erforschung der Meere sinnvoll ist, hatte er bewiesen. Ihm war aber auch klar geworden, daß er das Wesentliche der tropischen Meere bereits gesehen hatte und daß der merkwürdigste Fisch, den es gab, der Mensch war. Vor 350 Millionen Jahren entstiegen unsere Vorfahren dem Meer - zunächst waren es Lungenfische, dann entwickelten sich daraus Amphibien, aus diesen Reptilien, aus diesen Säugetiere und dann schließlich vor etwa drei Millionen Jahren der Mensch. Durch seine vielen Tauchgänge in den letzten Jahren hatte er eine gewisse Distanz zu all denjenigen Vorgängen gefunden, die uns Menschen hier auf der Erde, die wir ständig in diesem System leben, als so selbstverständlich erscheinen. Hass begann sich nun zu fragen, ob wir Menschen uns selbst vielleicht - als Krone der Schöpfung - ganz falsch sehen. Mit seinen Gedanken war er damals schon sehr bei dem Vergleich zwischen tierischer und menschlicher Entfaltung, bei dem Kriterium der positiven Energiebilanz - noch zu erforschende Zusammenhänge, die dann schließlich auch einige Jahre darauf zu dem Verkauf des Schiffes und zu unbeobachteten Menschenaufnahmen in aller Welt führten.

Daß Hans Hass sein Schiff schließlich doch nicht direkt verkaufte und sich als Biologe diesen Fragen zuwandte, war in erster Linie der Initiative und Überzeugungskraft von Eibl-Eibesfeldt zu verdanken. Er und Hans Hass waren inzwischen enge Freunde geworden und sprachen oft über die Zukunft der *Xarifa*. Während Hans Hass nicht mehr daran glauben konnte, daß sich eine finanzkräftige Organisation zur Übernahme der *Xarifa* finden und ihn von seinen großen Schulden befreien würde, sprach Eibl-Eibesfeldt ihm Mut zu: "Du darfst das Schiff keinesfalls verkaufen. Es hat sich einzigartig bewährt, und du mußt jetzt durchhalten. Die Zoologenschaft steht auf deiner Seite, glaub mir. Wir müssen die Sache nur richtig anpacken. Laß mich nur machen: Wir bilden ein Komitee, und es muß sich ein Weg finden, dieses Schiff zu finanzieren. Die deutsche Forschung braucht ein solches Schiff!"[17]

Vorbild zur Finanzierung der Forschungsfahrten wurde so die Zoologische Station in Neapel. Sie wurde 1870 von dem deutschen Zoologen Anton Dohrn, dem Freund Ernst Abbes, gegründet, ihre Laboratorien wurden 1874 eröffnet, und sie erfreute sich seither der größten internationalen Wertschätzung. Alljährlich kamen Wissenschaftler aus der ganzen Welt dorthin, um meeresbiologische Arbeiten durchzuführen. Ähnlich wie Anton Dohrn seine Zoologische Station in Neapel aufgebaut hatte, sollte nun auch die *Xarifa* über die Vermietung von einzelnen "Arbeitsplätzen" finanziert werden. Auf ihr sollte eine ständig in tropischen Meeren operierende Forschungsstation eingerichtet werden, auf der Jahres- oder Halbjahresforschungsprogramme durchgeführt werden konnten. Sechs Arbeitsplätze, also Unterkunft und Arbeitsmöglichkeit für sechs teilnehmende Wissenschaftler, waren zu mieten, und jeder Platz sollte pro Jahr 25.000 DM kosten - also war eine Gesamteinnahme von 150.000 DM jährlich möglich, mit der die Kosten der Unternehmungen und die anfallenden Reparaturen zu bestreiten waren.

Die nächste Forschungsreise der *Xarifa* war in vier Etappen projektiert worden: Die erste Etappe vom Oktober 1957 bis April 1958 sollte durch das Mittelmeer über Port Said und Aden in den Indischen Ozean in das Atollgebiet der Malediven führen. Nach einer Überholung des Schiffes in Colombo auf Ceylon führte die zweite Etappe vom Mai bis Ende September 1958 über Padang auf Sumatra zur Untersuchung der Matawii-Inseln, von Krakatau, einiger Inseln der Jawa-See, von Komodo, Ost-Flores und von Timor, um in Port Darwin in Nord-Australien zu enden. Hier sollte das Schiff stationiert werden und eine dritte Etappe vom November 1958 bis März 1959 der Untersuchung der Aru-Inseln, der Südküste von Ceram, der Palau-Inseln in den Karolinen, und der Ostküste der Philippinen gewidmet sein, um dann in einer vierten Etappe von April bis August 1959 von Port Darwin aus Untersuchungen der Monte-Rallo-Inseln und der Albrohos-Riffe durchzuführen.

Monatelang fuhren Hans Hass und Eibl-Eibesfeldt nun in dessen Volkswagen kreuz und quer durch Deutschland, um namhafte Biologen für diesen Plan zu gewinnen. Sie besuchten unter anderem Erich von Holst, Otto Koehler, Adolf Remane und Bernhard Rensch sowie die späteren Nobelpreisträger Konrad Lorenz und Karl von Frisch. Nicht weniger als 26 Biologen von Rang und Namen traten dem beratenden Komitee bei, das sich "Für eine Finanzierung weiterer Forschungsfahrten der *Xarifa* mit laufendem Forschungsprogramm in tropischen Meeren" durch staatliche und wissenschaftliche Stellen einsetzen wollte. Das Komitee stand unter der Leitung von Hans Hass, und Wissenschaftlicher Direktor war Irenäus Eibl-Eibesfeldt. Als Schirmherr konnte kein geringerer als der regierende Fürst Franz Joseph II. von und zu Liechtenstein gewonnen werden. Jeder der 26 Mitglieder des beratenden Komitees verfaßte ein Gutachten, und 1956 wurde bei der Jahresversammlung der Deutschen Zoologischen Gesellschaft in Graz dann ein entsprechender Antrag auf finanzielle Unterstützung für dieses weitgesteckte Ziel gestellt.

Durch den massiven Druck der vielen Wissenschaftler aufgeschreckt machte nun auch die Deutsche Forschungsgemeinschaft Hans Hass wieder Hoffnung und wollte drei der sechs Arbeitsplätze übernehmen. Voraussetzung war allerdings, daß die Finanzierung der anderen drei gesichert sei. Die Bemühungen von Hass und Eibl-Eibesfeldt führten schließlich dazu, daß die Max-Planck-Gesellschaft und das Kultusministerium von Nordrhein-Westfalen jeweils einen Platz übernahmen. Da sich kein weiterer Interessent fand, mußte Hass den letzten, freien Platz selbst über die Vergabe von Fernsehrechten finanzieren.

Hass atmete nun auf und glaubte wieder fest daran, daß sein ursprünglicher Plan Wirklichkeit werden würde. Nun galt es, mit Hochdruck an die Vorbereitungen der Expedition zu gehen. In den Belangen der Ausrüstung fand Hass wieder überall verständnisvolle und großzügige Hilfe. Zahlreiche Unternehmen stellten wertvolle Ausrüstungsgegenstände kostenlos oder stark vergünstigt zur Verfügung, und die Zeiss-Werke in Jena stifteten sogar die teueren, für alle Arbeitsplätze notwendigen optischen Geräte.

Um die Kosten für einen Satz neuer Segel aufzubringen, vermietete Hans Hass die *Xarifa* im Sommer 1957 für einige Wochen an einen Belgischen Großindustriellen. Als die *Xarifa* wieder im Hafen von Genua lag, stellte sich heraus, daß

Hans und Lotte Hass 1956 bei einem Empfang bei dem Fürsten von Liechtenstein, der die Schirmherrschaft über die zweite "Xarifa"-Fahrt übernommen hat.

die Angeln des Steuerruders erneuert werden mußten, was eine halbe Million Lire verschlang. Die Arbeitstische für die Wissenschaftler kosteten 400.000 Lire: Eine lange Liste entstand, welche Arbeiten noch auszuführen waren.

Erneut mußte sich Hans Hass an die Banken wenden, doch die einzige Bank, von der er einen Kredit bekam, war die von Liechtenstein. Einen kleinen Vorschuß erhielt Hass auch für sein 1957 erschienenes Buch mit dem zweideutigen Titel "Wir kommen aus dem Meer", in dem er seine Erlebnisse vom Roten Meer, dem Barriereriff und der ersten *Xarifa*-Fahrt schildert. Die nötige Totalrevision und der Einbau der wissenschaftlichen Geräte mußte sehr schnell und präzise geschehen, und der gewissenhafte Xenophon kümmerte sich in Genua um alle Belange. In Deutschland stand die Forschermutter Schneider-Lindemann wieder Hans Hass tatkräftig zur Seite. Außerdem erledigte Lotte Hass alle anfallende Korrespondenz und koordinierte die einzelnen Vorgänge. Da sie ihr erstes Kind erwartete, konnte sie diesmal nur an der zweiten Etappe, ab Ceylon, an der Expedition teilnehmen.

Drei Wochen vor Abfahrt der *Xarifa* bestätigte sich die böse Vorahnung von Hans Hass: Die Deutsche Forschungsgemeinschaft, die ja die Hälfte der Kosten tragen wollte, ließ ihn im Stich und zog die versprochene Unterstützung zurück. Für Hans Hass konnte es keine größere Enttäuschung geben! Professor Hess, der damalige Präsident der Deutschen Forschungsgemeinschaft, schrieb Hans Hass dazu: "Der Hauptausschuß glaubt nicht verantworten zu können, eine so hohe Summe zu bewilligen, um wissenschaftliche Ergebnisse zu erzielen, die auch auf anderem Wege mit bedeutend geringeren Mitteln erreichbar sind."[18]

Natürlich ist die Ausrüstung eines solchen Forschungsschiffes kostspieliger als die Entsendung einzelner Wissenschaftler in tropische Regionen. Dafür gehen aber dann die Flexibilität und die auf einem Schiff vorhandenen Hilfsmittel verloren. Wie sonst als auf einem entsprechend ausgerüsteten Schiff hätte man beispielsweise in den Malediven oder bei den Galapagos-Inseln, wo weit und breit keine westliche Zivilisation war, meeresbiologische Untersuchungen durchführen können? Später erfuhr Hans Hass etwas mehr über die Hintergründe der Absage: Die DFG wollte wahrscheinlich ein eigenes, noch nicht im Bau befindliches Forschungsschiff einrichten und versagte deshalb Hass ihre Unterstützung.

Verbittert über die Absage und in dem Glauben, er hätte die Wissenschaft noch nicht vollkommen überzeugt, biß er die Zähne aufeinander: Wenn die DFG nicht wollte, dann mußte es eben wieder ohne sie gehen, denn was Hass angefangen hatte, das wollte er auch zu Ende bringen! Nun war es also doch wieder an ihm, vier der sechs Arbeitsplätze zu finanzieren.

Nach all seiner Erfahrung gab es nur eine Lösung des Problems: Er mußte wieder die Bürde einer Filmproduktion auf sich nehmen, um wenigstens das erste Jahr finanziell abzusichern. Eilig flog Hass deshalb nach Stuttgart und London und konnte nach einigen anstrengenden Verhandlungen erreichen, daß die BBC und der Südfunk Stuttgart sein Forschungsprogramm durch einen Vorschuß absicherten. Dafür mußte sich Hans Hass verpflichten, über diese Expedition 26 halbstündige Fernsehfilme in beiden Sprachen abzuliefern.

Verhältnismäßig zufrieden mit dem Ergebnis flog Hass wieder nach Genua zurück: Diesmal mußte er sich keine Spielfilmhandlung ausdenken, sondern konnte einem großen Zuschauerkreis die Vorzüge der freischwimmenden Forschungsmethode und ihre Ergebnisse vor Augen führen. Außerdem konnte er die Fernsehreihe frei nach seinem Entwurf gestalten. Das war zwar nicht weniger anstrengend als ein großer Spielfilm, bereitete aber mehr Freude, da er die Entdeckungen und Erlebnisse in Einzelfilmen präsentieren konnte. Ein Aspekt trübte jedoch die Freude über den gelungenen Abschluß: Hass hatte wieder eine kaum zu bewältigende Filmaufgabe übernehmen müssen, und würde sich demzufolge nur in sehr beschränktem Rahmen seinen wissenschaftlichen Interessen widmen können.

Indischer Ozean: Die zweite Xarifa-Expedition

Als endgültiger Auslauftermin für diese zweite Fahrt der *Xarifa* mußte der 15. Oktober 1957 unbedingt eingehalten werden, denn für die Fahrt durch das Rote Meer und die dort vorgesehenen Arbeiten waren etwa sechs Wochen nötig, und in der zweiten Hälfte des Novembers wurden im südlichen Teil des Roten Meeres die Windverhältnisse sehr ungünstig. Außerdem war die Zeit von Dezember bis April die bestgeeignetste Zeit für die Arbeit in den Malediven. In den letzten Wochen vor dem Auslaufen stellte sich heraus, daß der italienische Zoll Schwierigkeiten bei der Einfuhr verschiedener Ausrüstungsgegenstände machte. So verlegte Hans Hass kurzerhand die *Xarifa* nach Cannes, wo nun die Vorbereitungen wesentlich zügiger vonstatten gingen. Auch eine neuartige Fernsehanlage für Unterwasseraufnahmen wurde an Bord genommen.

Noch in den letzten Stunden vor dem Auslaufen wurde fieberhaft ausgepackt und verstaut, doch pünktlich um 17.30 Uhr lief die *Xarifa* am 15. Oktober 1957 - diesmal unter der österreichischen Flagge ihres Heimathafens Wien - aus dem Hafen von Cannes aus. Viele Gäste säumten die Mole und wünschten der *Xarifa* eine gute Reise. Die BBC und der Süddeutsche Rundfunk kamen zum Abschied, und ganz besonders freute sich Hans Hass über den Besuch des französischen Tauchpioniers Commandant Yves le Prieur. Bereits 1937 hatten sich die Unterwasserwege von Hans Hass und le Prieur in Südfrankreich gekreuzt, doch leider hatten sich die beiden nicht kennengelernt.

An Bord der *Xarifa* war wieder Georg Scheer, der sich auf der ersten Expedition so bewährt hatte. Hinzu kam der Fischspezialist Wolfgang Klausewitz vom Senckenbergmuseum in Frankfurt, ferner der Kieler Meeresbiologe Klaus Gerlach, der in erster Linie an den Kleinlebewesen in den Korallen interessiert war, und schließlich Ludwig Franzisket vom Zoologischen Institut der Universität Münster, der die Physiologie der Korallen untersuchen wollte. Irenäus Eibl-Eibesfeldt konnte erst in Aden zusteigen. Er war im Auftrag der UNESCO bereits einige Monate vorher schon zu den Galapagos-Inseln gereist und konnte erst Mitte November heimkehren. Er hatte nach Rückkehr von der ersten *Xarifa*-Fahrt eine Denkschrift für die UNESCO und für die Internationale Union für Naturschutz in Brüssel (IUCN) verfaßt, in der er auf die Gefahren durch die zunehmende Besiedlung der Galapagos-Inseln hinwies. Ihn bedrückte der Gedanke, daß die Lebenswelt der Inseln durch diese zunehmende Besiedlung zerstört werden könnte, und er schlug in seiner Denkschrift vor, Reservate und eine biologische Station einzurichten. Die Adressaten zeigten sich an den Vorschlägen interessiert und forderten Eibl-Eibesfeldt auf, eine Galapagos-Expedition mit dem Ziel einer genauen Bestandsaufnahme durchzuführen. Seinen Arbeitsplatz, den die Max-Planck-Gesellschaft trug, übernahm deshalb bis Aden Walter Luther. Er war Direktor des Zoologischen Instituts der Technischen Hochschule Darmstadt und ganz besonders am Studium der Symbiosen interessiert.

Kapitän der *Xarifa* war auf dieser Reise Heinrich Becker. Er war auf der ersten Fahrt als Offizier mitgesegelt und hatte zwischenzeitlich sein Kapitänspatent erhalten. Wenige Wochen vor Abfahrt aus Cannes hatte Hans Hass bestürzt die Nachricht erhalten, daß Johannes Diebitsch, der frühere Kapitän der *Xarifa*, mit dem Schulschiff Pamir bei den Azoren in einem schweren Wirbelsturm untergegangen war. Der Platz, an dem die Pamir unterging, lag keine 50 Meilen von der Stelle, wo auch die *Xarifa* von einem heftigen Sturm überrascht worden war. Damals war Diebitsch durch Kursänderung auf die Kanarischen Inseln ausgewichen. Diesmal hatte er die Segel stehenlassen und so versucht, dem Hurrikan zu entkommen. Das wurde dem Schiff zum Verhängnis.

Der treue Xenophon war auf dieser Fahrt nicht mehr dabei. Der liebenswerte Sonderling fühlte sich für diese lange Reise schon zu alt und verließ das Schiff, als es aus Cannes auslief. Er hatte fünf Jahre lang auf der *Xarifa* gelebt und nun Heimweh nach dem geliebten Griechenland. Er ließ sich am Pelion nieder und betrieb dort bis zu seinem einsamen Lebensende eine kleine Pension. Ingenieur Kurt Hirschel war wieder als Techniker und Kameramann mit von der Partie, und als Expeditionsarzt fuhr diesmal Dr. Kost mit. Als Unterstützung bei seinen Unterwasserarbeiten hatte Hans Hass den bekannten und damals wohl besten deutschen Sporttaucher Klaus Wissel mit eingeladen. Er war ein hervorragender Unterwasserfotograf und begabter Autor und hatte als Taucher bereits beachtliche Leistungen vollbracht. Zwei sehr gute Unterwasserfilme ("In ihrem Element" und "Blaues Licht") waren sein Verdienst. Für Wissel war diese Reise in tropische Meere die Erfüllung seiner Träume und der Höhepunkt seiner taucherischen Karriere.

Hans Hass hatte sich auf dieser Fahrt vorgenommen, neben seiner zeitraubenden Filmarbeit die Gesetzmäßigkeiten der Korallenriffe und besonders die Entstehung der kreisförmigen Atolle näher zu untersuchen. Für ihn stand bereits nach Abfahrt aus Cannes fest, daß dies die letzte solche Expedition sein würde, und daß er wohl wieder von öffentlicher Seite recht wenig Verständnis und noch weniger Anerkennung und Dank für seine Mühe zu erwarten hatte. Doch sein vor vielen Jahren gefaßtes Ziel, eine schwimmende Forschungsstation zu betreiben, von der aus Kollegen der verschiedensten Fachrichtungen schwimmtauchend das Meer erforschen konnten - dieser Traum hatte sich erfüllt, und nur das zählte.

Die *Xarifa* ließ den Hafen von Cannes hinter sich, erreichte an Malta vorüber den Suezkanal und ging bei der kleinen Koralleninsel Bluff Point in der Straße von Gubal vor Anker. Genau dort, wo er zwei Jahre zuvor vergeblich versucht hatte, Tauchtourismus zu betreiben, gaben nun Hans Hass und Klaus Wissel erneut Tauchunterricht - diesmal allerdings für Wissenschaftler. Auch hier machte Hass die gleiche Erfahrung wie im Karibischen Meer: Die Fachwissenschaftler Luther, Gerlach, Franzisket und Kost gingen in die Tiefe und waren bereits von Beginn an so überwältigt von der Lebensvielfalt, die sich vor ihren Augen bot, daß sie vor lauter Faszination kaum Zeit hatten, an sich und ihre

Angst zu denken. Sie begannen die Unterwasserwelt sofort aus der Perspektive ihres jeweiligen Interessengebietes heraus zu erkunden.

Auf dieser zweiten Fahrt der *Xarifa* verwendeten Hans Hass und seine Kameraden - durch die Unfälle der früheren Jahre gewarnt - fast ausschließlich die Preßlufttauchgeräte "Atlantik" der Firma Dräger. Die Sauerstoffgeräte sollten nur in ganz flachem Wasser in besonderen Situationen, wenn es zu Zwecken der Beobachtung auf Geräuschlosigkeit ankam, und nur unter ständiger Aufsicht eingesetzt werden. Preßlufttauchgeräte haben natürlich auch ihre bauarteigenen Risiken, doch davon soll an späterer Stelle mehr berichtet werden.

Nach einem kurzen Aufenthalt in Hurghada und auf der Insel Markowar erreichte die *Xarifa* am Nachmittag des 6. November 1957 das im mittleren Roten Meer gelegene Riffgebiet von Shaab Anbar und ankerte dort in einer Lagune. Am darauffolgenden Tag begann nun die eigentliche wissenschaftliche Tätigkeit unter Wasser. Zu diesem Zweck hatten sich die Teilnehmer in zwei Gruppen aufgeteilt: Hass tauchte mit Franszisket und Luther auf der einen Seite der Lagune, während Klausewitz und Kost von Scheer und Wissel auf der anderen Seite geführt wurden.

Es war gegen Mittag, als Hass von einem Tauchabstieg an die Oberfläche kam und ihn dort Georg Scheer mit der schlechten Nachricht empfing, daß Klaus Wissel verunglückt und wahrscheinlich tot wäre. Er war nach dem Tauchgang mit seiner Gruppe nocheinmal alleine in den seichten Bereich der Lagune getaucht um dort einige Fische zu fotografieren. Als Scheer ihn nach einer Weile suchte, fand er ihn in zwei Meter tiefem Wasser leblos zwischen den Korallen liegen. Der Atemschlauch war nicht mehr in seinem Mund und die Kamera lag einige Meter neben ihm auf dem Grund. Scheer hatte ihn an Bord der *Xarifa* gebracht, wo Dr. Kost sofort mit den Wiederbelebungsversuchen begann. Nach über fünf Stunden mußten sie aber diese Versuche erfolglos aufgeben. Offenbar war Wissel schon tot gewesen, als Scheer in fand. Ein neuer schwerer Schlag für die Expedition!

Die anschließende Untersuchung ergab, daß das Atemgerät von Wissel vollkommen in Ordnung war und auch noch genügend Luft enthielt. Vor Antritt der Fahrt hatte Wissel Hans Hass pflichtgemäß darüber unterrichtet, daß er einen angeborenen Herzfehler habe und alle sich daraus ergebenden Risiken selber tragen würde. Die Arbeit in dem flachen, besonders warmen Wasser der Lagune und seine Versuche, trotz der Dünung die Kamera zum Fotografieren ruhig zu halten war wohl zu anstrengend für Wissel gewesen und hatten - wie Dr. Kost diagnostizierte - zu akutem Herzversagen geführt.

Neben dem Schock, den die gerade zu Tauchern gewordenen Wissenschaftler durch diesen unvorhergesehenen Zwischenfall bekamen, hatte dieses Ereignis möglicherweise noch eine weit größere Tragweite: Die Frau von Wissel sollte ebenso wie Lotte Hass in den nächsten Tagen ihr erstes Kind bekommen, und die Nachricht vom Tode ihres Mannes könnte ungeahnte Folgen haben. Nach dem geltenden Seerecht war Hans Hass verpflichtet, den Leichnam in dem nächstgelegenen Hafen, also Port Sudan, zu beerdigen. Tat er das aber, dann würde es sich kaum vermeiden lassen, daß Wissels Frau vor ihrer Niederkunft die schlechte Nachricht erhielt. Würde aber ein Sturm oder schlechtes Wetter das Boot daran hindern, innerhalb von 24 Stunden den nächsten Hafen zu erreichen, konnte der Leichnam nach herrschendem Recht auf See bestattet werden. Dann mußte erst im nächsten angelaufenem Hafen, also in etwa 14 Tagen in Aden, Meldung erstattet werden. Es war sicherlich besser, wenn Frau Wissel erst dann die furchtbare Nachricht erhielt. Hans Hass trug Kapitän Becker sein Anliegen vor, und verständnisvoll ließ dieser den Anker der *Xarifa* lichten und Kurs aufs offene Meer nehmen. Wissels Leichnam wurde in Leinen und in die Deutschlandflagge eingenäht und nach einer kurzen, feierlichen Andacht - wie es sicherlich auch sein Wunsch gewesen wäre - dem Meer übergeben.

Es war nun der Wunsch aller, diesen unglücklichen Ort vor Port Sudan schnellstmöglich zu verlassen, und so segelte die *Xarifa* gegen Süden weiter. Die Wissenschaftler an Bord, die eben die erste Sicherheit beim Tauchen gewonnen hatten, waren über dieses Unglück fassungslos. Wissel war nicht nur ein guter Kamerad, sondern auch auf Grund seiner besondern Fähigkeiten von jedermann geschätzt worden.

Als nächsten Arbeitsplatz wurden zwei langgestreckte Inseln innerhalb der Farsan-Gruppe vor der saudiarabischen Küste gewählt. Zwischen Sarso und Sarad Sarso bot sich ein guter Ankergrund, und in den beiden darauffolgenden Wochen ging die Arbeit wieder gut voran. Allmählich überwanden die Wissenschaftler den erlittenen Schock. Nach Wissels Tod waren sie alle näher zusammengerückt, und die Bordgemeinschaft sollte sich während der folgenden Monate noch weiter vertiefen.

Eine der zahlreichen Entdeckungen bei den Sarso-Inseln war die bisher unbekannte Form der Symbiose zwischen einem kleinen Fisch und einem Krebs. Sie leben gemeinsam in einem Sandloch, das die Garnele sauber hält, indem sie den eindringenden Sand auf ihren Scheren aus dem Loch hinausbefördert. Der Fisch war für den kleineren Krebs ein Schutz, und häufig fiel auch noch genügend von den Mahlzeiten für ihn ab.

Vor Sarso filmte Hass die ersten beiden der 26 Programme - eines über die Untersuchungen von Klaus Gerlach, das zweite über den reichen Lebensraum in den Wäldern des Sargassum-Tangs. Am 23. November ließ er den Anker lichten, und am 3. Dezember erreichte die *Xarifa* Aden. Hier ging Luther von Bord und Eibl-Eibesfeldt, der gerade von den Galapagos-Inseln zurückgekehrt war, nahm dessen Platz ein. Von ihm erfuhr Hass, daß er am 20. November 1957 Vater von einem gesunden Mädchen geworden war, und das auch Wissels Frau ohne Komplikationen ein Mädchen geboren hatte. Zwei Tage lang bunkerte die *Xarifa* nun alle für die lange Reise in die Malediven notwendigen Lebensmittel, und am 5. Dezember 1957 begann die Fahrt in den Indischen Ozean.

Vor der Ostspitze Afrikas liegt die kleine Insel Abdel Kuri, wo die *Xarifa* zunächst zwei Tage lang ankerte. Hier erhielt Hass Einblicke in ein wieder ganz anderes Biotop: "Eine fremdartige, ganz unglaubliche Fauna. Eine Mittelmeerlandschaft mit Algenwuchs wie bei Sydney und zutraulichen Fischschwärmen wie an den schwarzen Klippen von Galapagos. Zwei blaue Engelsfische einer mir noch unbekannten Art tänzeln als Vorboten der neugierigen Fischwelt heran und drehen sich wie eitle Mädchen vor einem Spiegel. Dieses Gebiet war ein Paradies. Ähnlich wie auf Galapagos zeigten die Fische keinerlei Angst. Hirschel gab mir die Bolex; er selbst nahm die Rolleimarin. Eine Filmschlacht sondergleichen begann, ein Tag, an dem ich 600 Meter Fischaufnahmen filmte."[19]

Am 10. Dezember 1957 begann die Übersegelung des Indischen Ozeans. Um Brennstoff für den viermonatigen Aufenthalt in den Malediven zu sparen, fuhr die *Xarifa* ohne Motor und nur unter Segel. Da die Matrosen anderes genug zu tun hatten, halfen die Wissenschaftler wie auch schon auf der ersten Fahrt bei der Brückenwache und am Steuerruder aus. Am 20. Dezember überquerte die *Xarifa* den Äquator, und am nächsten Morgen schon lag vor ihrem Bug eine lange Reihe von palmenbestandenen Inseln: Die Malediven, das erste Ziel der Reise, war erreicht!

Neben dem großen Barriereriff von Australien ist das riesige Atollgebiet der Malediven das zweitgrößte Weltwunder im Unterwasserraum. Der Archipel umfaßt zwölf große und zahlreiche kleinere Riffringe und erstreckt sich auf 900 Kilometer Länge in nordsüdlicher Richtung bis über den Äquator. Die Ost-West Ausdehnung beträgt maximal 150 Kilometer. Jeder dieser Riffringe, der Atolle, ist wieder aus vielen kleineren, "Faros" genannten, Ringen aufgebaut. Die Atolle der Malediven erheben sich über massiven Sockeln, die steil aus großer Tiefe aufsteigen. Die rund 1200 Koralleninseln besitzen eine gesamte Landfläche von nur etwa 300 Quadratkilometern, das entspricht in etwa der Fläche von München. Keine der Inseln ist höher als zwei Meter, und ein Großteil von ihnen ist mit Kokospalmen dicht bewachsen.

Während heute diese Inseln ein Urlaubsgebiet wie viele andere sind, waren die Malediven bis zum Besuch von Hans Hass nur selten erforscht worden. Auch hier war er der erste, der in diesen Riffen tauchte. Schon Charles Darwin, der die Malediven selbst nie kennenlernte, hatte sich anhand der englischen Seekarten Gedanken darüber gemacht, wie die Atolle entstanden sein könnten. Nach seiner klassischen Theorie entstehen Atolle durch das allmähliche Absinken von vulkanischen Inseln. Das Saumriff solcher Inseln wächst höher und wird so, wenn die Insel vollständig versunken ist, zum Riffring. So entstanden viele Atolle der Südsee, wie Bohrungen im Enewetok-Atoll bewiesen: Nachdem man über 1000 Meter Korallenkalk durchbohrt hatte, stieß man tatsächlich auf vulkanisches Gestein. Allerdings scheint diese Theorie für die Enstehung der Malediven-Atolle keine plausible Erklärung darzustellen, denn dazu gibt es zu viele ineinander verschachtelte und zu kleine Riffringe. Darwin nahm anhand des Studiums der Seekarten an, daß diese kleinen Riffringe, die "Faros", durch Absinken von Riffen entstanden seien.

Für Hans Hass waren die Malediven das eigentliche Hauptziel der zweiten *Xarifa*-Fahrt. Da sein eigenes biologisches Interesse weniger den Meeresorganismen selbst galt, sondern vielmehr bei den Gesetzmäßigkeiten lag, die ihre Entwicklung und ihr Wachstum bestimmen, war es das Bestreben von ihm, die Entstehung dieser Atolle näher zu untersuchen. Für die Entstehung dieser kleinen Riffringe, der Faros, mußte es noch andere Gründe als die von Darwin angenommenen geben. Die Malediven boten für diese Untersuchungen ideale Bedingungen. Da es hier Riffringe jeder Größe gab, konnte Hass vielleicht durch Studium der Gegebenheiten vor Ort, also auf der Meeresgrund, Anhaltspunkte gewinnen, die zur Klärung der vielumstrittenen Problematik beitrugen. Dafür war es allerdings sehr wichtig, daß Hass das Gesamtgebiet der Malediven mit einem Flugzeug abflog und ähnlich, wie er es schon am Barriereriff von Australien getan hatte, die Riffe auch aus der Vogelperspektive studieren konnte.

Zu diesem Zweck hatte er sich bereits vor Beginn der Expedition an die Behörden in England mit der Bitte gewandt, ob sie ihm zum Zweck der Luftaufnahmen ein Flugzeug zur Verfügung stellen könnten. Die Malediven, ein Sultanat, gehörten zum British Commonwealth, und auf der Insel Gan im Addu-Atoll hatte die Britische Luftwaffe einen Stützpunkt eingerichtet. Hass hatte seinem Gesuch aus taktischen Gründen eine Befürwortung des BBC beigelegt, und sich auf eine Bewilligung des Gesuches eingestellt. Die englische Fernsehreihe "Diving to Adventure", die die BBC über Hans und Lotte Hass gedreht hatte, war als deren erfolgreichstes Programm des Jahres 1955 eingestuft worden und hatte dem Tauchsportpionier auch in England zu erheblicher Popularität verholfen. Ganz wider Erwarten hatte Hass nun aber eine Absage vom Air Ministry erhalten. Hass ließ sich davon aber nicht von seinem Vorhaben abbringen. Nun fuhr er eben auf gut Glück zur Insel Gan, um von dort aus vielleicht doch mit einem Militärflugzeug die Malediven zu überfliegen.

Am 21. Dezember ging die *Xarifa* bei der Insel Gan direkt vor dem Militärlager vor Anker. Der Kommandant, Wing Commander Roy Schofield, kam an Bord, und Hass erzählte sein Anliegen. Da Hass allerdings eine offizielle Ablehnung erhalten hatte, waren auch Schofield die Hände gebunden, und so leid es ihm tat, konnte er sich nun aber nicht über seine vorgesetzte Dienststelle hinwegsetzen. Fünf Wochen lang tauchten Hass und seine Kameraden bei Gan, und in dieser Zeit wurden Hass und Schofield gute Freunde. Dann ergab sich überraschend die Gelegenheit für Hass, mit dem Oberkommandierenden der Luftstreitkräfte, der sich zu einem Besuch von Gan angemeldet hatte, zu sprechen. Dieser interessierte sich sehr für die Forschungen von Hass und gab schließlich den Fotoflug doch noch frei. Mit mehreren Kameras beladen stieg Hass mit Hirschel in das Flugzeug und hatte endlich all das unter sich, was er bereits seit Jahren auf Admiralitätskarten auf das Genaueste studiert hatte.

Hass hatte die Flugroute und die für ihn wichtigen Aufnahmen im voraus genau festgelegt, und arbeitete nun mit Hirschel konzentriert und gewissenhaft. Von der Vogelperspektive aus konnte Hass alle Übergänge, alle Zwischenstadien der Entwicklung sehen: das punktförmig hochwachsende Riff, das sich ausbreitende Riff mit der im Zentrum schon verödenden Riffplatte. Dann das Einsinken des Mittelteils, die Entstehung des immer größer, im Zentrum immer tiefer werdenden Beckens. Und an bestimmten Stellen die Entstehung von flachen Sandinseln auf den Außenriffen. Diese trugen zuerst nur Büsche, später üppigen Palmenbewuchs.

Hass legte nun von Flugzeug aus die Reiseroute für die nächsten Monate fest und kam zu einer ersten Vermutung, wie diese unzähligen Riffringe enstanden sein könnten. Er nahm sich vor, diese Vermutung bei ausgewählten Riffringen unter Wasser noch genauer zu untersuchen. Im Januar 1958, nach insgesamt über sechs Wochen Liegezeit bei Gan, setzte die *Xarifa* ihre Fahrt durch die Malediven fort.

Es folgten nun einige arbeitsintensive Wochen. Die Bordgemeinschaft der Wissenschaftler und Seeleute hatte sich gut eingespielt und jeder der Wissenschaftler forschte tatkräftig in seinem eigenen Spezialgebiet - mit Ausnahme von Hans Hass. Sein Problem war es wieder einmal, die 26 Halbstundenfilme für das Fernsehen zu drehen. Diesmal brauchte er allerdings keine abenteuerliche Spielhandlung vorzutäuschen, sondern alles konnte den tatsächlichen Ereignissen entsprechen. Die laufenden Forschungsarbeiten lieferten genügend Stoff dafür, doch trotzdem mußte jeder Teil eine in sich abgeschlossene Handlung haben, Interesse und Spannung aufbauen und schließlich zu einem verständlichen Endresultat führen. Hass begann in der Regel genau umgekehrt: Wenn er ein interessantes Ergebnis fand oder zu einer Entdeckung kam, wurde diese zum Abschluß und Höhepunkt eines Filmes. Vorher baute er dann das Interesse für diese Problematik auf: Szenen, die sie vorbereiten und untermauern. In einem der ersten Filme lud Hass den Zuschauer an Bord der *Xarifa*, machte sie mit dem Schiff, den Ausrüstungen und den Problemen des Tauchens vertraut. In einem weiteren verglich er ein Korallenriff mit einem Hotel, das eine höchst verschiedenartige Zusammensetzung von Gästen beherbergt. Ein dritter Film hatte das reiche Leben im sandigen Meeresboden zum Thema. Ein weiterer beschäftigte sich mit den Lebensgemeinschaften, wie man sie unter Landungsbrücken oder auf versunkenen Schiffen findet.

Dann brachte wieder ein glücklicher Zufall eine wissenschaftliche Entdeckung, und damit wieder eine neue Folge für die Serie: Schon 1939 hatte Hass vor Curaçao eine fast eineinhalb Meter lange Gallertröhre fotografiert, ohne jedoch zu wissen, was es war. Auch verschiedene Wissenschaftler, denen er später die Aufnahme gezeigt hatte, fanden keine plausible Antwort. Beim Verlegen des Schiffes im Addu-Atoll trieb nun ein nahezu identisches Gebilde an der *Xarifa* vorüber. Ohne lange zu überlegen nutzte Hass diese einmalige Gelegenheit, sprang über Bord und hielt sich solange in der Nähe der Gallertmasse auf, bis die *Xarifa* gestoppt hatte und sich ein Beiboot näherte. Mit Netz und Kübel wurde das Gebilde auf die *Xarifa* geschafft, und dort stellte Hass fest, daß es sich um das Gelege eines Tiefseetintenfisches handelte. Die Gallertröhre enthielt an einem schier unendlichen Faden Tausende von Eiern. Unter dem Mikroskop konnte Hass filmen, wie die Jungen schlüpften - eine neue Folge war fertiggestellt und ein weiteres Rätsel gelöst.

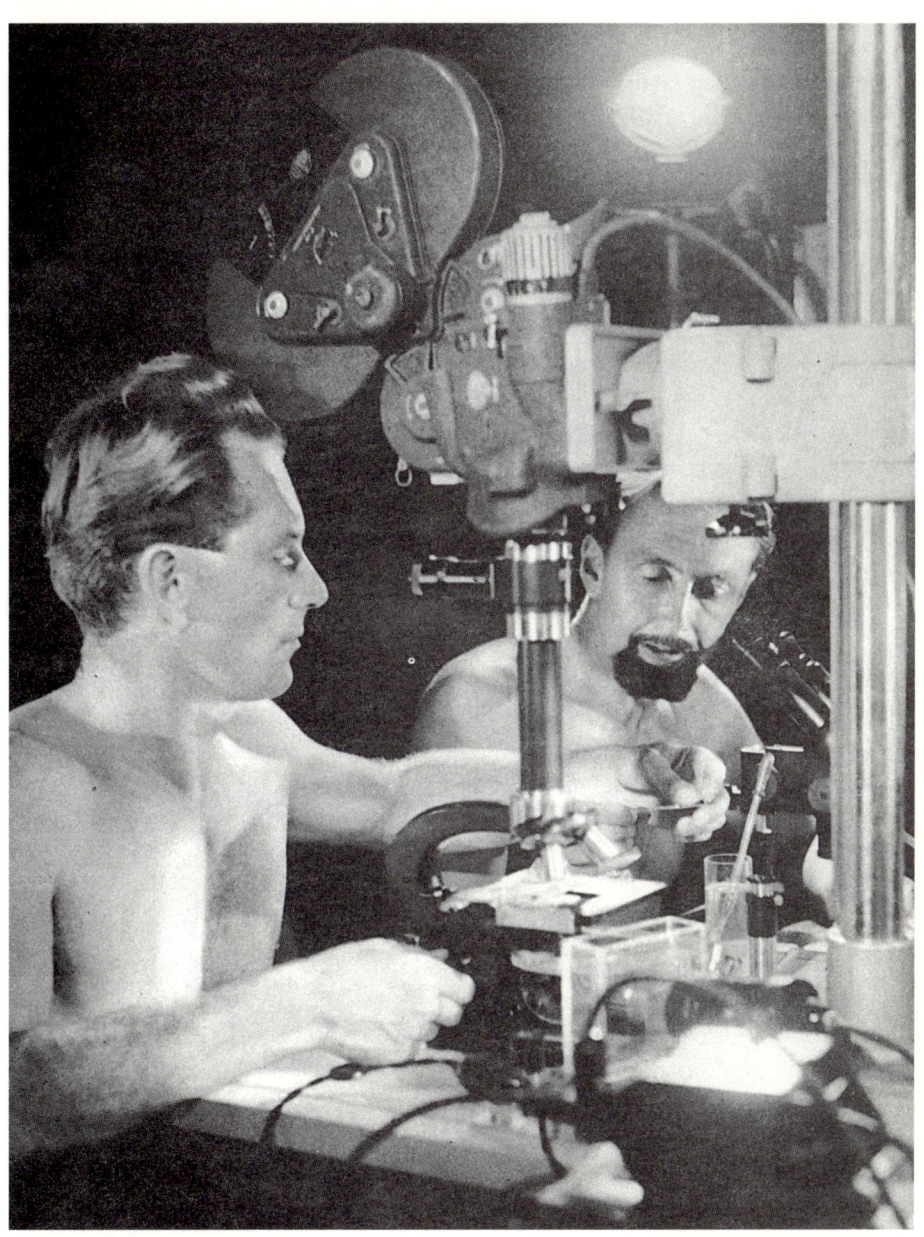

Forschungsarbeiten an Bord der "Xarifa". (1958)

Auf dem Sandboden vor Hittadu fanden Hass und Eibl-Eibesfeldt in 20 Meter Tiefe großflächige Felder von aus dem Boden herausschauenden "Halmen", die sich bei Annäherung in den Sandboden zurückzogen. Es handelte sich offenbar um eine noch unbekannte Art von Aalen, die mit ihrem rückwärtigen Körperende in senkrechten Röhren steckten und so ein fast pflanzenhaft an den Ort gefesseltes Leben führen. Da die Tiere sehr scheu waren, konnten erst nach der Betäubung mit Chemikalien einige Exemplare an die Oberfläche gebracht werden. Es stellt sich später heraus, daß es sich um Röhrenaale handelte, und zwar um eine bisher noch unbekannte Gattung. Klausewitz gab dem Schiff und dem Expeditionsleiter zu Ehren dem neuen Tier den Namen *Xarifania hassi*. Dies war eine ideale Gelegenheit, die an Bord befindliche Unterwasserfernsehanlage einzusetzen. Da die Kamera nahezu geräuschlos und unauffällig arbeitete konnte sie in der Nähe der Röhrenaale auf dem Grund deponiert werden. Die scheuen Tiere würden sich relativ schnell an die Kamera gewöhnen, und von Bord der *Xarifa* aus konnte man die Röhrenaale bequem über längere Zeit hinweg beobachten. In der Nähe gab es eine kleine Insel, auf der nun die Fernsehstation errichtet wurde. Ein transportabler Stromgenerator versorgte die gesamte Anlage mit der notwendigen Energie. Die Fernsehanlage bestand aus einer Kamera von Grundig, für die das Ingenieurbüro Atlas in Kiel eine bis zu 100 Meter Tiefe wasserdichte Spezialunterwasserhülle gefertigt hatte. Durch lange Kabel war die Kamera mit dem Schaltpult und dem Bildschirm an der Wasseroberfläche verbunden und lieferte so Life-Bilder von der Unterwasserwelt. Die Kamera konnte durch die Kabel von der Oberfläche aus ferngesteuert werden, und auch die Schärfe konnte, wenn sich beispielsweise Fische näherten oder entfernten, nachgestellt werden.

Da in dem Unterwassergehäuse der Kamera gleichzeitig ein Lautsprecher eingebaut war, konnte man von oben aus dem Taucher, der die Kamera in der Hand führt, durch ein Mikrophon Weisungen geben. Zum Zeichen, daß der Taucher verstanden hat, schwenkte er die Hand vor der Linse. Wenn er selbst ein Nachricht zu Oberfläche weiterleiten wollte, schrieb er sie auf eine Aluminiumtafel, die er vor die Linse der Kamera hielt. Wissenschaftler, die selbst nicht tauchen, hatten so die Möglichkeit einer unmittelbaren Beobachtung des Meeresgrundes. Durch starke Unterwasserlampen, die an dem Kameragehäuse angebracht werden konnten, wurde auch die Beobachtung des Meeresgrundes bei Nacht möglich.

Hans Hass war sehr daran interessiert, eine solche Unterwasserfernsehanlage auf dieser Expedition zu erproben, denn bisher war das relativ junge Unterwasser-Fernsehen noch nicht für meereskundliche Forschungen in tropischen Meeren eingesetzt worden.

Die Entwicklung des Unterwasserfernsehens begann mit einem bedauernswerten Unglück: Am 16. April 1951 sank im Ärmelkanal das englische U-Boot *Affray*. Die 75köpfige Besatzung kam dabei ums Leben, und Bergungsversuche mit den bekannten akustischen und elektromagnetischen Suchverfahren konnten nur bestätigen, was man ohnehin schon wußte: Im fraglichen Suchgebiet lagen hunderte von Wracks. Als letzter Versuch wurde in ein improvisiertes druckfestes Gehäuse eine handelsübliche Fernsehkamera eingebaut und ebenfalls zur Suche eingesetzt. Nach 5 Monaten Suche, am 12. September, erschien auf dem Bildschirm des Betrachtungsgerätes endlich das Wrack der *Affray*. Obwohl dieser vorgenannte Einsatz zugleich in überwältigender Weise die damit geschaffenen Möglichkeiten dokumentierte, sei erwähnt, daß auch schon einige Jahre vorher (1947) erste entsprechende Versuche vom Cornell Aeronautical Laboratorium unternommen wurden, die aber im tastenden Experiment stecken blieben. Anders dagegen die Unterwasserfernsehanlagen, die bald von vielen Firmen und Instituten praxisreif gebaut wurden. War es vorerst noch eine Rettungsaktion, die schließlich am 14. Februar 1954 das bei der Insel Elba ins Mittelmeer gestürzte englische Düsenflugzeug *Comet* identifizierte, so begannen doch schon wenige Jahre später mit Hass die ersten meeresbiologische Versuche, wo Unterwasserfernsehanlagen sinnvoll eingesetzt werden können.

Die Unterwasserkamera wurde von Hass auf dem Meeresgrund unmittelbar neben dem Röhrenaalfeld aufgestellt, und schon bald darauf konnte er auf der kleinen Insel trockenen Fußes die wurmartigen Tiere genauestens beobachten. Ein besonderer Wunsch von Hass war es, daß die Bilder, die an der Oberfläche auf dem Schirm zu sehen waren, gleichzeitig auch aufgezeichnet werden konnten. Da damals die Technik des Videorekorders noch nicht zur Verfügung stand, mußte eine besondere Vorrichtung dazu erdacht und gebaut werden. Mittels einer solchen speziell angefertigten, synchronisierten Telerecording-Anlage, die Hass nun auch auf der kleinen Insel installierte, konnte das Fernsehbild ohne das Auftreten von Interferenzen technisch einwandfrei mit einer 16mm-Arriflexkamera abgefilmt werden.

Am 8. Februar 1958, nach insgesamt 7 Wochen Aufenthalt im Addu-Atoll, segelte die *Xarifa* mit nördlichem Kurs weiter. Vor immer neuen Riffen ankernd, folgte das Forschungsschiff nun langsam der Kette der Malediven-

Atolle. Jeder der Wissenschaftler an Bord arbeitete mit größtem Fleiß in seinem eigenen Fachgebiet, und an Bord häuften sich nun die gesammelten Korallen. Die Korallenriffe der Malediven überraschten Hans Hass und die anderen Teilnehmer immer wieder hinsichtlich ihrer Formenvielfalt und ihres Fischreichtums, welche die der Karibik weit übertrafen.

Hass hatte die Fahrtroute der *Xarifa* anhand der Beobachtungen aus dem Flugzeug heraus festgelegt, und nun nutzte er die Gelegenheit, um die besonders auffälligen Riffe und Miniatolle auch unter Wasser zu untersuchen. Er hatte sich seine eigenen Gedanken über die Entstehung dieser Atollringe gemacht: Während des Fluges hatte er aus der Vogelperspektive heraus den Eindruck gewonnen, daß die hier hochwachsenden und sich vergrößernden Riffe in der Mitte zuerst veröddeten und dann erst einsanken, und zwar umso mehr, je weiter sie sich ausdehnen. Untersuchungen, die er nun als Schwimmtaucher an Ort und Stelle durchführte, bestätigten, daß der lückenlose Übergang zwischen Korallenpilz und Atoll keine Täuschung war, und führten Hass zu einer Vermutung, die das alte Problem in ein völlig neues Licht rückte. Er stellte nämlich fest, daß die innere Struktur dieser Riffe offenbar längst nicht so fest und solide ist, wie man bisher als selbstverständlich annahm. Hass versuchte, in 15 Meter Tiefe seitlich einen Stollen in einen Riffhang vorzutreiben, was ihm mit bloßen Händen auch problemlos gelang. Das Gefüge war jedoch so locker und labil, daß es schon bei mäßiger Unterhöhlung in sich zusammenstürzte.

Weiterhin konnte Hass sehen, daß die Riffplatte in der Mitte langsam absank, sobald das Riff allmählich größer wurde. Einen Grund dafür sah er in dem schütteren Fundament von Korallengeröll, auf dem die Riffplatten ruhen. Der andere Grund lag in dem Gewicht des Wassers, das bei Ebbe in der Lagune eingeschlossen bleibt. In einer fortwährenden Massage wirken die Gezeiten auf den zentralen Teil der Riffplatte ein und bewirken darunter eine Umkristallisation des Gesteins. Hier versinken keineswegs Inseln oder gar Riffe, ganz im Gegenteil: Sie wachsen. Nur im Zentrum sacken sie wie ein Kuchen ein. Bei Stürmen wird dann an manchen Riffen Korallenschutt angehäuft - so entstehen Inseln. Mit Treibholz und in hohlen Kokosnüssen kommen die ersten Landpflanzen und -tiere. Andere Inseln werden bei Strömungsänderungen wieder abgenagt und verschwinden.

Wie Hass überzeugend nachweisen konnte, folgt die Bildung dieser Atolle also allein aus den Gesetzmäßigkeiten der typischen Wachstumsrichtungen der riffbildenden Korallen: Sie wachsen erst vertikal, dann horizontal. Zusam-

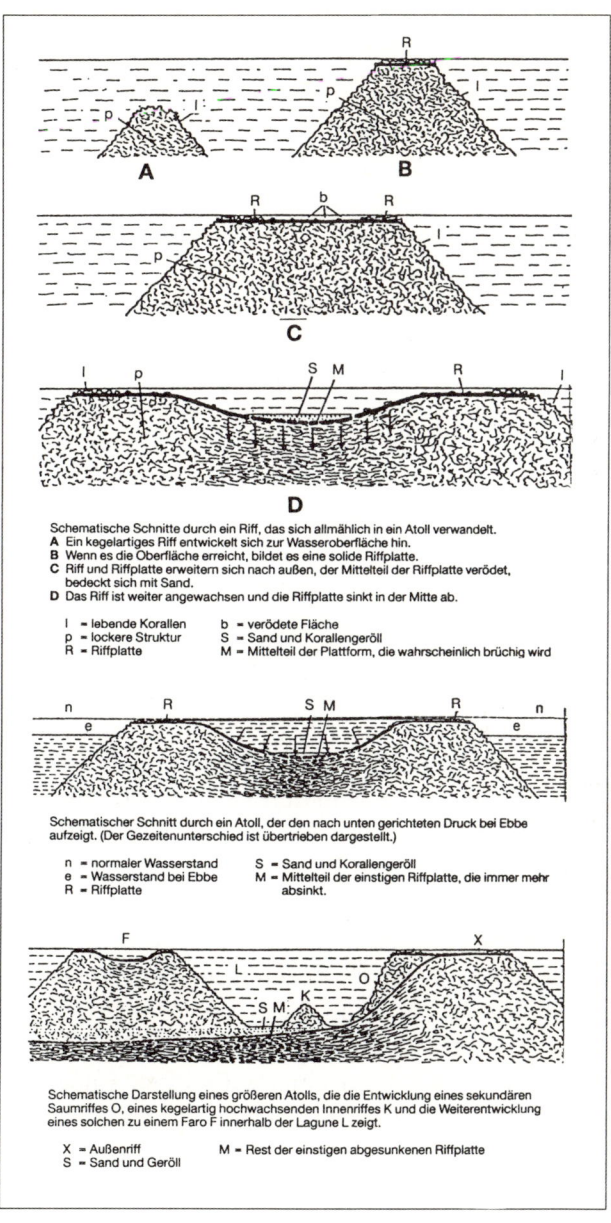

Schematische Schnitte durch ein Riff, das sich allmählich in ein Atoll verwandelt.
A Ein kegelartiges Riff entwickelt sich zur Wasseroberfläche hin.
B Wenn es die Oberfläche erreicht, bildet es eine solide Riffplatte.
C Riff und Riffplatte erweitern sich nach außen, der Mittelteil der Riffplatte verödet,
   bedeckt sich mit Sand.
D Das Riff ist weiter angewachsen und die Riffplatte sinkt in der Mitte ab.

l = lebende Korallen	b = verödete Fläche
p = lockere Struktur	S = Sand und Korallengeröll
R = Riffplatte	M = Mittelteil der Plattform, die wahrscheinlich brüchig wird

Schematischer Schnitt durch ein Atoll, der den nach unten gerichteten Druck bei Ebbe
aufzeigt. (Der Gezeitenunterschied ist übertrieben dargestellt.)

n = normaler Wasserstand	S = Sand und Korallengeröll
e = Wasserstand bei Ebbe	M = Mittelteil der einstigen Riffplatte, die immer mehr
R = Riffplatte	absinkt.

Schematische Darstellung eines größeren Atolls, die die Entwicklung eines sekundären
Saumriffes O, eines kegelartig hochwachsenden Innenriffes K und die Weiterentwicklung
eines solchen zu einem Faro F innerhalb der Lagune L zeigt.

X = Außenriff	M = Rest der einstigen abgesunkenen Riffplatte
S = Sand und Geröll	

Die illustrierte Atollbildungstheorie von Hans Hass.

mengefaßt sagt die von Hass aufgestellte "Einsackungs-Theorie" folgendes aus: Da die innere Struktur gewisser Korallenriffe nicht kompakt, sondern porös und labil ist, kommt es zu einem mittleren Einsinken sich ausdehnender Riffplatten, wobei die Verödung im Zentrum durch die Ernährungsbedingungen bestimmt ist und die Vertiefung der Lagune möglicherweise durch Umkristallisation, Ermüdung des Gesteins und durch die massierende Wirkung der Gezeiten noch unterstüzt wird.[20] Diese Atollbildungstheorie von Hass hat heute in der Wissenschaft besonders für die Malediven-Atolle Bestätigung gefunden.

Nach einem kurzen Besuch beim Sultan der Malediven, Muhammed Farid Didi, segelte die *Xarifa* nun mit nördlichem Kurs durch das Reich der Atolle: Suadiva, Ari, Rasdu, Male, Fadiffolu, Miladummadulu - immer weiter wurden die Atollringe, in deren ausgedehnten Lagunen Korallenpilze und Kleinatolle emporwuchsen. Neue Meeresabgründe taten sich auf, reicher zeigte sich das Meeresleben, und gewaltiger wurden die steil abfallenden Riffwände mit ihren dunklen Schluchten. Im Ari-Atoll erlebten die Forscher, daß sie Schwärme von Wimpelfischen und Füsilieren so dicht umgaben, daß ihnen jeder Ausblick genommen war. Je weiter die Fahrt nach Norden ging, umso zahlreicher wurden auch die Begegnungen mit Haien.

Die erste Überraschung erlebten die Wissenschaftler im Ari-Atoll, wo sie an einem unterseeischen Riffrücken an der Nordostseite des Atolls tauchten. Hier herrschte eine so starke Strömung, daß die Taucher sich an der Ankerkette zu dem etwa acht Meter tief liegenden Riff hinunterhangeln mußten und sich dort nur mit Mühe halten konnten. In dem tiefblauen Wasser des steil abfallenden Außenriffes patroullierten eine Anzahl von Grauen Riffhaien auf und ab. Zuletzt zählten die Taucher zwölf Grauhaie, vier große Schwarzflossenhaie und eine Anzahl kleinerer Weißspitzenriffhaie. Eine solch große Anzahl von Haien hatte Hass bisher erst einmal vor der Schatzinsel Cocos im Pazifik gesehen. Aber das alles war erst der Auftakt, denn die Wissenschaftler sollten die Haie bald noch näher kennenlernen.

Als Höhepunkt seiner Arbeiten in den Malediven bezeichnete Hass einmal seinen Aufenthalt auf Gaha Faro am nördlichsten Ende des Nord-Male-Atolls.[21] Hier war auf den Seekarten ein altes Wrack verzeichnet, das Hass auch fand. An dem östlichen Außenriff von Gaha Faro lag das Wrack eines dort vor etwa 70 Jahren aufgelaufenen Dampfers. Bei Niedrigwasser ragte noch ein Teil der alten Maschinen heraus, das Heck jedoch lag in größerer Tiefe auf dem Meeresgrund. Hass und Eibl-Eibesfeldt untersuchten gemeinsam das Wrack, und Hass hatte seine Filmkamera dabei, um Aufnahmen von dem Wrack für seine Fernsehreihe zu machen. Das Wrack, das Hass schon bald darauf "Haifisch-Wrack" taufte, lag in 30 Meter Tiefe, und nachdem Hass und Eibl-Eibesfeldt die Innenräume inspiziert hatten, tauchten sie noch ein kleines Stück den Riffhang weiter hinab. Dabei trafen sie auf einen kleinen Rochen, der vor den beiden Tauchern unter einen Felsvorsprung flüchtete. Da Hass den Rochen filmen wollte signalisierte er Eibl-Eibesfeldt, das Tier mit dem Haistock aus seinem Versteck hinauszujagen. Als der Rochen nicht recht hinauswollte, wurde Eibl-Eibesfeldt energischer, und schließlich verließ der Rochen doch eilig seinen Unterschlupf. Dabei stieß er einen Korallenblock an, der polternd den Riffhang hinunterrollte. Von diesem Geräusch wurden zwei große Graue Riffhaie angelockt.

Als Hass und Eibl-Eibesfeldt wieder den Riffhang höher tauchten folgen die beiden Haie ihnen neugierig. Einem Impuls folgend harpunierte Eibl-Eibesfeldt einen großen Zackenbarsch, der ihnen in den Weg schwamm und deponierte den blutenden Fisch zwischen den Korallenstöcken. Hass verstand, was Eibl-Eibesfeldt vorhatte: Bereits seit einiger Zeit hatten sie sich über das ungelöste Problem Gedanken gemacht, wie sich Haie gegenüber Menschen verhalten, wenn sich Blutgeruch im Wasser ausbreitete. Gerade diese Frage war für Schiffsbrüchige von großer Bedeutung. Der Ort schien relativ günstig um Experimente anzustellen, denn wenn die Lage zu gefährlich werden würde, konnten Hass und Eibl-Eibesfeldt in die Innenräume des Schiffshecks flüchten.

Wie sich aber zeigte, war dies nicht notwendig. Andere Taucher haben in späteren Jahre ähnliche Situationen aus dem Haikäfig, den Hass nie benutzte, inszeniert. Die Erregung der Haie, wenn sie Blut riechen, wurde in ihren publikumswirksamen Aspekten in jeder erdenklichen Form ausgeschlachtet, und unterstrich das Image des Haies als "mordlustige Bestie". Die Beobachtungen und Filmaufnahmen, die Hass in den nächsten Tagen bei Gaha Faro machen konnte, zeigten dagegen sehr anschaulich, daß derartige Käfige für solche Unterfangen ebensowenig notwendig sind wie die Innenräume eines Wracks.

Bis dahin war die gängige Meinung weit verbreitet, daß es für Taucher ratsam ist, schleunigst das Wasser zu verlassen, wenn sich Blut ausbreitet. Schon bei der Begegnung mit Pottwalen vor den Azoren hatte Hass sehen können, wie magisch die blutenden Wunden die aus der Tiefe hochkommenden Haie anzogen. Nun stellte er fest, daß diese Blutquelle für Taucher geradezu ein

Schutz war, da sie das Interesse der Haie fast völlig auf sich zieht. Erst als der blutende Köder von den Haien aufgefressen oder weggetragen war, kam es vor, daß sie sich auch wieder für die anderen Bewegungen im Wasser interessierten. Für Schiffsbrüchige ist dies ein wertvoller Hinweis; für solche, die verletzt im Wasser treiben, ist es wohl kein Trost, denn blutende Menschen sind bei Anwesenheit von Haien tatsächlich in ernster Gefahr. Unverletzte aber brauchen der Haie wegen nicht völlig zu verzweifeln. Ist Blut im Wasser, dann sind die Haie tatsächlich sehr aufgeregt, aber ihr Interesse konzentriert sich auf das Objekt, von dem das Blut kommt.

Drei Tage lang führten Hans Hass und Eibl-Eibesfeldt diese Versuche vor Gaha Faro durch, und Hass konnte davon lange Szenen auf Film festhalten. Zeitweise waren bis zu vierzehn verschiedene Haie in der Nähe, die schnell und flach über das Riff schwimmend die beiden Taucher umkreisten. Das Ködern der Haie funktionierte ausgezeichnet, und am Abend unterhielten sich Hass und Eibl-Eibesfeldt an Bord der *Xarifa* angeregt über ihre Beobachtungen.

Hass hatte sich vorgenommen, auf dieser zweiten *Xarifa*-Expedition das Haiabwehrmittel Kupferacetat zu erproben, und dies schien eine ideale Gelegenheit dafür zu sein. Bis zum Zweiten Weltkrieg hatte man sich nur wenig mit den Haien befaßt, da abgesehen von einzelnen Schiffsbrüchigen, Fischern und Badegästen, nur wenige Menschen mit diesen Tieren in Berührung kamen. Im Zweiten Weltkrieg wurden jedoch immer mehr Menschen dieser Gefahr ausgesetzt. Schiffskatastrophen und Notwasserungen von Flugzeugen waren an der Tagesordnung, und die Berichte über Haiangriffe begannen sich zu häufen. Das Problem der Haiabwehr begann die Behörden zu beschäftigen. Die Aufgabe war nicht leicht, da man wenig über das Verhalten der Tiere wußte: Wann greift ein Hai an und wie vermeidet man einen Angriff? Wie hat man sich bei einem Angriff zu verhalten? Eine Reihe von Hinweisen stützte sich zum Teil auf die Zufallsbeobachtungen der Schwimmtaucher wie Hass oder Cousteau. Wegen dem bekannt empfindlichen Geruchssinn der Haie wurden unter anderem auch chemische Haiabwehrmittel erprobt, und man entdeckte, daß Kupferacetat Haie vom Fischköder fernhielt. Um abgeschossene Flieger vor Haiangriffen zu schützen hatte die amerikanische Luftwaffe im Zweiten Weltkrieg der Notausrüstung als wirksamstes Abwehrmittel Kupferacetat - unter der Bezeichnung "Shark Repellent" - hinzugefügt. Mit einem blauen Färbemittel und einer weiteren Chemikalie versetzt, die eine allzu schnelle Auflösung des Kupferacetats verhindert, wurde es seit 1945 eingesetzt.

Auf der zweiten Fahrt mit der "Xarifa" besuchte Hass 1958 auch den Sultan der Malediven.

Sporttaucher, die sich auf diese Mittel verließen bemerkten jedoch bald, daß es wenig half. Hass hatte mehrere Kilo dieses Pulvers auf die Fahrt mitgenommen, und hier vor Gaha Faro hatte er nun die einmalige Gelegenheit, eigene Erfahrungen mit dem umstrittenen Mittel zu sammeln. Er füllte je hundert Gramm dieses Pulvers in kleine Leinensäckchen ab, die er und Eibl-Eibesfeldt mit auf den Meeresgrund nahmen. Die Wirkung der sich im Wasser langsam auflösenden Chemikalie war zunächst sehr vielversprechend: Einige Haie entfernten sich langsam und verschwanden. Jetzt tötete Eibl-Eibesfeldt einen Barsch und versteckte ihn zwischen den Korallen. Kurze Zeit später waren die Haie wieder da, wirkten zunächst etwas irritiert, fanden dann aber doch sehr bald den Köder und verschlangen ihn gierig wie an den Tagen zuvor. Als nächstes steckte Eibl-Eibesfeldt ein kleines Säckchen mit Kupferacetat direkt in einen aufgeschnittenen Barsch und deponierte ihn im Riff. Fischblut und Kupferacetat mischten sich zu einer grünlichen, langsam über das Riff dahinziehenden Wolke. Ein großer Grauhai kam angeschwommen, fand den

Köder zwar erst mit etwas Verzögerung, schnappte ihn sich dann aber, vom Kupferacetat unbeeindruckt, das dem Hai beim anschließenden Verschlingen des Fisches regelrecht aus den Kiemen "rauchte". Diese Versuche wurden von Hans Hass und Eibl-Eibesfeldt mehrmals wiederholt, und jedesmal mit dem gleichen Resultat: Sobald sich Fischblut im Wasser befand und die Haie erregt waren, zeigte das Haiabwehrmittel nicht die geringste Wirkung. Somit hat Kupferacetat ähnlich eines Placebos eher eine beruhigende Wirkung auf die Flieger gehabt als eine abschreckende auf die Haie.

Die Möglichkeit, chemische Mittel zur Haiabwehrwehr zu entwickeln, wurde aber trotz erster Mißerfolge nicht aus dem Auge verloren. Eine Entdeckung der Biologin Eugine Clark könnte hier eine neue Richtung weisen. Sie entdeckte, daß die Mosesseezunge im Roten Meer von den Haien mit allen Anzeichen des Ekels abgelehnt wird. Die Seezunge produziert eine sehr giftige Substanz, die selbst bei hoher Verdünnung auf viele Meerestiere tödlich wirkt. Vielleicht wird es in Zukunft gelingen, mit Hilfe der Seezunge ein wirksames chemisches Haiabwehrmittel aufzubereiten.

In späteren Jahren, mit der sich immer weiter ausbreitenden Popularität des Tauchsports, wurden von verschiedenen Tauchlehrern solche Haifütterungen, wie sie zuerst von Hans Hass und Eibl-Eibesfeldt bei Gaha Faro durchgeführt worden waren, auch gewerblich als Touristenattraktion angeboten. Einer der ersten war Fritz Rasshofer und der deutsche Tauchlehrer und Unterwasser-fotograf Herwarth Voigtmann, der im Nord-Male-Atoll bei Bandos bereits zu Beginn der siebziger Jahre solche Haifütterungen durchführte. Nach einiger Zeit fraßen ihm die Grauen Riffhaie den Köderfisch sogar aus der Hand, und später, als er den Köderfisch zwischen seinen Zähnen festhielt, auch aus dem Mund. Diese spektakulären Fütterungen waren natürlich sehr werbewirksam und zogen viele Taucher zu den Malediven. Aber auch in anderen Gegenden, wie beispielsweise bei den Bahamas, werden heute noch solche Fütterungen als Touristenattraktion durchgeführt. Hans Hass sprach sich immer gegen solche Haifütterungen aus, denn er befürchtete, daß durch das Fischblut und die erregten Grauhaie angelockt auch einmal größere, gefährlichere Haie aus dem tiefen Wasser emporkommen könnten, die dann eine wirklich ernste Gefahr für die Taucher darstellen. Auch sollten die Grauhaie nicht allzusehr verharmlost werden, indem man sie wie Zirkustiere darstellt. Laien werden so dazu ermutigt, auch einmal selbst solche Fütterungen durchzuführen.

In diesem Tagen vor Gaha Faro blieben Hans Hass und Eibl-Eibesfeldt oft viele Stunden lang in Tiefen bis zu vierzig Meter unter Wasser. Sie verwendeten dabei die Preßlufttauchgeräte von Dräger, die für diese Tiefen sicherer waren als die Sauerstoff-Kreislaufgeräte, die nur bis zu einer Tiefe von 15 Metern einigermaßen gefahrlos eingesetzt werden konnten. Die Verwendung von Preßluft statt reinem Sauerstoff birgt aber auch eigene Gefahren in sich: Bei längerem Aufenthalt im tieferen Wasser löst sich im Blut eine größere Menge des in der Atemluft enthaltenen Stickstoffes. Taucht man nach einem solchen Abstieg zu schnell nach auf, dann perlt bei zu schneller Druckentlastung - ähnlich wie beim Öffnen einer Mineralwasserflasche - dieser Stickstoff in kleinen Bläschen aus und verstopft unter Umständen Blutgefäße, was zu Lähmungen oder schlimmstenfalls zum Tod führen kann. Erste Anzeichen dieses schon seit langen Jahren unter dem Namen Caisson- oder Dekompressionskrankheit bekannten Vorganges sind Gelenkschmerzen oder Hautmarmorierungen. Man muß, um diese Krankheit zu vermeiden, bei solchen längeren Abstiegen Dekompressionspausen in geringeren Tiefen durchführen, deren Länge von der Tauchzeit und Tauchtiefe abhängt.

Eine weitere Gefahr beim Preßlufttauchen ist neben der Dekompressionskrankheit der Tiefenrausch. Abhängig von bestimmten Faktoren besteht für jeden Taucher, der mit diesen Atemgeräten taucht, spätestens in Tiefen ab vierzig Metern diese Gefahr. Wie bei einer Alkoholeinwirkung kann es dabei zu einer Euphorie sowie einem trügerischen Gefühl von Selbstsicherheit und gesteigerter Leistungsfähigkeit, aber gepaart mit Störungen der Gedankenfolge, der Konzentrations- und Kritikfähigkeit kommen. Die Vernunft weicht dann einem beruhigenden, angstlosen Glücklichsein, und das Überlegen und Denken wird mit zunehmender Tiefe allmählich ausgelöscht. Aber ebenso kann es zu Panikstimmungen oder auch zu lähmender Entschlußlosigkeit kommen. Dabei kann nur mit Mühe ein folgerichtiger Schluß aus einer Wahrnehmung gezogen werden, wie beispielsweise der Entschluß, nach abgelaufener Tauchzeit aufzutauchen. Schon vielen Tauchern wurde dieser Tiefenrausch zum tötlichen Verhängnis: Ohne Bedenken schwammen sie immer tiefer hinab und kehrten nie wieder zurück.

Der letzte Tag auf Gaha Faro zeigte bei Hass und Eibl-Eibesfeldt seine Nachwirkungen: Sie hatten sich nur mit wenigen, kurzen Oberflächenpausen viele Stunden lang in Tiefen bis zu fünfundvierzig Meter aufgehalten und sich in der Aufregung um Auftauchzeiten nicht mehr gekümmert. Nun verlängern sich aber die Auftauchpausen, die eingehalten werden müssen, bei mehrmaligen

Wiederholungstauchgängen sehr stark. Am Abend hatten Hass und Eibl deutliche Gliederschmerzen und mußten zur "Nassen Rekompression" - damit sich die Stickstoffbläschen wieder im Blut lösen und abgeatmet werden können - wohl oder übel wieder hinunter. Allerdings war es inzwischen Abend geworden, und bald hingen die beiden in pechschwarzer Nacht in zwanzig Meter Tiefe an einem Seil unter der *Xarifa*. Bei den Gedanken an die aufgeregten Haie, die an dieser Stelle den ganzen Tag über die blutenden Fischköder gefressen hatten, wurde es Hass mehr als ungemütlich.

Aber auch den Tiefenrausch bekam Hass am eigenen Leib zu spüren: Um den Korallenbewuchs zu studieren tauchte er an einigen Außenriffen der Malediven bis zu 80 Meter tief. Dazu waren besondere Vorkehrungen nötig. Hass trug an seinem linken Handgelenk eine kleine Aluminiumtafel, auf der genau stand, was er zu tun hatte: Er hatte erstens ein Foto vom Abhang und seinem Bewuchs zu machen. Zweitens sollte er einige Exemplare der hier unten noch vorkommenden Korallen mit nach oben bringen. Er hatte drittens zu notieren, was er noch weiter unten sah. Und er hatte schließlich - viertens - nach spätestens fünf Minuten wieder aufzutauchen.

In solch großen Tiefen kann eben dadurch, daß der Geist durch den Tiefenrausch umnebelt ist, das geringste Zögern beim Auftauchen oder einfach auch Leichtsinn todbringend enden. Angstlosigkeit und ein Hochgefühl des Glücks lassen den Taucher die Vorsicht vergessen, und erst wenn man wieder hochschwimmt, taucht man wieder in bewußte Gegenwart. Hans Hass schildert später seine Empfindungen einmal recht anschaulich: "Das Gefühl, wieder ins Leben, in Angst und Wirklichkeit zurückzukehren, gleicht einer bewußt erlebten, sich lawinenhaft entfaltenden Geburt. Druck und Kälte und Nebel lösen sich. Ein brennendes Gefühl bricht sich Bahn und breitet sich aus. Die Luftblasen, die einen begleiten, platzen auseinander, perlen, torkeln trunken, tanzen hinauf zum Licht. Eine dieser lebenstrunkenen Blasen ist man selbst. Alles dehnt sich aus. Es wird heller, wärmer. Das Leben, plötzlich wiedergewonnen, wird einem beinahe schmerzhaft bewußt. Der Abhang, mit Gewächsen und Tieren, gleitet wie ein sich senkender Vorhang an einem vorbei. Er senkt sich über eine Betäubung, die abklingt, über eine Gefahr, der man entronnen ist, die nicht von außen, sondern aus einem selbst kam. Man fliegt dem Licht entgegen, der Wärme entgegen, zurück zur Luft. Die Luft oben riecht nach Wind, nach Palmen und heißem Sand. Ein Hauch von Fäulnis ist dazwischen, die Grundlage neuen Lebens, ein Hauch von Parfüm, Symbol der unsere Sinne umnebelnden Täuschungen. Die Haut schmerzt vor Freude, daß das Leben wieder begonnen hat."[22]

Die farbenprächtigen Höhlen des Miladummadulu-Atolls bildeten einen schönen Abschluß der ersten Etappe dieser Expedition. Zwei Tage lang tummelten sich die Wissenschaftler in diesen Höhlen, die von Schwärmen roter Husarenfische und unzähligen Langusten bevölkert wurden, und der Abschied von diesen Trauminseln fiel allen schwer. Am 21. April 1958, genau vier Monate nach Ankunft auf den Malediven, lichtete die *Xarifa* den Anker und nahm Kurs auf Ceylon, das vier Tage später erreicht wurde. Hier sollte das Schiff überholt, neuer Proviant gefaßt und ein Teil der Mannschaft ausgetauscht werden. Scheer und Eibl-Eibesfeldt wollten diese Zeit für Landexkursionen und Tauchabstiege an der Ostseite der Insel nutzen. Hans Hass aber erwartete jetzt eine besonders schwierige Aufgabe.

Vier Monate intensiver Forschungstätigkeit in den Malediven lagen hinter den Wissenschaftlern, als die *Xarifa* mit günstigem Wind am 24. April 1958 Ceylon, das heute Sri Lanka heißt, erreichte und im Hafen von Colombo vor Anker ging. Um diese zweite *Xarifa*-Expedition finanzieren zu können, hatte sich Hass der BBC und dem Süddeutschen Rundfunk Stuttgart gegenüber verpflichten müssen, während der auf ein Jahr angesetzten Expedition nicht weniger als 26 Halbstundenfilme - in der Länge vergleichbar mit sechs bis acht abendfüllenden Filmen - sowohl in englischer als auch in deutscher Fassung zu drehen. Als weitere Bürde kam nun noch hinzu, daß er sich ebenfalls verpflichtet hatte, nach der ersten Etappe von Colombo aus nach England zu fliegen und dort die ersten sechs dieser Filme in beiden Sprachfassungen fertigzustellen und abzuliefern. Erst dann sollte Hass von den Sendeanstalten die notwendigen Mittel zur Fortsetzung des Unternehmens erhalten.
Währenddessen stand die Expedition still. Die Teilnehmer blieben an Bord und führten in Ceylon ein halb touristisches und halb wissenschaftliches Leben, wohingegen es nun wieder an Hass war, eingegangene Verpflichtungen einzulösen. Dies schmerzte ihn, aber seine damalige Situation hatte auch positive Aspekte. Dazu schrieb er später: "Ich würde ein falsches Bild von meinem Leben zeichnen, würde ich mich allzusehr als Märtyrer einer widrigen Entwicklung darstellen. Gewiß, meine zoologischen Ambitionen wurden nicht befriedigt. Gerlach lag in seiner Hängematte, rauchte genußvoll seine Zigarre, dann wandte er sich wieder dem Studium der ihn interessierenden Würmer zu. Eibl, Scheer, Franzisket, Klausewitz, alle arbeiteten nach Herzenslust an den Problemen, die sie interessierten, und ihre Arbeiten haben ihnen dann viel gerechtes Lob eingebracht. Ich dagegen war an Bord der *Xarifa*

der einzige, der seinem eigentlichen Beruf nicht nachgehen konnte. Aber andererseits faszinierte mich auch die Filmarbeit, und das Gefühl, mit meiner Hände Kraft etwas auf die Beine zu stellen, das niemand anderer in gleicher Art zu machen vermochte, entschädigte mich doch sehr für das, was ich entbehrte. Unser Leben war voll einmaliger Erlebnisse. Kamen wir in einen neuen Hafen, dann waren wir Könige. Der Gouverneur oder die sonst am jeweiligen Ort leitende Person kam fast immer an Bord. Unsere Arbeit wurde anerkannt, überall wurden wir mit offenen Armen empfangen und nach Kräften unterstützt. Was jedem Sporttaucher als letztes Wunschziel vorschwebte: uns war es erfüllt. Die Welt lag frei vor uns. Wir bildeten eine nette Gemeinschaft, die sich gut verstand - wir erlebten etwas, das nur wenige erlebten."[23]

Jeder Tag, den die *Xarifa* im Hafen von Colombo lag, verursachte Schiffs- und Mannschaftskosten von über 1000 Schweizer Franken. Aber nicht nur das, jeder Tag mehr Wartezeit bedeutete eine große Belastung für die Moral des Unternehmens. Denn ein oder zwei Wochen Hafen nach einer längeren Reise tun gut, aber was darüber hinausgeht, ist des guten zuviel. Mit Feuereifer ging Hans Hass nun in Bristol an die Arbeit, und in den darauffolgenden acht Wochen, vom 5. Mai bis 28. Juni 1958, bewältigte Hans Hass ein Mammutprogramm. Mit der ihm eigenen teutonischen Arbeitswut wurde jeden Tag von morgens neun bis nachts um elf im Schneideraum gearbeitet, und erst als all dies erledigt und Hass mit der synchronisierten Fassung, Pressefotos und -berichten, Dialog- und Musiklisten nach Stuttgart geflogen war und dort alles abgegeben hatte, überwiesen die beiden Sendeanstalten die nun fällige zweite Rate - Grundvoraussetzung für die Weiterführung der Expedition.

Von Stuttgart aus flog Hass nach Wien, wo er zum erstenmal seine mittlerweile schon sieben Monate alte Tochter Meta kennenlernte. Zwei Tage blieb er in Wien und flog dann gemeinsam mit Lotte weiter nach Colombo. Meta blieb in der Obhut der Großeltern in Wien zurück und begleitete in späteren Jahren häufig ihre Eltern auf verschiedenen Reisen. Sie promovierte im Fach Kommunikationswissenschaften und lebt heute mit ihrem Ehemann in Wien, wo sie sich in der Public Relations-Branche selbständig gemacht hat.[24]

Als Hans Hass mit seiner Frau in Colombo ankam, wurde er mit einer Vielzahl von Problemen konfrontiert: Der Schiffsarzt, der Maschinist und der Koch waren aus Gesundheitsgründen abgereist. Gerlach, Franzisket und Klausewitz hatten planmäßig mit ihren Sammlungen die Heimreise angetreten. Bei der

Überholung des Schiffs hatte sich gezeigt, daß für einen der Generatoren ein neuer Motorblock aus Deutschland bestellt werden mußte. Obwohl die *Xarifa* als Jacht lief, hatten die Hafenbehörden saftige Liegegebühren in Rechnung gestellt. Im Hafen von Colombo hatte es Streiks gegeben, und auch an Bord der *Xarifa* war es zu leichten Mißstimmigkeiten gekommen. Auch der weitere Reiseverlauf schien in Frage gestellt: Hass hatte die Absicht gehabt, in der zweiten Etappe an den Sunda-Inseln entlangzufahren und das erste Jahresprogramm in Port Darwin, an der Nordküste Australiens, zu beenden. Von dort aus sollte dann die *Xarifa* im zweiten Jahr mit den Professoren Remane und Stammer als wissenschaftliche Leiter Forschungsfahrten rings um die Arufa-See und zu der wenig bekannten Nordwestküste Australiens ausführen. Diese späteren Projekte waren durch die ablehnende Haltung der Deutschen Forschungsgemeinschaft sowieso sehr in Frage gestellt worden, aber auch die Route für die zweite Etappe mußte geändert werden: Die politische Lage im Indonesischen Archipel hatte sich in der Zwischenzeit sehr zugespitzt, und jederzeit konnte dort ein Krieg ausbrechen.

Hass entschied sich dazu, ersatzweise die Nikobaren anzufahren, die bis dahin auch noch kaum besucht worden waren und an denen vorbeizufahren ihm sowieso schon leid getan hatte. Die Nikobaren boten mit ihren hohen, von undurchdringlichem Dschungel bedeckten Bergen zu den Malediven ein interessantes Gegenstück: Im Gegensatz zu den Malediven, die auf Korallenriffen entstanden sind, war diese ebenfalls sehr isoliert gelegene Inselgruppe im Golf von Bengalen eine versunkene Gebirgskette. Demnach waren die ökologischen Voraussetzungen unter Wasser sehr verschieden. Aber auch die Fauna der Inseln bot sicherlich viel interessantes. Die Eingeborenen der Nikobaren lebten auf einer sehr niedrigen Kulturstufe, und im Inneren von Groß-Nikobar sollte es sogar noch ganz unberührte Stämme geben. 1858, also genau 100 Jahre vor dem Besuch der *Xarifa*, bereiste die österreichische Fregatte *Novara* die Nikobaren.

Hans und Lotte Hass sowie Eibl-Eibesfeldt reizte es sehr, den Platz anzulaufen, wo ihre Heimat einen ihrer wenigen kolonisatorischen Versuche unternommen hatte. Die Sache hatte allerdings einen Haken: Die Nikobaren, ursprünglich englischer Besitz, waren seit einigen Jahren indisches Hoheitsgebiet, und alle bisher von Hass gemachten Erfahrungen sprachen dagegen, bei den zuständigen Behörden ein entsprechendes Gesuch um Arbeitserlaubnis zu stellen: Die Zeit war zu kurz, und die Gefahr einer offiziellen Absage zu groß. Den Kapitän und die Expeditionsteilnehmer ließ Hass in dem Glauben, er hätte die erforderliche Genehmigung zum Besuch der Nikobaren: "Wer nicht wagt, der nicht gewinnt" dachte Hass wohl im Stillen.

Aber noch ein weiteres Problem galt es zu lösen: Franzisket sollte planmäßig auf der Zweiten Etappe von Professor Schoupee aus Münster abgelöst werden. Dieser hatte sich allerdings auf eine Reise in den Indonesischen Archipel eingestellt und war an den Nikobaren nicht sonderlich interessiert. Ein qualifizierter Ersatzmann war in der Kürze der Zeit nicht zu finden: Damit entfiel der Zuschuß des Landes Nordrhein-Westfalen für den zweiten Teil der Reise, in Zahlen fast 25.000 DM. Die Kosten für das einjährige Gesamtprogramm beliefen sich auf etwa 400.000 DM, davon hatte Hans Hass nun wieder 325.000 DM, also vier fünftel, alleine zu tragen.

Am 24. Juli 1958, nach genau dreimonatiger Liegezeit in Colombo, bewegte sich die *Xarifa*, nun wieder mit der so tüchtigen und für die Filme so wichtigen Lotte an Bord, mit Kurs auf die Nikobaren einem neuen, bisher noch von keinem Taucher besuchten Ziel entgegen.

Der Nikobarenarchipel bedeckt mit seinen 19 Inseln zusammen rund 1600 Quadratkilometer Land. Diese Inselgruppe liegt auf der verlängerten Längsachse von Sumatra auf dem gleichen Breitengrad wie Sri Lanka, nur näher an der malaiischen Halbinsel. Die südlichste Insel, Großnikobar, die etwas größer ist als alle übrigen Inseln zusammengenommen, ist nur wenig bewohnt. Sie ist auch gleichzeitig die interessanteste. Hier lebten außer den an der Küstenregion wohnenden malaiischen Nikobarern im Landesinneren noch die praktisch unerforschten Schompen, auf die Hans Hass und Eibl-Eibesfeldt zu treffen hofften.

Nach viertägiger Fahrt kamen die Nikobaren am Abend des 29. Juli 1958 in Sicht. Es war eine etwas ungewöhnliche Situation, mit Fachwissenschaftlern, deren Reise teilweise von staatlichen Stellen finanziert worden war, auf eine Inselgruppe zuzusteuern, für die keinerlei Aufenthalts- und Arbeitsgenehmigung erteilt worden war. Hans Hass schenkte nun Kapitän Becker reinen Wein ein, und gemeinsam mit Lotte erwogen sie hin und her, wo sie wohl am ehesten vor indischen Polizeibooten geschützt sein würden. Schließlich fiel ihre Wahl auf die kleine Insel Kondul, wo auch schon die *Novara* gelegen hatte. Dieser einsame Platz schien für die Forschungstätigkeit besonders gut geeignet.

Hans Hass konnte sich aber keinen schlechteren Platz aussuchen: Genau auf dieser Insel lag nämlich die einzige indische Polizeistation. Kurz nachdem am nächsten Morgen die *Xarifa* im Kanal zwischen Groß-Nikobar und Kondul vor

Anker ging, näherte sich schon ein Auslegerboot mit einigen mit Maschinen-pistolen bewaffneten indischen Polizisten dem Schiff. Die verwegen ausse-henden Beamten kletterten mit finsterer Miene an Bord und fragten die Wissenschaftler, was sie denn hier wollten. Eine sehr unfreundliche Begrü-ßung. Hass berichtete ihnen von seiner Forschungsfahrt, wechselte aber gleich angesichts der völligen Verständnislosigkeit das Thema und erzählte von einem eingetretenen Motorschaden, der eine Weiterreise unmöglich mache. Die Soldaten machten es sich im Deckssalon bequem, und nur mühsam taute das Klima auf. Nachdem Hans Hass sie auch noch mit einigen Flaschen hoch-prozentiger Spirituosen beglückt hatte, forderte der Anführer die Wissen-schaftler auf, mit zur Station auf Kondul zu kommen. Dort sollten sie dem Chef der Polizeistation vorgeführt werden. Hans Hass saß auf glühenden Kohlen: Normalerweise beschlagnahmten die Inder ohne viel Federlesens jedes Schiff, das ohne Genehmigung in ihren Hoheitsgewässern kreuzte, aber wenn die Inder die Geschichte mit dem Maschinenschaden glaubten, wäre der "Havarist" durch internationales Seerecht geschützt.

Der Chef der Polizeistation stellte sich als umgängliche und aufgeschlossene Person heraus, dem aber durch die geltenden Gesetze die Hände gebunden waren. Er machte Hass darauf aufmerksam, daß die Nikobaren Naturschutz-gebiet wären und ohne Genehmigung kein Foto gemacht und kein Film aufge-nommen werden dürfe. Nach geschicktem Argumentieren glückte es den Wis-senschaftlern dann, an Bord zurückzukehren, ohne daß ein Wachkommando mitkam. Die erste Runde war somit gewonnen. Da im St.-Georgs-Kanal zwi-schen Kondul und Groß-Nikobar starke Dünung herrschte, hatte Hass nun einen guten Grund, ein Stück weiter in ruhigeres Wasser, in die Ganges-Bucht von Groß Nikobar, zu verlegen, wo der "Motorschaden" besser behoben werden konnte. In der gegebenen Situation war auch der Aspekt wichtig, daß die Gangesbucht vor direkter Beobachtung von Kondul geschützt war und nur nach einigen Stunden eifrigen Ruderns von der indischen Polizei erreicht werden konnte.

Vom zoologischen Standpunkt aus war die Gangesbucht eine wahre Fundgrube. In der weiten Flußmündung mischte sich Salzwasser und Süßwasser, und in den Mangrovenwäldern lebte eine besondere, den Wissenschaftlern bisher fremde Tierwelt. Die nun folgenden drei Wochen nutzten die Wissenschaftler gründlich aus. Sie untersuchten Anemonenfische und ihr Verhalten, See-gurken und ihre Fortpflanzung und vieles andere. Auf Kondul ergab sich die Möglichkeit, die in bienenkorbähnlichen Pfahlbauten lebenden Eingeborenen zu studieren und ihre für den Europäer eher merkwürdigen Glaubensvorstellungen kennenzulernen. Nach den langen Monaten der Wartezeit tauchte Lotte wieder mit den Forschern und machte sich dann an ihre Arbeit als Unterwasserfotografin. Eibl-Eibesfeldt experimentierte, sammelte und unternahm verschiedene Exkursionen ins Landesinnere. Gemeinsam mit Kapitän Becker fuhr er mit einem kleinen Boot den in der Gangesbucht mündenden Jubilee-River hinauf, in der Hoffnung, Kontakt mit den Schompen zu bekommen, dem Eingeborenenvolk, von dem es bisher nur spärliche Nachrichten gab. Leider waren seine Bemühungen ohne Erfolg.

Auf dem bei Ebbe trockenliegenden Sandstrand von Groß-Nikobar entdeckte Lotte Hass merkwürdige Ansammlungen von kleinen Sandkugeln, die in mehreren konzentrischen Ringen um das zentrale Wohnloch einer Krabbe lagen. Das Tier heißt Dotilla und hält sich während der Flut in Löchern unter dem Sand versteckt. Diese Ringburgen fesselten die Aufmerksamkeit des Ehepaares Hass. Viele Stunden lagen sie nun mit der Kamera vor diesen winzigen Wesen auf dem Bauch, beobachtend, filmend und in der heißen Sonne bratend. Das Ergebnis war ein interessanter Film, der im Rahmen der "Encyclopaedia cinematographica" des Göttinger Institutes für den Wissenschaftlichen Film veröffentlicht wurde.

Wäre die indische Polizei nicht gewesen, die immer wieder die *Xarifa* aufsuchte und die Wissenschaftler in Atem hielt, hätten die Forscher hier restlos zufrieden sein können. Als nach drei Wochen die Nachfragen immer drängender wurden, konnte Hass die Polizisten nicht mehr länger hinhalten: Sie lichteten den Anker und fuhren wieder nach Kondul zurück, wo sie dem sichtlich erfreuten Polizeichef mitteilten, daß die Reparaturen an dem hartnäckigen Motor endlich erfolgreich abgeschlossen waren und sie am nächsten Tag weitersegeln wollten. Hans Hass hatte mittlerweile in Erfahrung gebracht, daß die kleine Insel Tillanchong, im Nordosten der Nikobaren, unbewohnt war und auch keine Polizeistelle beherbergte. So war es seine Absicht - man möge die Zielsetzung der Expedition Hans Hass bei diesem erneuten Täuschungsmanöver zugute halten -, deutlich erkennbar in südlicher Richtung abzufahren und dann im Schutze der Nacht im weiten Bogen in Richtung Norden zu segeln. Vorher wollte Hass aber noch einen kurzen Abstecher an die Ostküste von Groß-Nikobar unternehmen.

So umrundete die *Xarifa* am 25. August die Nordspitze der Insel und erreichte am Abend die Pigeon-Bay, die Tauben-Bucht, an der Ostküste von Groß-Nikobar. Überraschend kamen am nächsten Morgen aus der dortigen Flußmündung drei Eingeborene in einem Kanu zu der *Xarifa* hinübergerudert - es waren die Schompen, die Hass und Eibl-Eibesfeldt schon lange kennenlernen wollten. Mit einer gewissen Scheu kletterten sie an Deck der *Xarifa* und interessierten sich dort besonders für die Hemden der Forscher und den eisgekühlten Zitronensaft. Angebotene Zigaretten versuchten sie zu essen, sie schmeckten jedoch offensichtlich nicht besonders. Ohne weiteres hätten sie Lotte Hass mit in ihr Dorf genommen, den Forschern allerdings wollten sie ihre Behausungen nicht zeigen. Nach einer Stunde ruderten die Schompen an das Ufer zurück und brachten kurze Zeit später ein gefesseltes Schwein als Geschenk für die Forscher. Gerne wären die Wissenschaftler länger in der Bucht geblieben und hätten einen besseren Kontakt zu den Einheimischen geknüpft. Aber sie fühlten sich in der Nähe der Militärstation nicht recht wohl und fuhren so schweren Herzens am nächsten Tag unbemerkt mit Kurs auf Tillanchong weiter.

Gutgelaunt erreichte Hass am 27. August 1958 mit der *Xarifa* Tillanchong. Er hatte auf der Fahrt die seltene Gelegenheit gehabt, einen großen Walhai zu beobachten und ausgiebig zu filmen. Die *Xarifa* ankerte in der Castle-Bay, und die dreieinhalb Wochen, die die Forscher nun auf Tillanchong verbrachten, wurden zum Höhepunkt der zweiten *Xarifa*-Expedition. Auf Tillanchong angesprochen bemerkt Hans Hass immer wieder, daß er zu keinem Platz der Erde nocheinmal so gerne zurückkehren möchte wie zu dieser paradiesischen Insel.[25] Sowohl wissenschaftlich als auch für die Filme bot sich bei dieser etwa 15 Kilometer großen, langgezogenen Insel alles nur wünschenswerte.

Arbeitsreiche Tage folgten. Die wissenschaftlichen Sammlungen wurden vermehrt, Unter- und Überwasserfilme gedreht. Das Meer rund um Tillanchong war sehr klar, und interessante Korallenriffe säumten die Küste. An der Ostseite der Castle-Bay entdeckte Hass ein kleines Riff mit einem schönen Korallenhain, wo alle hier lebenden Fische, sogar Haie, offenbar nichts anderes als das Fortpflanzungsgeschäft im Sinn hatten. Hass nannte es das "Liebesriff" und drehte hier eine neue Folge seiner Serie. Vor Tillanchong forschten die Wissenschaftler nun nach Lust und Laune.

Eine Felsklippe an der Ostseite der Castle-Bay wurde zum täglichen Arbeitsplatz der Forscher. Das Wasser war dort kristallklar, und ringsum an den steilen Abstürzen gab es viel zu beobachten und zu filmen. Durch Zufall entdeckte Eibl-Eibesfeldt in der Nähe ein zweites Riff, an dem ein nicht in den Karten eingezeichnetes, großes Wrack lag. Neugierig gingen die Wissenschaftler schon am nächsten Tag an die Untersuchung der Schiffstrümmer. Im

Inneren des Wracks machte Hass eine freudige Entdeckung: In einem Raum standen, teilweise in Schlamm eingesunken oder überdeckt, ganze Batterien von alten Messing-Schiffslampen. Hass brachte von dem Tauchgang zwei davon mit nach oben, und dort stellte sich dann heraus, daß sie noch gut erhalten und in einem fast funktionsfähigen Zustand waren. Einige der Lampen kamen aus Glasgow oder Birmingham und trugen die Jahreszahl 1914.

Nun erfaßte ein wahrer Lampenrausch die Taucher, denn jeder von ihnen wollte einige dieser schönen Stücke als Andenken mit nach Hause nehmen. Zwei ganze Tage lang tauchten nun die Wissenschaftler an dem "Lampen-Wrack", holten Lampen an die Oberfläche, putzten und hämmerten dort die Kalkschicht ab und gaben den Messinglampen ihren ursprünglichen Glanz zurück. Heute beleuchtet eine dieser Lampen den Gartenweg des Liechtensteiner Hauses von Hans Hass und erinnert ihn an die schönen Tage dieser Fahrt.

Vor Tillanchong lebte Hass ständig in der Angst, ein indisches Regierungsboot könnte sie entdecken und ihre Filme und Sammlungen beschlagnahmen. Die Ausrede, die Maschinen wären erneut defekt, hätte dann sicher etwas lahm gewirkt. Als nach drei Wochen vor Tillanchong tatsächlich ein indisches Flugzeug auftauchte, die *Xarifa* entdeckte und sie mehrmals umkreiste, war dies für Hass das Zeichen, schleunigst die Insel und die indischen Hoheitsgewässer zu verlassen. Mit Bedauern ließen die Wissenschaftler vieles zurück, was es noch zu studieren oder zu filmen wert gewesen wäre. Am 19. September 1958 verließ die *Xarifa* die Nikobaren mit Ziel auf die Straße von Malakka, dem letzten Arbeitsgebiet der Reise.

Die Untersuchungen in den Gewässern der Straße von Malakka und an der malaiischen Küste brachten den Wissenschaftlern noch viel interessantes, aber nach all dem, was sie in den Malediven und Nikobaren gesehen haten, war es für sie mehr Bereicherung und Ergänzung als grundsätzlich Neues. Abschied vom Indischen Ozean nahm die *Xarifa* bei der "Silberinsel" Pulau Perak, die 80 Meilen vom Festland entfernt im Meer liegt. Von einem Beiboot aus erkundeten die Forscher schnorchelnd das Gewässer um die kleine Felsinsel, deren Riffe senkrecht in die Tiefe abfallen.

Ein Abstecher in Penang erlaubte es Eibl-Eibesfeldt und Scheer, einen Ausflug auf das Festland und die Camerun Highlands, einem Feriengebiet für die englischen Kolonialbeamten, zu machen. Hass besuchte in Penang den Schlangentempel und versorgte in der großen Hafenstadt die *Xarifa* mit allem, was sie noch für die weitere Reise brauchte. Die *Xarifa* fuhr weiter zu den Sembilan-Inseln, wo das Wasser jedoch völlig trüb war. Als nächstes verlegten sie das Schiff nach Pankor. Auf der Seeseite der Insel, bei Pankor Laut, studierten Lotte und Hans Hass die Unterschiede im Burgbau bei den malaiischen Kugelkrabben gegenüber jenen der Nikobaren. Dann fuhr das Schiff weiter nach Pulau Jarek, einer winzigen Insel in der Mitte der Straße von Malakka. Auch hier fanden sie Interessantes unter Wasser und blieben zwei Tage liegen, bevor sie mit Kurs auf Singapur weitersegelten.

Am 14. Oktober 1958, genau ein Jahr nach Auslaufen in Cannes, fuhr die *Xarifa* mit vielen bunten Wimpeln über die Toppen geflaggt in den Hafen von Singapur ein. Nach einem Gesamtweg von 8620 Seemeilen war die Expedition erfolgreich zu Ende geführt: Nach einer festlichen Abschiedsfeier heuerte die Mannschaft ab und die Teilnehmer traten mit ihren umfangreichen Sammlungen die Heimreise nach Europa an. Lotte und Hans Hass nutzten die Gelegenheit und führten noch einige Tauchgänge an den Inseln vor Singapur und am südlichsten Punkt Asiens, dem Raffles-Lighthouse durch. Hier zeigten ihnen das Chinesische Meer ganz neue Korallen und Fische. Das Meer war hier außerordentlich trüb und es herrschte eine starke Strömung - aber Hans Hass, der wußte, daß dies für längere Zeit sein letzter Tauchgang war, kostete diesen Abstieg besonders aus.

Anfang November 1958 flogen Hans und Lotte Hass nach dem Besuch der Tempelstadt Ankhor Watt von Singapur über mehrere Zwischenetappen nach Wien zurück. Ein Großteil der restlichen Sammlungen wurde mit einem Schiff auf die Heimreise geschickt. Die *Xarifa* blieb im Hafen von Singapur in der Obhut der englischen Marine, der Hass es für Fahrten der Offiziere in die Indonesische Inselwelt zu Verfügung stellte, liegen.

In Wien angekommen, begann Hass damit, einen Käufer für sein Schiff zu suchen: In Singapur war ein Lebensabschnitt von ihm zu Ende gegangen. Schon während der ganzen letzten Jahre über hatte in seinem Kopf die Frage gegärt, ob wir Menschen uns und unsere Stellung als Krone der Schöpfung richtig sehen. Immer wieder war bei seinen Überlegungen der Gedanke aufgeblitzt, ob die Art, wie wir Menschen die Dinge sehen, oder wie das Gehirn sie beurteilt, nicht am Ende falsch ist.

Wie kommt nun ein Meeresforscher und Haiexperte zu einem solchen "Interessenwandel"? Den meisten scheint dies als ein herber Bruch. Und doch setzen sich die *Xarifa*-Expeditionen, die vielen dabei gemachten Beobachtun-

Fahrtroute der 2. "Xarifa"-Fahrt

Abfahrt Cannes   15.10.1957
Port Said   25.-27.10.
Suez-Kanal   27.10.
Ras Shukheir   28.10.
Insel Gubal   29.10.-1.11.
Hurghada   1.-2.11
Insel Markowar   5.11.
Shaab Anbar   6.-8.11.
Sarso Inseln   10.-23.11.
Massaua   27.-29.11.
Aden   3.-5.112
Abdel Kuri   9.-10.12.

Malediven: (-Atoll)
Gan (Addu)   21.-27.12
Hittadu (Addu)   27.12.-3.2.1958
Gan (Addu)   3.-8.2.
Gan-Kanal (Suvadiva)   9.-10.2.
Wadu (Suvadiva)   10.-11.2.
Fusdu (Ari)   13.-21.2.
Malos (Ari)   21.-22.2.
Weligandu (Rasdu)   22.-27.2.
Male (North Male)   27.2.-4.3.
Bathala (Ari)   4.-6.3.
Weligandu (Rasdu)   6.-21.3.
Male (Noth Male)   21.-24.3
Gaha Faro (Gaafaru)   24.-31.3
Difuri (Fadiffolu)   31.3.-2.4.
Madewaru (Fadiffolu)   2.-13.4.
Kulundu (Miladummadula)   13.-18.4.
Bodu Mandu (Miladummadula)   18.-20.4.
Kulundu (Miladummadula)   20.-21.4.

Colombo   24.4.-24.7.

Groß Nikobar
Kondul Hafen   30.7.-1.8.1958
Ganges-Bucht   1.-24.8.
Kondul   24.-25.8.
Pigeon Bay   25.

Tillanchong   27.8.-19.9.
Pulau Perak   22.9.
Penang   23.-25.9.
Sembilan-Inseln   26.9.-4.10.
Pankor   4.-9.10.
Pulau Jarek   9.-11.10.
Batu Laut   12.-13.10.
Ankunft Singapore   14.10.1958

(Gesamtweg 8620 Seemeilen)

gen und der ihnen zugrundeliegende Impuls auch in dieser - nach konventionellem Denken ganz anderen - Tätigkeit sehr konkret und unmittelbar fort. Gerade weil dieser Schritt für viele Menschen unerklärlich gewesen ist, soll hier etwas ausführlicher darauf eingegangen werden, welche Beweggründe in Hans Hass vorgingen. Er selbst hat es einmal so erklärt: "Die vielen Jahre des Tauchens haben bei mir zweifellos eine Art von Bewußtseinswandel verursacht. Unter Wasser hat man eine fremde, an Land nie mögliche Freiheit. Sobald man die Wasseroberfläche durchstößt, passiert man gleichsam eine Pforte, die in ein anderes Leben - und damit auch zu einer anderen Betrachtungsweise - führt. Zur Menschenwelt gewinnt man dort unten einen Abstand, den man kaum sonstwo bekommt. Gleichzeitig ist man der Natur und dem "Leben" näher. In meinem Fall erwachte in den vielen Jahren der Unterwasserforschung das Interesse für die Landlebewesen - einfach deshalb, weil ich sie aus der Perspektive der Unterwasserwelt anders sah - eben als Wesen im Exil. Mein Unterwasserinteresse griff gleichsam in die Luftwelt über und folgte so dem Weg der Evolution. Inzwischen war mir auch klar geworden, daß es nicht eigentlich das Meer, nicht eigentlich seine Bewohner waren, denen letztlich mein Interesse galt. Es galt in erster Linie der allgemeinen Biologie, also weniger den Fischen und Pflanzen, sondern den dahinter verborgenen Geheimnissen, der dahinter verborgenen Gesetzmäßigkeit. Es hatte Jahre gedauert, aber jetzt endlich begriff ich mich selbst. Das, was ich letztlich gesucht hatte, lag hinter, lag jenseits der sichtbaren Erscheinungen. Im unerforschten Meer war ich ihm etwas näher als irgendwo sonst gewesen; aber mit den Fischen und Krebsen und Korallen war es nicht identisch. Was mich letztlich anzog, war das Geheimnis der Natur selbst. Jener "Natur", die sich in so mannigfachen Gestalten unseren Sinnen darbietet und deren merkwürdigstes und unerforschtestes Teil wir selbst sind. Ich habe in den vielen Jahren meiner Unterwassertätigkeit die einengenden "Scheuklappen" eines Landbewohners verloren und begann die Welt mit allen Lebewesen, Pflanzen und Systemen aus einer übergeordneten Perspektive zu sehen. Wenn ich nun lange Jahre das Tauchen völlig aufgab und mich nur noch mit den Landlebewesen, besonders mit dem erstaunlichsten - dem Menschen und seiner Entwicklung - befaßte; wenn ich mein Schiff verkaufte und mich plötzlich für den Biologen völlig ferne Gebiete interessierte: dann geschah das, weil ich im Prinzip immer noch unter Wasser blieb. Weil mir die nasse Heimat, der Ausgangspunkt für diese ganze Entwicklung, ständig vor Augen blieb und mir eine andere, ungewohnte Betrachtungsweise gleichsam aufzwang."[26]

In gleichen Sinne berichtete auch einmal Jean-Albert Foëx, ein anderer Pionier der französischen Unterwasserforschung, vom veränderten Bewußtsein unter Wasser. Er schrieb in seinem Buch "Der Unterwassermensch": "Es ist durchaus denkbar, daß der Unterwassermensch durch seine Tätigkeit seelisch umgeformt wird und daß er aus seinem Umgang mit dem Meer eine unerwartete Gabe empfängt: eine gewisse Weisheit, eine andere Art zu denken, zu urteilen und sich zu entscheiden. Könnte es nicht sein, daß damit auch ein Teil seines Bewußtseins den alten irdischen Bedingungen entzogen wird?"[27]

In England stellte Hans Hass nun alle restlichen Fernsehfilme, zu denen er verpflichtet gewesen waren, fertig. Viele dieser Filme waren so gut, daß sie später ganz oder teilweise Aufnahme in die "Encyclopaedia cinematographica" des Göttinger Institutes für den Wissenschaftlichen Film fanden. Einen ehrenvollen Höhepunkt seiner Karriere als Unterwasserfotograf und -filmer bildete für Hass auch die Verleihung des begehrten "Unterwasser-Oscars" am 12. Dezember 1959 in Los Angeles, den er für seinen erfolgreichsten Film "Unternehmen Xarifa" erhielt. Dabei handelte es sich nicht wie oft fälschlich dargestellt um den weltweit bekannten "Oscar", der regelmäßig an Schauspieler und Regisseure in Hollywood verliehen wird, sondern um eine spezielle Auszeichnung für erfolgreiche Unterwasserfotografen und -filmer.

Das Ziel, das Hass bereits 1943 in seiner Doktorarbeit formuliert hatte, war erreicht: Mit großem Einsatz, viel Frechheit und manchem Risiko hatte er bewiesen, daß Schwimmtaucher der Wissenschaft einen bedeutenden Dienst leisten konnten, und daß eine schwimmende Forschungsstation in der Art der *Xarifa* eine wesentliche Hilfe bei der Erforschung der tropischen Meere darstellte. Dieser Idee hatte er fast zwanzig Jahre seines Lebens gewidmet. Hans Hass hatte mit viel Anstrengung und gutem Willen tauchend, forschend, filmend, fotografierend und schreibend alles im Meer erreicht, was er sich gewünscht hatte. Er hatte die bis dahin so geheimnisvollen Meerestiefen erkundet und die Schauergeschichten, die den Eingang in diese Gebiete verwehrten, entlarvt. Zum Vordringen in diese immensen, für die Zukunft des Menschen so bedeutsamen Räume hatte er einen wertvollen Beitrag geleistet. Anstatt sich aber nun auf seinen Lorbeeren auszuruhen und großen wirtschaftlichen Nutzen daraus zu ziehen, trieb ihn seine innere Rastlosigkeit zu neuen Ufern: Auch ein Forscher hat nur ein Leben, und es galt nun, die in den letzten Jahren zwangsweise vernachlässigten Forschungsinteressen wieder stärker aufzunehmen.

FERNSEH-SPIEGEL

Keine Grotte ohne Lotte / Von Telemann

Wer es im Laufe der Jahre verlernt hat, das deutsche Fernsehprogramm einzig mit den Augen der Liebe zu betrachten, dem fällt auf, daß seinen Gestaltern eine seltsame Abneigung gegen Vorgänge innewohnt, die sich zu ebener Erde abspielen. Natürlich müssen sie hin und wieder bodenständigen Erfordernissen Rechnung tragen; aber so richtig schaffensfroh fühlen sie sich erst, wenn sie etwas senden können, was entweder sehr weit über oder sehr weit unter dem Meeresspiegel geschieht.

Die sichtbaren Folgen beider Passionen sind: zwei aufeinanderfolgende Belehrungsreihen über die Wunder des Weltalls (eine von Dr. Rudolf Kühn, München, eine von Professor Heinz Haber, Hamburg), die amerikanische Filmserie „Abenteuer unter Wasser" (Werbefernsehen), vor allem aber das submarine Sammelwerk „Expedition ins Unbekannte" von Hans Hass (Sender Stuttgart).

Es besteht aus dreizehn Teilen und sieht, im repräsentativen Querschnitt, etwa so aus: An Bord des Dreimastschoners „Xarifa" (arabisch: „Die Schöne") herrscht geschäftiges Treiben. Taue werden geflickt, Krustentiere gefüttert, Würmer sortiert; und wenn es regnet, wissen sich Matrosen, Biologen und Ozeanographen nicht minder nutzbringend zu tummeln (Hass-Kommentar: „Lotte freut sich besonders, denn Regenwasser ist natürlich das Gegebene zum Haarewaschen").

Lotte Hass

Kurz darauf aber geht's, in voller Taucherrüstung, hinab ins Rote oder Karibische Meer oder in den Indischen Ozean, und alsogleich zieht hinter der Bildscheibe eitel Wasserfauna vorüber: Stachelrochen und Languste, Zackenbarsch und Schlammspringer und der giftige Rotfeuerfisch. Und dazwischen die Hass-Gattin Lotte, geborene Bayerl, hier eine See-Anemone liebkosend, dort einen gar zu heftigen Hai in seine Schranken verweisend (Hass: „Was Lotte hier tut, ist sehr unvorsichtig"). Ihr langes Blondhaar wogt wirkungsvoll über Klüfte und Riffe, durch düstere Höhlen und die lichten Verästelungen seltener Korallenformen, während Gatte Hass nicht müde wird, die gefährdete Gefährtin schützend zu umgaukeln.

Manchmal hält das Ehepaar auch ein Weilchen inne, um den Zuschauer an einer zoologischen Entdeckung teilhaben zu lassen (Hass: „Lotte fand einen Namen für diese Schnecke. Sie taufte sie ‚Baronsschnecke', denn sie hatte fünf Zacken, wie die Krone eines Barons").

Nachdem auf diese Weise zehn Untersee-Folgen zustande gekommen waren, scheinen den Fischforscher Bedenken befallen zu haben, das Publikum könnte des einen oder anderen Barsches oder Rochens müde geworden sein. Jedenfalls sorgte er für Abwechslung. Einmal durch ein Quiz (28. November), bei dem die richtigen Antworten lauten mußten: a) der Rüssel einer räuberischen Meeresschnecke, b) die Augen des „Brunnenbauers", als er die Taucherkrankheit hatte, c) die Beine eines unsymmetrischen Seeigels.

Ein andermal wußte er den Umstand, daß die „Xarifa" vor Ceylon geankert hatte, zur Herstellung einer amphibischen Fortsetzung zu nutzen (26. September). Der Überwasserteil handelte von einem Ausflug zur sagenumwobenen Felsenburg Sigirija und zeigte: Lotte in einer Felsengrotte, Lotte zwischen den Zehen eines schlafenden Riesen-Buddha sowie vor geheimnisvollen Wandmalereien (Lotte Hass zu Telemann: „Ich bin die Photographin der Expeditionen"). Der Unterwasser-Teil spielte wieder zwischen Langusten und kleinen Fischen.

Daß es überhaupt möglich ist, das deutsche Heim mit so vielen Meereswundern zu beschicken, hat seinen Grund: Die Hass-Familie braucht sich weder über chronologische noch geographische, ja nicht einmal über zoologische Details ernstlich den Kopf zu zerbrechen. Erstens gleichen sich die Schauobjekte wie ein Hai dem anderen, und zweitens macht es für Laien kaum einen Unterschied, ob das Wasser, das in ihrer Röhre gluckert, nun indischen oder karibischen Ursprungs ist — archivarische Vorzüge, die jeden Erzeuger von trockenen Kulturkonserven mit Neid erfüllen.

Und daß der Süddeutsche Rundfunk, wollte man ihm am Zeuge flicken, auf einen stattlichen Stapel Gunstbeweise und auf zufriedenstellende Umfrageergebnisse hinweisen könnte, hat auch seinen Grund. Denn wer die „Expedition ins Unbekannte" zum ersten, zum zweiten oder auch zum dritten Male sieht, der läßt sie sich wohl gefallen, und mehr als ein Anerkennungsschreiben schickt ja keiner.

Wüßten die Dauerdulder indes, daß der Südfunk bereits ein weiteres Dutzend Hass-Produkte angekauft hat (die letzte Folge der alten Serie wird am 19. Dezember gesendet), würden sie dem Fernsehjahr 1960 nur mit Maßen entgegenfiebern. Und so wird Hans Hass, nachdem er am 12. Dezember in Los Angeles den „Unterwasser-Oscar" entgegengenommen hat, mit seiner Lotte gen Singapur eilen, wo die „Xarifa", bewacht von der britischen Marine, schon ungeduldig an der Kette zerrt.

Bleibt der schwache Trost: Auch die Fernsehzuschauer Nordamerikas, Großbritanniens, Kanadas, Australiens, Schwedens, Dänemarks, Österreichs, der Schweiz und der Niederlande müssen hinnehmen, daß der Liebesdienst an jenem Imponderabile, das Hass die „ernsthafte Wissenschaft" nennt, ihre Bildempfänger zeitweilig in Aquarien verwandelt.

Merke: „Der Hass ist eine läst'ge Bürde." (Goethe: „Elpenor".)

Artikel aus "Der Spiegel", Hamburg, 09.12.1959.

Die beiden *Xarifa*-Expeditionen waren überaus ergiebig - die wissenschaftlichen Resultate in den verschiedenen Fachgebieten erschienen in fast 300 Publikationen. Viele dieser Ergebnisse sind mittlerweile von anderen Forschern weiter untersucht worden, und mancherlei verblüffende neue Fakten wurden erarbeitet. Eibl-Eibesfeldt gibt in seinem hervorragenden Buch "Malediven - Paradies im Indischen Ozean", dem er die Rahmenhandlung der zweiten *Xarifa*-Expedition zugrunde legt, im Anhang eine vollständige Übersicht über alle bis dahin erschienenen wissenschaftlichen Publikationen der beiden Expeditionen. Georg Scheer beschreibt in seinen beiden Abhandlungen über die Korallen der Malediven und der Nikobaren (Zoologica 122 und 126) in einer detaillierten Übersicht die Fahrtroute und die Arbeitsplätze der Expedition in diesen Gebieten.

Letztendlich war aber die Rechnung von Hans Hass nicht ganz aufgegangen: Der einzige, der auf dem von ihm geschaffenem Schiff meist nur minutenlang für wissenschaftliche Forschungsarbeit Zeit gehabt hatte, war ausgerechnet er selber gewesen. Die *Xarifa* sollte sein Werkzeug sein - und im Endeffekt wurde er doch ihr Diener. Auch ein weiteres Ziel von ihm war nicht erreicht - das Ziel, die *Xarifa* als schwimmende Forschungsstätte der Wissenschaft zu erhalten. Für Hans Hass als Privatmann war die Unterhaltung des Schiffes und die Finanzierung weiterer Forschungsfahrten unmöglich, er befand sie in dieser Zeit in argen Geldsorgen - praktisch war er acht Jahre lang nicht aus den Schulden herausgekommen. Etwas verbittert und betrübt schaute Hass nach Frankreich hinüber, wo Jacques Cousteau seine *Calypso*-Fahrten mit Hilfe staatlicher Unterstützung durchführte.

Nach seiner Heimkehr bot Hass das Schiff noch einmal der Wissenschaft an, aber ohne Erfolg. Er war bereit, die *Xarifa* kostenlos jeder wissenschaftlichen Institution zu überlassen - also zu schenken - , sofern sie bereit war, die Kosten einer laufenden Forschungstätigkeit zu übernehmen. Eine solche Institution fand sich nicht - fast muß man sagen, zum Glück von Hans Hass. Er wäre sonst gezwungen gewesen, weiter Manager zu sein, während er nun vor sich selber die Berechtigung erwarb, das Schiff zu verkaufen und vom Erlös weiterhin zu leben.

Es dauerte fast zwei Jahre, bis Hans Hass Käufer für das Schiff fand. 1960 meldeten sich plötzlich zwei Interessenten: ein Amerikaner, der auf den Bahamas Gesellschaftsreisen organisierte, und ein italienischer Großindustrieller, der sich in den Gedanken verliebt hatte, ein solches Schiff zu besitzen. Hass war es lieber, wenn das Schiff in Europa beheimatet blieb. Er schickte eine Schiffsbesatzung nach Singapur, die die *Xarifa* nach Cannes zurücksegelte. Hier übergab er das Schiff seinem neuen Besitzer, dem Italiener Carlo Traglio. Dieser war der italienische Lizenzinhaber von Coca-Cola und besaß einige Rennställe und ein Haus in Monaco. Er verwandelte in der Folge die *Xarifa* wieder in eine Luxusjacht, was ein kleines Vermögen verschlang. Heute liegt die *Xarifa* im Hafen von Monaco, und Herr Traglio kommt einmal jährlich für zwei bis drei Wochen von Long Island nach Europa, um mit seiner strahlend schönen Luxusjacht auf die weite Reise von Monaco nach Saint Tropez zu gehen. Übrigens steht seit Mitte 1993 auch ein schönes, etwa 2 Meter langes, maßstabsgetreues Modell der *Xarifa* im Minimundus-Park am Wörther See bei Klagenfurt.

Hans Hass war sehr mit seiner *Xarifa* verbunden gewesen, aber von ihm fiel nun eine ungeheure Last ab, die er fast acht Jahre lang alleine getragen hatte: Er war nun frei, und der Verkaufserlös erlaubte es ihm, sich einige Jahre lang ganz seinen bisher vernachlässigten wissenschaftlichen Interessen zu widmen. Von einem Teil des Erlöses kaufte sich Hans Hass 1960 bei Triesenberg, einer kleinen Gemeinde in Liechtenstein, ein über zweihundert Jahre altes Bauernhaus. Es liegt in fast 1200 Meter Höhe am steilen Hang der Alpspitz und bietet einen atemberaubend schönen Blick über das Rheintal bis hinüber zu Sargans. Nach einigen wenigen Umbauten wurde dieses Bauernhaus nun zu seiner zweiten Heimat. Bis heute ist es dabei geblieben, daß Hass zwischen Wien und Liechtenstein hin und her pendelt - vielleicht auch ein Zeichen für die innere Rastlosigkeit des besessenen Forschers.

Nachdem Hans Hass seine Fernsehfilme fertiggestellt hatte, ging er daran, seine in den Malediven erarbeitete Theorie über die Bildung der dortigen Atolle auf Papier zu bringen. Unter anderem stellte er sie auch im Oktober 1962 in London bei einem Unterwasserkongreß Pressevertretern vor. Hier hatten sich die Delegierten von 34 Nationen eingefunden, um unter dem Präsidium des Admirals Lord Mountbatten, dem Chef des königlichen britischen Generalstabes die "World Confederation of submarine activities" (Weltbund der Tiefseeforschung) zu begründen. Die Atollbildungstheorie von Hass blieb dort relativ unbeachtet, denn am gleichen Tag präsentierte hier auch Jacques Cousteau der Presse seine spektakuläre Vision vom Homo aquaticus, einem durch chirurgische Eingriffe wie beispielsweise Kiemeneinpflanzung dem Unterwassermilieu vollkommen angepaßten Menschentypus, und zog damit als Medienstar einmal mehr schlagartig alle Aufmerksamkeit auf sich. An diesem Tag waren in London Experten der ganzen Welt versammelt, die leidenschaftlich an der Forschung dieser "Öffnung zum Meeresgrund", die die Taucher bewegte, interessiert waren. Erntete der medienbewußte Franzose anfänglich mit dieser Idee noch viel Applaus, so ist sie heute doch schon längst als undurchführbar widerlegt.

Hans Hass bemüht sich, wenn er darauf angesprochen wird, um eine Abgrenzung seiner Arbeiten von denen Cousteaus: "Ich habe Cousteau nie als Rivalen oder Konkurrenten betrachtet, denn unsere Arbeiten hatten zwei grundverschiedene Ausrichtungen. Meine Zielsetzung war ganz klar darauf ausgerichtet, Wissenschaftler mit dem Schwimmtauchgerät ins Korallenriff zu bringen, um vor Ort die Biotope zu studieren. Cousteau ist ein Marinekapitän, dem es möglich war, mit staatlicher Hilfe ein Schiff auszurüsten, und der dann dieses Schiff für verschiedene ozeanographische Arbeiten vermietet hat. Er hat mit diesem Schiff dann überall operiert und sich auch gelegentlich mit biologischen Themen beschäftigt. Mir kam es nie darauf an, aus meiner Tätigkeit einen Beruf zu machen, ich wollte vielmehr diese fremden Meere kennenlernen und erforschen. Gemeinsam ist uns die Freude am Tauchen und die Liebe zum Meer."[28]

Die Atollbildungstheorie von Hans Hass erschien noch 1962 im angesehenen "Atoll Research Bulletin" und im "New Scientist" und hat heute in der Wissenschaft Bestätigung gefunden. Anschließend berichtete Hass in seinem Buch "Expedition ins Unbekannte" über die menschlichen und technischen Probleme und den Ablauf dieser bemerkenswerten zweiten Forschungsreise, mit der die Pionierzeit des Schwimmtauchens in gewisser Weise ihren glanzvollen Abschluß fand, denn nunmehr waren die Tore endgültig aufgestoßen. Die Methode hatte sich bewährt. Es hatte sich gezeigt, daß keineswegs nur Sportler, sondern daß jeder gesunde Mensch schwimmtauchend die Riffe erkunden kann. Hans Hass hatte mit seinen vielen Schriften und Filmen eine Woge in Bewegung gesetzt, die sich nun ganz von selbst fortsetzen würde und sich bereits fortsetzte. In anderen Ländern waren inzwischen ähnliche Unternehmungen gestartet worden, das autonome Schwimmtauchen setzte sich als Forschungsmethode überall durch. Heute ist es geradezu Selbstverständlichkeit, daß bei jeder meeresbiologischen Station Professoren und Studenten mit Atemgeräten unter Wasser gehen. Das dies alles trotz der "blutrünstigen" Haie möglich ist, mußte aber erst einmal bewiesen werden.

Am Ende seines Buches "Expedition ins Unbekannte" verabschiedet sich Hans Hass mit Dank von seinen Lesern, die ihn durch so viel Meere und wechselvolle Erlebnisse begleitet haben, mit den Worten: "Nachdem sich alles erfüllte, was ich mir als Jüngling vornahm, drängt mich mein Interesse in neue Gebiete. Vielleicht sehen wir uns eines Tages in anderen Bereichen der Naturforschung wieder. In Abgründen, die vielleicht noch dunkler und noch gefährlicher sind als im Meer."[29] Die nachfolgenden Jahre begab sich Hans Hass auf eine Expedition, die er bis heute noch nicht abgeschlossen hat: Auf die Expedition zu uns selbst - einer Forschungsreise, die an Abenteuern und neuen Erkenntnissen nicht weniger reich ist.

In den nun folgenden Jahren wurde es ruhig um den "König der Haie", wie Hans Hass damals oft genannt wurde. Er zog sich zurück in seine Gelehrtenstube und die Lesesäle der Wiener Universitätsbibliotheken, wo er sich nun nach den langen Jahren der praxisnahen Meeresforschung mit weitaus trockeneren, theoretischen Fragestellungen befaßte.

Dritter Teil:
Tiefenforschung auf dem Trockenen
(1960 - heute)

*Alle Gestalten sind ähnlich
und keine gleichet der andren
und so deutet das Chor
Auf ein geheimes Gesetz
Auf ein heiliges Rätsel.*

Johann Wolfgang von Goethe (1749-1832)

Expedition zu uns selbst

Dieses Buch wäre viel zu einseitig und würde seiner Intention ebenso wie den Leistungen von Hans Hass nicht gerecht, wenn man nur sein Wirken und seine Innovationen auf den Sektoren der Meeresbiologie und des Tauchsports betrachten würde. Gerade weil häufig nach Sinn und Inhalt der von Hans Hass in den Jahren 1960 bis 1970 aufgestellten und in späteren Jahren weiterentwikkelten Theorie gefragt wird, soll hier etwas näher darauf eingegangen werden. Anderseits würde aber der Rahmen dieser Abhandlung gesprengt, das Buch überladen, würde ich allzusehr in die Tiefe der Thematik einsteigen und alle an die Energontheorie als interdisziplinäre Grundlagentheorie grenzenden wissenschaftlichen Aspekte mitbetrachten. Vielmehr versuche ich mich darauf zu beschränken, dem Leser in einer Zusammenschau Einblicke in Grundaussagen, in das Begriffssystem, sowie in Querverbindungen der tiefgreifenden und umfangreichen Energontheorie und ihren Anwendungen zu geben - so weit es für das Verständnis unserer weiteren Abhandlungen notwendig ist. Dabei werde ich, da es hier um die größeren Zusammenhänge geht, vieles vereinfachen, wohlwissend, daß in diesem Rahmen nicht immer exakte wissenschaftliche Begriffsbestimmungen wiedergegeben werden können. Dem interessierten Leser seien deshalb schon an dieser Stelle zur Vertiefung die

Schriften von Hans Hass, Konrad Lorenz, Eibl-Eibesfeldt und anderen empfohlen.

Hans Hass gewann während der vergangenen Jahre, in denen er sich neben der Meeresbiologie auch sehr für Systemforschung und Evolutionstheorie interessierte, die Anschauung, daß sich der "Lebensprozeß" über den Menschen hinweg ausgeweitet hat, und sich in übergeordneten Systemen und Strukturen manifestiert, in denen der Mensch Mittelpunkt und Ausgangseinheit ist. Bereits 1942 - im Rahmen seiner Doktorarbeit - und auch später bei der Untersuchung größerer Strukturen wie beispielsweise Korallenriffe und Atolle, fesselte ihn der Gedanke, nach verborgenen Gesetzmäßigkeiten und Zusammenhängen zu suchen, sie aufzudecken. Dabei stieß er auf die sehr grundlegende und komplexe Frage: Was eigentlich ist "Leben" und welchen Gesetzmäßigkeiten unterliegt es? Die schon frühe Suche des jungen Hass nach Antworten auf die Fragen von "Natur", "Schöpfung" und "Leben", von Entfaltungsmöglichkeiten und Entfaltungsbedingungen - die zunächst unter der Meeresoberfläche begann - hinterließ weitere Fragen zum Wesen des "Seins" und mündete schließlich in die Forschung nach der menschlichen Entfaltung, getreu dem Spruch von Delphi: "ERKENNE DICH SELBST".

Zwei Zitate aus seinen 1947 und 1949 erschienenen Büchern "Drei Jäger auf dem Meeresgrund" und "Menschen und Haie" mögen diese schon frühe Faszination für die Zusammenhänge im "Lebensprozeß" deutlich machen: "In der Natur stehen große und kleine Wirkung in höchst wunderbarem Zusammenhang. Nichts in der Natur geschieht 'zufällig' und nichts geschieht 'allein'. Die große Verschiedenheit, in die unser Geist die Welt auflöst, ist in Wahrheit eine große Einheit."[1] Und an anderer Stelle schreibt er: "Man sagt, die Naturwissenschaft führe den Menschen weg von Gott. Der fundamentale Irrtum liegt darin, daß etwas, wenn es erklärbar wird, darum durchaus nicht aufhört, göttlich zu sein. Selbst wenn wir das Lebensgeheimnis und das Geheimnis der Schöpfung überhaupt bis in die winzigsten Bausteine unserer Welt zurückverfolgen können, wenn somit alles, auch wir selbst und unser Leben seine letzte Erklärung schon im Gewirbel unfaßlicher Elementarkräfte fände - wäre darum die Schöpfung und das Leben wirklich weniger göttlich? Wäre nicht vielmehr gerade der Umstand, daß die gesamte Vielheit des Kosmos in jedem seiner kleinsten Bausteine bereits voll enthalten liegt - wäre dies nicht vielmehr der ungeheuerlichste Ausdruck dessen, was wir in unserer zwergenhaften Menschensprache mit 'Gott' bezeichnen? Nach diesen Überlegungen kam mir die Welt plötzlich verändert vor. Jedes Ding, auch wenn es mir bis dahin noch so vertraut gewesen war, würde ich künftig mit anderen Augen betrachten müssen; jede Einstellung zu den Problemen erforderte eine Revision. Zum erstenmal empfand ich die eisige Kälte des Weltraumes, in dem unsere Erdkugel so unendlich einsam schwebt. Im grenzenlosen Nichts glimmt unendlich verlassen der Funke unseres menschlichen Lebens. Mußte man nicht täglich erneut staunend vor dem Wunder stehen, daß uns das Geschenk dieser rätselhaften Existenz zuteil wurde?"[2]

Immer wieder war in den darauffolgenden Jahren der Gedanke in ihm aufgeblitzt, ob die Art, wie wir die Dinge sehen, wie das Gehirn sie beurteilt, nicht am Ende falsch ist. Wir sehen in den Lebewesen das Besondere. Hans Hass fragte sich damals, ob nicht die Lebensentfaltung in ihrer Gesamtheit einem großen, sich immer mehr verbreiternden Strom gleicht, und ob nicht die Lebewesen - auch der Mensch und seine technischen Werke - bloß Figuren waren, über die sich dieses Geschehen fortsetzt. Dies widersprach der bisherigen Anschauung vieler Wissenschaften und Religionen, daß der Mensch Endpunkt der Schöpfung und ihr höchstes Ziel sei. Mehr und mehr gelangte er dahin, den Strom der Entwicklung als ein immenses Ganzes zu sehen, in dem die Einzelgestalten bloß Bestandteile sind - seine Voraussetzung.
Vor vielen Millionen Jahren haben sich aus den Einzellern die Vielzeller gebildet, also Pflanzen, Tiere und auch der Mensch. Durch seine besonderen Fähigkeiten gelang es dem Menschen, seinen organischen Zellkörper mit zusätzlichen, "künstlichen" Organen zu erweitern: triviale Beispiele hierfür sind beispielsweise Werkzeuge, "künstliche Kiemen" wie das Tauchgerät oder "künstliche Schwimmfüße" wie die Flossen, die es ihm ermöglichen, sich in einem fremden Medium aufzuhalten und seine Leistungsfähigkeit verbessern. Ein von Pferden gezogener Wagen erweitert die Fähigkeit der Beine. Brille, Fernglas und Mikroskop verbessern die Fähigkeit der Augen. Aber der Mensch hatte noch größere, noch mächtigere Strukturen gebildet: Staatssysteme, Wirtschaftsunternehmen und ähnliches, in deren Mittelpunkt und deren Ausgangsbasis immer der Mensch war, analog wie der Einzeller Ausgangsbasis für Vielzeller ist. Ein besonderer Vorteil dieser zusätzlichen Einheiten liegt in ihrer Ablegbarkeit und Austauschbarkeit. Der Mensch bedient sich ihrer für einige Zeit, wenn er sie braucht, legt sie dann weg oder tauscht sie aus und ist durch sie nicht weiter belastet. Der Mensch wurde so zu dem Wesen mit ablegbaren und austauschbaren Organen, zum "Spezialisten in vielseitiger

Spezialisation". Hans Hass sah hier eine neue, weitere Entwicklungsstufe, eine Ära, die durchschritten worden war und die auch den Gesetzmäßigkeiten der Evolution unterliegen mußte.

Diese Ära in der Menschheitsgeschichte begann vor Millionen Jahren damit, daß sich die Urmenschen einfachste Handwerkszeuge zum Jagen der Beute oder zum Bestellen ihrer Äcker anfertigten, oder einfach ihren Körper mit Kleidung und Schuhen vor den verderblichen Umwelteinflüssen schützten. Der nackte Mensch hätte wohl nie ohne diese zusätzliche Erweiterung seines Zellkörpers, ohne irgend ein Werkzeug, im Lebenskampf bestehen oder zumindest sich so weit entwickeln können, wie er heute ist. Bis heute haben sich diese "zusätzlichen Organe" weiterentwickelt und wurden immer spezieller, komplexer und immer technisierter. Hans Hass begab sich auf die Suche nach Analogien im Tierreich und fand dort tatsächlich Beispiele: Die Spinne hatte mit dem Netz ihren organischen Zellkörper zusätzlich erweitert oder der Einsiedlerkrebs benutzte ein altes Schneckenhaus, um seinen empfindlichen Körper vor Feinden zu schützen.

Nach der bisherigen, konventionellen Anschauung galten diese Erweiterungen des Körpers, die "künstlichen Organe", wie Hass sie damals noch nannte, als etwas von dem organischen Zellkörper vollkommen getrenntes, als unser "Werk", als nur eben durch Eigentumsrechte oder Verträge an uns gebunden. Ging man aber von der abstrakten, theoretischen *Sichtweise der funktionellen Leistungserfüllung* aus, wie sie Hass vertrat, konnte man diese Anschauung nicht mehr aufrechterhalten. Für das Bestehen im Lebenskampf war es nämlich unerheblich, ob ein Werkzeug organisch zum Zellkörper gehört oder nicht: Bei der funktionalen Betrachtungsweise kommt es nur darauf an, mit welcher Effizienz dieser Leistungskörper arbeitet, inwieweit er Konkurrenten überlegen war oder sich "besser eignet". Diese Leistungskörper setzen sich dann in der Evolution durch. Worauf es ankam, waren Wirkung und Gesamtbilanz. Bei dieser funktionellen Sicht waren der Mensch mit seinem Zellkörper, Geist und "künstlichen Organen" Bestandteile des Leistungskörpers, bildeten eine funktionelle Einheit, und mußten in Betracht gezogen werden. Da der Begriff "künstliche Organe" vielerorts zu Mißverständnissen und Unklarheiten geführt hat, ersetzte Hans Hass ihn später durch "zusätzliche Organe", was auch dem eigentlichen Grundgedanken näherkommt.

Grundsätzlich war dieser Ansatzpunkt für die Überlegungen von Hass nicht neu, denn es gibt eine Reihe ideengeschichtlicher Vorgänger, wie beispielsweise Herder, der schon 1770 das Netz "der Spinne verlängertes Selbst" nannte. Immanuel Kant sprach als erster schon 1839, also 20 Jahre vor Charles Darwin, den Gedanken von einem "Urbild" aller Tiere und Pflanzen aus. Interessante Parallelen zu seiner Denkrichtung fand Hans Hass aber auch bei Hegel, Engels, Schopenhauer, Nietsche und anderen. Auch in der Staatslehre hatte es mehrere Denker gegeben, die den Staat mit einem lebenden Organismus verglichen. Nahezu erschlagen wurde er von der parallelen Denkweise Goethes. Dieser dachte schon 1790 ebenfalls an ein gleiches Grundkonzept, das den Pflanzen und den höheren Tieren, so verschieden sie sich auch unseren Sinnen darbieten, verbindend zugrunde liegt - von einem "geheimen Gesetz" schrieb Goethe in einem Gedicht über die Metamorphose der Pflanzen. Nirgends fand Hans Hass deutlicher ausgesprochen, was ihn selbst in seiner Forschung bewegte und wohin sie ihn Stück für Stück weiterführte.

Auch in einigen Wissenschaftsrichtungen, wie beispielsweise der Systemforschung, gibt es Ansätze mit gleichem Grundtenor. Die energetische Denkweise von Hans Hass geht in ihren Überlegungen noch einen Schritt weiter als die Systemforschung: Hass ging bei seinen Überlegungen davon aus, daß neben aller Materie auch alle Vorgänge, so auch der "Lebensprozeß", eine Erscheinungsform von Energie darstellt. Nun untersteht aber Energie bestimmten Gesetzmäßigkeiten. Eine davon ist, daß Energie unzerstörbar ist, eine andere, daß beim Übergang von einer Energieform in die andere Gleichgewichtszustände angestrebt werden und dabei auch immer Verluste entstehen. Wenn nun also der Lebensprozeß auch eine Erscheinung von Energie darstellen würde, hätte er im Laufe der vielen Jahrmillionen diesen Gesetzmäßigkeiten zufolge versiegen müssen. Dies war aber überhaupt nicht so. Das Leben an sich scheint also ein Prozeß zu sein, der diesen Gesetzmäßigkeiten widerspricht. Betrachtet man den Lebensstrom, so wie es Hans Hass tat, als Ganzes, als einen Prozeß, der sich insgesamt ständig steigert, dann hat dieser von jeher immer mehr Materie in sich aufgenommen und seine Potenz, Arbeit zu leisten, ständig vermehrt. Eine Perspektive, die derart faszinierende Gesetzmäßigkeiten in sich barg, daß Hans Hass sich von ihr fesseln ließ und nun lange Jahre daranging, den "Lebensprozeß als energetisches Phänomen" zu erforschen.

Ausgangspunkt seiner Forschungen wurde nunmehr die Frage: Wie ist dies möglich? Hass fand darauf nur eine Antwort: Über Strukturen, die das Kunststück fertig bringen, aus der Umwelt mehr an arbeitsfähiger Energie an sich zu ziehen als sie selbst verbrauchen. Ihre Energiebilanz muß also insgesamt positiv sein. Da es für solche energieerwerbenden Strukturen keine

Bezeichnung gab, nannte Hass sie, ohne noch etwas genaueres über sie zu wissen, "Energone", denn er konnte eines voraussagen: Sie müssen alle eine positive Energiebilanz besitzen.

Hans Hass fragte sich, ob die strenge Einteilung der Wissenschaften und Fachausrichtungen, wie sie heute gelehrt wird, nicht am Ende den Blick vom Wesentlichen ablenkt, und ob nicht die Lebensentwicklung samt dem Menschen und seiner Technik und Kultur als große Einheit gesehen werden muß, von grundsätzlich gleichen Gesetzen beherrscht wird. Wenn all diese Überlegungen richtig waren, dann sah sich der Mensch falsch: Er war keineswegs Krone der Schöpfung sondern ihr Erfüllungsgehilfe. Er war Bestandteil in einer längst über ihn hinweggeflossenen Entwicklung, dann war - von der Evolution her betrachtet - der Mensch und sein "Wille" gar nicht das Wesentliche, das Spezifische, sondern das die Evolution Weiterführende waren die Leistungskörper, die Energone: in diesen setzte sich das Lebensgeschehen mit der notwendigen positiven Energiebilanz fort.

Sosehr Hans Hass auch nachforschte, fand er doch keinen Anhaltspunkt dafür, daß diese Gedanken in ihrer ganzen Konsequenz schon einmal irgendwo dargelegt worden waren. Alles war bisher angezweifelt worden, nur eben nicht dies, daß die von uns geschaffenen Leistungskörper mit den tierischen und pflanzlichen unmittelbar vergleichbar sein könnten. Damit war sein weiterer Weg vorgezeichnet: er mußte von der Biologie her jene Körper untersuchen, die man bislang in der von der Naturwissenschaft völlig getrennten Betriebs- und Volkswirtschaftslehre behandelt hatte, mußte auch Staatslehre studieren und sich vor allem um gemeinsame Grundbegriffe bemühen. Denn da man diese "Körper", weil sie nicht fest zusammengewachsen sind, als etwas von den Tieren und Pflanzen grundsätzlich Verschiedenes angesehen hatte, hatte auch jede dieser Wissenschaften ihre eigene Fachsprache gebildet, eigene Begriffe und Fragestellungen hervorgebracht. Durch den Vergleich von noch nie verglichenen Disziplinen wollte er verborgene Gemeinsamkeiten aufdekken und nach Konrad Lorenz' Vorbild die Kluft zwischen Biologie und Geisteswissenschaften überbrücken helfen. Das war der Weg, den nun seine weiteren Forschungen nahmen.

Dieser Aufgabenstellung zuliebe ließ er Erfolg und Ansehen hinter sich und wurde für seine Umwelt zu einer merkwürdigen Gestalt. Statt die erfolgreichen Fernsehserien fortzusetzen oder sich auf seinen Lorbeeren auszuruhen tauchte er in den nun folgenden Jahren in Volkswirtschaft und Betriebswirtschaft, Staatslehre und Atomphysik, allerdings nicht mit den Begriffssystemen dieser Wissenschaften, deren Abgrenzung er ja anzweifelte, sondern mit dem Versuch, sie von der Biologie her einzubeziehen und nach einem verborgenen Gemeinsamen zu suchen. Jeden Handwerker, jeden Betrieb, jedes Unternehmen, Organisationen der Wissenschaft, Verwaltung und Verteidigung, Objekte der Technik, Rechtsnormen und Staatsformen - und als Kernstück die Alltäglichkeiten des Lebens und die Verhaltensweisen der Menschen mit ihren Sitten und Gebräuchen - betrachtete er nun mit den Augen des Biologen. Selten stieß er dabei auf Verständnis, noch weniger auf Unterstützung.

Bei dieser Tätigkeit begann Hans Hass plötzlich, den Menschen anders zu sehen, und zwar als aufbauende und steuernde Einheit von Energonen, in deren Gefüge der Mensch dann nur noch kleines, austauschbares Rädchen wäre. In den Vordergrund trat die Frage, wie weit der Mensch, als Zentrum der Organisationen, die er aufbaut, dabei frei in seinem Willen ist oder nicht. Tieren sind die Verhaltensweisen weitgehend angeboren - wie steht es hier beim Menschen - wird bei uns alles über Erziehung gelernt? Die Frage, inwiefern das menschliche Verhalten genetisch bestimmt ist, spielte im Rahmen dieser Untersuchungen eine wichtige Rolle. Wenn die Menschen letztlich Keimzellen zur Bildung der Energone sind, dann ist es sehr wesentlich, inwieweit unsere Handlungsweisen "frei" sind, und in welchem Ausmaß die Rezepte für unsere Tätigkeiten über Erziehung und Tradition in uns einfließen. Bei der Keimzelle eines jeden Vielzellers sind es angeborene Verhaltensweisen, die sie ihren Tochterzellen mit auf den Weg gibt, und diese dann veranlassen, an Stelle eines individuellen Lebens spezielle Organe zu bilden. War etwa die Energon-Bildung, die Schaffung übergeordneter Strukturen und Systeme, ebenfalls angeboren?

Bei dieser Art des Denkens kam Hans Hass natürlich unaufhörlich mit der gewohnten, alltäglichen Betrachtungsweise in Konflikt. Die Frage, wie kann man sein eigenes Gehirn dazu zwingen, den Menschen anders zu sehen, als es die Sinne und das bisherige Bewerten nahelegen, wurde dabei zu einem Zentralproblem. Er zerbrach sich lange den Kopf darüber, wie er von der uns angestammten Betrachtungsweise freikommen könnte, wie er sein Gehirn dazu zwingen könnte, den Menschen und die Bewertung von Verhaltensweisen und zusätzlicher Organbildung als etwas Unbekanntes, Fremdes, also von Grund auf neu zu sehen.

Hass mit dem Spiegelobjektiv seiner Bolex-Kamera. (1964)

Um dieses Problem zu lösen griff Hans Hass auf seine Filmkamera zurück, mit der er lange Jahre das Verhalten der Fische beobachtet und analysiert hatte. Diesmal konnte sie ihm über eine künstliche, technisch erzielte Verfremdung der Wirklichkeit dabei helfen, die Mitwelt, den Alltag und schließlich sich selbst so zu sehen, als sähe er den Menschen zum ersten Mal. Sie konnte ihm helfen, den Menschen zu objektivieren - genauso als wäre der Betrachter ein Besucher von einem fremden Stern, der nicht das geringste um die Entwicklung auf unserem Planeten weiß und dieser somit völlig unbeeinflußt und wertfrei gegenübersteht.

Um menschliches Verhalten unbeeinflußt zu analysieren mußten die Aufnahmen unbemerkt stattfinden, das war Voraussetzung. Hans Hass löste das Problem mit einem ebenso einfachen wie genialen technischen Kunstgriff: Er konstruierte 1962 ein vor das Objektiv der Bolex-Filmkamera aufgesetztes Spiegelprisma, ähnlich wie man es von den Periskopen der Unterseeboote oder auch schon von seiner Rolleimarin her kennt. Damit täuschte er die Umwelt:

Während es den Anschein hatte, er würde Häuser und Bäume filmen, filmte er in Wirklichkeit im rechten Winkel, was gerade rechts oder links der Kamera geschah. So konnte er praktisch "unbeobachtet" das Verhalten der Menschen in seiner Umgebung festhalten.

Aber noch viel wesentlicher war, daß er bei allen Aufnahmen den normalen Zeitablauf veränderte - indem er mit Zeitraffung oder in Zeitlupe filmte. Auf den so aufgenommenen Szenen bewegte sich alles fünf- bis zwölfmal schneller als gewöhnlich - oder halb so schnell wie normal. Bei Übersichtsaufnahmen verwendete Hans Hass die Zeitraffung - und verwandelte so die vertraute Menschenwelt in einen kuriosen Ameisenhaufen, in dem Zusammenhänge und Gesetzmäßigkeiten im Verhalten in Erscheinung treten, die man normalerweise nicht erkennt. Filmte er hingegen Vorgänge auf dem Schlachtfeld des menschlichen Gesichtes, Ausdrücke der Mimik, dann verwendete er Zeitlupe, um dem Auge Zeit zu verschaffen, unbefangen das zu verfolgen, was hier geschieht. Auch in diesen Aufnahmen trat ein Verfremdungseffekt in Erscheinung. Die normalen Beurteilungen verloren in diesen Aufnahmen ihre Bedeutung. Etwas Gemeinsames, hinter der individuellen Verschiedenheit Verborgenes trat hervor. Hans Hass führte damit seine zoologisch-marinebiologischen Betrachtungsweisen in einer neuen, bemerkenswerten Richtung fort, die die Originalität und Aufgeschlossenheit der Denkweise dieser Forscherpersönlichkeit auf besondere Weise belegt. Mit der distanzierten Weise, mit der er bis dahin die marinen Organismen in den Korallenriffen beobachtet hatte, wollte er nunmehr auch den Menschen und seine Stellung einer Betrachtung unterziehen.

Zuerst filmte er mit dieser Technik zuhause in Wien, Liechtenstein und der näheren Umgebung, dann, von seiner Frau Lotte begleitet, fuhr er 1963 nach West-Samoa, Indien, Singapur und Thailand, wo er diese Technik in immer neuen Bereichen menschlicher Tätigkeit erprobte. In künstlicher Verschnellung filmte er Gespräche, das Muster des Straßenverkehrs, Menschen bei Berufsausübung, Zeremonien und Feste, Liebespaare - einfach alles, was ihm vor die Kamera kam. In künstlicher Verlangsamung filmte er Gesichtsausdrücke der Freude, des Zorns, der Überraschung - was immer ihm die Palette des unbeobachteten menschlichen Gesichtes zeigte. In Benares filmte er so die rituellen Handbewegungen der frommen Hindus - ein besonders schwieriges Unterfangen, weil seine Anwesenheit als sehr störend empfunden wurde. Es war nicht einfach für Hans Hass, den Gläubigen mehrere Tage lang glaubhaft zu machen, er filme über den breiten Ganges-Fluß hinweg die winzigen Vögel am jenseitigen Ufer.

Bei seiner Filmreise nach West-Samoa wurde Hass 1963 von einem Eingeborenenstamm zum "Sitting Chief" - zum Mitglied im Ältestenrat - ernannt. Die geflochtene Peitsche ist das Symbol seiner Würde.

1963 führte Hans Hass eine Auswahl seiner Spiegelaufnahmen Konrad Lorenz am Max-Planck-Institut für Vergleichende Verhaltensforschung in Seewiesen, wo auch sein Freund Eibl-Eibesfeldt forschte, vor. Hass kannte Konrad Lorenz schon seit 1943 persönlich. Als er damals auch in Königsberg, wo sich Lorenz zu dieser Zeit aufhielt, einen Vortrag gehalten hatte, war Lorenz anschließend zu ihm auf die Bühne gekommen und hatte sich weitergehend für die verhaltenspsychologischen Beobachtungen unter dem Meeresspiegel von Hans Hass interessiert. In den nachfolgenden Jahren hatte Hass losen Kontakt zu Lorenz und auch einige seiner Schriften gelesen, unter anderem die Arbeit "Ganzheit und Teil in der tierischen und menschlichen Gemeinschaft", von der er besonders beeindruckt war. Hass schätzte Lorenz sehr, und als er sich ab 1960 intensiver für den Menschen zu interessieren begann, waren die Schriften von Konrad Lorenz für seine wissenschaftliche Arbeit maßgebend. Noch heute

1963 besuchte Hans Hass mit seiner Frau Lotte auf einer Filmreise auch Bali.

hält Hans Hass Lorenz für den weitaus bedeutensten und einfallsreichsten Biologen sowie den größten Bahnbrecher in der Verhaltensforschung. Neben Richard Hesse und Charles Darwin wurde Hass auch von den Gedanken Lorenz' sehr stark in seiner wissenschaftlichen Ausrichtung und Arbeit beeinflußt.[3]

Konrad Lorenz ist der Stammvater der Vergleichenden Verhaltensforschung, und hat sich mit seinen Kollegen und Schülern darum bemüht, die Ursachen, Formen und Abläufe tierischen und menschlichen Verhaltens zu ergründen. Unterstützt werden die Ethologen, eine recht junge Disziplin der Biologie die zu ihren Anfangszeiten noch Tierpsychologie hieß, in erster Linie durch die Soziologen, Zoologen, Neurobiologen, Physiologen und die Mediziner. Seit langem schon streiten sich die Wissenschaftler vieler Disziplinen teilweise sehr erbittert darum, ob der Mensch das Ergebnis seiner Erbanlagen sei, also angeborenes Verhalten zeigt, oder vorwiegend durch Lernen, Erfahrung und seine Umwelt geformt werde. Die Frage "angeboren *oder* erlernt?" stand dabei besonders beim menschlichen Verhalten immer im Vordergrund. Bereits Charles Darwin wußte um angeborenen Verhaltensweisen, unterschied sie aber von jenen Fertigkeiten, die erst über Lernprozesse erworben werden. Während vor allem einige amerikanische Wissenschaftler, die sogenannten Behaviouristen, die These von einer unbegrenzten Modifizierbarkeit der Lebewesen vertreten, die eine Allmacht der Erziehung begründet, glauben die Gegner dieser Milieu-Theorie an die Macht der Vererbung. Gegen diese tief verwurzelte Überzeugung hat die Vergleichende Verhaltensforschung teilweise auch noch heute anzukämpfen. Gegen eine derart einseitig ausgerichtete Betrachtungsweise der Lebewesen (angeboren *oder* erlernt?) wandte sich unter anderem auch Konrad Lorenz. Es war sein Bestreben, zunächst einmal einen Einblick in tierisches Verhalten zu gewinnen, und sich dann der systematischen Erforschung des menschlichen Verhaltens zuzuwenden, wobei die an Tieren gewonnenen Einsichten als Ausgangsbasis dienen, da Mensch und Tier in ihrer Abstammung und somit auch in ihrem Verhalten zahlreiche Gemeinsamkeiten aufweisen.

Erst die von Konrad Lorenz durchgeführten Versuche zum Verhalten der Tiere brachten dieser neuen Wissenschaftsrichtung Anerkennung. Durch die Verleihung des Nobelpreises an ihre beiden Begründer, Konrad Lorenz und Niko Tinbergen, wurde sie dann endgültig gewürdigt und dem Interesse mancher, die sich für diesen noch recht jungen Wissenschaftszweig kaum interessierten, nähergebracht. Während man sich inzwischen darauf geeinigt hat, daß Verhalten angeborene *und* erlernte Elemente enthält und es wechselseitige Beziehungen gibt, war es für die frühe Verhaltensforschung, in Abgrenzung zum Behaviorismus, wichtig, die angeborenen Komponenten zu erhellen, die vielfach einfach ignoriert wurden. In den Anfängen der Ethologie beschränkte man sich auf die systematische und zufällige Beobachtung der Versuchstiere und führte Attrappenversuche durch. Da deren Ergebnisse nicht frei von Fehlern waren, ging man dazu über, Tiere in freier Wildbahn zu studieren. Dazu mußte man seine menschlichen Eigenschaften ablegen, um als Artgenosse, möglichst als Leittier, in einer Tiergruppe anerkannt zu werden. Diese Methode lieferte objektive Ergebnisse in Form von Ethogrammen (Verhaltenssteckbriefen), die die Basis jeder Ethologischen Untersuchung bilden.

Als Hans Hass nun in Seewiesen seine Spiegelaufnahmen zeigte war die Resonanz unerwartet. Ihm war es bei der Entwicklung dieser Filmmethode darauf angekommen, den Menschen zu versachlichen, zu verfremden, zu

Hans Hass und Eibl-Eibesfeldt (links) bei einem Besuch bei dem Verhaltensforscher Konrad Lorenz (2. v. rechts). (Etwa 1985)

objektivieren. Dies als Hilfe für ihn, den Menschen als Teil der von ihm zu erforschenden größeren Lebenskörper, der Energone, deren Mittelpunkt er ist, besser zu verstehen - an die etablierte Verhaltensforschung hatte er dabei weniger gedacht. Nun aber zeigte es sich, daß er hier geradezu offene Tore einstieß, indem seine Filmtechnik dieser Wissenschaft ein grundlegendes Handwerkszeug gab. Vergleichende Untersuchungen des Verhaltens bei verschiedenen Tierarten hatten zur Entdeckung jener angeborenen Steuerungen geführt, die ihr Instinktverhalten aktivieren, auslösen und lenken. Lorenz hatte in seinen Arbeiten immer wieder betont, daß er es als die wichtigste Aufgabe des von ihm begründeten Forschungszweiges betrachte, zu prüfen, inwieweit die von ihm entwickelten Hypothesen zum besseren Verständnis menschlichen Verhaltens beitragen könnten. Die Anregung von ihm fanden auch ein starkes Echo, doch hatten sie sich bis dahin kaum in praktischer Arbeit niedergeschlagen.

Lorenz war von der Filmvorführung begeistert und meinte, diese neue Filmmethode würde der Vergleichenden Verhaltensforschung wertvolle neue Möglichkeiten eröffnen. Eibl-Eibesfeldt und Hans Hass erklärten sich daraufhin spontan interessiert und bereit, diese neuen Möglichkeiten zu nutzen, um sich mit Hilfe der "Hass'schen Spiegeltechnik" auf die biologische Erforschung des menschlichen Verhaltens zu konzentrieren. Sie etablierte sich später unter dem Begriff "Humanethologie". Lorenz meinte, allein die Analyse der menschlichen Mimik bei den verschiedenen Völkern wäre ein lohnendes Objekt für ein ganzes Forscherleben. Das war nun allerdings nicht im Sinne von Hans Hass - was nicht heißen soll, daß auch für ihn die Humanethologie, die biologische Erforschung menschlichen Verhaltens, nicht zu einem der Kernbereiche seiner eigenen Forschung wurde. Die Humanethologie geht von den in der tierischen Verhaltensforschung entwickelten Konzepte und Methoden aus, paßt diese jedoch an die Erfordernisse an, die sich aus der Sonderstellung des Menschen ergeben. Insbesondere übernimmt sie auch die in den Nachbardisziplinen entwickelten Arbeitsmethoden und bemüht sich damit um den Brückenschlag zwischen den verschiedenen Wissenschaften vom Menschen. Für den hierarchischen Bau menschlicher Energonbildung war die Frage, inwiefern die Grundtendenzen menschlichen Verhaltens aus angeborenen Normen resultieren, von entscheidender Bedeutung.

Hans Hass verließ den Elfenbeinturm seiner grauen Theorie. Gemeinsam mit Eibl-Eibesfeldt gründete er 1964 in Liechtenstein die erste Forschungsstelle zur biologischen Analyse menschlichen Verhaltens, das Institut für Humanethologie, welches sich weniger in Räumlichkeiten als in einer sehr aktiven Forschungstätigkeit auszeichnete. Um das Ausmaß des durch angeborene Normen verursachten Verhaltens genauer zu untersuchen, ist es in erster Linie wichtig, möglichst unverfälschtes, neutrales Tatsachenmaterial über das menschliche Verhalten zusammenzutragen, ein nach den Gesichtspunkten der Ethologie erarbeitetes Ethogramm. Dieser Aufgabe wollten sich nun Hass und Eibl-Eibesfeldt weiterhin widmen, und im Sinne dieser Aufgabe gründeten sie das Institut in Liechtenstein. Besonders interessierten sie dabei jene Naturvölker, die noch wenig oder gar keinen Kontakt mit der Zivilisation hatten, da die Gelegenheit zu solcher Beobachtung und Dokumentation heute sehr schnell abnimmt.

Während der nun folgenden drei Jahre filmten Hass und Eibl-Eibesfeldt mit der neuen Methode auf Reisen in allen fünf Weltteilen menschliches Verhalten bei den verschiedensten Völkern. Da Hass auch in diesem neuen Bereich wiederum keinerlei staatliche Unterstützung zuteil wurde, finanzierte er diese Expeditionen genauso wie jene auf der *Xarifa*: Parallel zur Forschungsarbeit produzierte er für das britische, deutsche, österreichische und schweizerische Fernsehen eine Filmserie, die dann später in dreizehn Folgen unter dem Titel "Wir Menschen" ausgestrahlt wurde. Eine wertvolle Starthilfe gewährte die Fritz-Thyssen-Stiftung durch die Finanzierung einer Forschungsreise nach Ostafrika.

Die erste dieser humanethologischen Filmexpeditionen führten Hass und Eibl-Eibesfeldt 1964 nach Ostafrika, genauer nach Kenia, Tansania und Uganda. Den kurzen Aufenthalt in Nairobi nutzten sie schon für Aufnahmen, bevor es in einem Geländewagen mit Campingausrüstung nach Süden ging. Sie besuchten einige Nationalparks, die Olduvaischlucht und fuhren anschließend über Mwanza nach Kigoma. Hier arbeitete im Gombe-Reservat die bekannte Forscherin Jane Goodall mit wildlebenden Schimpansen. Hass und Eibl-Eibesfeldt lernten hier die Zoologin und ihre Affen kennen und konnten auch die Schimpansen filmen. Von Kigoma fuhren sie dann weiter nach Norden, den Elizabethsee entlang bis hinauf nach Uganda. Über den Murchinson Park in Uganda ging es weiter hinauf nach Norden und dann nach Westen durch weitgehend unbewohnte Savanne. Die beiden Forscher hatten ein Zelt dabei und waren nicht auf Raststätten angewiesen. Durch das Gebiet der Acholi erreichten sie das Territorium des Karamojo-Stammes, wo sie ebenfalls filmten und beobachteten. Dann bogen sie nach Süden ab und kamen ins Gebiet kriegerischer Rinderhirten, der Turkana. Bei weiteren Naturvölkern machten sie Aufnahmen von Tänzen. Mit einem Charterflugzeug besuchten sie ferner die Elmolo am Ostufer des Lake Rudolph, eine kleine Gruppe, die praktisch nur vom Fisch- und Krokodilfang lebt. Die beiden Forscher beendeten die Fahrt wieder in Nairobi, wo sie ihre beiden Frauen abholten und ihnen noch einige Nationalparks zeigten.

Auf dieser ersten großen Reise sammelten Hass und Eibl-Eibesfeldt neben technischen Erfahrungen vor allem auch solche mit Menschen. Gelegentlich wurde auch experimentiert, bei den Naturmenschen bestimmte Gesichtsausdrücke hervorzurufen. Auf der Afrikareise war eine gute Sammlung von Aufnahmen zustandegekommen, und diese sollte nun durch Filme aus anderen Regionen ergänzt werden. Deshalb begaben sich Hass und Eibl-Eibesfeldt im nächsten Jahr, 1965, auf eine Weltreise. Sie begann mit dem Karneval in Rio, weitere Stationen waren die peruanische Stadt Cuzco, dann Mexico City, Kalifornien, Hawaii, Tokio, Kioto, Hongkong und Bali. Die beiden Forscher waren diesmal aufgrund ihrer in Afrika gemachte Erfahrungen gut vorbereitet und wußten, wie sie einfache Reaktionen auslösen konnten. Darüber hinaus versuchten sie, ungestellte soziale Interaktionen aus dem Alltagsverhalten aufzunehmen. Sie filmten Mütter mit Kindern in Peru, Touristen in Disneyland und auf Hawaii, das Familienleben auf Bali und vieles mehr. Schließlich ließen sie sich in Japan von traditionellen Schauspielern Gesichtsausdrücke vormimen. Höhepunkt der Reise war Bali, in dem es damals noch keinen nennenswerten Fremdenverkehr gab. Hier filmten sie die vielen Tempelfeste, Opferrituale an der Straße, Wanderschauspieler und den bunten Alltag. Auf der Rückreise von Bali nach Europa hatten Hass und Eibl-Eibesfeldt aber einen schmerzlichen Verlust: Bei dem kurzen Flug von Denpasar nach Jakarta ging ihre gesamte Filmausbeute von Bali verloren. Hass hatte das Paket nach Österreich adressiert, wo es allerdings nie ankam. Es ist zu vermuten, daß irgendjemand Austria mit Australia verwechselte und das Paket verschwinden ließ, denn die Indonesier waren damals auf Australien nicht gut zu sprechen. Glücklicherweise war aber noch genug anderes Material für die dreizehnteilige Filmserie vorhanden.

Neben dieser Weltreise war Hans Hass auch in Europa von den Lofoten bis Sizilien in jedem erdenklichen Bereich menschlicher Tätigkeit und Muße, menschlicher Leistungen und Abwege mit seiner Kamera präsent. Während Eibl-Eibesfeldt bei diesen gemeinsamen Arbeiten stets die Vergleichspunkte zu tierischem Verhalten vor Augen hatte, die Hass auch mannigfache Anregungen gaben, ordnete dieser die beobachteten Phänomene nach dem

Energonkonzept, das ihm auf einer ganz anderen Ebene den Vergleich zwischen tierischer und menschlicher Tätigkeit nahelegte. Hass untersuchte das menschliche Verhalten auch unter dem Aspekt der Ordnungsbildung, um herauszufinden, ob diese Bildung höherer Ordnungen dem Menschen vielleicht angeboren sein kann. Diese Aufnahmen führten ihm nun noch besser vor Augen, wie der Mensch mit seinen künstlich hergestellten Geräten und Maschinen zu Einheiten zusammenwächst, die neue, spezialisierte Leistungen erbringen. Hier gewann er erhöhte Einsicht in die Vergleichbarkeit der ordnungsbildenden Strukturen und Abläufe. Aus der Sicht der Energontheorie gewannen auch diese Vorgänge einen anderen Stellenwert und erforderten die Übertragung in ein anderes Denksystem.

Nach Abschluß der Weltreise stellte Hans Hass noch 1965 seine dreizehnteilige Serie "Wir Menschen" fertig, die auch bald darauf weltweit ausgestrahlt wurde. Gleichzeitig schrieb er den Inhalten der Serie folgend ein Buch unter dem Titel "Wir Menschen: Das Geheimnis unseres Verhaltens". Es stellt einen Versuch dar, die menschliche Besonderheit als einen Teil der Gesamtentwicklung des Lebensprozesses zu sehen und geht der Frage nach, welche Bestandteile unseres Verhaltens sich aus unserer Abstammung erklären und sich somit als eine Weiterentwicklung tierischen Verhaltens verstehen lassen. Darüber hinaus geht es auch der Frage nach, was unserer besonderen Stellung wirklich zugrunde liegt und wie es zu dieser großen Machtsteigerung kam. Hier gibt Hans Hass erstmals auch einige mehr allgemeine Betrachtungen darüber, wie sich die verschiedenen Sparten menschlichen Lebens aus dem Gesichtswinkel der Evolution darstellen, und berichtet erstmals über das Prinzip und den Stellenwert der "künstlichen Organe" sowie über seine Energontheorie. Gleichzeitig wirbt er darin für die naturwissenschaftlich orientierte Erforschung des menschlichen Verhaltens.

Das Buch, das voll anregender Thesen ist und manche neuen Impulse vermittelt, fand wie die Filmserie leider nur mäßigen Widerhall. Am ehesten rief noch die Idee der künstlichen Verfremdung durch Verschnellung oder Verlangsamung ein positives Echo, in England noch mehr als in Deutschland, hervor. So bekannt Hans Hass als Meeresforscher war, so einsam blieb er in seinem neuen von ihm freiwillig gewählten Arbeitsgebiet. Erstmals mußte er erkennen, welches Handikap Erfolge auf einem anderen Gebiet sein können, wenn man in ein - für den äußeren Betrachter - anderes überwechselt. Ständig wurde er gefragt, wann denn die nächste Tauchexpedition stattfände und warum denn keine Unterwasserfilme mehr von ihm zu sehen wären. Hans Hass begann damals schon vorauszusehen, wie aussichtslos es um sein eigentliches Anliegen bestellt sein würde. Für die Umwelt waren diese neuen Tätigkeiten etwas vollkommen anderes als seine Abstiege ins Meer - für ihn selbst waren sie es aber nicht.

Hans Hass und Eibl-Eibesfeldt arbeiteten 1966 gemeinsam eine Denkschrift "Zum Projekt einer ethologisch orientierten Untersuchung menschlichen Verhaltens" aus, in der die beiden Forscher ihre ersten Ergebnisse vorstellten und eine Lanze für die Humanethologie brachen. Einige Jahre später wurde in erster Linie durch das Bemühen von Eibl-Eibesfeldt die neue Wissenschaftsrichtung mit der Gründung eines Max-Planck-Institutes für Humanethologie, dessen Direktor er auch bis heute ist, in Percha bei Starnberg offiziell aus der Taufe gehoben. Sie übersiedelte dann nach Andechs. So fand die von Hans Hass auf Grund ganz anderer Gesichtspunkte entwickelte Technik ein für die Verhaltensforschung fruchtbares Anwendungsgebiet und wird hier auf breiter Basis weitergeführt. Nach der Filmmethode wurde in den folgenden Jahren von Eibl-Eibesfeldt und seinen Mitarbeitern das Verhalten von Primitivvölkern in den entlegensten Teilen der Erde filmisch dokumentiert und analysiert, wodurch sich auch manch neuer Aspekt für die Energontheorie von Hass ergab. Aus den kleinen Anfängen erwuchs ein kulturvergleichendes Dokumentationsprogramm, dem sich die Forschungsstelle am Max-Planck-Institut nun schon seit vielen Jahren widmet. Hans Hass wirkt dabei als Mitherausgeber der Humanethologischen Filmenzyklopädie bis zum heutigen Tag mit.

Seine Vorträge für das Goethe-Institut, in denen er über Unterwasserforschung und Verhaltensforschung berichtete, führten Hass 1968 nach Brasilien, Argentinien, Peru, Kolumbien, Venezuela und Mexiko. In Folge wandte er sich noch intensiver dem Studium der menschlichen Organisationen, insbesondere dem menschlichen Energieerwerb zu. Er untersuchte "energieerwerbende Systeme", gleichgültig ob es Pflanzen, Tiere, Berufstätige oder Unternehmen waren. Zweck dieser Bestrebungen war es, festzustellen, ob alle diese so verschiedenen Lebenserscheinungen auf Grund des für sie alle notwendigen Energieerwerbes nicht vergleichend beurteilt werden konnten, ob ihre so mannigfache Gestalt sich nicht letztendlich aus den gleichen Gesetzmäßigkeiten erklären läßt.

1969 war Hans Hass dann so weit, daß er seine Energontheorie weitestgehend ausformuliert hatte und sie nun der Öffentlichkeit vorstellen wollte. Jetzt stellte sich ihm auch die Frage, wo er letztlich das Ergebnis seiner Forschungen veröffentlichen sollte - es hatte nirgendwo ein Zuhause. Heimatlos wie es war,

umfaßte es ebenso Biologie wie Wirtschaft, Staatslehre und andere Disziplinen - stand aber jeder dort etablierten Denkmeinung entgegen. Um ganz sicher
zu gehen, keinen wichtigen Punkt übersehen zu haben und noch gezieltere
Kritik herauszufordern, stellte Hass seine Veröffentlichung um fast ein Jahr
zurück. Er gelang ihm, einige ausgewiesene Fachwissenschaftler dafür zu
gewinnen, sein Manuskript vorab kritisch auf Denkfehler und Unkorrektheiten
zu prüfen. Dabei trat aber neben einigen kleineren Korrekturen kein neuer,
inhaltlicher Gesichtspunkt zutage.

Überraschenderweise machte Professor Broda vom Institut für physikalische
Chemie in Wien, der das Manuskript vom Standpunkt dieses Wissenschafts-
zweiges prüfte, Hans Hass auf Wilhelm Ostwald aufmerksam, den Begründer
der physikalischen Chemie, der bereits 1909, im selben Jahr, als er den
Nobelpreis erhielt, den praktisch gleichen Grundgedanken wie Hass in einem
Buch veröffentlicht hatte. Auf dieses Werk mit dem Titel "Die energetischen
Grundlagen der Kulturwissenschaft" war Hass trotz aller Literaturrecherche
nirgends gestoßen. Auch in dem umfangreichen Schrifttum über Allgemeine
Organisationslehre, die sich bisher vergeblich um ein die Wissenschaften
verbindendes Begriffssystem bemüht hat, war er nirgends aufgeführt. Mit
tiefer Befriedigung konnte nun Hass feststellen, daß Ostwald, der somit 1909
die Energetik begründet hatte - der Lehre von der Energie als der treibenden
Kraft und dem "Lebendigen" in der Welt - in seinem Buch zu genau den gleichen Schlußfolgerungen gekommen war. Er war der erste, der die zentrale
Bedeutung der Energie für die Lebensentwicklung erkannte und auch das
Wirtschaftsgeschehen unter diesem Aspekt beurteilte. Es gab Hass aber zu
denken, wie unbeachtet dieses Buch geblieben war - trotz des im selben Jahr
dem Autor verliehenen Nobelpreises.

1970 veröffentlichte Hans Hass dann in seinem Buch "Energon - Das verborgene Gemeinsame" seine Theorie, die besagt, daß Berufstätigkeit und Unternehmen des Menschen sich zwangsläufig nach den gleichen Grundgesetzen
entfalten, die auch die Evolution der Tiere und Pflanzen vorantreiben. Die
Energontheorie, die alles andere als eine leichte Kost ist und nicht mit wenigen
Worten erklärt werden kann, zeigt ein vollkommen neues Denksystem auf,
bietet ein neutrales, alle Wissenschaften verbindendes Bezugs- und
Begriffssystem und zeigt allgemeine Gesetze und Regeln der Lebensentfaltung
auf.

Die Grundaussagen der Energontheorie sollen hier nur knapp wiedergegeben
werden, soweit sie für die weiteren Abhandlungen von Interesse sind. Sie

orientiert sich, wie schon dargestellt, nicht an den materiellen Erscheinungen, sondern am Energetischen: an Abläufen, Leistungen und Wirkungen. Sie sieht die Welt nicht aus der Sicht der so verwirrend vielgestalteten Materie, sondern aus der Sicht dessen, was ihr zugrunde liegt und was sich über sie entfaltet: der Energie. Betrachtet man, wie Hass es tat, die Lebensentfaltung als eine Erscheinungsform von Energie, dann hat man ein physikalisches Paradoxon vor sich. Die grundlegende Fragestellung von Hass war also nun: Wie kann das energetische Phänomen der sich immer mehr steigernden Lebensentfaltung stattfinden? Seine Antwort darauf ist: Ein solcher Prozeß kann nur über Strukturen mit besonderen Eigenschaften stattfinden. Sie müssen in erster Linie eine positive Energiebilanz erzielen, also insgesamt mehr Energie in ihren Dienst zwingen, als sie verbrauchen. Da es noch keine Bezeichnung für energieerwerbende Systeme gab nannte Hass sie "Energone". Sie sind nicht durch ihre Gestalt definiert sondern durch ihre Wirkung. Der Energon-Begriff umfaßt alle funktionellen Einheiten, die notwendig sind, um zu einer positiven Energiebilanz zu kommen, also sowohl den organischen Zellkörper wie auch die zusätzlichen Organe wie etwa Werkzeuge. Durch die besonderen Fähigkeiten des Menschen wurden die Wirkungen dieser nicht mit dem Körper fest verwachsenen Organe immer ausgereifter und umfangreicher und brachten eine erhebliche Effizienzsteigerung. Beim Energieerwerb stehen die Energone ihren jeweiligen Energiequellen in der Umwelt gegenüber wie ein Schlüssel (Energon) zum Schloß (Energiequelle). Dabei bestimmt das Schloß, wie der Schlüssel beschaffen sein muß. Energie kann über Raub oder Tausch erworben werden. Energone besitzen "Hauptfunktionen", die durch eine "Außenfront" und eine "Innenfront" erbracht werden. Sämtliche an der Außen- oder Innenfront von Energonen wirksame Funktionsträger unterliegen den gleichen drei Hauptkriterien für Effizienz: Kosten, Präzision und Zeitaufwand.

Nach der Formulierung der theoretischen Grundaussagen dieser interdisziplinären Grundlagentheorie, die alle geistes- und naturwissenschaftlichen Disziplinen vom Menschen durch ein gemeinsames Begriffssystem und grundlegende Gesetzmäßigkeiten zu verbinden sucht, ging es Hass nun darum, im Rahmen seiner weiteren Forschungen auch praktische Anwendungsfälle aufzuzeigen.

Die Energontheorie stieß in der Wissenschaft auf wenig Gegenliebe. Die Fachwissenschaftler hielten sich für nicht zuständig und legten sie deshalb schnell beiseite. Die wenigen Rezensionen, die erschienen, äußerten sich vorsichtig, abwartend. Der Österreichische Rundfunk widmete seine wöchentliche Sendung "Bild der Wissenschaft" einen Monat lang der Energontheorie, über die dort ein Kybernetiker mit beträchtlichem Einfühlungsvermögen referierte. Als außerordentlichen Erfolg verbuchte Hans Hass eine umfangreiche Darstellung seiner Thesen 1971 in der "Zeitschrift für Tierpsychologie" durch Otto Koehler, dem Lehrer von Konrad Lorenz. Auch von anderen Biologen kamen positive Signale, verhalfen der Energontheorie aber nicht zum Durchbruch. Sie war eher unangenehm und befremdlich, stellt sie doch unser bisheriges Denksystem in Frage, wendet sich gegen das von unseren sinnlichen Wahrnehmungen diktierte Denken und zwingt zu einer Betrachtungsweise, die völlig andere und ungewohnte Bewertungen nach sich zieht. Einen besonderen Angriffspunkt fanden einige Kritiker in der Grundaussage, daß das Leben ein energetischer Prozeß sei. Wenn dem so wäre - so die Kritiker - hätte man es mit einer wundersamen Energievermehrung zu tun, mit einem "biologischen Perpetuum mobile" - was es einfach nicht gäbe. Eine andere Erklärung, was "Leben" letztendlich ist, wie es entsteht und welchen Gesetzen es unterliegt, konnten die Kritiker aber nicht anbieten. Was Energie letztlich darstellt ist ebenfalls unbekannt - heiligstes Rätsel in Goethes Sprache.

Eine weitere bedeutsame Fragestellung, mit der sich die Energontheorie auch auseinandersetzen muß, läßt sich aus der anthropologischen sowie soziologischen Sichtweise der Bedingungen von Gesellschaft und der Bedeutung von "Kultur" für den Menschen formulieren: Anthropologische und soziologische Annahmen, daß der Mensch "weltoffen" und "handlungsoffen" ist, sowie der damit eng verbundene soziokulturelle Prozeß der Enkulturation und Sozialisation machen deutlich, daß der Mensch, will er handlungsfähig werden, das Chaos der großen Vielfalt seiner Handlungsmöglichkeiten eingrenzen, strukturieren, reduzieren muß. Der Mensch ist "kulturschaffend", das heißt, er schafft ordnungsbildende Strukturen, Bereiche geregelten Verhaltens, soziale Normen, Techniken, materielle Ausrüstungen, oder wie Hass sie nennt: Energone und zusätzliche Organe. Eine bekannte und unbestrittene Tatsache - Aber werden diese Ordnungen oder Strukturen nicht gerade aus *Mangel an natürlicher Vererbung* und anstelle der instinktabhängigen Handlungsorientierung entwickelt, um überleben und existieren zu können, um leistungsfähig und effizient zu handeln?

Auch in der Öffentlichkeit tat sich die eher schwerverdauliche und sehr abstrakte Theorie schwer: Das Buch lag wie Blei in den Regalen der Händler, gerade 6000 Exemplare wurden verkauft. Hass hatte es aber im Grunde nicht anders erwartet, daß sich eine solche revolutionäre Denkweise nicht im Handumdrehen durchsetzt. Jetzt, da sich Hans Hass nicht mehr an die Abenteuerhungrigen, an den Taucher wandte, sondern an eine breite wissenschaftliche Öffentlichkeit, gab es auch keine eigentliche Zielgruppe mehr, und entsprechend schwierig war es dann, Resonanz zu erhalten. Er war zwar etwas betroffen von dem Unverständnis, das ihm vielerorts begegnete, widmete sich aber trotzdem weiterhin der energetischen Weltbetrachtung. 1970 begann er wieder damit, Unterwasserfilme zu drehen und finanzierte damit seine weiteren Forschungen im Rahmen der Energontheorie. Sie schien nichts weiter als eine Marotte zu sein, dabei hatte Hans Hass doch etwas sensationelles erarbeitet: ein neues Weltbild und eine neue Sicht des Menschen in ihr. Abschließend muß gesagt werden, daß die Energontheorie - die Hans Hass in Anlehnung an Hermann Hesses gleichnamiges Werk auch manchmal als sein persönliches Glasperlenspiel bezeichnet (Das Spiel verkörpert eine ewige Idee, den Drang des Geistes zur Einheit und Versöhnung und wird im übertragenen Sinne zum Sinnbild des Lebens) - wohl nicht *den*, sondern *einen* Zugang zum besseren Verständnis des Menschen und seiner Entwicklung darstellt, aber einen, an dem die Wissenschaftler anderer Disziplinen nicht ohne weiteres vorbeigehen können.

Hans Hass hatte seine Energontheorie an der Wiener Universität als Habilitation eingereicht - und auch hier tat man sich schwer, sie anzuerkennen. Während also auch die akademische Beförderung vorerst auf sich warten ließ, stieg sein Bekanntheitsgrad in den Kreisen der Wirtschaft sehr rasch. Hans Hass hatte überraschend erfahren, daß sich dort in der Tat die ersten Erfolge seiner Theorie abzeichneten. Hier interessierte besonders sein Ansatz, Effizienz rechnerisch zu erfassen und so zu einem neutralen Bewertungssystem zu gelangen. In der Managementstrategie baute besonders Wolfgang Mewes bereits seit 1971 mit beträchtlichem Erfolg auf den Annahmen der Energontheorie auf. Die von dem Frankfurter entwickelte Energo-kybernetische-Strategie (EKS), anfänglich Engpasskonzentrierte- oder Evolutions-konforme-Strategie genannt, zeigt für den Wirtschaftsbereich einen interessanten Ansatz. Mewes empfiehlt, an die Stelle "gewinnorientierten Denkens" "zielgruppenorientiertes Denken" zu setzen. Dreh- und Angelpunkt ist also die Zielgruppenstrategie. Eine der wesentlichen Entdeckungen der EKS ist, daß sich in der arbeitsteiligen Gesellschaft die eigenen Probleme in dem Maße von selbst lösen, wie man das brennendste Problem seiner Zielgruppe, also ein fremdes Problem löst. In einem zwölfbändigen Fernlehrgang vermittelte Mewes jedem interessierten Manager seine Theorie.

Grundlage der Mewes-Lehre ist neben Hans Hass auch Justus von Liebig, der in der ersten Hälfte des 19. Jahrhunderts jene Elemente im optimalen Pflanzenwuchssystem verstärkte, welche die schwächsten waren. Was Mewes so erfolgreich heute verwirklicht hat, ist ein neues, mehrdimensionales oder Ganzheitsdenken, effektiver als die bloße Sorge für ein Detail. Die moderne EKS ist keine materialistische und auch keine kapitalistische, sondern eine energetische Lehre, orientiert an den Spannungsverhältnissen mit dem Ziel erhöhten Gewinnes aus sozialer Anziehungskraft. Die EKS sieht Mensch und Betrieb als Teile eines gesamtheitlichen Evolutionsprozesses, der dem Menschen neue Automatismen und damit erhöhten Erfolg in Natur, Wirtschaft und Gesellschaft eröffnet. Man hat sich nicht nach den Gesetzen der Materie zu richten, sondern nach denen der Energie. Wichtig ist die spitze Konzentration der Energien auf den kybernetisch wirkungsvollsten Punkt. Ein Neun-Phasen-Schema gibt dabei Hilfestellungen. Die EKS wurde 1976 in einem internationalen Vergleich der kybernetischen Managementmethoden als das erfolgversprechendste Modell bewertet. Sie beeindruckt durch ihre leichte Anwendbarkeit und ihren umfassenden Charakter.

Von der Energontheorie hat Mewes die Schlüssel-Schloß-Relation und die steuernde Wirkung der Energiequellen übernommen und diese Mechanismen auf eine praktische Anwendung ausgerichtet. Interessant ist, daß die EKS, die aus rein theoretischen Überlegungen entwickelt wurde, auffallende Analogien und Ähnlichkeiten zu der gerade heute in der Wirtschaft so erfolgreichen Total-Quality-Lehre (TQM) hat, die aus Japan kommt und in der Praxis so überzeugende Erfolge feiert. Prinzipiell sind die beiden Methoden in ihren Grundaussagen deckungsgleich, wenn man von dem unterschiedlichen Begriffssystem absieht. Man braucht nur den Begriff "Schlüssel-Schloß-Beziehung" aus der EKS gegen die in der TQM üblichen "Kunden-Lieferanten-Beziehung" auszutauschen und hat dann vollkommen gleiche Grundaussagen. EKS kann als die naturwissenschaftliche Grundlage von TQM angesehen werden.[4] Wir wollen an dieser Stelle nicht näher auf diese Lehren eingehen, da die entscheidenden Punkte bereits gesagt sind. Die Vertiefung in diese Lehren sei jedoch jedem Interessierten empfohlen.

Hans Hass führte nun in den nachfolgenden Jahren gemeinsam mit Wolfgang Mewes viele Managerseminare durch, in denen Führungskräfte mit der EKS-Denkweise vertrautgemacht wurden. Hass wurde so zum gutbezahlten Managertrainer und Unternehmensberater. Die Lufthansa interessierte sich für seine Gedanken, ebenso der deutsche Sekretärinnenkongreß, Managerkongresse,

Konzerne wie Nestlé, Nixdorf, Tewes, IBM, Siemens, Kärcher, und auch große Banken und Einkaufsketten. Mit seiner Botschaft reiste er nach Graz und Positano, nach Frankfurt, Athen, Winterthur und Königstein, wo er seine Gedanken immer weiter trug. Bei Diskussionen, nach Vorträgen und während der Seminare erhielt Hans Hass wertvolle Anregungen, und auch seine Beratungstätigkeit bei der Europäischen Bildungsgemeinschaft in Stuttgart - ein Teil des Bertelsmann-Konzerns - vermittelte ihm neue Impulse.

Und dann wurde sein Streben endlich durch einen besonderen persönlichen Erfolg gekrönt: Am 30. Juni 1977 überreichte ihm die Wissenschaftsministerin Frau Firnberg auf Antrag der Wiener Universität den Berufstitel "Professor". Am Institut für Betriebswirtschaftslehre von Professor Loitlsberger an der Universität Wien brachte Hans Hass in den darauffolgenden Jahren nun auch den Studenten der Betriebswirtschaftslehre, der Technik, Informatik und Biologie seine energetische Denkweise näher, indem er Vorlesungen über die "Grundlagen der Energontheorie" und "Wesen und Meßbarkeit von Effizienz in der biologischen und wirtschaftlichen Evolution" durchführte. Mittlerweile sind dort auch schon zwei sehr interessante Dissertationen zu dem Thema Energontheorie und EKS vorgelegt worden (Siegl, 1985 und Wurl, 1988).

Bei einem seiner vielen Managerseminare hatte Hans Hass im Dezember 1975 auf Schloß Kronberg im Taunus Horst Lange-Prollius kennengelernt, der von der Energontheorie sehr beeindruckt war. Gemeinsam mit ihm verfaßte er 1978 das Buch "Die Schöpfung geht weiter - Standort Mensch im Strom des Lebens", in dem die Energontheorie für praktische Bedürfnisse der Wirtschaft und Politik in Lehrsätzen zusammengefaßt wird, und die eine strategische Umsetzbarkeit in die Praxis ermöglichen. Die "Schöpfung" ist der Strom des geheimnisvollen Lebens. Hass widmete das Buch Wilhelm Ostwald, dem Begründer der Energetik. Die Energontheorie wird hierin in 40 Sätzen, 6 Hauptsätzen und 7 Resümees wie eine Gesetzestafel präsentiert. Die grundlegenden Zusammenhänge zwischen Natur und Menschheitsentwicklung stehen dabei im Vordergrund.

Bis dahin hatten sich nur sehr wenige Wissenschaftler mit der Energontheorie näher befaßt, und Hass war daran gelegen, seine Theorie tiefergehend wissenschaftlich überprüfen und ihr gegebenenfalls auch in weiterem wissenschaftlichen Kreis Anerkennung zukommen zu lassen. Deshalb schrieb er im Winter 1978 nach der Veröffentlichung seines Buches "Die Schöpfung geht weiter" einen "Herausforderungspreis" aus. Er forderte einige namhafte und ausgewiesene Fachwissenschaftler zur Überprüfung seiner Theorie heraus und

Die Ernennung zum Professor wurde durch Wissenschaftsministerin Firnberg vorgenommen. Hass war mit Ehefrau Lotte und Tochter Meta angereist. (1977)

sicherte demjenigen, der sie widerlegen kann, eine Summe von 100.000 DM zu. Es gelang jedoch bis heute keinem der Wissenschaftler, sie zu entkräften, so daß die Summe bei Hass blieb. Die Theorie wurde aber in der Wissenschaft leider immer noch nicht entsprechend berücksichtigt.

In diesen Jahren hatte Hans Hass aber nicht nur in weiten Kreisen der wissenschaftlichen Öffentlichkeit einen besonders schweren Stand, sondern auch in der Taucherszene: Die Taucher verstanden ihr einstiges Leitbild nun überhaupt nicht mehr. War schon 1960 die Beendigung seiner Taucherkarriere und der Verkauf seiner *Xarifa* auf Unverständnis und Bedauern gestoßen, so konnten sie nun mit seiner für sie ganz anders gelagerten Forschungsrichtung nichts mehr anfangen. Bei seinem Comeback 1970 in die Taucherszene wurde ihm unter anderem mancherorts übelgenommen, daß er seine alten Tauchsportbücher, die längst alle vergriffen waren und in denen er noch die Unterwasserjagd verherrlichte, wieder neu aufgelegt hatte und so eine "zwiespältige Haltung in

der Anti-Harpunenbewegung" zeige. Der damalige Chefredakteur des tau-
chen-Magazins in Hamburg, Klaus Schwidrowski, stellte 1978, auf der
Titelseite der zweiten Ausgabe des Heftes die Frage an seine Leser "Hans
Hass: Idol oder Scharlatan?". In den beiden darauffolgenden Ausgaben
wurden dann mehrseitige Stellungnahmen, die teilweise recht herbe Kritik
enthielten, abgedruckt. Ein Meeresbiologe schrieb dort beispielsweise zu der
Energontheorie: "Legionen von Naturwissenschaftlern und Philosophen haben über Jahrhunderte ähnliches versucht - ohne Erfolg. Und nun kommt da ein
Hans Hass direkt aus dem Meer und zeigt der Wissenschaft, wie einfach sich
doch eine solche Weltformel finden läßt. Man muß nur schön umdenken
können". Und an anderer Stelle: "Die Energontheorie ist in Wahrheit gar keine
Theorie - sie ist nicht einmal eine Hypothese, sondern nichts weiter als
sorgfältig in Energon-Papier verpackte Schulweisheit. Nicht weniger aber
auch nicht mehr. Sie kann nicht, sie wird nie widerlegt werden - aus dem
einfachen Grund, weil sie lediglich aus einer Aneinanderreihung von Binsen-
weisheiten, Gemeinplätzen, längst durchdachten philosophischen und pseudo-
philosophischen Gedankengängen sowie exakten, wenn auch bekannten naturwissenschaftlichen Beobachtungen und Untersuchungen besteht. Kommt ein
Meer-Mann mit einem akademischen Titel daher und bringt seine Energon-
Phantasien zu Papier, dann wittert ein gewitzter Verleger ein Riesengeschäft
und verkauft der staunenden Welt das geistige Ejakulat als 'Stein der Weisen'.
Dabei handelt es sich nur um eine interlektuelle Blähung".[5] Hans Hass nahm
den mit seinem neuen, revolutionären Denksystem einfach überforderten
Tauchern aber nichts übel, sondern bemühte sich auch weiterhin mit großer
Beharrlichkeit darum, der Öffentlichkeit sein fremdes, energetisches Denken
näherzubringen und sein Weltbild von immer neuen Seiten und Perspektiven
her vorzuführen.
Möglicherweise läßt sich die mangelnde Akzeptanz seiner Theorie auch
darauf zurückführen, daß Hans Hass als "König der Haie" ebenso mit Kli-
schees und Mißverständnissen zu kämpfen hatte wie Konrad Lorenz mancherorts als "Vater der Graugänse". Mit der Person von Hass verbinden sich Begriffe wie Hai und Mördermuschel - Sensationen, spektakuläre Aktionen. Für
die Öffentlichkeit war er schlecht einzuordnen. Für die Frankfurter Allgemeine Zeitung war er sogar einmal eine Mischung von "Tarzan und Grzimek"[6]. Da
nun Hans Hass auch in erster Linie als Meeresforscher und Haiexperte bekannt
geworden ist, und da man mit dieser Tätigkeit nicht unbedingt ein Denksystem,
wie er es in der Energontheorie vorstellt, verbindet, kam es vielleicht für man-

chen überraschend, daß gerade er einen wichtigen Beitrag zur Erkenntnis des Menschen und seinem Stand in der Evolution geleistet haben soll. Gerade die große Popularität, die Hass auf den Gebieten der Meeresforschung und des Tauchsports außerhalb der Biologie genoß, hat dazu beigetragen, daß in der Öffentlichkeit dieses einseitige, schemenhafte Bild von ihm entstanden ist. Noch 1991, also über 30 Jahre nach der letzten *Xarifa*-Fahrt wurde Hans Hass als "Unterwasserforscher" in einem Magazin zu den "35 hochberühmten Österreichern" gezählt. Hass befand sich dort auf Platz 30 der Bekanntheitsskala, hinter Franz Schubert und vor Konrad Lorenz.[7] An erster Stelle war übrigens der Ex-Rennfahrer Nikki Lauda.

Die Öffentlichkeit assoziiert mit dem Multitalent Hass in erster Linie jenen Mann, der in den Medien unzählige Male mit Haien porträtiert wurde - verschiedene darüber hinausgehende Aussagen von Hass, die man da und dort gehört hatte, blieben entweder unverstanden oder, aus dem jeweiligen Kontext herausgerissen, wurden mißverstanden. Für den oberflächlichen Betrachter, der Hans Hass nur als "König der Haie" kannte, war es wohl nicht ohne weiteres verständlich, daß dieser Mann plötzlich von Energonen, künstlichen Organen und Zielgruppenstrategie sprach. Gerade aber hier besteht bei Hans Hass kein Widerspruch. Daher ist es mir besonders wichtig zu betonen, daß Hans Hass weit über das Gebiet der Biologie hinaus gewirkt hat und dabei wertvolle neue Erkenntnisse gewonnen hat.

Vielleicht erging es Hans Hass aber nicht besser als Charles Darwin, der die Veröffentlichung seiner Evolutionslehre jahrzehntelang hinauszögerte, weil er die Reaktionen auf seine Erkenntnisse voraussah. Darwin schrieb einmal: "Die Hauptfeststellung meiner Darlegung, daß nämlich der Mensch von nieder organisierten Lebensformen abstammt, wird für viele, ich bedaure es, sehr gegen ihren Geschmack sein." Auf beide Forscher trifft zu, was Goethes "Faust" in trüber Stimmung im nächtlichen Studienzimmer zu Wagner sagte:

Wer darf das Kind beim rechten Namen nennen?
Die wenigen, die was davon erkannt,
die töricht genug ihr volles Herz nicht wahrten,
dem Pöbel ihr Gefühl, ihr Schauen offenbarten,
hat man von je gekreuzigt und verbrannt.

Im übrigen blieb Hans Hass jedoch bei seinem neuen Forschungsobjekt, nach gemeinsamen Gesetzen in Natur und Wirtschaft zu suchen. Schwierige Aufgabenstellungen und Rätsel zogen ihn auch schon immer magisch an, um sich an ihnen zu erproben - und einen detaillierten Plan sauber zu realisieren gehörte schon immer zu seinen größten Leidenschaften. Ein gutes Beispiel hierfür ist der im Zweierbetrieb erfolgreich durchgeführte "Liechtensteinpreis zur Förderung junger Talente". Hans Hass war 1978 angeboten worden, in Liechtenstein einen PEN-Club zu gründen und die Präsidentschaft zu übernehmen. Der PEN-Club ist ein renommierter Weltschriftstellerverband, der sich in die Sparten Poets, Essayists und Novelists untergliedert. Am 1. April 1978 wurde der Liechtensteiner Club gegründet, mit Hass als Präsident, Heinrich Ellermann als Vize-Präsident und Manfred Schlapp als Generalsekretär.

Um den Club der Öffentlichkeit vorzustellen initiierte Hass den "Liechtensteinpreis zur Förderung junger Talente", der erstmals 1979 ausgeschrieben wurde. Die Idee war, Jugendliche zwischen 15 und 23 Jahren, die noch nie veröffentlicht hatten, dazu anzuregen und in der Art eines Wettbewerbes gleichzeitig den Besten in jeder der drei Sparten aus Deutschland, Österreich, der Schweiz und Südtirol in Liechtenstein zu ehren. Prämiert wurde zunächst "das Gedicht von stärkster dichterischer Kraft", sodann "die Kurzgeschichte, die von Einfall und Sprache her am besten verfaßt ist" und "der Essay, der einen Sachverhalt mit fundierter Kenntnis sprachlich am klarsten und überzeugend darstellt". Außerdem wurden ausgewählte Arbeiten in der clubeigenen Literaturzeitschrift ZIFFERBLATT abgedruckt.

Für dieses große, arbeitsintensive Vorhaben, das Hass gemeinsam mit Schlapp ohne irgendeine weitere personelle Unterstützung durchführte, arbeitete Hass ein "kybernetisches Modell" aus. Die Kybernetik ist eine relativ neue Wissenschaft über die modellartige Erklärung sich selbst organisierender und regelnder dynamischer Systeme. Mit nur einem einzigen Brief für den gesamten Sprachraum schrieb er den Preis aus und stellte die Modalitäten vor, wonach die Vorausscheidungen in den einzelnen Bundesländern durchgeführt werden sollten. Die Endausscheidung fand dann als Konklave in Liechtenstein statt, bei der ein Schauspieler immer im gleichen Tonfall alle Wettbewerbsbeiträge vorlas und die Teilnehmer selbst die Besten auswählten.

Die Resonanz, die die Wettbewerbs-Ausschreibung bei den Behörden und Medien fand, war groß. Liechtenstein eignete sich ganz hervorragend als Katalysator und neutraler Boden für diesen grenzüberschreitenden Wettbewerb. In der Schweiz nahmen 14 der 16 deutschsprachigen Kantone teil, in Österreich beteiligten sich acht der neun Bundesländer. In Südtirol führte der "Kreis für Literatur im Südtiroler Künstlerbund" den Wettbewerb durch. In der alten BRD schrieben die Kultusministerien den Wettbewerb in ihren Amtsblättern und Schulzeitungen aus; als zentrales Relais, das die eingehenden Arbeiten sammelte und betreute, fungierte die "Europäische Bildungsgemeinschaft" in Stuttgart. Die ehemalige DDR reagierte nicht.

Trotz aller gegenteiligen Meinungen, die Hans Hass vor einer ausufernden Korrespondenzflut warnten, glückte das Vorhaben wirklich im Zweierbetrieb, und auch in den nachfolgenden Jahren wurde der Preis ausgeschrieben. Am 16. Mai 1980 fand erstmals im Liechtensteinischen Gymnasium das Konklave statt, und am 17. Mai dann auf Schloss Vaduz die Preisverleihung. Im Prunksaal des Schlosses überreichte Prinz Emanuel den Preisträgern die Preise. Hans Hass blieb acht Jahre lang Präsident des Liechtensteiner PEN-Clubs.

1979 veröffentlichte Hass sein Buch "Wie der Fisch zum Menschen wurde", in dem er über die Sternstunden im Entwicklungsweg der Organe des menschlichen Körpers berichtet, und auch seine Theorie der "zusätzlichen Organe" nicht ausspart. Es ist wegen seiner großen Sorgfalt auch für den Fachwissenschaftler anregend zu lesen.

1980 lud die Stadt Wien Hans Hass ein, an einem interdisziplinären Projekt zur Erforschung der Zufriedenheit der Bewohner verschiedener Wohnanlagen mitzuwirken. Das Projekt wurde vom Institut für Stadtforschung betreut, und in einer interessanten Kombination aus Umfrageforschung, Soziologie und Humanethologie arbeiteten der Wiener Sozialforscher Ernst Gehmacher, der Grazer Soziologe Kurt Freisitzer, der Initiator und Architekt Harry Glück sowie Eibl-Eibesfeldt und Hans Hass zusammen. Sie gründeten ein Komitee für "Sozialen Wohnbau und Städteplanung auf humanethologischen Grundlagen".

Es sollte der Beweis erbracht werden, daß es echte Alternativen zur herkömmlichen Art des öffentlich geförderten Wohnbaues gibt, der nach wie vor den größeren Teil der Bevölkerung in den Industrieländern beherbergt. Nach dem Zweiten Weltkrieg baute man vielerorts kasernenhafte Wohnblöcke, für die sich der Begriff "Wohnsilos" einbürgerte. Es entstanden jene gewaltigen Betonwüsten, die für den Bewohner Naturferne und soziale Isolation bedeuten. Die Stadt wurde inhuman, viele Bewohner wanderten ins Umland ab, und jedes Wochenende ergießen sich die Blechlawinen in die ländliche Umgebung. Diese Massenflucht, die allgemeine Unzufriedenheit, aber auch das Ausmaß an Vandalismus und Großstadtkriminalität belegen allzu deutlich, daß die Stadt den Anforderungen des Menschen an seinen Lebensraum nur unvollkommen gerecht wird. Das Ziel des interdisziplinären Teams war es, nach besseren Wegen im sozialen Wohnungsbau zu suchen und Alternativen, welche die derzeitige Situation verbessern können, aufzuzeigen. Stadtplaner und Architekten müssen scheitern, wenn sie die Natur des Menschen in ihren Planungen nicht berücksichtigen.

Der Architekt Glück arbeitete schon seit Beginn der siebziger Jahre an seinem Konzept des "vollwertigen Wohnens", und nach seinen erfolgreichen alternativen Konzepten sind schon eine Anzahl von Bauten in Wien und Umgebung entstanden. Im Laufe der Arbeiten entwickelte Eibl-Eibesfeldt einen Methodensatz für die stadtethologische Forschung, und 1991 wurde er von der Stadt Wien mit der Planung eines stadtethologischen Institutes im Rahmen der Ludwig-Boltzmann-Gesellschaft betraut. Im Januar 1992 begann das Ludwig-Boltzmann-Institut für Stadtethologie offiziell mit seiner Arbeit unter der Leitung der Verhaltensforscher Karl Grammer und Eibl-Eibesfeldt.

1987 veröffentlichte Hans Hass sein Buch "Der Ball und die Rose", in dem er eigene Wege geht, um die Existenz des Menschen aus einer neuen Perspektive zu beleuchten, und Gemeinsamkeiten in seiner Entwicklung und die der Tiere und Pflanzen aufzuzeigen: Eine Rosenblüte (Organ einer Pflanze) und ein Ball (künstlich geschaffenes Spielorgan des Menschen) unterhalten sich über das Wesen des Seins. In dieses Gespräch mischen sich außerdem eine Stechmücke, die Blätter des Rosenstrauches, dieser selbst, sowie eine Biene ein und versuchen, die Bedeutung des Lebens zu ergründen. Die Diskussion wendet sich besonders dem Menschen und seinen erstaunlichen Handlungen zu. Hans Hass versucht hier, über eine Fabel allgemein verständlich und mit Humor in die Grundeinsichten seiner Energontheorie einzuführen. Darüberhinaus faßt er die Essenz seiner Naturphilosophischen Schriften zusammen und zieht daraus seine weltanschauliche Konsequenz.

Im Laufe der Jahre wurde die Energontheorie von Hans Hass immer weiter ausgebaut und verfeinert. Seine Beschäftigung mit wirtschaftswissenschaftlichen Fragen durch die EKS brachte es mit sich, daß er besonders in diese Richtung forschte. Von grundlegender Bedeutung war es, wie effizient die Energone - also auch die Wirtschaftsunternehmen - beim Energieerwerb waren. Die Tiere gewinnen ihre Energie, ihre Nahrung, durchweg durch Raub. In organisierten Gemeinschaften kam es aber bald zu einer neuen Form des Energieerwerbes - zum Tausch. Der Energieerwerb über einen Tauschakt unterscheidet sich von der bisherigen räuberischen Erwerbsform ganz wesentlich. Da es nach der EKS-Lehre wichtig ist, seinen Kunden zu befriedigen, ist natürlich eine Erwerbsart durch Tausch sinnvoller als durch Raub. Auch aus der Sicht der Energontheorie ist die Strategie des Energieerwerbes über Raub noch sehr steinzeitlich. Eine Folgerung der Energontheorie ist es, daß der Mensch von seiner Natur her, also von seinem angeborenen Verhalten her, ein Räuber ist, was sich in der Wirtschaft häufig in einem rein profitorientierten Verhalten ausdrückt.

Ausgehend von diesen Gedanken baute Hans Hass seine Energontheorie in den Jahren 1980 bis 1989 in diese Richtung aus und stellte Untersuchungen über die negativen Auswirkungen der dem Menschen angeborenen Raubtierinstinkte in der Wirtschaft an. Gleichzeitig untersuchte er auch die Auswirkungen des Geldes als "übernormaler Schlüsselreiz", durch den instinkthaft kurzsichtige und nachteilige Reaktionen ausgelöst werden. Dabei entwickelt er auch seine "Theorie des halben Räubers", die er 1989 in seinem Buch "Der Hai im Management - Instinkte steuern und kontrollieren" ausformulierte, wobei der Hai eine Metapher für den Konkurrenzkampf zu Lande ist. Sie stellt eine weitere praktische Anwendung der Energontheorie dar.

Alles, so schreibt er in dem Buch, dreht sich um den Erwerb von Energie, die auch Geld oder Macht heißen kann. Der Mensch ist erst einmal von seiner Stammesgeschichte her ein Räuber, der nicht an den Vorteil seiner Beute denkt. Doch in der Wirtschaft ist der einmalige, kurzfristige Gewinn nicht die Hauptsache - hier ist nur derjenige erfolgreich, der dauerhaft seine Kunden zufriedenstellt. Der Mensch muß also seine natürlichen Programmierungen zum rücksichtslosen Beutemachen überwinden, seine Instinkte konditionieren, den "Psychosplit" überwinden. "Suche nach Schwachstellen - jedoch nicht, um sie räuberisch zu nützen, sondern um durch ihre Beseitigung dem Nachfrager, dem Kunden, dem Arbeitgeber einen entscheidenden Dienst zu erweisen und so sein berechtigtes Vertrauen zu gewinnen", empfiehlt Hass.[8]

Im ersten Teil des Buches geht Hass darauf ein, wie der Psychosplit entstand und welche Folgen er hat, bevor er sich im zweiten Teil mit der Frage beschäftigt, wie den negativen Auswirkungen des Psychosplits begegnet werden kann. Die zur Überwindung dieser Hürde geeignete Strategie nennt er "OBS", "Optimale Betriebsstrategie". In der Wirtschaftspraxis deckt sich dieses optimale Tauschverhalten deutlich mit der Idealvorstellung des Marketing, und durch die so zahlreichen Erfolge der EKS, mit deren Richtlinien sie in weiten Bereichen nahtlos übereinstimmt, wird die Berechtigung ihrer naturwissenschaftlich-evolutionären Ausrichtung noch besonders unterstrichen.

In logischer Konsequenz ergeben sich neun Leitlinien für diese optimale Wirtschaftsstrategie, die gleichermaßen für Berufstätige wie auch für Unternehmen gilt.

In diesem Buch wirbt Hass sehr für die EKS. Gleichzeitig schuf er ihr mit seiner "Theorie des halben Räubers" und des "Psychosplits" eine breitere naturwissenschaftliche Basis. Davon ausgehend prägte man in Managerkreisen den Begriff "Stammvater der naturwissenschaftlichen Betriebswirtschaftslehre" für ihn.

Die von Wolfgang Mewes begründete EKS, welche wichtige Erkenntnisse der Hass'schen Energontheorie in praktische Anwendungsmöglichkeiten der Wirtschaft umsetzte, fand mittlerweile mit ihrer Übernahme durch die Frankfurter Allgemeine Zeitung und die Unternehmensberatung Peat Marwick eine besonders deutliche Bestätigung sowie eine über die Grenzen Europas hinausgehende Verbreitung. Eine weitere Bestätigung einer der in dem Denkmodell der Energontheorie angestellten Überlegungen läßt sich auch aus den Thesen von Hans Dieter Seghezzi, einem führenden Experten auf dem Gebiet der Managementstrategien, ableiten. Seghezzi spricht (beispielsweise in dem empfehlenswerten Buch "Qualitätsstrategien", 1993) von der Notwendigkeit einer Optimierung im Rahmen des "unternehmerischen Spannungsdreieckes Qualität, Geld und Zeit". Diese Struktur entspricht der bereits 1970 von Hass in seiner Energontheorie formulierten Theorie bezüglich der Hauptbeurteilungskriterien für die Effizienz wirtschaftlicher Unternehmen (Geld, Zeit und Präzision) und geht möglicherweise auf sie zurück. Der theoretische Ansatz von Hass ist in diesem Punkt noch etwas umfassender als der von Seghezzi, da er zweidimensional angelegt ist und neben den drei Hauptkriterien noch die verschiedenen zeitlichen Phasen der Aktivitäten berücksichtigt. Im oben erwähnten Buch von Seghezzi lassen auch die Ausführungen des maßgebenden Unternehmensberaters Roland Berger über "Time-Cost-Quality Leadership" auf eine weitere Bestätigung der Effizienz-Theorie von Hass schließen. Diese Sachverhalte sollten hier aber nur kurz angerissen und nicht weiter vertieft werden.

Eine der wichtigsten Forderungen, die Hass im Rahmen seiner OBS aufzeigt, lautet: "Richte dich auf qualitatives Wachstum aus". Diese Forderung leitete er ebenfalls aus seiner Energontheorie ab und hat sie schon 1970 darin formuliert. Hass erklärt sie damit, daß der vor 4 Milliarden Jahren in seichten Meereszonen einsetzende Lebensstrom in unserer Zeit nun derart angeschwollen ist, daß wir kritische Werte überschreiten; er stößt heute an die Grenzen des

Machbaren und Möglichen. Gemäß der Energontheorie ist die unsichtbare Macht, die uns heute zum Feind wird, der Prozeß selbst, der uns hervorgebracht hat, dem wir also unser Dasein verdanken. Aus der Sicht der Energontheorie hilft hier ein Rückblick in der Evolution, denn Zeiten des sogenannten Nullwachstums hat es schon mehrmals gegeben. Die Evolution der Energone umfaßt drei Hauptperioden der Expansion, zwischen denen Perioden liegen, in denen weitere quantitative Ausbreitung nicht mehr möglich war und nur qualitatives Wachstum stattfinden konnte. Die heutige, weltweite Entwicklung scheint ihm recht zu geben.

Der Lebensstrom, also die Evolution immer höherer Energone, stößt heute an eine neue Grenze, in der qualitatives Wachstum zum maßgebenden Faktor wird. Es ist ein problematischer Punkt der Geschichte der Menschen und der Lebensentfaltung überhaupt. Der Umfang und die Macht der zusätzlichen Organe, mit denen der Mensch seinen Zellkörper vergrößert, wird für die Möglichkeiten, die unser Planet dieser Entwicklung bietet, zu groß. Bisher liefen die Interessen der Energonentfaltung und der Menschheitsentwicklung parallel. Wachstum, Vermehrung waren stets positive Werte. Nun hat uns das Geschehen jedoch längst überrollt, und in immer größeren Energonen wird der Mensch zu einem immer kleineren Rädchen. Er bildet sie zwar, doch sie zwingen ihm die Richtung auf, die längst nicht mehr mit dem angeborenen Verhaltensinventar des Menschen, das sehr starr ist, harmoniert. Die Entwicklung, die uns hervorbrachte und die wir so stark gefördert haben, wird nun zu unserem größten Feind. Die nun wieder einsetzende Priorität von qualitativem Wachstum läßt zwei mögliche Entfaltungswege unterscheiden: Zum einen ist es die technologische Qualität, also eine Verbesserung der Effizienz, und zum anderen ist es die Steigerung der Lebensqualität, und zwar auf Kosten des technischen Fortschritts.

Die heutige Sorge von Hans Hass um die bedrängte Natur und um den durch Naturzerstörung gefährdeten Menschen folgt also geradezu zwingend auch aus seinen naturwissenschaftlichen Studien. Zunächst engagierte er sich in erster Linie für den Meeresschutz, indem er schon 1971 sein "Manifest gegen die Unterwasserjagd" veröffentlichte. Seine Umweltinteressen griffen aber - ähnlich wie seine Forschungen - relativ schnell auf das Land über und wurden in den nun folgenden Jahren immer weitgefächerter. Die Lösung der Umweltproblematik sieht Hans Hass heute als die wichtigste Aufgabe der kommenden Jahrzehnte an. Er nahm Kontakt auf mit Greenpeace sowie Global 2000, spricht heute auf Umweltkongressen und engagiert sich bei weiteren Initiativen für Umweltschutz.

"Tatsache ist", so meint Hass, "daß wir uns auf einem Planeten mit beschränkter Größe und somit auch beschränkter Ressourcen befinden - und daß sich hier Wachstum, Vermehrung und Fortschritt nicht unendlich steigern lassen. Wir sind - und das ist ein totales Novum in der langen Geschichte des Lebens - an eine unerbittliche Wand gelangt, die wir nicht durch Spitzfindigkeiten und Glauben an die Allmacht der Forschung aus der Welt bringen können. Es ist außerordentlich wichtig, daß der Mensch nicht nur umweltbewußt, sondern *mitweltbewußt* wird, daß er sich als ein Teil in einem Gesamtprozeß sieht, dem Grenzen gesetzt sind. Dieser Prozeß erlaubt uns - bei einiger Vernunft - eine immense Entfaltung und eine immense Differenzierung. Die so komplexen Probleme unserer heutigen, so verfahrenen Welt zu lösen, ist sicher nicht einfach, aber möglich. Allerdings müssen wir dazu die Welt und uns selbst etwas anders sehen als üblich. Eine Vielzahl von Vorstellungen, die wir über uns selbst und unsere Bedeutung aufgebaut haben, werden dabei zum argen Hemmschuh: aus bunten Wolken müssen wir in die Realität unseres Werdens und unserer Stellung zurückfinden."[9]

In den Jahren von 1960 bis 1990 hatten die Forschungen von Hans Hass vor allem wirtschaftswissenschaftliche Ausrichtung, die er aber mit seinem Buch "Der Hai im Management" als weitgehend abgeschlossen betrachtet. Eines seiner beiden vorerst letzten Bücher, das die Essenz seiner jahrzehntelangen "Tiefenforschungen auf dem Trockenen" zusammenfaßt, und gemeinsam mit Andreas Hantschk geschrieben wurde, trägt den Titel "Grundlagen der Energontheorie - Die Rahmenbedingungen der Lebensentfaltung". Hiermit beschließt Hans Hass vorerst seine Periode der "rein energetischen Denkweise".
Das zweite Buch von Hans Hass mit dem Titel "Die Hyperzeller - Die Weiterentwicklung der Arten" zeugt von einer ganz anderen Betrachtungsperspektive als in den Jahren zuvor und ist neben der Energontheorie das vielleicht wichtigste naturwissenschaftliche Werk von ihm auf diesem Gebiet. Während der Energontheorie die funktionelle und energetische Denkweise zugrunde lag, ist dies ein rein biologisch orientiertes Buch, das sich aber mit genau der gleichen Thematik befaßt und auch zu den selben Schlußfolgerungen kommt.
Hans Hass hatte häufig feststellen müssen, daß gerade die energetische Denkweise der Energontheorie vielerorts auf Widerstände und Unverständnis stieß. Dieses Buch rollt nun seine Gedanken von der Allgemeinen Biologie - der Biologik, wie Hans Hass sie manchmal nennt - her auf, und kann als eine Erweiterung der Evolutionstheorie von Darwin betrachtet werden. Es war

Hass auch klar geworden, daß sich die Energontheorie eigentlich grundsätzlich mit der Frage beschäftigt, welche Faktoren für die natürliche Auslese Darwins maßgebend sind. Der große englische Naturforscher Charles Darwin war schon seit jeher das Hauptleitbild seiner wissenschaftlichen Arbeit gewesen. Hass folgte seinen Spuren schon zu der Zeit, als er ebenso, wie es Darwin auch unternommen hatte, die Gesetzmäßigkeiten der Entstehung von Korallenriffen und Atollen untersuchte.

Bis Darwin betrachtete sich der Mensch als etwas von den übrigen Lebewesen Grundverschiedenes. Man hielt es außerdem für selbstverständlich, daß jedes Lebewesen eine eigene Schöpfung sei. Darwin wies dagegen nach, daß sämtliche Lebewesen, einschließlich des Menschen, miteinander verwandt sind und von gemeinsamen Vorfahren abstammen. Seine zunächst sehr umstrittene Lehre wurde von den ihm nachfolgenden Forschergenerationen durch ein überwältigendes Beweismaterial bestätigt. Aus Strukturen molekularer Größe entwickelten sich zuerst die Einzeller. Dann entwickelten sich aus den Einzellern die Vielzeller. In immer neueren Arten breitete sich nun die Lebensentfaltung auch über die Kontinente aus. Der Mensch ging aus dem großen Kreis der Wirbeltiere hervor und wird auch als "Art" eingeschätzt. Durch besondere Fähigkeiten vermag der Vielzeller Mensch seinen Körper durch künstlich gefertigte Hilfsmittel zu verbessern. So wie vor vielen Millionen Jahren einige Einzeller die ungeheure Entfaltung vielzelliger Pflanzen und Tiere einleitete, so kam es vom Urmenschen ausgehend zu einer weiteren, nicht minder gewaltigen Entfaltung von neuen Lebensformen, die sich in unserer Zeit immer schneller steigert. Diese Lebensformen faßt Hans Hass unter dem Begriff "Hyperzeller" zusammen. Seine Theorie der Hyperzeller besagt, daß sich über den Menschen ein zweites Mal Leistungen auf noch effizientere Organe, die den Gesamtkörper direkt aus Umweltmaterial bilden, verlagerten, und das all das, was man heute unter "soziokultureller Entwicklung" des Menschen zusammenfaßt, den gleichen Gesetzmäßigkeiten der Evolution unterliegt.

Darwins Evolutionstheorie erklärt die Vorgeschichte, die Theorie der Hyperzeller schließt unmittelbar an Darwins Lehre an und befaßt sich mit dem Evolutionsverlauf und seinen Gesetzmäßigkeiten, der über den Menschen hinweg seinen Weg nahm. Hass deutete diese Theorie schon 1968 in seinem Buch "Wir Menschen" an, als er schrieb: "Unter Berücksichtigung der künstlichen Organe ist es folgerichtig, die vom Menschen gebildeten Leistungskörper neben den Einzellern und den Vielzellern in einem dritten "Unterstamm" einzureihen, in dem die zahlreichen Gruppen der menschlichen

Erwerbsformen zu unterscheiden sind."[10] Auch der Begriff des "Hyperzellers" verwendete er schon relativ früh.[11] Interessant ist, daß das Buch in sehr ähnlicher Gestalt aufgebaut ist wie Darwins Klassiker "Die Entstehung der Arten".

Nachdem Hans Hass also seine Forschungen im wirtschaftswissenschaftlichen Bereich 1989 mit dem Buch "Der Hai im Management" abgeschlossen hat, arbeitet er heute an Fragestellungen zur Erweiterung der Evolutionslehre von Charles Darwin.

Zurück ins Meer!

Nachdem Hans Hass 1970 seine Energon-Theorie veröffentlicht hatte, setzten sich die praktischen Belange des Lebens wieder durch. Gleichsam am Rande seiner "Tiefenforschungen auf dem Trockenen" hatte er gesehen, wie sein früheres Arbeitsfeld immer mehr Mode machte und sich immer größere Scharen von Unterwasserenthusiasten in den Abgründen der heimischen und tropischen Meere tummelten. Die Sehnsucht und Liebe zum Meer kehrte auch bei ihm wieder, und so nahm er sich 1970 vor, wieder nach Herzenslust zu tauchen - nicht in erster Linie bestimmten Forschungsfragen zuliebe, sondern als Freizeitsport, auf der Suche nach Abenteuern - so wie in den ersten Tagen. Dabei wollte er aber seine Freude am Tauchen mit praktischen Erwägungen verbinden: Über seine weiteren Tauchreisen wollte er wieder Filme drehen und populäre Tauchsportbücher schreiben, welche ihm den finanziellen Rückhalt boten, sich nebenbei dem weiteren Ausbau seiner Energontheorie widmen zu können. Sein Hauptinteresse galt nämlich nach wie vor seinem neuen Forschungsobjekt, der Suche nach gemeinsamen Gesetzen in Natur und Wirtschaft, Staat und Kunst, und es hatte sich bisher noch keine öffentliche Förderung für seine Forschungen gefunden.

Die tauchenden Anhänger von Hans Hass hatten in den letzten Jahren die für sie dubiosen Unternehmungen ihres Idols nie richtig verstanden, zeigten sich aber jetzt mit dessen Rückkehr ins Meer, obwohl er es geistig nie ganz verlassen hatte, wieder zufrieden. Sie konnten sich nun wieder mit ihm identifizieren. Auch die Fernsehanstalten waren hoch erfreut, als Hass ihnen anbot, einige Tauchfilme für sie zu drehen. Die Filme sollten in erster Linie von Personen und denkwürdige Begebenheiten, die mit dem Unterwasserraum und dem Meer allgemein zu tun hatten, handeln.

Bereits 1968 bot sich Hans Hass kurz die Gelegenheit, wieder unter die Wasseroberfläche abzutauchen. Auf einer Vortragsreise durch Südamerika wurde er in Mexiko City am Flughafen von den Mitgliedern zweier ansässiger Tauchklubs empfangen und zum Ehrenmitglied ernannt. Ein Verein lud Hass zu einem hohen Vulkan ein, auf dessen Gipfel sich zwei Seen befanden, in welche die Tolteken einst ihre Opfergaben warfen. Am nächsten Tag fuhr Hass mit den mexikanischen Tauchern zu den beiden Seen, die "Sonnensee" und "Mondsee" genannt wurden. Die Tolteken hatten hier, wenn Trockenheit herrschte, um Regen gebetet und Opfergaben in den See geworfen. Der mexikanische Tauchclub hatte schon viele schöne Stücke vom Grund des Sees geborgen, und auch Hass wollte sein Glück versuchen. Das Wasser des Sees war kristallklar, aber in 20 Meter Tiefe begann der Schlammboden. Als nun die Taucher anfingen, in dem Schlamm nach Gegenständen zu wühlen, trübte sich innerhalb kurzer Zeit das Wasser. Trotzdem fand Hass einige sehr schöne Kugeln und Figuren aus Kopalharz, die er mit Freude als Erinnerung an Mexiko mit nach Hause brachte.

Die erste Filmreise führte Hass im Frühjahr 1970 nach Australien. Die einsame Cheviot Bay unweit von Melbourne hatte seine Neugierde geweckt: Hier war 1967 Harold Holt, Premierminister des Landes und begeisterter Sporttaucher, spurlos verschwunden. Viele Vermutungen - einschließlich Selbstmord, Mord, Haiangriff und Entführung durch das U-Boot einer gegnerischen Macht - zirkulierten in Australien. Hass war in Begleitung seines mittlerweile 24-jährigen Sohnes aus erster Ehe, der ihm bei den Kamera- und Tonaufnahmen helfen sollte. Als die Presse in Australien davon erfuhr, daß Hass den geheimnisvollen Tod ihres Premierministers untersuchen wollte, wurde er überschüttet mit Angeboten zu Interviews und Fernsehauftritten.

Nachdem sich Hass bei einigen ehemaligen Freunden und Bekannten Holt's ein Bild über die Person verschafft hatte, fuhr er selbst zur Cheviot Bay hinaus. Hier war Holt zum letztenmal gesehen worden, als er in das Wasser stieg um sich beim Baden zu entspannen. Damals herrschte gerade Flut, und die Brandung war sehr hoch. Bei ähnlichen Verhältnissen stieg Hass nun ins Wasser: Er wollte feststellen, wie stark die Strömung in der Bucht ist und ob dies die Todesursache gewesen sein kann. Während sein Sohn ihn vom Ufer aus filmte, schwamm Hass in die Bucht hinaus. Hier erlebte er aber eine böse Überraschung: Die Strömung war tatsächlich so stark, daß sie ihn immer weiter in das offene Wasser hinauszog. Nur unter Aufbietung aller Kräfte gelang es ihm, wieder ans Ufer zurückzukehren. Nach dieser Erfahrung und anderen Überlegungen hielt Hass es für wahrscheinlich, daß Holt zu weit in das tiefe Wasser hinausgeschwommen war und von einer unerwartet starken Strömung in das offene Meer oder in eine der grottenähnlichen, stark unterhöhlten Felsen hineingezogen worden ist. Der Fernsehfilm "Cheviot Bay" lief 1970 in Deutschland, England, Österreich und der Schweiz.

Die nächste Filmreise führte Hans Hass wieder in die gleiche Region: Er wollte aus Anlaß der 200-Jahr-Feier der Weltumseglung von James Cook per Schiff und Flugzeug jene Orte besuchen, die der berühmte britische Entdecker einst angelaufen hatte. Die Tour sollte in mehreren Etappen nach Australien, Tahiti und Rangiroa führen. Mit dabei war diesmal neben Hans und Lotte Hass ihre inzwischen 13-jährige Tochter Meta und Irenäus Eibl-Eibesfeldt. Bereits achtzehn Jahre vorher waren auf ihrer Hochzeitsreise die Tagebücher von Cook und des ihn begleitenden Biologen Banks wichtigstes Gepäck des Ehepaares Hass gewesen. Schon damals hatte Hass den Entschluß gefaßt, einmal wiederzukommen und der ganzen Strecke dieser abenteuerlichen Fahrt bis Kap York, der Nordspitze Australiens, zu folgen. In Europa hatte er gehört, daß große Teile des Barriereriffs durch das massenhafte Auftreten einer bestimmten Seesternart, der sogenannten "Dornenkrone", welche die Korallen zerstören, gefährdet sei. Deshalb war Hass auch sehr gespannt darauf, diese Stellen selbst in Augenschein zu nehmen.

Auf einer kleinen Motorjacht folgte die Familie Hass von Cairns aus genau der Strecke der *Endeavour*, Cook's Schiff. Erstes Ziel war das Pixieriff, mit dem Hans und Lotte Hass Wiedersehen nach achtzehn Jahren feierten. Hier konnte Hass auch einer seiner Lieblingsbeschäftigungen unter Wasser nachgehen: dem Filmen und Analysieren der verschiedenen, arttypischen Flossen- und Schwimmbewegungen der Fische. Diese Bewegungen sind angeboren und lassen sich nicht im Aquarium sondern nur in freier Natur beobachten. Auch der Versuch mit der Mördermuschel und dem Gipsbein wurde wiederholt. Anschließend tauchten sie am *Endeavour*-Riff, an dem das Schiff auflief, und besuchten Cooktown, wo Cook es an den Strand ziehen und das Leck ausbessern ließ. Hass bestieg die Lizard-Inseln, von deren Spitze Cook Ausschau hielt, um einen Ausweg aus den unzähligen Riffen zu finden, und tauchte auch beim Providential-Channel, an dem eine starke Strömung die *Endeavour* wieder in den Bereich der großen Mauer hineinspülte. Hier tauchte er auch wieder zu der Außenseite der großen Mauer, ganz so wie er es schon damals

Hans Hass und sein Sohn aus erster Ehe, Hans, 1971 in Australien.

gelernt hatte: indem er durch das Höhlensystem bis zur Riffwand vordrang und sich dort wie in einer Loge niederließ. So führte die Reise immer weiter bis hinauf zum Cape York, wo Hass auch große Sägefische filmen konnte.

Besonders erfreut war Hass darüber, daß er auf der ganzen Reise nur auf wenige dieser für die Korallen so gefährlichen Seesterne traf und auch der Fischreichtum noch erhalten war. Leider mußte er aber auch feststellen, daß besonders im Umkreis von Cairns und Cooktown die australischen Unterwasserjäger unübersehbar ihre Visitenkarte hinterlassen hatten - hier waren die wenigen noch verbliebenen Fische sehr schreckhaft geworden. Noch schlimmere Auswirkungen der Unterwasserjagd sollte er aber auf Tahiti, der nächste Etappe der Reise, sehen. Wie geplant drehte Hass hier einen Fernsehfilm über das Tagebuch des *Bounty*-Meuteres James Morrison und Paul Gaughins Bericht "Noa-Noa". Mit unbeobachteten Spiegelaufnahmen und auch der Zeitraffertechnik konnte Hass hier viele Einwohner porträtieren. In den Riffen

Tahitis wurde ihm nun die Auswirkungen der Unterwasserjagd ganz besonders kraß vor Augen geführt: Teilweise schwamm er hier durch Mondlandschaften, in denen weit und breit kein Fisch mehr zu sehen war, und konnte Unterwasserjäger mit Tauchgeräten filmen, die die wenigen verbliebenen Fische aufspießten.

Die gleiche bittere Erfahrungen mußte Hass auch in anderen tropischen Meeren machen: Im Frühjahr 1971 besuchte er die Isla de Salut an der Küste von Französisch-Guayana, wo sich die berühmten Bagnos befanden. Hass drehte hier einen Film über das Schicksal von Dreyfus, der dort vier Jahre lang unschuldig festgehalten wurde, und über die abenteuerliche Flucht von Henri Charrière, der in seinem Bestseller "Papillon" behauptete, er sei auf einem mit Kokosnüssen gefüllten Sack von der Teufelsinsel entflohen. Um den Wahrheitsgehalt dieser Aussagen zu überprüfen sprang Hass vom gleichen Felsen in das Meer wie er, ließ sich ebenfalls mit einem aus Kokosnüssen gefertigten Floß im Meer treiben und an der Festlandküste in der gleichen Gegend im Morast versinken, wo nach den Erzählungen der mit Charrière geflohene Leidensgenosse aus dem Bagno den Tod fand. Obwohl gerade die Gegend um Cayenne als besonders haiverseucht galt, geschah Hass nicht das geringste. Hass tauchte sogar genau an der gleichen Stelle, an der die Gefängnisverwaltung viele Jahre lang ihre Leichen versenkt hatte und bekam keinen einzigen Hai zu Gesicht. Hier hatte wohl die Gefängnisverwaltung mit Absicht das Gerücht von der Haigefahr verbreitet, um die Sträflinge vom Fliehen abzuhalten.

Von Französisch-Guayana aus reiste Hass weiter nach Jamaika, wo er den Fernsehfilm "Die Pirateninsel" über die Geschichte der Insel, den versunkenen Piratenhafen Port Royal und das moderne Touristen-Jamaica drehte. Auch hier das gleiche Bild unter Wasser wie bei Cairns, Tahiti und Französisch-Guayana: teilweise leergeschossene Riffe und nur noch wenige, schreckhafte Fische. Bestürzt mußte Hass nun feststellen, welche großen Schäden die Unterwasserjagd schon überall angerichtet hatte. Er, der damals in seinen Büchern und Filmen die Unterwasserjagd auch popularisiert hatte, mußte nun gegen diese wilden Auswüchse etwas unternehmen. Er schrieb dazu später, wenn das Sporttauchen sich nicht selbst seiner Basis berauben wolle, müsse gegen dieses Überhandnehmen einer Vernichtung etwas unternommen werden. Der einst faire Sport sei nun längst nicht mehr fair, ein rücksichtsloses Abschlachten wäre daraus geworden - von Firmen, die Schußharpunen verkauften, noch kräftig propagiert.[12] Und an anderer Stelle: "Wenn ich in meinen Büchern mit so viel Begeisterung von diesen Jagden erzählte, dann ist das nur verständlich. Ich ahnte damals nicht im entferntesten, daß das recht wesentlich zu einer Entwicklung beitragen würde, deren Überhandnehmen mich inzwischen bewogen hat, gegen sie aufzutreten. Was uns bei diesen Jagden damals so faszinierte, war ganz bestimmt nicht das Töten. Es war vielmehr die Herausforderung, bisher noch nicht Gewagtes zu unternehmen, uns in einer schwierigen und gefährlichen Tätigkeit zu beweisen".[13]

In Europa zurückgekehrt verfaßte er deshalb im Sommer 1971 ein Manifest gegen die Unterwasserjagd mit Schußharpunen und Tauchgerät. Seinen Aufruf verschickte er weltweit an viele bekannte und einflußreiche Sporttaucher und Persönlichkeiten des öffentlichen Lebens. Viele davon erklärten sich solidarisch und unterzeichneten das Manifest, und durch Unterschriftensammlungen kamen ganze Berge von Briefsendungen bei Hass in Wien an. Er sandte das Manifest auch an Jacques Cousteau, der zu dieser Zeit aber Präsident von US-Divers, einem der größten Harpunenhersteller war. Vier Jahre später gründete Cousteau eine ähnliche Bewegung.

Im Herbst 1971 wurde Hass vom Deutschen Unterwasserclub (DUC), in dem er Ehrenmitglied ist, zu einem Filmfestival nach Berlin eingeladen. Der erste Vorsitzende dieses größten Unterwasserclubs Deutschlands war damals der sehr rührige Horst Laskowski, einer der engagiertesten deutschsprachigen Unterwasser-Filmemacher. Die Filme von Lasko - wie ihn seine unzähligen Freunde in aller Welt nannten - wie beispielsweise "Mini-Bond" und "Lilofee" sind längst ein Teil Unterwasser-Filmgeschichte. Laskowski hatte sich etwas besonderes ausgedacht, um das Manifest von Hass noch mehr publik zu machen: Bei schneidender Kälte marschierten achtzig Mitglieder des Berliner Clubs während des Filmfestivals in Neoprenanzügen und mit Flossen in das Berliner Eisstadion, verteilten das Manifest unter den Zuschauern und Presseleuten und legten anschließend ihre Harpunen symbolisch "auf Eis". Noch am gleichen Tag wurde dann die "Vereinigung zur Bekämpfung von mechanischen Unterwassersportwaffen", kurz VBMU genannt, mit Sitz in Wien gegründet. 1976 ging das Büro der VBMU über an die Amphora-Tauchsportgemeinschaft in Neuss. Gründungsmitglieder der VBMU waren neben Hans Hass und Horst Laskowski der Schweizer Anwalt und Sporttaucher Hermann Heberlein, der sich schon viele Jahre lang engagiert für den Meeresschutz einsetzte, Jens-Peter Paulsen, der Präsident des 1954 gegründeten Verbandes Deutscher Sporttaucher (VDST), der bekannte deutsche Taucher Ludwig Sillner, Herr Viertel von der Zeitschrift "Delphin", sowie Hans-Joachim

Manifest I
Gegen die Verwendung mechanischer Unterwasserwaffen

Die Unterwasserjagd, die vielen von uns aufregende und faszinierende Erlebnisse vermittelte, hat leider zu sehr negativen Folgeerscheinungen geführt. Die immer besseren Unterwasserwaffen und die immer größere Zahl von Unterwasserjägern hatten zur Folge, daß die Fischbestände der Litorale stark dezimiert, ja in vielen Gegenden praktisch vernichtet sind. An den Küsten des Mittelmeeres wird dies jedem, der die gleiche Gegend vor 20 Jahren besucht hat, sehr drastisch vor Augen geführt, und ebenso öde und leergeschossen sind auch schon viele tropische Korallenriffe. Was ist zu tun?

Wir können auf dem Standpunkt beharren, daß nur, was der Augenblick bietet, Bedeutung hat: après nous le déluge - was nach uns kommt, ist belanglos. Wer jedoch den Unterwassersport liebt, wird vielleicht anders denken. Zerstören wir die Fischbestände, dann zerstören wir den Hauptreiz für den Taucher. Denn durch öde Steinlandschaften und Riffe, so schön sie auch sein mögen, zu schwimmen, ist nur halbe Freude. Was ist zu tun?

Einem jener, die diesen Sport popularisierten, sei die Darlegung seiner Ansicht gestattet. Nach meiner ehrlichen Überzeugung kann hier nur ein höchst drastisches Mittel helfen. Schutzgebiete, "Unterwasserparks", sind wichtig, eine vorzügliche Einrichtung, genügen aber nicht. Die Ausgabe von Jagdscheinen hilft wenig, die Genehmigung für einen Abschuß von so viel Fischen oder jener Art ist völlig unmöglich, unkontrollierbar, ausgeschlossen. Das Übel kann nur an der Wurzel bekämpft werden: durch ein weltweites Verbot aller mechanischen Unterwasserwaffen. Auf den ersten Blick erscheint ein solches Vorhaben undurchführbar, aussichtslos. Für die Hersteller und Verkäufer aller dieser Waffen würde ein solcher Schritt bedeutende geschäftliche Einbußen bedeuten. Ist es aber wirklich so schlimm? Werden die Fischbestände zerstört, dann verliert der Tauchsport viel an seinem Reiz ... dann werden also, kommerziell betrachtet, entsprechend weniger Tauchgeräte, Unterwasserkameras und sonstiges Gerät verkauft werden.

Uns, die wir diesen Sport lieben, soll jedoch der Hauptgesichtspunkt bestimmen, gleichgültig, ob sich damit Opfer oder ein finanzieller Schaden verbindet. Dieser Hauptgesichtspunkt ist: diesen Sport zu erhalten, ihn fördern, ihn immer neuen Jüngern zugänglich zu machen.

Deshalb fordere ich jeden, der so wie ich empfindet, dazu auf, sich dieser Bestrebung anzuschließen, die nachstehende Ziele verfolgt:

1. Einwirkung auf sämtliche Organisationen des Unterwassersportes, in ihrem jeweiligen Bereich den Verzicht einer Verwendung mechanischer Unterwasserwaffen zu bewirken.
2. Einwirkung auf die Hersteller, Händler und Verkäufer der mechanischen Unterwasserwaffen, freiwillig diese Herstellung, diesen Handel und Verkauf einzustellen.
3. Einwirkung auf die gesetzgebenden Körperschaften aller Länder, über entsprechende Gesetze und Verordnungen die Herstellung, den Handel, den Verkauf und die Verwendung aller mechanischen Unterwasserwaffen zu verbieten.

Die Unterwasserjagd mit dem bloßen Handspeer kann bis auf weiteres gestattet bleiben. Sie ist schwierig und insofern fair, als sie den Fischen gute Chancen zum Entkommen bietet. Aber durch jede Schleuder, sei sie durch Gummi oder Feder betrieben, oder gar durch Explosivwaffen, wird der Mensch den Meerestieren allzusehr überlegen. Diese "Degeneration" der ursprünglichen Jagdform muß beendet, freiwillig aufgegeben, verboten werden

Wien, den 12. Juni 1971   Dr. Hans Hass

Das Manifest I "Gegen die Unterwasserjagd" wird von den Gründungsmitgliedern besprochen und unterzeichnet (v.l.n.r.): H. Laskowski, K. Viertel, H. J. Bergann, H. Hass, J. P. Paulsen, H. Heberlein, L. Sillner.

Während eines Filmfestivals im Herbst 1971 brachte Hans Hass gemeinsam mit dem DUC Berlin sein erstes Manifest auf den Weg.

Bergann, der Gründer der Barakuda-Gesellschaft. Nach dem tragischen Unfall von Ludwig Sillner wurde dessen Platz von Peter Vine eingenommen.

Es dauerte aber noch einige Zeit, bis sich die ersten Auswirkungen des Manifestes zeigten: 1980 zog der VDST als erster Sportverband die Konsequenz und legte sich und seinen Mitgliedern Beschränkungen aus ökologischen Einsichten auf. 1986 wurde dann einstimmig die VDST-Satzung geändert und die Unterwasserjagd für verbandschädigend erklärt. Bis heute haben sich viele weitere Länder dieser Bewegung angeschlossen, und an einigen Meeresküsten wurden schon Unterwasser-Naturschutzparks errichtet. Trotzdem gibt es leider immer noch einige Länder wie beispielsweise Italien, Frankreich und Spanien, die sich mit dem Verbot der Unterwasserjagd schwer tun und teilweise sogar noch Unterwasserjagd-Wettkämpfe abhalten. Leider ist es auch noch so, daß die CMAS, die Dachorganisation der Sporttaucherverbände, solche Wettkämpfe unterstützt und sogar Unterwasserjagd-Weltmeisterschaften unter ihrer Schirmherrschaft abhält. Der VDST, der sich die Forderung nach einem weltweiten Harpunierverbot ganz groß auf seine Flagge geschrieben hat, ist mit Karl-Heinz Kerll, dem Vertreter des VDST im CMAS, um ein sofortiges Verbot dieses sinnlosen Treibens bemüht. Hier bleibt zu hoffen, daß die vorbildlichen Bemühungen der einzelnen Institutionen, allen voran der VDST, schnellstmöglich zu einem Wandel in der Gesinnung dieser Organisation führt.

Die Aktivitäten von Hans Hass auf dem Sektor des Tauchsports wurden in den darauffolgenden Jahren in erster Linie von seinen engagierten Bemühungen um den Schutz der Meere und ihrer Bewohner bestimmt. 1972 und 1973 schrieb Hans Hass zwei Bücher, in denen er die mannigfachen Aspekte des menschlichen Vordringens im Meer behandelte. Auch in ihnen widmete er dem Meeresschutz und dem Verbot der Unterwasserjagd mit mechanischen Hilfsmitteln breiten Raum. Unter dem Eindruck des Erfolges seines ersten Manifestes veröffentlichte er 1973 sein zweites Manifest, in dem er sich gegen die Verwendung der Meeressäugetiere zu militärischen Zwecken ausspricht. Auch dieses Manifest fand großen Zuspruch unter vielen Sporttauchern und Verbänden. In seinem Fernsehfilm "Schüsse in der Tiefe" (1973) sprach er sich ebenfalls für den Umweltschutz und die Notwendigkeit eines weltweiten Verbotes der Unterwasserjagd aus. Beide Manifeste veröffentlichte Hass auch im Rahmen einer großen Denkschrift unter dem Titel "Stoppt das Schlachten unter Wasser!" in der weitverbreiteten Zeitschrift der Vereinten Nationen, dem "Development Forum" in Genf.

Manifest II

Gegen die Verwendung von Meeressäugetieren zu militärischen Zwecken

Seit einiger Zeit werden von den Marineverbänden verschiedener Großmächte Meeressäugetiere (Delphine, Seelöwen, Grindwale und andere) für Dienstleistungen abgerichtet, die zum Teil harmlos sind (Aufsuchen verlorener Torpedos, Botendienste etc.), zum Teil aber auch kriegerischer Natur (Anbringen von Haftminen an feindliche Schiffe, Abwehren oder Töten feindlicher Kampfschwimmer, Spionagedienste). Erst kürzlich ging die Nachricht durch die Presse, daß eine Großmacht von einem abgerichteten Delphin Spezialinstrumente in den Kriegshafen einer anderen einschmuggeln und nach einer Woche wieder abholen ließ, wodurch sie benötigte Informationen gewann.

Es ist ziemlich klar, wohin diese Entwicklung zwangsläufig führen muß. Im Fall von Kriegen oder sich verschärfender politischer Lage werden die betreffenden Meeressäugetiere bekämpft, ja ausgerottet werden. Da sie durch keine Uniform gekennzeichnet sind, ist nicht zu ersehen, ob in der Nähe von Schiffen oder Stützpunkten auftauchende Exemplare nun harmlos oder abgerichtet sind. Da jedes Meeressäugetier zum Atemschöpfen regelmäßig auftauchen muß, ist es leicht, es abzuschießen.

Nicht zuletzt auf Grund altüberlieferter Vorstellungen herrscht allgemein noch immer die tief verwurzelte Anschauung, daß die Erde mit ihren Bewohnern für den Menschen geschaffen sei, daß wir also guten Rechtes mit der übrigen Natur schalten und walten können, wie es uns beliebt. Die Forschung hat jedoch jenseits berechtigten Zweifels festgestellt, daß dem nicht so ist. Der Planet Erde und die darauf befindlichen Lebewesen wurden ganz offensichtlich nicht für den Menschen geschaffen, sondern wir sind Bestandteil eines Entwicklungsprozesses, der mit den ersten organischen Strukturen vor etwa drei Milliarden Jahren seinen Anfang nahm. Im Rahmen dieser Evolution sind wir aus dem Tierreich hervorgegangen, allerdings den übrigen Lebewesen durch unsere Intelligenz äußerst überlegen geworden. So wie sich im ganzen Verlauf dieser Entwicklung stets das Mächtigere, besser Geeignete durchsetzte, so benützen nun auch wir unsere Macht, um die übrige Natur unseren Interessen unterzuordnen, uns dienstbar zu machen. Daß es für uns jedoch unklug ist, diesen Weg allzu brutal zu verfolgen, haben schädliche Auswirkungen unseres Tuns bereits gezeigt. Durch Umweltschutz wird heute versucht, diesen selbstgeschaffenen Schädigungen wieder entgegenzuwirken.

In diesem Sinne sollten auch die Großmächte darauf verzichten, weiterhin Meeressäugetiere im Rahmen ihrer Kampfverbände auszubilden. Die benötigten Dienstleistungen können heute auch durch technische Einrichtungen erbracht werden. Zweifellos muß ein solcher Verzicht viele Wissenschaftler treffen, die im Rahmen der Militärprogramme eingehende Untersuchungen an diesen Tieren ausführen können, wozu sonst Mittel ähnlichen Umfangs nicht bereitgestellt würden. Aber dieser Nachteil muß eben in Kauf genommen werden. Denn es ist ein Unding, Tiere liebevoll zu hegen und zu erforschen, an deren Ausrottung man durch eben diese Tätigkeit mitwirkt.

Wien, den 13. April 1973   Dr. Hans Hass

In dieser Zeit machte sich Hans Hass auch Gedanken darüber, wie man den Nachteilen des sich immer weiter ausbreitenden Tourismus am ehesten begegnen kann. Angeregt durch die vielen begeisterten Erzählungen, die Bücher und Filme der ersten Sporttaucher und Unterwasserforscher hatte eine weltweite Invasion in das Meer eingesetzt, die nun aber eine sehr bedenkliche Form annahm. Gerade das Meer, das für die Zukunft des Menschen eine solch existentielle Rolle spielt - als Nahrungslieferant, als Rohstoffquelle und als Ort der Entspannung - war in großer Gefahr. Durch die Unterwasserjagd waren viele Riffe schon leergeschossen, und auch ganze Berge von Korallen, Muscheln und Schnecken wurden alljährlich von Sammlern als Souvenir mit nach Hause genommen. Die Gründungsmitglieder der VBMU Jens-Peter Paulsen und Hermann Heberlein hatten schon lange die Ansicht vertreten, daß es mit Aktionen gegen die mechanischen Unterwasserwaffen alleine nicht getan ist, und daß sich die VBMU ebenso auch gegen die übrigen Formen der Verwüstung des Meeresgrundes durch Taucher - durch das Muschelnsammeln, Abreißen von Gorgonien, Fangen von Aquarienfischen, Fischen mit Chemikalien etc. - wenden sollten.

Hier konnte - folgt man den Ratschlägen von Hass - nur intensive Aufklärungsarbeit helfen: Der Mensch muß zur Natur, von der er sich in den letzten Jahren so weit entfernt hat, zurückfinden. Die weiter fortschreitende Entfremdung des Menschen von sich und der Natur führt zur Oberflächlichkeit, Abstumpfung und Gleichgültigkeit. Das Meer, ein noch weitgehend unerforschter Raum, war gut dazu geeignet, die menschliche Wahrnehmung für die Natur als existentieller Lebensraum und deren Probleme zu sensibilisieren. Der Mensch mußte wieder Interesse am Detail finden und sich auch Beschränkungen auferlegen. Auf Dauer war dies nicht mit Verboten zu erreichen. Die Naturwissenschaftler, und namentlich die Biologen, mußten sich in diese Entwicklung einschalten und eine Symbiose zwischen Tourismus und Naturforschung herbeiführen. Erst wenn der Mensch mit offenen Augen die einzigartige Schönheit und den Wert des maritimen Lebens wahrnahm, konnte er auch die Folgen seines unüberlegten Handelns abschätzen.

Diese Überlegungen bewogen Hans Hass, sich gemeinsam mit seinem Weggenossen Eibl-Eibesfeldt um eine Verbindung zwischen biologischen und touristischen Bestrebungen zu bemühen. An der Südküste Spaniens wurde ihnen 1974 die Gelegenheit zu einem praktischen Versuch geboten. In der Nähe von Almeria stand das 4-Sterne-Erholungs- und Freizeitzentrum "La Parra". Dabei handelte es sich um einen großen Hotelkomplex mit einer

Tauchschule, der auf Initiative des deutschen Finanzberaters Jürgen Amann errichtet worden war. In einem 10 Meter tiefen Tauchturm konnte auch bei ungünstigem Wetter die Ausbildung durchgeführt werden. Im La Parra-Club sollte nach den Vorstellungen von Hass eine biologisch orientierte Tauchschule und ein internationales Zentrum für Meeresschutzbestrebungen entstehen. Gleichzeitig sollte La Parra eine Aktionsbasis für die VBMU werden. Wenn dieses Vorhaben erfolgreich sein würde, wollte Hass weitere Zentren an tropischen Küsten einrichten. Um diese Ziele weiterverfolgen zu können gründete er noch 1974 in Wien die "Gesellschaft zur Förderung der aquatischen Ökotechnik".

Hass gliederte der Tauchschule ein biologisches Labor an, wo die Schüler in Vorträgen, Diskussionen und wissenschaftlich orientierten Tauchgängen unter der Obhut eines Fachbiologen darüber aufgeklärt wurden, was es im Meer alles zu sehen und zu beachten gibt. Für Nichtsportler, ältere Gäste und Kinder wurde zudem ein Programm zusammengestellt, das "biologische Spazier- und Schnorchelgänge" im flachen Wasser anbot. Grundidee war dabei, den Touristen ein neues, mehr auf Meeresschutz bedachtes Mensch-Meer-Verhältnis, ein besseres Tourist-Meer-Verhältnis, zu vermitteln. Die Tauchschüler sollten mit biologischer Forschung vertraut gemacht werden und mit der so vielseitigen Problematik der Ökologie und Evolution. Im Meer vor dem Hotel sollten künstliche Unterwasserstrukturen entstehen: Riffe aus Kunststoff, an Bojen auf dem Meeresgrund befestigte "Unterwasserbäume" aus Seilen und Stangen und als besondere Attraktion ein Unterwasserhaus in 10 Meter Tiefe, in dem Fortgeschrittene auch eine Nacht verbringen konnten.

Mit dem Unterwasserhaus hatte es eine ganz besondere Bewandnis. Hans Hass hatte es gemeinsam mit dem österreichischen Architekten Professor Karl Schwanzer (bekannt geworden durch die Planung des BMW-Hauses neben dem Olympiagelände München) entworfen, mit dem er auch schon 1973 ein Seminar über Unterwasserhäuser an der Technischen Hochschule in Wien abgehalten hatte. Dieses Haus stützte sich auf die Erfahrungen, die bei den amerikanischen und französischen Versuchsreihen mit "Sea-Lab" und "Precontinent" erzielt wurden. Das Unterwasserhaus vor Almeria sollte das erste in der Welt sein, das auch Touristen offensteht und außerdem bereits den Weg einer modernen Unterwasserarchitektur aufzeigt. Das erste Unterwasserhotel der Welt sollte nur von unter Wasser her zugänglich sein und 12 Taucher beherbergen können. Es war beabsichtigt, darin Filmvorführungen und Diskussionen über Themen der Meeresforschung und über Meeresschutz

Das Hotel "La Parra" und eine Skizze des geplanten Unterwasserhauses.

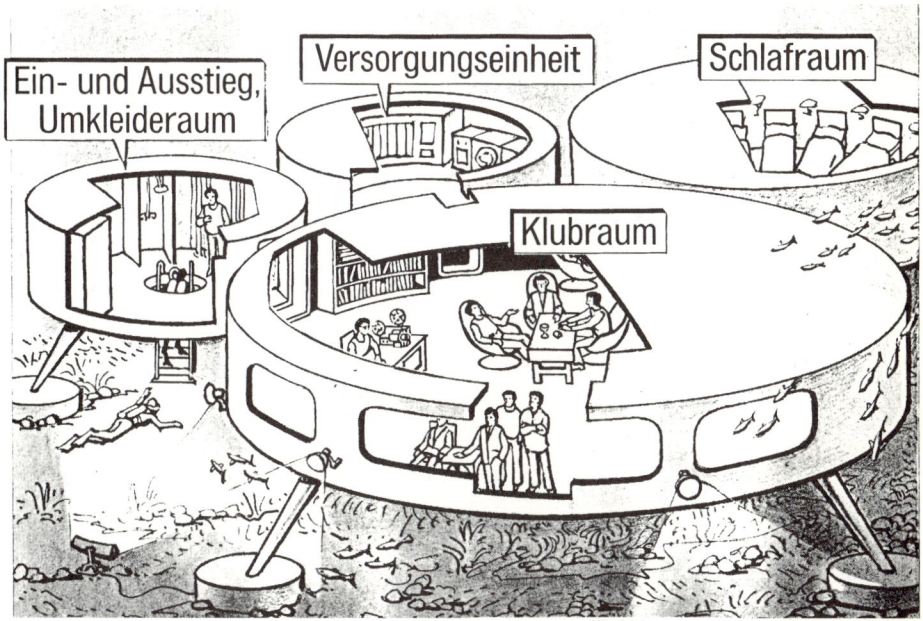

sowie über die mannigfachen Wunder des Meeres und deren heutige Gefährdung abzuhalten. Nächtliche Ausflüge in die umliegenden Unterwassergärten waren geplant, auch Unterwasserkonzerte. Unter Wasser überträgt sich der Schall unmittelbar auf den ganzen Körper, ein Erlebnis besonderer Art. Durch das "Fühlen" der Musik und der Schwerelosigkeit sollte dem Besucher Abstand zur "normalen" Welt vermittelt werden, und zugleich auch ein vertieftes Erlebnis der Meeresnatur.

Aber Hans Hass verfolgte mit dem Unterwasserhaus noch eine andere Zielsetzung: Unterwasserhäuser hatten sich für die neue Technik des Sättigungstauchens als wichtig erwiesen. Von solchen Häusern aus, in denen Taucher Wochen und Monate leben, können bis in 500 m Tiefe Unterwasserarbeiten ausgeführt werden. Hier in Almeria ergab sich die Möglichkeit, an einer großen Taucherzahl zu untersuchen, wie ein solches Unterwassergästehaus zukünftig eingerichtet und dimensioniert sein muß, um den angeborenen menschlichen Verhaltensweisen bestmöglich zu entsprechen. Somit war also in Almeria neben ökologischer auch ethologische Forschung auf dem Gebiet der Humanethologie vorgesehen.

Im Umkreis des Unterwasserhauses war die Errichtung künstlicher Strukturen geplant. Für die Intensivierung der Besiedlung freier Meeresräume - ein für künftiges Sea-Farming bedeutsames Problem - ist es wichtig, für Fische und andere Meerestiere künstliche Versteckmöglichkeiten zu schaffen. Bei der ständigen Bevölkerungsvermehrung in aller Welt ist die Nahrungsgewinnung aus dem Meer ein besonders wichtiges Problem. Nun ist das weite offene Meer ziemlich fischlos - weitgehend deshalb, weil es dort für Tiere keinen Schutz gibt. Zu solchem Zweck hat man bereits an manchen Küsten Autowracks ins Meer versenkt, in denen sich dann Meerestiere ansiedelten, oder aus Beton "Unterwasserställe" errichtet. All das führt jedoch nur zu verbesserten Lebensbedingungen auf dem Meeresboden selbst - ändert aber nichts an den freien Räumen. Hass schwebte für diese Räume eine weniger kostspielige, neue Methode vor, die er vor Almeria erproben wollte. Von einem Betongewicht führte ein Nylonseil zur Oberfläche, wo es durch eine Kunststoffboje getragen wird. An diesem senkrecht hochführenden Seil sollten Kunststoffgebilde verschiedener Form und Gestalt befestigt werden - bürstenartige Gebilde, Platten, Röhren und ähnliches. Insgesamt erinnern diese Strukturen an Tange, wie sie an der kalifornischen Küste aus großer Tiefe emporwachsen. Hass vermutete, daß sich zwischen solchen Strukturen Fische und andere Meeresorganismen ansiedeln würden, und es interessierte ihn auch, welche Art von

Auf dem Meeresgrund vor dem La-Parra-Hotel sollten verschiedene Formen von künstlichen Unterwasserstrukturen erprobt werden. (Zeichnung von Hans Hass, 1973)

Struktur (Form und Farbe) von den einzelnen Arten bevorzugt wird. Auch durch Plastikfolien gebildete, künstliche Höhlen auf dem Grund sollten errichtet werden. Taucher, die selbst einen Unterwasser-"Baum" entwerfen und pflanzen wollten, sollte dies gegen Bezahlung der Materialkosten möglich sein. Die das Unterwasserhaus umgebenden Unterwasser-"Wälder" sollten so nicht nur dem Unterwasserfotografen neue bizarre Motive bieten und dem Unterwasserkünstler von Morgen vielleicht ein neues Medium ästhetischer Gestaltung, sondern auch dem Biologen ein interessantes Experimentierfeld. Das Meeresgebiet vor dem La Parra-Club und dem Cabo de Gata sollte bis in eine Tiefe von 50 Metern zum Naturschutzgebiet erklärt werden, um den Biologen und den Unterwassertouristen ungestörtes Forschen und Erleben zu ermöglichen.

Schon die ersten Presseinterviews, in denen Hass seine Pläne bekanntgab, hatten eine außerordentliche Resonanz - weit über die spanische Grenze hinaus. Das spanische und deutsche Fernsehen, die BBC in England, die CBS in den USA und andere Stationen wollten Sendungen über und aus dem Unterwasserhaus bringen, viele Zeitungen wollten ihre Vertreter nach Almeria senden. Das Hotel und die Tauchschule wurde Anfang Juni 1974 eröffnet und der Gedanke einer Symbiose zwischen Biologie und Tourismus überall gutgeheißen.

In der biologischen Forschungsstation sollen auch Studenten arbeiten, die den Unterwasserpark betreuten, wissenschaftlich arbeiteten und auch den Gästen für Fragen zur Verfügung stehen. Eine besondere Forschungsaufgabe sollte es sein, das Verhalten der Fische in diesen künstlich geschaffenen Riffstrukturen zu untersuchen. Einer der ersten der in dieser naturwissenschaftlich orientierten Tauchschule tätigen Biologen war Werner Katzmann vom österreichischen Bundesinstitut für Gesundheitswesen und Umweltschutz. Ihm folgten weitere Lehrkräfte der Wiener Universität. Die Resonanz auf die Bestrebungen der Wissenschaftler war sehr gut, und viele der dort ausgebildeten Taucher wurden für die Belange des Meeresschutzes sensibilisiert und so zu Mitstreitern für die Erhaltung der Unterwasserwelt. Hass gewann die Erkenntnis, daß eine Partnerschaft zwischen Biologie und Tourismus nicht nur für beide Seiten förderlich sondern geradezu notwendig ist. Um den Sporttauchern die biologische Denkweise sowie die Probleme des Meeresschutzes näherzubringen, und bei ihnen Interesse und Verständnis zu wecken, schrieb Hans Hass gemeinsam mit Werner Katzmann noch 1975 das Buch "Der Hans-Hass-Tauchführer: Das Mittelmeer".

Leider mußte schon knapp ein Jahr später der Betrieb der biologisch orientierten Tauchschule eingestellt werden: Ein spanischer Admiral hatte dem Hotel "La Parra" überraschend die Genehmigung mit der fadenscheinigen Begründung entzogen, durch "die meeresbiologischen Arbeiten würde die Verteidigungsbereitschaft der spanischen Küste in Frage gestellt". Die wahre Ursache für die unfreundliche Absage der spanischen Regierung kam nie an das Tageslicht, aber man kann vermuten, daß gewisse Regierungskreise im Hinblick auf die Beliebtheit der Unterwasserjagd in der spanischen Bevölkerung keine allzu starke Meeresschutzlobby, die möglicherweise einen Konflikt verursachen kann, vor ihrer Haustür dulden wollte.

Hans Hass gab sein Vorhaben aber nicht auf: Auf seine Anregung hin richtete 1985 die Schweizer Gesellschaft "Eurodivers" auf Kunfunadhoo im Baa-Atoll in kleinerem Rahmen die erste maledivische meeresbiologische Feldstation ein. Unter Mitarbeit von namhaften Spezialisten sollten hier Sporttaucher bei Langzeitbeobachtungen und Erforschung der Korallen und des Verhaltens der Fische mithelfen. Besonderes Interesse galt hier auch der Beobachtung der Meeresschildkröten. Auf diese Weise wollte Hass tauchsportliche Interessen, meeresbiologische Forschung und Interessen des Naturschutzes zusammenführen. Leider mußte auch diese Feldstation schon kurze Zeit später die Arbeit einstellen, da es Schwierigkeiten mit der Arbeitserlaubnis für die Wissenschaftler gab.

Die Idee einer Symbiose zwischen Naturforschung und Tourismus war grundlegend wichtig: Heute gibt es bereits auf der ganzen Welt Tauchschulen, in denen neben der Ausbildung zum Sporttaucher meeresbiologische Kurse angeboten werden. Eigene Organisationen, wie etwa das Institut für Marine Biologie von Claus Valentin im italienischen Giglio, beschäftigen sich schwerpunktmäßig damit, den Tauchern die Unterwasserwelt aus biologischer Sicht nahezubringen. Die Ökologie und der Umweltschutz wurde in vielen Sporttaucherverbänden, wie etwa beim VDST, auch zum Pflicht- und Prüfungsfach bei der Ausbildung der neuen Taucher.

Hans Hass setzte seine Filmexpeditionen weiter fort: Noch 1974 hatte er mit dem amerikanischen Taucher Al Giddings im Pazifik bei Truk Lagoon den Fernsehfilm "Das Wrack der Toten" gestaltet. Darin berichtet er über das Auffinden eines 1943 versenkten japanischen Riesen-U-Bootes und der Bergung der darin umgekommenen Besatzung. 1975 führten ihn zwei Reisen nach Japan und Okinawa zur Meeresweltaustellung "Expo 75". Hier traf er auch den japanischen Architekten Kiyonori Kikutake, der sich schon seit über zwanzig Jahren mit dem Konzept der Errichtung von schwimmenden Städten beschäftigte. Hass sah in Verbindung mit der Meereskultur bedeutende Möglichkeiten für dessen Projekte und drehte darüber den Fernsehfilm "Wohnen im Meer". 1976 flog er mit seiner Gattin Lotte nach Curaçao und Bonaire und besuchte nach 38 Jahren wieder die Schauplätze seiner einstigen Taucherlebnisse. Von dort brachte er die beiden Fernsehfilme "Rausch ohne Drogen" und "Fisch unter Fischen" mit nach Hause.

Im gleichen Jahr schrieb er gemeinsam mit Eibl-Eibesfeldt das Buch "Der Hai - Legende eines Mörders". Anlaß dazu gab ihm der 1974 in Amerika produzierte und gerade in den Kinos angelaufene Kassenknüller "Der Weiße Hai", in dem auf reißerische Weise der Weiße Hai verteufelt und dadurch in vielen Menschen eine Psychose gegen alle Haie erweckt wurde. Hass hatte sich in seinen unzähligen Büchern und Filmen immer wieder um eine richtige Sichtweise der Haie bemüht, und nun wurden, nur um die Kinokassen zu füllen, alle wissenschaftlichen Erkenntnisse über diese Tiere außer acht gelassen und wieder das alte, falsche Bild des blutrünstigen Mörders heraufbeschworen. Um die schädliche Wirkung dieses Spielfilms zu neutralisieren, faßte Hass seine eigenen Erfahrungen mit den Haien in allen Sieben Weltmeeren sowie die neuesten wissenschaftlichen Erkenntnisse in diesem Buch zusammen, das heute noch als ein Standardwerk über Haie bezeichnet werden kann. In der Einleitung des Buches schreibt er: "Millionen Menschen wurden in den letzten Jahren beträchtlicher Schaden zugefügt. Durch dramatisch hochgespielte Berichte von Haiangriffen, die in vielen Fällen garnicht der Wahrheit entsprechen, wird in aller Welt den Badenden und den Sporttauchern die Freude am Meer vergällt. Das besonders Ärgerliche an dieser Entwicklung ist, daß sie von den geschäftlichen Interessen einiger weniger eingeleitet und weitergeschürt wird. In diesem Buch wollen wir die Haie schildern, wie sie wirklich sind - es sind besonders interessante und faszinierende Tiere."[14] Das vielbeachtete Buch wurde zehn Jahre später in einer überarbeiteten und aktualisierten Form unter dem Titel "Wie Haie wirklich sind" neu herausgebracht. 1978 drehte Hass noch zu dieser Thematik vor Australien den Film "Tauchen nach Geld", in dem er über die Leistungen des amerikanischen Unterwasserkameramannes Stan Waterman berichtet, der als erster den Weißen Hai filmte.

Im Jahr 1978 wurde in Linz vom Oberösterreichischen Landestauchsportverband zum erstenmal ein internationaler Unterwasserfoto und -filmwettbewerb um die mittlerweile sehr begehrte Hans-Hass-Medaille veranstaltet. Im Rahmen dieser alle zwei Jahre stattfindenden Veranstaltung, bei der Hans Hass in der Regel persönlich die Preise verleiht und die mit der traditionellen

Seit 1978 wird die große Hans-Hass-Wanderausstellung "Welt unter Wasser" regelmäßig in ganz Europa gezeigt.

"Tauchernacht" ihren Höhepunkt findet, wurde 1978 auch erstmals im Linzer Nordico-Stadtmuseum eine große Ausstellung unter dem Motto "Welt unter Wasser" aufgebaut. Diese Ausstellung war Hans Hass gewidmet und zeigte viele Gegenstände aus dem Privatbesitz des Tauchsportpioniers. Auf Initiative von Rudolf Pointner hin wurde diese Ausstellung in den weiteren Jahren noch mehr ausgebaut und gibt heute auf mehreren hundert Quadratmetern Ausstellungsfläche einen umfangreichen Überblick über die Tätigkeiten von Hans Hass und den Beginn des modernen Tauchsports. Diese vielbesuchte Hans-Hass-Wanderausstellung unter dem Motto "50 Jahre Tauchsport und Unterwasserforschung" zeigte Rudolf Pointner bis heute schon in vielen europäischen Städten.

1979 konnte sich Hans Hass einen besonderen Wunsch erfüllen: auf den Tag genau dreißig Jahre nach seiner ersten Expedition führte er wieder eine Reise nach Port Sudan durch. Ziel der Reise war es festzustellen, ob sich dort der Fischbestand in den letzten 30 Jahren vermindert hat oder nicht. Gleichzeitig besuchte Hans Hass wieder die beiden Schiffswracks, die *Umbria* und das 100 Jahre alte Wrack bei Shab Ata, um dort anhand von seinen alten Fotos den inzwischen weiterentwickelten Korallenbewuchs zu studieren. Darüber entstand der Fernsehfilm "Das Monstrum" und das Buch "Im Roten Meer - Wiederkehr nach 30 Jahren".

Auf Einladung von Hannes Dichand, dem Besitzer der Wiener "Kronenzeitung", nahmen Hans und Lotte Hass im November 1980 an einer Bootskreuzfahrt durch die Seychellen und Amiranten teil. Hier feierten sie vor der Marie-Luise-Insel ihren 30. Hochzeitstag. Bei den Amiranten hatte Hass auch die seltene Gelegenheit, das Verhalten großer, aufeinandertreffender Fischschwärme zu studieren. Ein weiteres besonderes Erlebnis war es für Hans Hass, als er 1981 den tiefsten Tauchabstieg seines Lebens durchführte: Auf Einladung der englischen Marine war er nach Porthmouth geflogen und wurde dort in der Verwendung des neuen Panzertauchgerätes JIM unterrichtet. Dieser hochdruckfeste Tauchanzug aus Edelstahl ist in erster Linie für die Offshore-Tech-

Hans Hass führte 1981 im JIM-Tauchanzug einen tiefen Abstieg in der Nordsee durch.

nik gedacht. Mit diesem Panzertauchanzug stieg der mittlerweile 62-jährige Hass in 450 Meter Tiefe unter eine Ölbohrinsel in der Nordsee. Auch darüber entstand ein Fernsehfilm.

Im Winter 1981 wurden das Ehepaar Hass und Eibl-Eibesfeldt von Norbert Schmidt - damals Chefredakteur des "Tauchmagazins" - in die Malediven zur Jungfernfahrt eines neuen Tauchkreuzfahrtschiffes eingeladen. Hass schrieb damals regelmäßig im "Tauchmagazin" für die Sparte "Kolumne und Zeitgeschehen". Hass und Eibl-Eibesfeldt freuten sich über die Einladung, konnten sie doch so ihren Frauen die ehemalige Stätte ihres Wirkens zeigen. Seine nächste Reise führte Hass 1982 wieder an das Rote Meer, diesmal nach Hurghada. In den Riffen vor diesem beliebten Urlaubsort für Sporttaucher drehte er die dreiteilige Sendung "Komm ins Meer!", in der er aus der Unterwasserperspektive den Weg der Lebensentwicklung von den Einzellern bis zum Menschen schildert.

Das Jahr 1982 brachte für die Taucher in aller Welt eine wichtige Entwicklung: den ersten vollautomatischen Tauchcomputer "Deco-Brain Hans Hass". Zwei

Hans Hass erläutert 1982 in seiner Filmtrilogie "Komm ins Meer" den Verlauf der Evolution.

Liechtensteiner Ingenieure, Jürgen Hermann und Roland Vogler, war es gelungen, ein Rechenprogramm für die bei den meisten Tauchgängen unentbehrlichen Austauch- oder Dekompressionstabellen zu schreiben. Wie schon eingangs beschrieben stellt der Stickstoff in der Atemluft bei Tauchgängen in größere Tiefen und über längere Zeit ein hohes Risiko für den Taucher dar: Der Stickstoff wird dann im Gewebe gelöst und kann bei zu schneller Druckentlastung ausperlen und wichtige Gefäße verstopfen. Ein erhöhtes Risiko bedeuten auch die sogenannten Wiederholungstauchgänge, bei denen am gleichen Tag mehrere Tauchgänge mit nur kurzen Oberflächenpausen durchgeführt werden. Um das Ausperlen des Stickstoffes im Blut zu vermeiden (Caissonkrankheit) muß der Taucher bestimmte Austauchstufen in festgelegten Tiefen einhalten. Zur Berechnung dieser Auftauchstops stehen dem Taucher die sogenannten Dekompressionstabellen zur Verfügung.

Bereits seit einigen Jahren waren, vor allem in Amerika, Bemühungen im Gange, diese Tabellen in ein Programm einzubauen und so den Taucher von der Rechenarbeit, die bei falscher Handhabung der Tabelle eine große Gefahr in sich birgt, zu entlasten. Außerdem liefern die Tauchcomputer exaktere Werte als die Tabellen. Diese Bemühungen der US-Navy waren bisher nicht zufriedenstellend gewesen. Hermann und Vogler war es aber gelungen, einen passenden Algorithmus für dieses Problem zu finden. Sie setzten sich mit Hans Hass in Verbindung, der ihr Vorhaben unterstützte und seine praktischen Erfahrungen bei der Gestaltung des nach ihm benannten Instruments einbrachte. Sie gründeteten in Vaduz die "Divetronic GmbH", die sich mit dem Bau und dem Vertrieb des Deco-Brains beschäftigte. Zunächst noch relativ unförmig in den Abmessungen war dieser erste vollautomatische Tauchcomputer eine große Innovationsleistung auf dem Tauchsportsektor. Die Taucher waren anfangs noch sehr skeptisch und zurückhaltend gegenüber diesen Elektronengehirnen, aber heute gehören Tauchcomputer fast schon zur Standard-Tauchausrüstung und sind wegen der immer weiter fortschreitenden Miniaturisierung der elektronischen Bauteile kaum noch größer als eine Taucheruhr.

Am 14. Januar 1984, nur wenige Tage vor seinem 65. Geburtstag, wurde Hans Hass in Paris im Rahmen der Feier zum 25-jährigen Bestehen der CMAS, des Weltverbandes der Sporttaucher, für seine vorbildlichen Bemühungen auf den Gebieten des Tauchsportes und des Meeresschutzes mit einer besonderen Auszeichnung des CMAS geehrt. Er war mit seiner Gattin Lotte und Tochter Meta angereist und empfing die Auszeichnung aus den Händen von Jacques

Dumas, des damaligen Präsidenten der CMAS. Hans Hass verlas bei diesem Festbankett seinen Appell an alle Sporttaucher der Welt, sich allesamt mit vereinten Kräften in den Dienst des Meeresschutzes zu stellen. Durch dieses dritte Manifest verlieh er der Notwendigkeit zum Schutz der Unterwasserwelt und der Rechte nachfolgender Generationen besonderen Nachdruck. Für seine Bemühungen um den Meeresschutz erhielt Hans Hass 1987 von der Französischen Marine in Toulon eine weitere, ehrenvolle Auszeichnung.

Manifest III
Gegen die sinnlose Verschmutzung und Ausbeutung unserer Weltmeere

Ich fordere die Sporttaucher in aller Welt dazu auf, sich freiwillig und in eigener Initiative in den Dienst des Meeresschutzes zu stellen und ihre Kräfte zu vereinen, um die Meere vor einer sinnlosen Verschmutzung und Ausbeutung zu schützen.

Wenn jeder Sporttaucher in allen Teilen der Welt seine Kenntnisse und Verbindungen einsetzt, kann die Arbeit der schon bestehenden Organisationen für den Schutz der Meere wesentlich gefördert werden. Wir sind zu einer gewaltigen Armee geworden, und wenn wir unsere Anstrengungen vereinen, dann können die Wunder und Schätze der Unterwasserwelt für künftige Generationen erhalten bleiben.

Der größte vom Menschen noch nicht unterjochte Lebensraum ist in Gefahr! Tauchen ist erlesenes Vergnügen, sollte aber auch Aufgabe sein!

Wien, den 14. Januar 1984   Prof.Dr. Hans Hass

1984 flogen Hans Hass und Eibl-Eibesfeldt erneut in die Malediven, mit dem Ziel, die seit 1957 erfolgten ökologischen Veränderungen durch den Tauchtourismus zu untersuchen. Dabei besuchten sie mehrere Touristeninseln und auch den Präsidenten der Republik. Sie boten ihm ihre Hilfe an, hier eine meereskundliche Forschungsstation zu gründen. Die vielen Tauchbasen sollten in das Projekt mit einbezogen werden und könnten wertvolle Forschungsarbeit leisten. Auf den Malediven entstand der Film "Das verwandelte Paradies: Tauchtourismus und Meeresschutz".

Hass im Gespräch mit Leni Riefenstahl. (Etwa 1987)

Im gleichen Jahr produzierte Hans Hass mit Helmut Jedele eine dreizehnteilige Fernsehreihe unter dem Titel "Meine Erlebnisse und Forschungen im Meer", in der er frei in die Kamera durch Fotos und Filmausschnitte illustriert seine Taucherlebnisse erzählt. Dieser Fernsehreihe folgte der zwei Jahre später erschienene Bildband "Abenteuer unter Wasser". Diese dreizehnteilige Serie ist die bisher letzte Fernsehproduktion von Hans Hass. Damit hat er bis heute - wenn man die englischsprachigen Versionen mitrechnet - insgesamt 121 Kino- oder Fernsehfilme fertiggestellt! Übrigens ist ein Großteil dieser Filme mittlerweile auch schon auf Videokassette erhältlich.

In den Jahren 1984 bis 1988 widmete sich Hans Hass in erster Linie seinem Hauptinteressengebiet, der System- und Evolutionsforschung. Daneben warb er bei vielen Gelegenheiten für ein weltweites Harpunierverbot und für einen stärkeren Meeresschutz. Am 27. September 1988 übernahm Hass auf der Gründungssitzung in München die Präsidentschaft des "Förderkreises

Sporttauchen". Diese vom VDST initiierte Vereinigung, die das Interesse aller Sporttaucher vertreten will, hat es sich zur Aufgabe gestellt, für umweltbewußte Weiterbildung seiner Mitglieder zu sorgen, die Gewässer zu beobachten und zu schützen und ein kompetenter Gesprächspartner für die Öffentlichkeit zu sein. Die Mitgliedschaft ist offen für jedermann, und es wird nur eine vergleichsmäßig niedrige Beitragszahlung abverlangt. Hass blieb zwei Jahre lang Präsident der Vereinigung, bevor er turnusgemäß abgelöst wurde. Heute ist Dr. Friedrich Naglschmid, der Vize-Präsident des VDST, Präsident des Förderkreises, der die Bemühungen des VDST um ein weltweites Harpunierverbot und vernünftigen Meeresschutz in den letzten beiden Jahrzehnten tatkräftig mitinitiiert hatte.

In den letzten Jahren hatte sich Hans Hass immer stärker nicht nur in Fragen des Meeresschutzes sondern auch in den Belangen der globalen Umweltproblematik, deren Lösung er als die wichtigste Aufgabe der kommenden Jahrzehnte ansieht, engagiert und wurde immer mehr zu einem Mahner. In vielen Podiumsdiskussionen und Interviews nahm er Stellung zur allgemeinen Umweltsituation, wie beispielsweise auch bei dem "Ökologia-Kongreß 1989" in Wien. Hass fordert eine Ausrichtung auf qualitatives Wachstum als Voraussetzung zur Bewältigung der dramatisch anwachsenden Umweltprobleme. Auf die Auswirkungen dieser Ansichten für den Tauchsport angesprochen meint Hans Hass: "Wie alle Menschen müssen auch die Taucher ihren Konsum reduzieren. Es darf nicht länger sein, daß hunderte von Tauchern an einem Tag die gleichen Riffabschnitte betauchen, und das Tag für Tag, Jahr für Jahr. Ich möchte das Tauchen mit dem Besuch des Burgtheaters in Wien vergleichen: Hier gibt es eine begrenzte Zahl von Plätzen. Wenn ich keinen Platz bekomme, bin ich zwar traurig, aber es ist nicht weiter schade, denn ich kann mich für eine der nächsten Aufführungen anmelden. Ebenso muß es sich beim Tauchen verhalten: Es darf nur eine limitierte Anzahl von Tauchern pro Tag zugelassen sein, und ebenso müssen einzelne Riffabschnitte gleich eines Theaterstückes zeitweilig aus dem Programm genommen werden. Es darf nicht weiterhin so sein, daß die Nachfrage das Angebot regelt, und es immer mehr und größere Tauchboote und Hotels gibt. Auch die Taucher müssen wieder mehr Interesse am Detail finden. Es kommt nicht so sehr darauf an, wo man sich befindet, sondern was man daraus macht. Das wichtigste Gefühl beim Tauchen ist eine Art Andacht. Das Motto muß sein: Genieße, nimm daran teil, aber greife nicht ein, zerstöre nicht."[15]

Ist die Zeit der großen Abenteuer mit solchen Personen wie Hans Hass vorüber? Nach Ansicht der meisten lautet die Antwort: Ja. Alle Kontinente sind erobert und erforscht, in allen Meeren und Seen ist der Mensch fischhaft tauchend oder in U-Booten vorgedrungen. Jede Tierart ist bekannt, auch die entlegensten Volksstämme sind kontaktiert, gefilmt. Die romantische Attraktion des Neuen, Unbekannten, Rätselhaften ist versandet...so stellt es sich zumindest dar. Und doch, so meint Hans Hass, ist die Zeit der großen Abenteuer und der Expeditionen längst nicht vorbei: "Die Wurzel jedes Abenteuers ist der Mut zur eigenen Phantasie und die schwierige Überwindung aller Hemmungen, sie zu realisieren. Nicht am Erfolg ist das Abenteuer zu messen - sondern am Versuch, am Entschluß. Indem sich der Mensch überwindet, etwas Kühnes, Erdachtes, von der Umwelt mit Erstaunen und Befremden Registriertes unternimmt und solcherart gegen sich selbst antritt, unterwirft er sich den Gesetzen des Abenteuers, bricht aus den eigenen Grenzen aus. Dazu ist auch noch heute - und in aller Zukunft - Gelegenheit genug."[16]

Was macht Hans Hass wohl heute? Eines ist sicher: Er denkt keineswegs daran, sich zur Ruhe zu setzen. Ich glaube vielmehr, daß er schon wieder zuhause auf gepackten Koffern sitzt, denn er will - damit er nicht aus der Übung kommt - zu einer neuen Unterwasser-Expedition aufbrechen, die ihn zu Traumzielen, in weitere unbekannte Gebiete führt. Sein Lebenswerk wird überdauern, trotz so mancher Rückschläge im Laufe der Jahre. Hass, der beim Zurückblicken auf eben jenes Lebenswerk, auf seine Initiativen und Innovationen in den Bereichen von Forschung und Wissenschaft genauso wie in der Wirtschaft, Technik und des Tauchsports mehr als zufrieden sein könnte, bleibt weiterhin ruhelos - ebenso können ihn auch seine zwei Hüftoperationen nicht davon abhalten, weiterhin zu tauchen, Tennis zu spielen und Ski zu laufen. In der System- und Evolutionsforschung will er aktiv bleiben und auch weiter schreiben und filmen. "Ich betätige mich zwar heute mehr auf dem Trockenen als früher", meint er. "Aber ich forsche nach wie vor. Sagen Sie Ihren Lesern: Es kommt darauf an, ein Ziel zu haben. Bis zuletzt."[17]

In welche unbekannten Landschaften wird ihn sein steter Forscherdrang noch führen?

Rechts: Hans und Lotte Hass sind auch heute noch leidenschaftliche Taucher. Unten: Hans Hass mit Tochter Meta und Enkel Markus, 1993.

Epilog

Bis heute hat sich Hans Hass auf den vielfältigsten Gebieten erfolgreich betätigt. Sein Leben lang hat er für die Verwirklichung seines Wunsches, allgemeine Gesetzmäßigkeiten der lebenden Natur zu ergründen, gearbeitet. Seine Methode, als "Fisch unter Fischen zu forschen", hat sich durchgesetzt und wird heute weltweit angewendet. Dies war wohl das erste auf der beeindruckenden Liste von Projekten, die von Hans Hass realisiert wurden. Jedes hat mit einer Idee, einem Traum begonnen, der bald zu einem geschickt durchgeführten Plan reifte. Außergewöhnlich war aber auch seine Entschlossenheit, all seine technischen und wissenschaftlichen Talente zu nutzen - mit einer Zielstrebigkeit, die dem großen Maß seiner Begabung entspricht.

Auf vielen Gebieten kann Hass Erfolge und Innovationen aufweisen. Bei vielseitigen Aktionen bewies Hass, der schon zu Lebzeiten eine Legende ist, seine technische und wissenschaftliche Kompetenz. Das Leitmotiv von ihm besonders für seine wissenschaftliche Arbeit der späteren Jahrzehnte war der Tempelspruch "ERKENNE DICH SELBST", als Schlüssel und Voraussetzung zur Bewältigung der den Menschen betreffenden Probleme.

Hass ruhte sich nie auf seinen Lorbeeren aus, anstatt eine Errungenschaft zum persönlichen Vorteil wirtschaftlich auszuschlachten, konzentrierte er sich nach einem Erfolg sofort auf das nächste Unternehmen. Und während so in den nachfolgenden Jahren viele andere die Früchte seiner Arbeit ernteten, blieb Hass der idealistische Wissenschaftler, der rastlos und besessen um der Sache selbst willen die Rätsel dieser Welt erforschte, aus Freude am Anpacken neuer Aufgaben, einem inneren Antrieb, der den dynamischen und kreativen Menschen und den phantasievollen Visionär auszeichnet. Fast 30 Bücher und über 100 Filme legen Zeugnis von seinem hartnäckigen Forschergeist und seinen Arbeiten ab, durch die er weiterleben wird. Mit vielen seiner Werke war Hass seiner Zeit weit voraus. Ob dies auch für die Energontheorie gilt? Die Zukunft wird es wohl zeigen. Bei der Bewertung der Konsequenzen dieses umfassenden Werkes stehen wir noch am Anfang, denn weder kann bedingungslose Zustimmung noch einseitige Kritik diesem Werk gerecht werden.

Die meisten von uns träumen von der Zukunft oder haben Visionen, die sie gerne verwirklicht sehen möchten. Doch nur wenige, als Außenseiter angesehene, machen solche Träume war. Die Eroberung des Unterwasserraumes und, als eine Voraussetzung dafür, die Kenntnis des Verhaltens der Haie und anderer Meerestiere, gehören zu den bedeutendsten menschlichen und wissenschaftlichen Leistungen dieses Jahrhunderts. Mit starker Handschrift hat sich Hass in das Buch der Geschichte der Meeresforschung eingeschrieben. In meinen Augen ist er ein bedeutender Wissenschaftler, der, getrieben von der inneren Flamme der Neugier, in seinem erfüllten Forscherleben viele scheinbar unüberwindbare Grenzen überschritten und dabei Großes geleistet hat. Er hat unzähligen Menschen - nicht nur den Meeres-, Verhaltens- und Wirtschaftswissenschaftlern - gangbare Wege in neue, bisher unerforschte Landschaften aufgezeigt.

Hans Hass - eine ungewöhnliche Persönlichkeit und ein wirklich bemerkenswerter Mann.

Werden kennt kein Ende
Der Strom fließt immer weiter
Jeder Augenblick ist neu
Der Schmerz des Wachsens:
Der Mühen wert

Bruno-Paul de Roeck

Zeittafel

1919-36	Hans Heinrich Julius Hass wird am 23. Januar 1919 als einziges Kind des Rechtsanwaltes Dr. Hans Hugo Hass (geb. 18.4.1879) und der Fabriksbesitzertochter Margaretha Antonia (Meta) Brausewetter (geb. 16.6.1890) geboren und am 13. April 1919 in der Votivkirche getauft. Erster Wohnort Pelikangasse 15, Umzug in die Bartensteinstraße 6, dann nach Pötzleinsdorf in die Glanzinggasse 42. Volksschule in Pötzleinsdorf, Besuch des Wiener Schottengymnasiums, Umzug in den Haarhof 4, Besuch der Theresianischen Akademie.
1937	Juli und August in Südfrankreich. Konstruktion der ersten wasserdichten Hülle für eine Kleinbildkamera. Beginn des Rechtsstudiums an der Wiener Universität.
1938	Juli bis September in Dalmatien. Wechsel des Studiums zu Architektur und danach Maschinenbau.
1939-40	Juli 1939 bis September 1940: Expedition in die Karibik (Bonaire und Curaçao). Wechsel des Studiums zu Zoologie an der Wiener Universität. Umzug nach Berlin.
1941	Entwicklung des Schwimmtauchgerätes gemeinsam mit dem Drägerwerk in Lübeck. Weiterführung des Zoologiestudiums an der Friedrich-Wilhelm-Universität Berlin. Gründung eines Organisationsbüros für biologische Meereskunde in Berlin.
1942	Juli bis November Griechenland-Expedition. Am 12. Juli erster Abstieg eines Menschen mit einem Schwimmtauchgerät bei Ari Ronisi. Produktion des Films "Menschen unter Haien".
1944	Am 23. Februar Promotion als Dr.rer.nat. in Berlin.
1945	Flucht bei Kriegsende aus Berlin nach Mayrhofen im Zillertal. Hier am 30. Juni Hochzeit mit der Schauspielerin Hannelore Schroth.
1946	Umzug nach Zinkenbach am Wolfgangsee. Am 30. September Geburt des Sohnes Hans.
1947	Wiederbegründung des Organisationsbüros für Unterwasserforschung im Haarhof 4 in Wien.
1948	Hass stellt am 1. September die Wienerin Lotte Baierl in seinem Wiener Institut ein.

1949	November und Dezember erste Rote-Meer-Expedition.
1950	3. April Scheidung von Hannelore Schroth. Umzug nach St. Gilgen für kurze Zeit. April bis November zweite Rote-Meer-Expedition mit sechs Mitarbeitern (darunter Lotte Baierl). Am 29. November Hochzeit mit Charlotte Hildegard (Lotte) Baierl (geb. 6.11.1928) in Küsnacht am Zürichsee.
1951	Der Film "Abenteuer im Roten Meer" gewinnt im September den ersten Preis für Österreich auf der Biennale in Venedig. Gründung des Internationalen Institutes für submarine Forschung in Vaduz, Liechtenstein. Kauf des Dreimastschoners *Xarifa*.
1952-54	Dezember 1952 bis Februar 1953 Expedition mit Ehefrau Lotte nach Australien. 23. August 1953 bis 1. Juni 1954 erste *Xarifa*-Expedition in die Karibik und den Pazifischen Ozean. Produktion des Films "Unternehmen Xarifa" (er wird am 12. Dezember 1959 in Los Angeles mit dem Unterwasser-Oscar ausgezeichnet).
1956	Erste kommerzielle Tauchkreuzfahrten im Roten Meer.
1957-58	Vom 15. Oktober 1957 bis zum 14. Oktober 1958 zweite *Xarifa*-Expedition durch das Rote Meer in den Indischen Ozean. Am 20. November 1957 Geburt von Tochter Meta.
1960	Verkauf der *Xarifa*. Umzug von Vaduz nach Triesenberg.
1963	Hans und Lotte Hass filmen erstmals mit ihrer Spiegeltechnik und Zeittransformation in Teilen von Europa und Asien.
1964	Gründung der ersten Forschungsstelle zur biologischen Analyse menschlichen Verhaltens, des Institutes für Humanethologie gemeinsam mit Eibl-Eibesfeldt in Liechtenstein. Gemeinsame Filmreisen nach Afrika, Amerika und Asien.
1970	Veröffentlichung der Energontheorie.
1971	Veröffentlichung des Manifest I: "Zur Bekämpfung mechanischer Unterwassersportwaffen".
1972	Gründung der VBMU (Vereinigung zur Bekämpfung mechanischer Unterwassersportwaffen).
1973	Veröffentlichung des Manifest II: "Gegen die Verwendung von Meeressäugetieren zu militärischen Zwecken".
1974	Gründung der "Gesellschaft zur Förderung der aquatischen Ökotechnik" in Wien. Eröffnung der biologisch orientierten Tauchschule "La Parra" bei Almeria in Spanien.
1977	Am 30. Juni bekommt Hans Hass auf Antrag der Wiener Uni-

versität von der österreichischen Wissenschaftsministerin Frau Firnberg den Berufstitel "Professor" verliehen.

1978   Hass gründet den PEN-Club Liechtenstein, wird am 1. April sein Präsident und initiiert den "Liechtensteinpreis zur Förderung junger Talente".

1980   Ab 1980 Vorlesungen an der wirtschaftswissenschaftlichen Fakultät der Wiener Universität.

1982   Mitarbeit bei der Entwicklung des ersten echten Tauchcomputers.

1984   Hass wird in Paris von der CMAS für seine vorbildlichen Bemühungen auf den Gebieten des Tauchsportes und des Meeresschutzes geehrt. Dort veröffentlicht Hass sein Manifest III: "Gegen die sinnlose Verschmutzung und Ausbeutung unserer Weltmeere". Gründung eines "Komitees für Sozialen Wohnbau und Städteplanung auf humanethologischer Grundlage" gemeinsam mit anderen Wissenschaftlern.

1987   Ehrung durch die französische Marine in Toulon.

1989   Hass übernimmt auf Ersuchen des Verbandes Deutscher Sporttaucher VDST die Präsidentschaft des am 27. September in München neugegründeten "Förderkreises Sporttauchen".

1990   Hass wird Großvater: Markus, der Sohn seiner Tochter Meta wird am 8. November geboren.

1993   Hans und Lotte Hass feiern ihren 43. Hochzeitstag in den Korallenriffen des Roten Meeres.

1994   Hass feiert seinen 75. Geburtstag und veröffentlicht sein Buch "Die Hyperzeller", neben der Energontheorie sein wohl wichtigstes wissenschaftliches Werk auf diesem Gebiet.

Verzeichnis der Veröffentlichungen
von Hans Hass

Dieses Schriftenverzeichnis enthält alle wichtigen Veröffentlichungen von Hans Hass in chronologischer Reihenfolge. Viele der Bücher waren Bestseller und wurden in mehreren Auflagen und Lizenzausgaben nachgedruckt. Nicht aufgenommen wurden die unzähligen Vorworte, die Hass zu verschiedenen Büchern anderer Autoren schrieb, sowie die meisten der ebenfalls ungezählten kleineren Zeitungsartikel. Nicht aufgenommen habe ich auch die Titel fremdsprachiger Übersetzungen der Schriften von Hans Hass. Der größte Teil seiner Bücher ist in mehrere Sprachen (in englisch, französisch, spanisch, norwegisch, dänisch, holländisch, tschechisch, ungarisch, finnisch, russisch, japanisch und andere) übersetzt worden; die genauen Titel und Erscheinungsorte der Übersetzungen dürften allerdings für den deutschsprachigen Leser von geringerem Interesse sein. Von Interesse sind jedoch die Sammelwerke, Digests oder Anthologien, die jeweils schwerpunktmäßig eine Reihe von Hass' Veröffentlichungen vereinen.

Die nachfolgenden Auflistungen sind im Rahmen mehrjähriger Recherchen in Archiven und Bibliotheken auch außerhalb Deutschlands entstanden.

[1.] 1938: Fischjagd unter dem Meere. *In: Der Angelsport, Wien, Nr.8, August 1938*

[2.] 1939: Jagd unter Wasser. Der deutsche Unterwasserjäger Hans Hass erzählt von seinen Erfahrungen. *In: Die Post, München, 25. Juni 1939, Nr. 13, S.6.*

[3.] 1939: Ein Jäger, der nur 90 Sekunden jagt. *In: Berliner Illustrirte Zeitung, Deutscher Verlag Berlin, Nr. 31 vom 3. August 1939, 48 Jg., Titelseite.*

[4.] 1939: Jagd unter Wasser mit Harpune und Kamera. *Kosmos, Gesellschaft für Naturfreunde, Frank'sche Verlagsbuchhandlung, Stuttgart. 1939*

[5.] 1939: Mit der Kamera unter Wasser. *In: Der Lichtbildner, Mai/Juni 1939*

[6.] 1940: Wir lebten unter Fischen. Mehrere Fortsetzungen *in: Berliner Illustrirte Zeitung, Deutscher Verlag Berlin, 49. Jg., Okt. bis Dez. 1940.*
Teil 1: Heft 44, vom 31.10.1940, Titel und S. 1002-1004
Teil 2: Heft 46, 1940, S. 1196-1199
Teil 3: Heft 47, 1940, S. 1236-1243
Teil 4: Heft 48, 1940, S. 1268-1275
Teil 5: Heft 49, 1940, S. 1284-1307

[7.] 1941: Un poisson parmi d'autres. *In: Signal, Edition special de la "Berliner Illustrirte Zeitung", Deutscher Verlag Berlin, (F)Nr. 1, Januar 1941, S. 34-39.*

[8.] 1941: Unter Korallen und Haien. *Ullstein Verlag, Deutscher Verlag Berlin, 1941*

[9.] 1942: Fotojagd am Meeresgrund. *Heering Verlag, Harzburg, 1942.*

[10.] 1942: Kolonie Meer: Eine Forschungsaufgabe der Zukunft. *In: Das Reich, 10. Mai 1942, S.13*
[11.] 1942: Aegäisches Meer: Mit Haifischen auf Du und Du. Von der Wunderwelt der Aegäis.
             In: Leipziger Neueste Nachrichten 28. Nov. 1942, S.3.
[12.] 1942: Mein Weg zu den Haien. Mehrere Fortsetzungen *in: Berliner Illustrierte Zeitung,*
             Deutscher Verlag Berlin, 51. Jg., Dez. 1942 bis Jan. 1943
             Teil 1: Heft 50, 1942, Titelseite
             Teil 2: Heft 51, 1942, S. 677-679
             Teil 3: Heft 52, 1942, S. 690-691
             Teil 4: Heft 1, 1943, S. 6-7
             Teil 5: Heft 2, 1943, S. 18-19
             Teil 6: Heft 3, 1943, S. 30-31.
[13.] 1947: Drei Jäger auf dem Meeresgrund. *Orell Füssli Verlag, Zürich, 1947*
             (Zusammenfassende Schilderungen der Expeditionen in Südfrankreich, Dalmatien und
             der Karibik)
[14.] 1948: Beitrag zur Kenntnis der Reteporiden mit besonderer Berücksichtigung der Form-
             bildungsgesetze ihrer Zoarien und einem Bericht über das Schwimmtauchen als neue
             Methode der Meeresforschung. *Dissertation in: Zoologica (Stuttgart), Band 37, Heft*
             101, 1948.
[15.] 1948: Drei Jäger auf dem Meeresgrund. *In: Schweizerische Fischereizeitung, Pfäffikon-*
             Zürich, Nr.4, April 1948.
[16.] 1949: Menschen und Haie. *Orell Füssli Verlag, Zürich, 1949*
             (Zusammenfassende Schilderungen der Entwicklung des ersten Schwimmtauchgeräts
             und der Griechenland-Expedition)
[17.] 1950: Ich tauche im Roten Meer. *In: Große Österreich Illustrierte, Wien, 2. Jg., 18. März*
             1950, S. 3-7
[18.] 1950: Menschen unter Haien. *In: Berliner Anzeiger, 2. April 1950.*
[19.] 1950: Mit Tauchgerät und Kamera auf der Spur des Teufelsrochens - das Geheimnis des
             Manta. *In: Schweizer Illustrierte Zeitung, Zofingen, 17. Mai 1950.*
[20.] 1950: Mit Hans Hass in die rote Hölle. *In: Quick, 3. Dez. 1950.*
[21.] 1951: Unter Haien, Polypen und Teufelsfischen. Feinde und Gefahren der Tiesee. *Bamberg,*
             Bayerische Verlagsanstalt, 1951, Fahrten und Abenteuer Nr.4, (auszugsweiser Nach-
             druck von "Fotojagd am Meeresgrund", 1942)
[22.] 1951: Der Ritt auf dem Riesenhai. *In: Sie und Er, 27. April 1951.*
[23.] 1951: Hass erzählt von seinen Abenteuern im Roten Meer. *In: Schweizer Filmzeitung, 1951.*
[24.] 1951: Abenteuer zur See. *In: Schweizer Illustrierte Zeitung, Zofingen, Nr. 49, 4. Dez. 1951.*
[25.] 1952: Manta, Teufel im Roten Meer. *Ullstein Verlag, Berlin 1952*
[26.] 1952: Im Weltreich der Korallen. *In: Quick, 28. Dez. 1952*
[27.] 1953: Hans Hass zurück. *In: Quick, 22. März 1953.*
[28.] 1954: Unterwasserfotografie. *In: Stöckler, Heinrich: Die Leica in Beruf und Wissenschaft,*
             Frankfurt, 1954, S. 111-120.
[29.] 1954: Ich fotografierte in den 7 Meeren. *Heering Verlag, Seebruck, 1954*
[30.] 1954: Technik und Methoden der modernen Unterwasserphotographie. *In: Der Photo-Händ-*
             ler, Dezember 1954; S. 1038 - 1042.
[31.] 1954: Mein Nachbar der Pottwal. *In: Sie und Er, 19. Feb. 1954.*
[32.] 1954: Filmstudio auf dem Meeresgrund. *In: Sie und Er, 18. Nov. 1954.*
[33.] 1954: Ich hörte den Wal schreien. *In: Der Stern, 7. März 1954.*
[34.] 1955: "Safari" Sous-Marin. *In: L'Illustre, Lausanne, 10. Okt. 1955*
[35.] 1957: Wir kommen aus dem Meer. *Ullstein Verlag, Berlin, 1957*
[36.] 1957: Können Wale schreien? *In: Frankfurter Illustrierte, 30. März 1957, Nr. 13.*
[37.] 1958: Fische und Korallen. *Aluminium Walzwerke Singen GmbH, Singen-Hohentwiehl, 1958.*
             (Sonderdruck mit einer auf nur 100 Exemplare limitierten Auflage. Die Fotos wurden

auf beiderseits kaschierter Aluminium-Folie im Vierfarbdruck wiedergegeben und besitzen deshalb eine sehr hohe Farbbrillanz. Begehrtes Sammlerstück).

[38.]   1959:   (Gemeinsam mit Irenäus Eibl-Eibesfeldt). Erfahrungen mit Haien. *In: Zeitschrift für Tierpsychologie, Berlin 1959, Bd 16/6, S. 739-746.*

[39.]   1961:   Expedition ins Unbekannte. *Ullstein Verlag, Berlin, 1961*

[40.]   1962:   Central Subsidence. A new Theory of Atoll Formation. *In: Atoll Research Bulletin Nr. 91, Pacific Sience Board, Washington 1962*

[41.]   1962:   A new Theory of atoll formation. *In: New Scientist (No. 311), 1.Nov. 1962, S. 268-270*

[42.]   1966:   (Gemeinsam mit Irenäus Eibl-Eibesfeldt). Zum Projekt einer ethologisch orientierten Untersuchung menschlichen Verhaltens. *In: Mitteilungen der Max-Planck-Gesellschaft Nr.6, 1966, S.383-396*

[43.]   1967:   (Gemeinsam mit Irenäus Eibl-Eibesfeldt). Neue Wege der Humanethologie. *In: Homo 1967, Bd. 18/1, Seite 13-23*

[44.]   1968:   Wir Menschen. Das Geheimnis unseres Verhaltens. *Molden Verlag, Wien-Frankfurt-Zürich, 1968*

[45.]   1970:   Energon. Das verborgene Gemeinsame. *Molden Verlag, Wien-Frankfurt-Zürich, 1970*

[46.]   1971:   In unberührten Tiefen. Die Bezwingung der tropischen Meere. *Molden Verlag, München-Wien-Frankfurt, 1971. (Zusammenfassung der vergriffenen Tauchbücher von Hans Hass).*

[47.]   1972:   Vorstoß in die Tiefe. Ein Magazin über Abenteuer bei der Erforschung der Meere. *Herausgegeben von der ESSO A.G., Hamburg, 1972. (Sonderausgabe und nicht im freien Buchhandel erhältlich. Jugendbuch über die mannigfachen Aspekte des menschlichen Vordringens ins Meer. Auflage 900.000, Sammlerstück)*

[48.]   1972:   Abenteuer unter Wasser *In: Merian - Karibik und Bahamas, Heft 10/XXV, Hamburg, Hoffmann u. Campe, Okt. 1972, Seite 62-64*

[49.]   1973:   Welt unter Wasser. Der abenteuerliche Vorstoß des Menschen ins Meer. *Molden Verlag, Wien-München-Zürich, 1973*

[50]   1973:   Stop the slaugther underwater. *In: Development Forum, Vol.1, No.4, May 1973, S. 1-2 (Hrsg.: Centre for Economic & Social Information, CESI, United Nations, Genf).*

[51.]   1974:   Welche Schlüsse läßt die Beobachtung tierischen Verhaltens auf das Sozialverhalten von Menschen zu? *In: Manual 74, Edition Praeger, München, 1974. Seite 192-196.*

[52.]   1976:   (Gemeinsam mit Werner Katzmann). Der Hans-Hass-Tauchführer: Das Mittelmeer. *Molden Verlag, Wien-München-Zürich, 1976*

[53.]   1976:   Eroberung der Tiefe. Das Meer - seine Geheimnisse, seine Gefahren, seine Erforschung. *Bertelsmann Verlag, München 1976 (überarbeitete Neuausgabe von "Vorstoß in die Tiefe", 1972)*

[54.]   1977:   (Gemeinsam mit Irenäus Eibl-Eibesfeldt). Der Hai - Legende eines Mörders. *Bertelsmann Verlag, München 1977*

[55.]   1978:   (Gemeinsam mit Horst Lange-Prollius). Die Schöpfung geht weiter. Station Mensch im Strom des Lebens. *Seewald Verlag Stuttgart, Transitbooks AG, Zürich 1978*

[56.]   1979:   Wie der Fisch zum Menschen wurde. *München, Bertelsmann, 1979*

[57.]   1979:   Kulturkörper des Menschen. Das Kulturphänomen in der Sicht der Energontheorie. *In: Arbeitsblätter der Akademie für Ethische Forschung, Zürich, Nr. 9, September 1979, S.10-17. (Die Arbeitsblätter der Akademie für Ethische Forschung orientieren über moderne Strömungen und Entwicklungen der Philosophie)*

[58.]   1980:   Im Roten Meer. Wiederkehr nach 30 Jahren. *Orac, Wien, 1980*

[59.]   1981:   Vorwort *in: Kurt Blüchel (Hrsg.): Die letzten Abenteuer dieser Erde. München-Mönchengladbach, Naturalis, 1981, Seite 4*

[60.]   1981:   Vorteil des Menschen: Er kann sein "Energon" verändern. *In: Das neue Erfolgs- und Karrierehandbuch für Selbständige und Führungskräfte. Geretsried 1981, (Verlag Beste Unternehmensführung), 4 Teile, S. 157-198*

Teil 1 in Heft 4/1981, S. 157-166
Teil 2 in Heft 5/1981, S. 167-176
Teil 3 in Heft 6/1981, S. 177-186
Teil 4 in Heft 7/1981, S. 187-198

[61.]   1981:   Eigentlich ein Räuber. *In: Eco-Journal der "Presse", Wien, 30.10.1981.*

[62.]   1981:   Tausch statt Raub. *In: Eco-Journal der "Presse", Wien, 06.11.1981 (Das Konzept vom "Halben Räuber" wurde erstmals von Hans Hass in den beiden obengenannten Fortsetzungen veröffentlicht.)*

[63.]   1984:   Leben und Wirtschaft als energetisches Phänomen. Gesetze und Regeln der Lebensentfaltung aus der Sicht der Energontheorie. *(Hrsg.: Institut für Technologie und Ethik, Nürnberg) Sonderdruck aus "Management und Meditation". Vortrag gehalten auf dem 10. Symposium der Arge-Simon-Ohm-Hochschule, Nürnberg, Mai 1984*

[64.]   1984:   Meine Fahrten mit der Xarifa. 6 Teile *in: tauchen-Magazin, Jahr Verlag Hamburg, Februar-Juli 1984.*
Teil 1: Heft 2, 1984, S.42-47
Teil 2: Heft 3, 1984, S.16-19
Teil 3: Heft 4, 1984, S.60-65
Teil 4: Heft 5, 1984, S.46-52
Teil 5: Heft 6, 1984, S.56-59
Teil 6: Heft 7, 1984, S.36-41.

[65.]   1985:   (Gemeinsam mit mehreren anderen Autoren). Stadt und Lebensqualität. Sozialer Wohnungsbau und Umstrukturierung der Städte aus biologischer Sicht. *Stuttgart, DVA, und Wien, ÖBV, 1985*

[66.]   1985:   Grundlagen eines neuen Denkens. Was einen Korallenfisch mit einem Handelsunternehmen verbindet. Die menschliche Wirtschaft aus energetischer Sicht. *In: Tagungsprotokolle vom Nixdorf Handelsforum 1985 in Wien: Mit Visionen und Spitzenleistungen zu konstanten Erfolgen. S. 339-390*

[67.]   1986:   (Gemeinsam mit Irenäus Eibl-Eibesfeldt). Wie Haie wirklich sind. *DTV, München, 1986 (überarbeitete und aktualisierte Neuausgabe des Buches "Der Hai - Legende eines Mörders", 1977)*

[68.]   1986:   Abenteuer unter Wasser. *F.A. Herbig, München-Berlin, 1986*

[69.]   1987:   Der Ball und die Rose. *Universitas Verlag, München 1987*

[70.]   1987:   Naturphilosophische Schriften. Gedanken über die Evolution.
I.   Teil: Wie der Fisch zum Menschen wurde.
II. Teil: Das verborgene Gemeinsame. Energon 1
III. Teil: Das verborgene Gemeinsame. Energon 2
IV. Teil: Expedition zu uns selbst, das Geheimnis menschlichen Verhaltens.
Universitas Verlag, München 1987

[71.]   1988:   Das Organ Stadt - Evolutionstheoretische Perspektiven. *Unveröffentlichtes Manuskript, 11.03.1988*

[72.]   1988:   Der Hai im Management. *Wirtschaftsverlag Langen-Müller/Herbig, München 1988.*

[73.]   1989:   Trompetenfische reiten trojanische Pferde. *In: Die Welt, Nr.24 vom 28. Jan. 1989, Seite 17*

[74.]   1991:   Vorstoß in unbekannte Meere. *Verlag Carl Ueberreuter, Wien 1991.*

[75.]   1991:   Der Standort des Menschen - Wirtschaft und Umwelt aus evolutionärer Sicht. *Unveröffentlichtes Manuskript, 08. Mai 1991*

[76.]   1994:   (Gemeinsam mit Andreas Hantschk). Grundlagen der Energontheorie. Die Rahmenbedingungen der Lebensentfaltung. *(in Vorbereitung)*

[77.]   1994:   Die Hyperzeller. Die Weiterentwicklung der Arten. *(in Vorbereitung)*

Die Filme von Hans Hass

Nachfolgend die Auflistung der bis zur Drucklegung dieses Buches von Hans Hass fertiggestellten Kino- und Fernsehfilme in chronologischer Reihenfolge.

Pirsch unter Wasser (UFA, 1942)
Ein Stück Filmgeschichte: Der erste jemals in den Korallenriffen der Karibik gedrehte Unterwasserfilm. Er zeigt Korallenriffe, Unterwasserjagd und die Annäherung an einen großen Hammerhai. Ca. 15 min, Schwarz/Weiß, gedreht 1939 und 1940 auf Bonaire und Curaçao.

Menschen unter Haien (Österreich 1948, Deutschland 1949)
Film über den Verlauf der Ägäis-Expedition, über die Erforschung unterseeischer Grotten und die Beobachtung von Haien. Ca. 80 min, Schwarz/Weiß, gedreht 1942.

Abenteuer im Roten Meer (engl.: "Under the Red Sea") (Sascha Film, Herzog-Film 1950)
Bericht über die zweite Expedition nach Port Sudan; die Suche nach dem legendären Manta-Rochen und die Annäherung an den größten Hai der Welt, den Walhai. Ca. 90 min, Schwarz/Weiß, gedreht 1950. Dieser Film gewann 1951 den 1. Preis auf der Biennale in Venedig.

Unternehmen Xarifa (engl.: "Under the Caribbean") (Herzog, Sascha 1955)
Film über den Verlauf der 1. *Xarifa*-Fahrt in die Karibik und zu den Galapagos-Inseln. Hans Hass erhielt den "Oscar für aussergewöhnliche Unterwasserfotografie" für diesen Film. Noch niemand hatte zuvor bei den Galapagos-Inseln Unterwasser gefilmt. Erste Unterwasseraufnahmen von Pottwalen, ungewöhnliche Experimente im tropischen Meer, Bedrohung durch einen Tigerhai und Schatzsuche auf den Cocos-Inseln (Pazifik). 88 min, Color, 1953/1954.

Diving to Adventure (BBC, 1955)
Sechs Fernsehfilme, je 30 Minuten lang, in denen Hans und Lotte Hass über ihre bisherigen Taucherlebnisse berichten.

Co-Produktion des italienischen Spielfilms "Der Rommelschatz", 1956. (Regie: Romolo Marcellini).

Expedition ins Unbekannte (BBC und Süddeutscher Rundfunk, ORF, Schweizerisches Fernsehen, 1958/1959)
26 Halb-Stunden-Fernsehberichte von der 2. *Xarifa*-Expedition in den Indischen Ozean. Diese Filme wurden ganz oder in Abschnitten auch den Zwecken des wissenschaftlichen Filmes und des Unterrichtsfilmes zugänglich gemacht. (Inst. f. Film u. Bild i. Wissenschaft u. Unterricht, Göttingen). Schwarz/weiß.
a) *Fische unter sich.* Über Revierverhalten, zwischenartliche Verhaltensweisen bei Schiffshaltern und Trompetenfischen und über Maulputzer.

b) *Hotels auf dem Meeresgrund.* Über Lebensgemeinschaften unter einer Bootsbrücke, in der Distelkoralle Seriatopora und im Sargassumwald.

c) *Tauch mit uns!* Über Schiffsausrüstung, Tauchtechnik und einen Abstieg an einem Außenriff der Malediven bis 80 Meter Tiefe.

d) *Geburt einer Insel.* Über die Entstehung von Koralleninseln, eiszeitliche Unterschneidung, und über das Leben in einem maledivischen Dorf.

e) *Fisch-Porträts.* Über die Technik der Unterwasserfilmarbeit, Detailaufnahmen mit Teleobjektiv und über den giftigen Seeigel Asthenosoma.

f) *Unterwasser-Television.* Über technische Einzelheiten der Fernsehanlage und über die Entdeckung und Beobachtung des Röhrenaales Xarifania hassi.

g) *Das Liebesriff.* Über die Liebeswerbung bei Fischen und Haien, die Verfärbung eines Naso, die Eiablage von Dascyllen und die Brutpflege von Balistopus undulatus.

h) *Im Addu-Atoll.* Über die Riffbildungen und über die Auffindung des Geleges eines Oegopsiden sowie das Ausschlüpfen der Embryos.

i) *Was gesunkene Schiffe verraten.* Über das Korallenwachstum auf einem vor 15 Jahren und einem vor 100 Jahren gesunkenen Schiff

j) *Unsere Vorfahren - die Fische.* Über die Lokomotion verschiedener Fische und Rochen und über die Fortbewegung und das Verhalten der Schlammspringer.

k) *Ungewöhnliche Exkursionen.* Über den Besuch historischer Stätten auf Ceylon und einem Tauchabstieg in den Nikobaren.

l) *Unterwasser-Quiz.* Über ungewöhnliche Bewohner eines Schlammbodens bei Groß-Nikobar und über die Lebensweise des "Brunnenbauer-Fisches".

m) *Sind Haie gefährlich?* Über die Erfahrungen mit Haien und deren Verhalten Tauchern gegenüber.

n) *Die Geisterinsel.* Über den Aberglauben der Nikobarer und die Unterwasserbeobachtungen eines großen Rauhhaies.

o) *Merkwürdige Freundschaften.* Über diverse Schlupfwinkel von Fischen, über einen Fierasfer und über die Symbiose zwischen Gobius und Alpheus.

p) *Groß-Nikobar.* Über die landbildende Tätigkeit der Mangroven, über Winkerkrabben und den Besuch von Eingeborenen von Groß-Nikobar.

q) *Das Lampen-Wrack.* Über die Auffindung eines gesunkenen englischen Kriegsfahrzeuges bei Tillanchong und dessen nähere Untersuchung.

r) *Außenseiter.* Über die Eroberung neuer Lebensräume, über die Symbiose zwischen der Koralle Heterocyathus und dem Wurm Aspldosiphon und über eine lebendgebährende Goniopora.

s) *Der Krake.* Über Verhalten und Brutpflege eines in einer leeren Muschel angesiedelten Octopus aegina.

t) *Experimente.* Über Revierverhalten, Komment- und Beschädigungskämpfe der in Riesenseeanemonen lebenden Clownfische Amphiprion.

u) *Forschung mit Hindernissen.* Über weitere Experimente mit Clownsfischen und Seeanemonen und über die Symbiose zwischen einem Diadema-Seeigel und dem Fisch Siphamia versicolor.

v) *Überraschungen.* Über Beobachtungen bei Stachelhäutern, die Embryonen einer Seegurke und über den Fisch Elagatis bipinnulatus, der sich an der Haut von Haien kratzt.

w) *An der Malaiischen Küste.* Über Tauchabstiege in der Straße von Malakka, den Besuch einer Fischreuse, der Insel Penang und über Kieselalgen.

x) *Das Geheimnis der Krabben.* Über das Verhalten diverser Krabben und über den merkwürdigen Burgbau der Kugelkrabbe Dotilla.

y) *Im Chinesischen Meer.* Über Singapore, Tauchabstiege im Chinesischen Meer und über das Verhalten des Pinzettenfisches Aeoliscus.

z) *Das Wrack der Haie.* Zusammenfassung der Ergebnisse und über die Experimente mit Haien bei Gaha-Faro in den Malediven.

Wir Menschen. Die Frage nach uns selbst: Versuch einer neuen Antwort.
(ARD, ORF, BBC, SRG 1966)

13-teilige Halb-Stunden-Fernsehserie über die Forschungsergebnisse von Hans Hass auf dem Gebiet der Vergleichenden Verhaltensforschung mittels Spiegelobjektive (1962-1966). Schwarz/Weiß. 1975 neu bearbeitet und in Color. (ARD 1975)

a) *Der Ausgangspunkt*. Im Studio erzählen Hans Hass und Eibl-Eibesfeldt die Vorgeschichte, wie es zu dieser neuen Forschungsrichtung kam und was aus ihr wurde.

b) *Expedition zu uns selbst*. In diesem Programm werden Beispiele dafür gegeben, wieviel im menschlichen Verhalten angeboren ist, wie etwa die Grundelemente der Mimik und Gestik.

c) *Die Flamme der Neugier*. Eine Eigentümlichkeit, die den Menschen von seinen Tierverwandten unterscheidet, ist, daß sein Neugiertrieb bis ins hohe Alter hinein wirksam ist.

d) *Die verlängerten Hände*. Der Mensch ist das Wesen, das sich "künstliche Organe" und "verlängerte Hände" schafft.

e) *Das Schlachtfeld des Gesichts*. Schon Darwin vermutete, daß die Grundbewegungen der Gesichtssignale dem Menschen angeboren sind - unbemerkt gefilmte Großaufnahmen bei Afrikanern, Chinesen, Europäern, Indianern, Arabern etc. erbringen nunmehr den Beweis.

f) *Im Spinnennetz der Ordnung*. An zahlreichen Beispielen wird gezeigt, wie sich menschliche Ordnung entfaltete - im Straßenverkehr, im Beruf, in der Fabrik, wie sich der Mensch jedoch anderseits in dieser Ordnung verstrickt und dies Feindschaft, Brutalität und Krieg nach sich ziehen kann. Die Grundidee der Energontheorie.

g) *Die Waffen des Lächelns*. Ein besonders wichtiges Gesichtssignal ist das Lächeln. Mit hunderten anderer Gesichtszeichen kann sich Lächeln vermengen - und gewinnt dann die verschiedensten Einzelbedeutungen.

h) *Der Austausch der Leistungen*. Die menschliche Intelligenz äußert sich darin, daß wir Ursache und Wirkung im Geist überblicken können, auch wenn sie räumlich und zeitlich weit auseinander-liegen.

i) *Signale an die Umwelt*. Mit seinen Händen führt der Mensch zielführende Handlungen aus - sehr oft jedoch, wie es scheint, auch sinnlose.

j) *Der Einzelne und die Gemeinschaft*. In dieser Folge wird der Mensch wie eine Ameise betrachtet - wird auch das Verhalten von Menschen in Gruppen jenem von Tieren in Rudeln gegenübergestellt. Parallelen werden in der gerafften Aufnahme deutlich und werfen Fragen auf.

k) *Das Kind und sein Lebensmuster*. Bei Tieren hat die Verhaltensforschung das Phänomen der Prägung nachgewiesen - beim Menschen erkannte bereits Freud, daß es in der Kindesentwicklung sensible Perioden gibt, wo äußere Reize spätere Verhaltensweisen bestimmen.

l) *Hinter den Gitterstäben des Wartens*. Über das Werkzeug seiner Phantasie vermag der Mensch in die Zukunft zu schauen - und was er von dieser Zukunft erhofft, darauf wartet er.

m) *Die Suche nach dem Glück*. Zusammenfassung der Serie: Wir dürfen den gewohnten Wertungen nicht allzusehr vertrauen. Will die Menschheit nicht zugrundegehen und alles Leben auf der Welt zerstören, dann gilt mehr denn je das Mahnwort:"Erkenne dich selbst".

Cheviot Bay (ARD, BBC, ORF, SRG, 1970)

Hans Hass untersucht mit seinem Sohn den mysteriösen Tod des australischen Premierministers Harald Holt in der Cheviot Bay bei Melbourne. Fernsehfilm ca. 44 min, Color.

Unsere Reise mit Kapitän Cook (ARD, BBC, ORF, 1971)

Expedition von Eibl-Eibesfeldt, Hans, Lotte und Meta Hass zum Großen Barriereriff, wo das Team 200 Jahre nach Cook dessen denkwürdige Reise bis Cap York nachvollzieht. Fernsehfilm, ca. 44 min., Color.

Die verwunschenen Inseln (ARD, BBC, ORF, 1971)

Film gedreht auf Tahiti über das Tagebuch des *Bounty*-Meuterers James Morrison und Paul Gauguins Bericht "Noa-Noa". Fernsehfilm, ca. 44 min, Color.

Die Teufelsinsel (ARD, ORF, 1972)

Film gedreht in Französisch-Guayana über die Tagebücher von Dreyfus, der dort inhaftiert war und Überprüfung der Berichte von Henry Charriere, dessen Buch "Papillon" ein Bestseller wurde. Fernsehfilm, ca. 44 min, Color.

Die Pirateninsel (ARD, ORF, 1972)

Film gedreht in Jamaica über die Geschichte der Insel, den versunkenen Piraten-Hafen Port Royal und das moderne Touristen- Jamaica. Fernsehfilm, ca. 44 min, Color.

Schüsse in der Tiefe (ARD, ORF 1973)

Hans Hass, der die Unterwasserjagd populär machte, kämpft für das weltweite Verbot der Unterwasserjagd. Fernsehfilm, ca. 44 min, color.

Das Wrack der Toten (ARD, ORF 1975)

Filmexpedition in den Pazifik nach Truk Lagoon. Über das Auffinden eines 1943 von der US-Air Force versenkten japanischen Riesen-U-Bootes und der Bergung der darin umgekommenen Besatzung. Fernsehfilm, ca. 44 min, Color.

Wohnen im Meer (ARD, ORF, 1975)

Bericht über die schwimmenden Städte des japanischen Architekten Kiyonori Kikutake und eine vor der japanischen Küste errichtete Luxus-Unterwasservilla. Fernsehfilm, ca. 44 min, Color.

Mitarbeit bei der Gestaltung der deutschen Fassung des Fernsehfilmes "Liebe und Haß" über die Forschungsarbeit von Eibl-Eibesfeldt. (ARD 1977)

Rausch ohne Drogen (ARD, ORF 1977)

Rückkehr nach 38 Jahren nach Curaçao, wo die Unterwasser-Abenteuer von Hass begannen, und wo sich inzwischen viele Dinge verändert haben: Heute steht ein Hilton-Hotel an der Stelle, wo sie zuerst campten. Fernsehfilm, ca. 44 min, Color.

Fisch unter Fischen (ARD, ORF, 1977)

Die Insel Bonaire lebt heute vom Tauch-Tourismus, und heute schwimmen ältere Damen friedlich an den Plätzen, an denen Hass damals seine gefährlichsten Situationen erlebte. Fernsehfilm, ca. 44 min, Color.

Mitarbeit bei der Gestaltung von sieben Fernsehfilmen über die Spiegelaufnahmen Eibl-Eibesfeldts bei Naturvölkern in verschiedenen Weltteilen im Rahmen des Instituts für Humanethologie: *Über die Natur des Menschen* (4 Teile, ZDF 1978), *Die Eipo* (3 Teile, ZDF 1981).

a) *Das Ich erwacht*
b) *Die unsichtbaren Pfeile*
c) *Der Ursprung des Festes*
d) *Das Doppelgesicht der Kultur*

e) *Die Eipo: 1. Der Alltag*
f) *Die Eipo: 2. Urgemeinschaft*
g) *Die Eipo: 3. Weichenstellung*

Tauchen nach Geld (ARD, ORF 1979)

Über die Leistungen des amerikanischen Unterwasserkameramannes Stan Waterman, der als erster den Weißen Hai filmte. Fernsehfilm, ca. 44 min, Color.

Das Monstrum (ORF 1979, ARD 1980)

Film über Hass' Wiederkehr nach 30 Jahren nach Port Sudan, um den Korallenwuchs an zwei Wracks zu studieren. Fernsehfilm, ca. 44 min, Color.

Ein Herr und sein Hund (ARD, ORF 1983)

Die englische Marine experimentiert in Porthmouth mit einer neuen Tauchmethode. Hans Hass taucht in der Nordsee mit dem Panzertauchgerät "JIM" auf 450 Meter Tiefe unter eine Ölbohrinsel. Fernsehfilm, ca. 44 min, Color.

Komm ins Meer! (ARD, ORF, 1982)

Betrachtungen über die Evolution. Trilogie, in der Hass aus der Unterwasserperspektive den Weg der Lebensentwicklung von den Einzellern bis zum Menschen schildert. Aufgenommen in Hurghada, Rotes Meer. Je ca. 30 min, Color

a) *Die Urvorfahren:* Das Meer als Ausgangspunkt der menschlichen Evolution. Das Gemeinsame, die innere Verwandschaft aller Lebewesen: Die Einzeller.

b) *Die Verwandten:* Über das Vordringen der Lebewesen auf das Land und wie der Bauplan unseres Körpers zustande kam.

c) *Die Rückkehrer:* Über die Landeroberer, die wieder in das Meer zurückkehrten. Ein Wrack auf dem Meeresgrund ist ebenso ein Eindringling in diese Welt wie die meisten Fischarten. Zusätzliche Organe als Grundlage menschlichen Erfolgs. "Erkenne Dich selbst".

Gemeinsame Gestaltung einer Bildplatte mit Eibl-Eibesfeldt über das Verhalten der Buschleute: **Menschenforschung, Jäger und Sammler in der Kalahari.** (Ernst Klett, 1984)

Das verwandelte Paradies (ARD, ORF 1985)

Film über die Untersuchung der seit 1957 erfolgten ökologischen Veränderungen durch den Tauchtourismus auf den Malediven.

Meine Erlebnisse und Forschungen im Meer (ARD 1985, ORF 1991)

Helmut Jedele produzierte gemeinsam mit Hans Hass eine dreizehnteilige, je 45 Minuten lange Fernsehserie, in der Hass frei in die Kamera seine Taucherlebnisse schildert, durch Filme und Fotos illustriert.

a)	*Der Anfang*	h)	*Pottwale und Scheinwerfer*
b)	*Korallen und Haie*	i)	*Zu den Galapagos-Inseln*
c)	*Der rettende Schrei*	j)	*Intermezzo*
d)	*Das Schwimmtauchgerät*	k)	*Im Indischen Ozean*
e)	*Im Roten Meer*	l)	*Im Golf von Bengalen*
f)	*Produktion mit Hindernissen*	m)	*Mensch und Meer*
g)	*Am Großen Barriereriff*		

Literaturverzeichnis

Die nachfolgende Auflistung stellt für weiterführende Studien eine Auswahl von Schriften dar, die direkt oder indirekt mit dem Leben oder den Arbeiten von Hans Hass in Verbindung stehen. Sie enthält auch alle im Text zitierte Literatur. Ein ausführliches Verzeichnis der Arbeiten von Hans Hass findet sich in vorstehender Bibliographie.

(1.)   Ankel, Wulf Emmo: Schwimmtauchen als Methode der Zoologie. *In: Giessener Hochschulblätter, Heft 4, Dez. 1953.*

(2.)   -,-:   Pottwalfang bei den Azoren. *In: Orion, Zeitschrift für Natur und Technik, 10.Jg. Heft 15/16, S. 604-613, 1955*

(3.)   Baierl, Lotte: Expedition ins Wiener Eismeer. *In: Große Österreich Illustrierte, Wien, Oktober 1949*

(4.)   Baierl, Lotte: Abenteuer mit Fischen auf dem Meeresgrund. *In: Sie und Er, Zofingen, Nr 2. vom 12. Jan. 1951, S. 20-21.*

(5.)   Beebe, William: 923 Meter unter dem Meeresspiegel. *Brockhaus, Wiesbaden, 1952*

(6.)   Biritz, Elisabeth: Wie gehts? Ein Anruf bei Professor Hans Hass. *In: Süddeutsche Zeitung Magazin, Nr.26 vom 26.6.1992, Seite 30*

(7.)   Boutan, Louis: La Photographie Sous-Marine. *Edition J.M. Place, Paris, 1987*

(8.)   Busch, L.: Ein Spezialgerät: Rolleimarin Hans Hass. *In: Photo-Technik und -Wirtschaft 5(1954) Nr.4, S. 142-143*

(9.)   Claus, Jürgen: Besessener Forscher. Hans Hass wird sechzig. *In: Deutsche Allgemeine Sonntagszeitung DAS 3, 21.1.1979, Seite 16*

(10.)   Crosse, Jenny.: I paid 500 Pounds to swim - with sharks. *In: Bulawayo Chronicle,Southern Rhodesia* (heute Zimbabwe), *23. März 1956, S. 3-4*

(11.)   Der PEN-Club stellt sich vor. *In: Zifferblatt, Literarische Schriftenreihe, Heft 7, 1980, (Hrsg. vom PEN-Club Liechtenstein, Vaduz). S. 5-10*

(12.)   Die ernergo-kybernetische Strategie. *In: Management-Wissen, Nr. 6, 1976, S.4-10*

(13.)   Drews, Gerald: Hans Hass - Der Herr der sieben Meere. *In: Zenit, Weltbild Verlag, Augsburg, Nr.10, 1990, Seite 5*

(14.)   Dr. Hass will tief sehen. *In: Der Spiegel, Hamburg, Nr. 10, 5. März 1949,S. 27-28*

(15.)   Eibl-Eibesfeldt, Irenäus: Über die Galapagos-Expedition 1953/54 des Institutes für Submarine Forschung. *In: Mitteilungen aus der Max-Planck-Gesellschaft, Heft 5, 1954, Seite 276-280*

(16.)   -,-:   Geheimnisvolle Unterwasserwelt. *In: Westfälische Nachrichten, 16. Juni 1954.*

(17.)   -,-:   Zwischen Haien und Hechten in der Karibischen See. *In: Südkurier, Konstanz, 10. Juli 1954*

(18.)   -,-:   Bericht von einer Reise zu den Galapagos-Inseln unter besonderer Berücksichtigung verhaltenskundlicher, herpetologischer und ichthyologischer Beobachtungen. *In: Die Aquarien- und Terrarien-Zeitschrift. 10. Jhg., Heft 1 bis 5, 1957; Seiten 14-20, 38-43, 68-73, 103-108, 131-133.*

(19.)   -,-:   Begegnung mit Haien. *In: Kosmos 56, Heft 6, S. 229-234, 1960.*

(20.)   -,-:   Galapagos - Arche Noah im Pazifik. *München, Piper, 1960*

(21.)   -,-:   Der vorprogrammierte Mensch. *München, Piper, 1973*

(22.)   -,-:   Menschenforschung auf neuen Wegen. *Wien/München/Zürich, 1976*
(23.)   -,-:   Die Malediven. Paradies im Indischen Ozean. *München, Piper, 1982*
(24.)   -,-:   Und grün des Lebens goldner Baum. *Köln, Kiepenheuer&Witsch, 1992*
(25.)   Foëx, Jean Albert: Der Unterwassermensch. *Stuttgart, 1966*
(26.)   Fragebogen "Hans Hass". *In: FAZ-Magazin, Frankfurt, 31.12.1982, S.5*
(27.)   Gillies, Peter: Hans Hass - Mach's doch wie der Riffbarsch! *In: Die Welt, 10.Dez.1988*
(28.)   Gilpatric, Guy: The Compleat Goggler. *New York, Dodd 1939*
(29.)   Hass, Hans: Mein Vater lebt mir zu gefährlich. *In: HörZu, Nr. 27 , Juli 1970*
(30.)   Hass, Lotte: Eine Frau taucht am größten Korallenriff der Welt. *In: Sie und Er, 25. Juni 1953*
(31.)   Hass, Lotte: Mit Lotte Hass am Meeresgrund. *In: Constanze, 2. Dez. 1954.*
(32.)   Hass, Lotte: Verliebt in Hass und Hai. *In: Constanze, Januar 1955, Nr.2 ff*
(33.)   Hass, Lotte: Ein Mädchen auf dem Meeresgrund. *Verlag Carl Ueberreuter, Wien 1970*
(34.)   Hass, Meta: Public Relations - Berufsrealität in Österreich. *Wien, Orac, 1987*
(35.)   Heimat bist du großer Söhne: Die 35 hochberühmten Österreicher. *In: Geo-special "Österreich", Nr. 2/1991, Seite 221.*
(36.)   Helwig, Werner: Raubfischer in Hellas. *Leipzig, Asmus, 1939*
(37.)   Hesse, Richard und Doflein, Franz: Tierbau und Tierleben. *2 Bände Jena, Gustav Fischer Verlag, 1935/1943*
(38.)   Immelnkemper, Joachim: 60 Jahre Amateurfunk in Deutschland. *In: cq-DL, Clubzeitschrift des DARC, Fachorgan für den Amateurfunkdienst, 58. Jahrg., Juni 1987, Nr. 6, S. 353*
(39.)   Jobst, Rudolf: Zeiss-Geräte an Bord der "Xarifa" für die zweijährige Forschungsreise in den Indischen Ozean. *In: Jenaer Rundschau 2, (1957) 6, S. 188-189*
(40.)   -,-:   Zur neuen Expedition von Dr. Hans Hass mit der "Xarifa" in den Indischen Ozean. *In: Fotografie 12 (1958) 3, S. 83*
(41.)   Jung, Michael: Hans Hass - Ich arbeite weiter! *In: tauchen-Magazin, Jahr-Verlag, Hamburg, Januar 1992, S. 12-15*
(42.)   -,-:   Vor 50 Jahren. *In: Süddeutsche Zeitung, Nr. 84, München, 9.4.1992, S. 48*
(43.)   -,-:   König der Haie und Oscar-Preisträger. 50 Jahre Schwimmtauchen. *In: Schweriner Volkszeitung Magazin vom 14.Nov. 1992, Seite 10*
(44.)   -,-:   Tauchreiseführer Bonaire. *Stuttgart, Naglschmid, 1992*
(45.)   -,-:   TQM und EKS - Naturwissenschaftlich fundierte und in der Praxis schlagkräftige Managementstrategien. *Saarbrücker Hochschulschriften, Saarbrücken, 1994. (in Vorbereitung)*
(46.)   Kapitän Thie, Paul: Mit Hans Hass im Ägäischen Meer. Der Kapitän des Expeditionsschiffes erzählt. *Leutz Verlag, Berlin-Dahlem 1953*
(47.)   Koehler, Otto: Buchbesprechung von "Hass, Hans: Energon". *In: Zeitschrift für Tierpsychologie, Heft 28, Band 2, März 1971, S. 221-223*
(48.)   Kocian, Erich: Hass bereitet neuen Tiefseefilm vor. *In: Filmwoche, 5/1950, Baden/Baden, S. 161*
(49.)   -,-:   Dr. Hass über seinen neuen Unterwasserfilm. *In: Filmwoche, 6/1951, Baden/Baden, S. 775*
(50.)   Kreuzer, Franz: Mensch wird Fisch - Mensch wird Yeti. Interview mit Hans Hass u.a. *Deuticke, Wien, 1984*
(51.)   Kriesbach-Jung, Andrea: Erfahrungsorientiertes, ganzheitliches Lernen und kreative Entfaltung. *Universität Trier, 1992*
(52.)   -,-:   Über die Wiederbelebung der Erfahrung in der Pädagogik. *In: Forum Pädagogik, Nr.1, 1994*
(53.)   Lauckner, Gerhard: Über "Energon" und "Die Schöpfung geht weiter". *In: tauchen-Magazin, Jahr-Verlag, Hamburg, 1 (1978) 4, Seite 26-35*

(54.)   Liechtensteinpreis zur Förderung junger Talente. *In: Liechtensteiner Vaterland. Vaduz. 03.11.1982*

(55.)   Longley, W. H. und C. Martin: The first Autochromes from the Ocean Bottom. *In: National Geographic Magazine, Washington, 51 (1927), S. 56-60*

(56.)   Lotte Baierl, Tiefseeassistentin, heiratet. *In: Der Spiegel, 5. Jg., 1951, Nr.2, S. 34.*

(57.)   Luckner, Felix Graf von: Aus siebzig Lebensjahren. *Biberach/Riß, 1955*

(58.)   Marden, Luis: Camera Under the Sea. *In: National Geographic Magazine, Washington. Vol. 109, Feb. 1959, S. 162-200*

(59.)   Mewes, Wolfgang: Die energo-kybernetische Managementlehre (EKS) *In: Fortschrittliche Betriebsführung und Industrial Engineering FB/iE 26/1977, Heft 2, S. 99-103*

(60.)   Mitchell-Hedges und Frederick Albert: Hai am Haken. Kämpfe mit Seeungeheuern. *Berlin 1939*

(61.)   Mohr, Erna: Buchbesprechung von "Hans Hass: Fotojagd auf dem Meeresgrund". *In: Der Zoologische Garten, 1942, V. 14, Heft 4, S. 221-223*

(62.)   Nelson, Donald und Samuel Gruber: Sharks. Attraction by Low Frequency Sounds. *In: Science 142 (3594), 1963, 975-977*

(63.)   Nun sogar einen Preis für Hans Hass. *In: Der Spiegel, Hamburg. 5. Jg., 1951, Nr. 36 vom 5. Sept. 1951, Seite 31.*

(64.)   Schaffelhofer, Hans: Mit Haifischen auf Du und Du. Hans Hass erzählt von der Wunderwelt der Aegäis. *In: Leipziger Neueste Nachrichten, Nr. 332 vom 28.11.1942, Seite 3*

(65.)   Scheer, Anneliese: Hans Hass - Vom Ende der Xarifa-Expedition. Treffpunkt Suez. *In: Jenaer Rundschau 4 (1959) 3, VEB Carl Zeiss, S. 103-104*

(66.)   Scheer, Georg: Die Indianer der San-Blas-Inseln. *In: Kosmos 51, Heft 10, S. 453-460, 1955*

(67.)   -.-:   Als Fischmensch im Korallenriff. *In: Giessener Anzeiger. 15. Mai 1954*

(68.)   -.-:   Darwin und die Galapagos-Inseln. *In: Orion, Zeitschrift für Natur und Technik. 10. Jg., Heft 17/18, S. 705-713, 1955*

(69.)   -.-:   Galapagos-Expedition des Internationalen Instituts für Submarine Forschung. *In: Praktische Schulphysik (Praschu), Jhg. 31, 1955, Heft 1, Seite 33-37 und Heft 2, Seite 33-34.*

(70.)   -.-:   Biologie mit Maske und Schnorchel. *In: Delphin 3 (1956) 4, S. 190-191*

(71.)   -.-:   Xarifa geht auf große Fahrt. *In: Jenaer Rundschau 3 (1958), VEB Carl Zeiss, Heft 1, S. 32-34 und Heft 2, S. 64.*

(72.)   -.-:   In den Korallenriffen der Malediven. *In: Jenaer Rundschau, 3 (1958) VEB Carl Zeiss, S. 156-158*

(73.)   -.-:   Im Zelt auf Madewaru. *In: Jenaer Rundschau 3 (1958), VEB Carl Zeiss, S. 158-160*

(74.)   -.-:   Mit der Xarifa bei den Malediven. *In: Delphin 5 (1958) S. 509-510*

(75.)   -.-:   Xarifa. Mit der Xarifa in der geheimnisvollen Inselwelt der Nikobaren. *In:Jenaer Rundschau 4 (1959) 3, VEB Carl Zeiss, S. 98-101*

(76.)   -.-:   Abschied in Singapore. *In: Jenaer Rundschau 4 (1959) 3, VEB Carl Zeiss, S. 101-103*

(77.)   Scheer, Georg und Pillai, C.S. Gopinadha: Report on the Scleractinia from the Nicobar Islands. *Zoologica, Schweizerbart, Stuttgart 1974, Band 42, Heft 122*

(78.)   -.-:   Report on the Stony Corals from the Maledive Archipelago. *Zoologica,Schweizerbart, Stuttgart 1976, Band 43, Heft 126*

(79.)   Schwidrowski, Klaus: Hans Hass - Der Lack ist ab. *In: tauchen-Magazin, Jahr Verlag. Hamburg, 1. Jg., 1978, Nr. 2, Seite 52-54.*

(80.)   -.-:   Hass und Cousteau - Wenn der Käpt'n mit dem Commandante. *In: tauchen - Magazin, Jahr-Verlag, Hamburg, 1 (1978) 3, Seite 48-49.*

(81.)   Siegl, Erich: Mathematische Methoden der Energontheorie. *Dissertation, Universität Wien. Juni 1985*

(82.)   Telemann: Keine Grotte ohne Lotte. *In: Der Spiegel. Hamburg. Nr. 50 vom 9. Dezember 1959. Seite 60*

(83.)   Tonbandprotokolle: Michael Jung spricht mit Hans Hass, 1990 bis 1993.

(84.)   Unterwassergehäuse "Rolleimarin-Hans Hass". *In:Naturwissenschaftliche Rundschau, Stuttgart, Heft 4, 1954, Seite 167 u.168*

(85.)   Unterwasser-Touristen. *In: Der Stern, 17. August 1957.*

(86.)   Viseur, Raimund le: Hans Hass - Unter Wasser fand er die Wahrheit. *In: Die Bunte, Nr. 42, 1987, Seite 75-79.*

(87.)   Vogt, Dieter: Wie man dem Hai die Zähne zeigt. Hans Hass wird siebzig. *In: Frankfurter Allgemeine Zeitung, 23.Jan.1989*

(88.)   Wasmund, Erich: Bedingungen der Unterwasserphotographie für Taucher. *In: Annalen der Hydrographie und maritimen Meterologie 65 (1937) S. 537-555 und Tafel 65.*

(89.)   -,-:   Entwicklung der Naturforschung unter Wasser im Tauchgerät. *In: Geologie der Meere und Binnengewässer, Berlin 1938, V. 2, S. 87-151.*

(90.)   Wissel, Klaus: Xarifa ruft Delphin. *In: Delphin, Hamburg, 4 (1957) 11, S. 418-422*

(91.)   Wurl, Christian: Unternehmensstrategie für kleine und mittlere Maschinenbaufirmen auf der Grundlage der Energontheorie und der kybernetischen Managementlehre (EKS). *Dissertation, Universität Wien, Sep. 1987.*

Viele der Filme von Hans Hass sind mittlerweile auch auf Videokassetten erhältlich und können bezogen werden bei:
Bavarian Video, Klenzestr. 41, D- 80469 München, Tel. 089/2016951

Dankesworte

Es ist mir ein besonderes Bedürfnis, an dieser Stelle Hans und Lotte Hass meinen aufrichtigen Dank auszusprechen. Ich erhielt von ihnen freundliche Unterstützung in meinem Bemühen, das Leben des Naturforschers nachzuzeichnen. Hans Hass stand mir bei langen Gesprächen in Berlin, Triesenberg, Erlangen und Wien sowie zahllosen Telefonaten Rede und Antwort, öffnete mir das Archiv seines Institutes, stellte Tagebücher, Fotos und Zeichnungen zur Verfügung und gewährte mir gemeinsam mit seiner geschätzten Frau Lotte bei meinen Besuchen Gastfreundschaft, die ich noch lange in angenehmer Erinnerung behalten werde. Aber noch drei weitere Personen haben zum Gelingen dieses Buches beigetragen: Ohne meine Frau Andrea, ihren Zuspruch und ihre Mithilfe wäre dieses Buch nie geschrieben worden. Insgesamt habe ich - von der ersten Grundkonzeption bis zur Drucklegung - über 4 Jahre hinweg in meiner Freizeit an diesem Buch gearbeitet, und vor allem in den letzten Monaten, in denen ich besonders intensiv mit der Fertigstellung des Manuskriptes beschäftigt war, zeigte sie viel Verständnis, wenn ich mich zwischen meinen Tonbändern, Texten und Büchern vergrub und fast nicht mehr ansprechbar war. Sie las das Manuskript als erste und gab auch mancher Formulierung den letzten Schliff. Mein Bruder Wolfgang, hauptberuflich in der schreibenden Zunft beheimatet, recherchierte für mich in diversen Archiven und Kellerräumen, brachte Interessantes zu Tage und nahm mir so einiges an Arbeit ab. Nicht zuletzt ist hier noch Rudolf Pointner, Initiator und Leiter der Hans-Hass-Wanderausstellung aus Wels zu nennen, der mich auch mit vielerlei Informationen versorgte, mir näheren Zugang zu den Ausstellungsgegenständen gewährte und so meine Arbeit ebenfalls tatkräftig unterstützte. Das Buch ist meinem Vater Karl-Josef und meiner Mutter Josefine in Dankbarkeit gewidmet.

Nachweise

Zitatstellen und Anmerkungen

Die im Text verwendeten und mit Fußnoten gekennzeichneten Zitate habe ich aus den Büchern und Filmen von Hans Hass und anderer Literatur übernommen. Die eckigen Klammern weisen auf Veröffentlichungen von Hans Hass hin, die runden Klammern auf weiterführende Literatur (siehe dort).

Teil 1:
1: *[68]*, S.6   **2:** *[2]*, S.7-8   **3:** *[2]*, S.9   **4:** *[13]*, S.27   **5:** *[2]*, S.29
6: *(28)*, S.99   **7:** *[68]*, S.10   **8:** *[13]*, S.59   **9:** *[1]*   **10:** *[9]*, S.21
11: *[2]*, S.19   **12:** *[2]*, S.68-69   **13:** *[13]*, S.127   **14:** *[8]*, S.27   **15:** *[8]*, S.29
16: *[8]*, S.111-112   **17:** *[8]*, S.40   **18:** *[13]*, S.147   **19:** *[8]*, S.41
20: *[13]*, S.230-231   **21:** *[9]*, S.26   **22:** *[8]*, S.140   **23:** *[13]*, S.293
24: *[16]*, S.56   **25:** *(57)*, S.149   **26:** *[16]*, S.59
27: *(37)*, Band 2, Abb.626, Hai mit Schiffshalter   **28:** *(83)*   **29:** *[8]*, S.159-160
30: *[68]*, S.42   **31:** Originalton Filmtext "Menschen unter Haien"   **32:** *[16]*, S.144
33: *[16]*, S.176   **34:** *[16]*, S.177-178   **35:** *[16]*, S.178   **36:** *[16]*, S.183
37: *[16]*, S.187   **38:** *[16]*, S.264   **39:** *[10]*   **40:** *[14]*, S.11-12
41: *(61)*, S.222   **42:** *(61)*, S.222   **43:** *(89)*, S.102

Teil 2:
1: *[25]*, S.80   **2:** *[25]*, S.93 unten   **3:** *[25]*, S.116   **4:** *[25]*, S.159   **5:** *(33)*, S.12
6: *(33)*, S.15   **7:** *(33)*, S.15   **8:** *(33)*, S.136
9: Original Filmtext "Abenteuer im Roten Meer"   **10:** *[35]*, S.103   **11:** *[35]*, S.111
12: *[68]*, S.97   **13:** *[46]*, S.280   **14:** *(83)*   **15:** *[68]*, S.103   **16:** *[35]*, S.166
17: *[46]*, S.324   **18:** *[39]*, S.10   **19:** *[39]*, S.29   **20:** *[39]*, S.39   **21:** *[68]*, 141
22: *[39]*, S.58   **23:** *[46]*, S.377-378   **24:** *(34)*   **25:** *[68]*, S.154   **26:** *(83)*
27: *(25)*, S.14   **28:** *(83)*   **29:** *[39]*, S.152

Teil 3:
1: *[13]*, S.232-233   **2:** *[16]*, S.66-67   **3:** *(83)* **4:** *(45)* **5:** *(53)* **6:** *(87)* **7:** *(35)* **8:** *(83)* **9:** *(83)*
10: *[44]*, S.186   **11:** *[55]*, S.51   **12:** *[49]*, S.283 **13:** *[49]*, S.272 **14:** *[54]*, S.7   **15:** *(83)*
16: *[59]*   **17:** *(83)*

Fremdsprachige Zitate wurden vom Autor übersetzt.

Zeichnungen

Alle Zeichnungen Archiv Hans Hass.

Fotos

Michael Jung: Seiten 111 unten, 122 unten, 129, 166 oben und unten, 199, 303, 311 unten und Umschlagrückseite.
Alle restlichen Fotos: Archiv Hans Hass.